ファーガスン 市民社会史論

An Essay on the History of Civil Society

近代社会思想コレクション 22

天羽康夫 *Yasuo Amoh*
青木裕子 *Hiroko Aoki*
訳

京都大学学術出版会

凡例

一、この翻訳の原典は次のとおりである。

An Essay on the History of Civil Society. By Adam Ferguson, LL.D. Professor of Moral Philosophy in the University of Edinburgh. Edinburgh: Printed for A. Millar & T. Caddell in the Strand. *London*, and A. Kincaid & J. Bell, *Edinburgh*. MDCCLXVII.

二、著者生存中に出版された第2、3、4、5、6版との異同箇所はアステリスクで示し、異同は見開き左ページにおいた。

三、原書の脚注は、ローマ数字で示し、本訳書では見開き左ページにおいた。

四、訳者の注は、アラビア数字で示し、原書の脚注の左側においた。

五、原書の脚注で略記されている引照文献の表記は、現代風に改めた。（　）で示した発行年は、当該文献の初版の刊行年である。

六、原書で大文字だけで組まれている単語は、ゴシック活字で、イタリックは、固有名詞の場合は特に示さず、引用文の場合は「　」に入れた。

七、言及されている著者の生没年、著書の刊行年等、訳者による簡単な補足は［　］で示した。

目次

第一部　人間本性の一般的な特徴について

第一章　自然状態に関連する問題について

自然の産物は、通常、徐々に形成される。野菜は柔らかい新芽から、動物は幼い状態から成長する。動物は、活動することが運命づけられており、力が増すにつれ活動も拡がっていく。つまり動物は、獲得していく能力においても、為すことにおいても進歩するのである。人間の場合、他のどの動物よりもこのような進歩がはるかに大きな規模で続いていく。すなわち、個人が幼児から成人へと成長するだけではなく、種それ自体も未開から文明へと進歩するのである。このために、人類は自然状態から出発したという想定や、人間がその最初の段階でどのようなものであったかということについての様々な推測や異なる見解が生じてきた(1)。詩人、歴史家、人文学者《モラリスト》は、しばしばこの太古の時代に言及する。そして黄金の時代あるいは鉄の時代(2)というイメージの下で、この時代の生活状態や生活様式を説明し、人類がそこから退化してきた、あるいは著しく進歩してきたとする。いずれにしても、人類の最初の自然状態は、その後の時代に人間が示してきたものとはまったく似ていなかったに違いないと仮定されている。歴史的記念物は、最も初期のものでさえ新奇なものとみなされる。また、人間は、自然を手なづけたり抑制したりして、あるいは相次ぐ発明によって、人間の禍福の主要なものを等しく遠ざけてきた自然の支配を侵犯してきたのであるが、人間社会の最も一般的な制度も、そうしたもののなかに分類される。

人間の性質の中からその原初的特性を識別しようとし、また自然と人為《アート》の間の境界を指摘しようと試みた著述家の中には、人類は最初の状態において、野獣よりも優れていることを示すような能力をいっさい用いず、政治的な結びつきはまったくなく、自らの感情を説明する手段を持たず、声や身振りによってのみ詳しく表現できる不安や情熱さえもない、ただ動物的な感覚しかもたないものとして描いた者がいた。他の著述家たちは、自然状態は、支配と利益をめぐる競争が引き起こす絶え間ない戦争状態にあるとして、そこでは各人がそれぞれ他の人間と争い、また、他の人間の存在が戦いのきっかけになっていたとした[3]。

自然の秘密を、存在のまさに源泉から暴くことができるかもしれないと考えて、そのための望ましい体

(1)（訳注）自然状態から社会契約をへて政府が成立するという一七世紀のホッブズ、ロックに代表される社会契約論に対して、一八世紀スコットランド啓蒙は、その虚構性を批判し、歴史を未開から文明への過程として捉え、その過程を、事実に基づいて解明しようとする。ここから近代の歴史学、社会科学がうまれてくる。自然状態論、建国神話論にたいするファーガスンの批判は、スコットランド啓蒙のなかでも注目されている。一八世紀ヨーロッパにおける歴史観と社会科学の成立についてはロンルド・L・ミーク（田中秀夫監訳、村井路子・野原慎司訳）『社会科学と高貴ならざる未開人』昭和堂、二〇一五年をみよ。

(2)（訳注）古代ギリシアの詩人ヘシオドスは、歴史を、黄金の時代、銀の時代、青銅の時代、半神の時代、鉄の時代と区分し、「昼も夜も労役と苦悩に苛まれ、その熄む時はない」今の世（鉄の時代）には生きたくはない、「むしろその前に死ぬか、その後に生まれたい」という。ヘーシオドス（松平千秋訳）『仕事と日』岩波文庫、三三頁。

(3)（訳注）トマス・ホッブズは『リヴァイアサン』（一六五一年）で、自然状態を次のように描く。「人びとが、かれらすべてを威圧しておく共通の権力なしに、生活しているときには、かれらは戦争とよばれる状態にあり、そういう戦争は、各人の各人に対する戦争である」（水田洋訳、岩波文庫I、二一〇頁）。

系、またはそれに好ましい推測の基礎を築きたいという願望は、この対象について多くの不毛な研究を導き、また、数多くのとっぴな仮説を生み出してきた。人類が持っている様々な性質の中から、特定の性質が一つ、または幾つか選ばれ、その上に一つの理論が確立される。そして、想像上の自然状態において人間がどのようなものであったかの説明が組み立てられる中で、われわれ自身が観察できる範囲で、また歴史の記録の中で、人間が常にどのようなものであったかということが、見過ごされる。

しかしながら博物学者《ナチュラル・ヒストリアン》は、他のどのような場合でも、自らの義務は推測を提示することではなく事実を集めることにあると考えている。博物学者は、いかなる種類の動物であれ、それを論じる時は、それらが現在持っている性質や本能は、元来持っていたものと同じであると想定している。さらにそれらの現在の生活の仕方も、それらが創造されたときに運命づけられていたものの延長であると想定している。博物学者は、世界の物質的なシステムについての自らの知識が、事実の収集から成るということ、あるいは、個々の観察と実験から生まれた一般的な理論から成るということを認めている。博物学者が事実の代わりに仮説を述べ、空想と理性の領域、詩と科学の領域を混同させるのは、彼自身に関係すること、そして、最も重要かつ最も簡単に知ることができる問題においてだけである。

しかし、人間の認識の方法や起源に関して、精神《モラル》あるいは身体《フィジカル》に関わる問題をさらに追究しなくても、また、あらゆる感情を分析し、そして存在のあらゆる様式をその源泉にまでたどろうとするあの微妙な区別をとりたてて非難しなくても、次のことは肯定しても差し支えないだろう。すなわち、人間の幸福を現に左右し、現に存在している人間の性質と、人間という動物的理知的システムの法則が、われわれの主要な研究に値するということである。また一般的な原理は、人間に関するものであれ、あるいはその他のどのような対象に関するものであれ、正しい観察にもとづいて打ち立てられて、重要な結論にいたる知識を導き出すものである限りにおいてのみ有用であること。または、人間生活における重要な[4]目的のために生来もつ知的能力、肉体的能力のいずれかを用いるとき、その一般的な原理によってわれわれが首尾よく行動できるようになる限りにおいてのみ有用であるということである。

もし地球上のすべての地域から集められた最古の情報と最新の情報が、いずれも次のことを示しているならば、その諸事実を人間に関するあらゆる推論の基礎として認めなくてはならない。すなわち、人類は、集まって群れや仲間をつくること。個人は常に愛着をもってひとつの集団と結びついているが、他の集団とは敵対しがちであること。回想したり予見したりしていること。また、自分自身の感情を伝えたい、他者の感情を知りたいと思っていることである。友情と敵意が入り混じった人間の性向、理性、言語と文節的な音声の使用は、人間の体形や直立姿勢と同様に、人間本性の多くの属性とみなされるべきである。これらのことが人間を説明する上で留意されなければならないのは、鷹とライオンを説明する上で翼と足が留意されなければならないのと同様であり、また、獰猛、警戒心、臆病、速力が、種々の動物の博物誌の一部を占めているのと同様である。

もし、「人間の精神が、外部からの導きという助けなしに、思うままにしていたら、一体何が出来たであ

（4）（訳注）「重要な」第二版から削除。

ろうか」という問いが設定されたら、その答えは、人類の歴史の中に求めるべきだろう。個々の実験は、他の諸科学の原理を確立するのに非常に有益であったが、恐らくこの主題については、重要なことや新しいことは何も教えてくれないだろう。あらゆる活動的存在の歴史は、それが形成された状況の中で、それが行っていることから捉えられるべきであって、無理やり作った状態や普通とは違う状態の下での、その行動から捉えられるべきではない。したがって、森の中で捕えられた野生人《ワイルド・マン》は、それまで森で他の人間から離れて暮らしてきたため、特殊な例であって、一般的な性質を示す標本にはならない。光の影響を一度も受けたことがない眼の解剖や、音の衝撃を一度も感じたことのない耳の解剖は、おそらく、その器官が、それが本来持っている機能を果たすように使用されていないことから生じる、その器官自体の障害を示すだろう。これと同じように、この類の特殊な事例から示されることは、知覚《アプリヘンション》や感情の力が用いられなかったときに、どの程度それらの力が存在し得たかということだけだろう。また、社会に関わる喜怒哀楽を一度も感じたことのない心の障害と愚かさだけだろう。(5)

人類は、常に集団の中で生活しているので、集団の中で捉えられるべきである。個人の歴史は、その個人が人類について抱いてきた感情と思索の詳細な記述でしかない。そして、この主題に関するあらゆる実験は、単独の人間についてではなく、社会総体について行われるべきである。しかしながら、次のような実験、すなわち、子供たちを保育所から移し子供だけの集落《コロニー》をつくり、そこで子供たちが教育も受けず、しつけもされずに、隔離されて子供たちだけで社会をつくるという実験が行われた場合、すでに地球上の多くの様々な場所で行われたことと同じことが繰り返されるだけであろうと、信じるに足る十分な根拠がある。われわれの小さな社会の成員たちは、食べたり眠ったりするだろう。集まって遊ぶだろう。彼ら独自の言語を持つだろう。けんかをして仲たがいをするだろう。彼らはお互いにとってその世界の最も重要な対象となるだろう。彼らは、友情と競争に熱中するあまり、自分自身の危険は見過ごし、自己保存についても配慮しなくなるだろう。人類もまた、ここで問題となっている子供集落《コロニー》のように、植民されてきたのではないだろうか。彼らに進むべき道を指し示した者がいただろうか。誰かの教えを彼らは聞いただろうか。彼らは誰かを模範としただろうか。

したがって全ての動物に、その生存様式、性質、生活様式を与えてきた自然《ネイチャー》の力は、人類にも同様に対応してきたと推定してよいだろう。そして、人類の特性を収集する博物学者は、「人類の特性についての」すべての項目を、これまでのどの時代においても出来たように、今も記入し埋めていくことが出来るであろう。(6) しかし人間を他から区別する一つの属性であって、人間の本性を説明する際に、時として見過ごされてきた、あるいはわれわれの注意を誤った方向にしか導いてこなかったものがある。他の種類の動物の場

(5)（訳注）第四版から「社会のなかで生じる」となる。

(6)（訳注）第四版以降加筆。「親が獲得した物が彼の子孫に継承されるのではないし、また、人間の進歩は、人類の身体的変化とみなすべきではない。個体が幼年期から成人へと成長するのは、全ての時代において同じである。そして現在の子供は全て、あるいは、無知な人は全て、原初の状態の人間がどのような姿であったかを示している。しかし子供は、彼が生れた時代の諸利点を引き継ぎ、人生をスタートする。だが、その自然的才能は恐らく同じであろう。その才能の用途と適用は、徐々に変化する。そして人間は、多くの年月を通して働き、進歩するのである」。

合、個体は幼獣から成獣、老獣へと成長する。そして、一生の間に、その本性が到達可能な全てを獲得する。しかし人類の場合は、個人が進歩するのと同じように、人類という種も進歩する。人類は、前の時代に築かれたものの上に、次の時代を構築していく。そして、年月が経過するにつれて、彼らの諸能力の適用において完成へとむかう。その完成には、長い経験の助けが必要であり、また、多くの世代の努力が結合されなければならなかったにちがいない。われわれは、人類が成し遂げてきた進歩を認め、その諸段階の多くを明確に区別して列挙する。そして、この素晴らしい世界の始まりが何であったかを知るために、記録が何も残っていない、あるいは何の記念碑も保存されていない遠い太古にまで、進歩の諸段階をさかのぼることができる。その結果、われわれは、最も確実な典拠によってその詳細が裏付けられている人類の性質に注目する代わりに、未知の時代と世界にまで入っていく。また、われわれは、われわれの物語の始まりはそれに続くものとほぼ同じであったと考えずに、自分たちの現在の状態や仕組みを生み出したすべての環境を、偶発的で、われわれの本性とは関係のないものとして拒否してもよいと考える。そして動物的感覚しかもっていなかったと推定されている状態から、理性の獲得、言語の使用、社交の習慣に至る人類の進歩は、想像力によって描かれてきた。そして、その諸段階は大胆な作り話で特徴づけられ、それに誘発されてわれわれは、空想が示唆するものを歴史の資料として認め、そして恐らく、われわれに形が非常によく似ているいくつかの動物を、原初状態における人間本性の標本として受け入れることになったのであろう(7)。

馬とライオンは、おそらく同類ではなかったということを、一つの発見として主張するのは滑稽であろう。しかしわれわれは、高名な著述家たちの筆によって書かれたことに反して、次のように述べざるを得ない。すなわち人間は、常に、動物の中で卓越し、優秀な種として存在してきた。他の種は全て、同じような器官を持っていようと、形が似ていようと、手を使用していようと、またこの最高の作り手《アーティスト》［である人間］と常に交流していようと、自らの性質や発明を、人間のものと混ぜ合わせて一体にすることはできなかったということ。人間はその最も未開の状態においても他の種よりも上位にいたこと。そして、人間が最も堕落していた時代においてさえ、他の種の水準にまで下がることは決してないということである。つまり、人間はあらゆる状況において人間なのである。また、人間の本性については、他の動物の類推からは何も知ることはできない。もし人間を知ろうとするならば、人間そのものに、人間の一生に、そして、人間の行為の傾向に注意を払わなければならない。人間にとって社会は個人と同じように古いと思われる。また言語の使用は手足の使用(8)と同じように一般的であると思われる。もし、ある時代に人間と人間との交友がはじまり、そして人間が人間としての能力を獲得したとすれば、それは記録が残っていない時代であり、その時代に関するわれわれの見解は何の役にも立たないし、そしてそれを支える証拠は何もないのである。

現前する諸形態を単に記憶にとどめておくことよりも、創造することに喜びを感じる空想力によって、われわれは、往々にして、このような無知や推測の無限の領域に誘い込まれる。われわれは、巧妙な方法に簡単にだまされる。この巧妙な方法は、われわれの知識の欠如をすべて補うことを約束し、また、自然の物語の中にある若干の空白を埋めることによって、われわれの理解を、存在の根源のより近くまで導くかのよう

(7) ルソー『人間不平等起源論』［一七五五年］。

(8) ［エルヴェシウス］『精神論』［一七五八年］。

に見せかけるのである。われわれは、二、三の観察を信じて、秘密が近いうちに明らかにされるであろうと、そして、自然の**英知**といわれているものも物理的な力の作用に帰し得るであろうと推定しがちである。われわれは以下のことを忘れている。すなわち、物理的な力が継続的に作用し、結合して有益な目的にいたるということが、神の設計《デザイン》の証明そのものをなし、そこから神の存在が推論されること。また、ひとたびこの真実が認められれば、われわれは、これ以上存在の根源を探究すべきではないということ。われわれは、自然の創造主が確立した法則を集めることしかできないということ。そして、最も初期の発見の場合と同様に最近の発見においても、われわれは、それより前には知らなかった創造の様式あるいは摂理の様式を認識できるようになるだけだということである。

われわれは、人為《アート》について、自然と区別されるものとして語る。しかし人間には人為《アート》それ自体が自然なのである。人間は、ある程度まで自らの運命の創作者《アーティフィサー》であるのと同様に彼自身の環境《フレイム》の創作者でもあり、そして存在し始めた時代から発明したり、考案したりするように運命づけられている。人間は同じ才能を様々な目的に向け、また非常に異なった様々な状況において、ほとんど同じ役割を演じる。人間は常に、向上していこうとするものだ。そして人間は、人口の多い町の街路であれ、森の荒野であれ、どこにいようと、向上しようとしている。人間はあらゆる状況に等しく適応できるように思われるが、そのために、どのような状況にも留まることができない。人間は、頑固であり、移り気でもあるために、革新について不平をいい、新奇なものに決して満足しない。人間は絶え間なく忙しく改革しようとしているが、また、自らの誤りを直そうとはしない。洞穴に住んでいる人間は、小屋を作ろうとするだろう。既に小屋を建てているとすれば、今度はより大きなものに建て替えようとするだろう。しかし彼は急いで、あわただしく建て替えようとはしない。彼の歩みは漸進的でゆっくりとしている。そして彼の力は、ばねの力のように、あらゆる抵抗を静かに押し返す。時折、原因が認識される前に結果がえられることもある。そして、人間には企画する才能が備わっているのに、計画が考案される前に仕事が成し遂げられることが往々にしてある。人間の歩みを遅らせることも速めることも恐らく同じように難しいことだと思われる。革新派《プロジェクター》が、人間が遅々としていることに不平を漏らすとすれば、道学者は、人間は変わりやすいと考える。そして、人間の動きが速かろうが遅かろうが、人事の局面は、人間の管理の下で絶え間なく変化する。人間を象徴するものは、流れる川であり、よどんだ淵ではない。われわれは、人間の向上心を適切な目的に導きたいと願うだろう。また、堅実な行動を望むだろう。しかし、もしわれわれが労働をやめることや休息の状態を望むとすれば、それは、人間本性を誤解しているのだ。

あらゆる状況において、人間が営んでいることとは、選択の自由、多様な意見、そして人間が駆り立てられる欲求の多様性を示している。しかし人間は、感性や冷静さをもって、楽しみ耐えている。それはあらゆる状況においてほとんど同じである。人間は、カスピ海沿岸や大西洋沿岸を、保有の仕方は異なるが、同じくらい楽々と占有している。人間は、一方では、土地に定着しており、そして定住し、都市の生活に順応しているように思われる。彼らが国に付ける名前と、その領土に付ける名前とは同じである。他方では、人間は、放浪動物にすぎず、彼らの蓄群とともに、太陽の一年の動きにしたがって、新しい牧草と好ましい気候を求めて地表を放浪している。

人間は、洞穴、小屋、宮殿を同じように住居にする。また、森においてであろうが、牧場や農場においてであろうが、等しく生存する方法をみつける。人間は、肩書き、身の回り品、服装の差異を当然のことと思う。また、正規の統治制度と、複雑な法典を考案する。他方、森の中で、裸でいる人間もいる。彼らの卓越性を示すしるしとしては、四肢の強さと精神の機敏しかない。好み以外に、行為の原則はない。愛着、仲間への愛情、安全への願望以外に、同胞との絆はない。きわめて多様な技術《アート》を用いることができるが、自らの生命を保持するために何か特定の技術に頼ることはない。彼が発達させた技術《アーティフィス》がどの程度のものであろうと、そこで人間は自らの本性に適合する便利さを享受しているようだ。そして、彼が運命づけられている状況をみつけたようである。オルーノコの岸辺(9)で、あるアメリカ人が、家族の避難所と宿泊所にするために選んで登った木は、彼にとっては便利な住居である。長椅子も円天井も柱列も、この木以上にオルーノコの岸辺の土着民を効果的に満足させることはない。

したがって、もしわれわれが「自然状態はどこにあるのか」と問われれば、グレイト・ブリテン島にいるにしても、喜望峰にいるにしても、あるいはマゼラン海峡にいるにしても「ここにある」と答えるだろう。この活動的存在が、自らの才能を用い、自らの周囲にある課題に取り組み続けているかぎりは、すべての状況は等しく自然である。もし「少なくとも、悪徳《ヴァイス》行為は自然に反する」と言われれば、「いや、それは、もっと悪い。愚かで卑劣なことだ」と答えるだろう。しかし自然が、単に人為《アート》と対立するものであるとすれば、人為《アート》の足跡が確認されていない人類の状況がどこにあろうか。文明人《シティズン》の状態においてと同じように、原始の状態にも、人間の発明を示す多くの証拠がある。そしてどちらの状態も、終着駅ではなく、この旅する存在［である人間］が通過することを運命づけられている一つの段階であるにすぎない。もし宮殿が不自然だとすれば、小屋もそれに劣らず不自然である。最も洗練された政治的知見と道徳的知見が、感情と理性の最初の働きよりも人為的なものとはいえない。

もし人間がいつも進歩をもとめ、自らの内に進歩の原理と完成への欲求を持つことを認めるならば、人間が進み始めたときに、自然状態を脱したと言うのは不適切だと思われる。あるいは、他の動物と同じように人間も、自らの性質に従っているだけで、自然が与えた力を用いているうちに、彼自身が意図していなかったところに行きついたと言うのも不適切だと思われる。

人間の発明の最新の成果も、世界の最も初期の時代、人類の最も未開な段階に行われていた、なんらかの工夫の延長線上にあるものにすぎない。野生人が森の中で計画し観察しているものは、より発達した諸国民を、そこから小屋の建築さらに宮殿の建築へと導いていた段階であり、また、人間の精神を感覚の認識から科学の一般的な結論へと導いていった段階でもある。

人間にとって、欠点として広く認められていることは、あらゆる場合、嫌悪を呼び起こす。無知と愚鈍は、軽蔑の対象である。洞察力と行動力は、名声をもたらし、高く評価される。これらについての人間の感情と理解は、人間をどこへ導くであろうか。疑いなく、哲学者と同様に野生人も関与している進歩へと導くのである。この進歩の過程で、彼らは異なる形で発展したが、しかし彼らの目標は同じである。キケロ(10)が文

（9）ラフィトー『未開民族の風俗』［一七二四年］。

学、雄弁、政治的偉業《シヴィル》に対してキケロ(10)が心に抱いた称賛の念が、スキタイ人が同じような才能について、彼自身が理解し得た程度のものに対して抱いた称賛の念と比べて、より真実味をおびたものだったわけではない。あるタタール(11)の王は次のように述べている。「もし何か自慢できるものがあるとするならば、余が神から授かった英知であろう。何故なら、一方では、余は、戦争の指揮において、歩兵であれ騎兵であれ軍隊の配置において、また、大小部隊の移動を指示することにおいて、誰にも負けないからだ。他方で、余には書く才能もある。もっとも、恐らくペルシアまたはインドの大都市の住人にはおよばないだろう。余の知らない他の国民について、余は何も語らない」。

人間は、追い求める対象を誤るかもしれない。間違ったことに一生懸命になるかもしれない。また、改良したものの置き所を間違えるかもしれない。このような誤謬をおかすかもしれないと意識して、人間が、自らの行動を判断するための基準をみつけて、人間本性の最高の状態に到達しようとすれば、恐らく人間はその基準をいかなる個人の習慣のなかにも、あるいはいかなる国民の習慣のなかにも見出すことはできないだろうし、また、大多数の感覚や人類の支配的な意見の中にさえ見出すことはできないだろう。彼はそれを、彼の知性によって可能な最高の思考の中に、また彼の心の最高の活動の中に探し求めなければならない。そこから彼は自分に可能な完成と幸福とは何であるかを発見しなくてはならない。彼はよく調べてみれば、この意味で考えられる彼の本性にふさわしい状態は、そこから人類が永久に引き離されている状態ではなく、人類が今到達できるかもしれないものであることを知るだろう。すなわち、それは人類の諸能力を行使する以前の状態ではなく、能力を正しく適用することによって得られるものなのだ。

人間に関する事柄について用いられるすべての言葉の中で、自然《ナチュラル》な、不自然《アンナチュラル》なという用語ほど、その意味が漠然としているものはない。うわべだけの見せかけ、つむじ曲がり、あるいは気性や性格のその他の欠点の全てとは反対に、自然なという言葉は、称賛を意味する形容語句である。しかし、人間の本性に起因する行為を特定するために用いられる場合には、それは何かを識別するのに何の役にも立たない。というのは、人間の行動のすべてが、等しくその本性の結果だからである。この場合には、せいぜいこの言葉は、人類の一般的かつ支配的な感覚あるいは慣行に適用できるにすぎない。誰もが慣れ親しんでいる、より正確な言葉を用いた方が、この主題についてのあらゆる重要な研究の目的を果たすのに役立つだろう。何が正しく、あるいは、正しくないのか。人間の慣習の中で、何が幸福で、何が不幸なのか。人間が置かれた様々な状況において、人間の友好的性質にとって好都合なもの、あるいは不都合なものは何か。これらの問いに対

(10)（訳注）キケロ Marcus Tullius Cicero（前一〇六―四三年）、ローマの弁論家、政治家、哲学者。ローマで修辞学、哲学をまなび、若くして弁論家として名声を博するようになる。後に政治の世界にはいり、ポンペイウスと親交を深め、前六五年にコンスルとなる。元老院でカティリナ弾劾演説をし、陰謀を鎮圧した。しかしカティリナ一派を正式な手続きを経ずに処刑したために、キケロは訴追された。その後、政治の世界をはなれ、修辞学、弁論、哲学に関する多くの作品を著している。キケロの作品は古典期ラテン散文の模範として、大きな影響をあたえた。

(11) アブルガーゼ『タタール族の系譜』。〔（訳注）アブルガーゼ・バハードゥル（Abulgaze Bahadur）。中央アジアのウズベク族の国家、ヒバ・ハーンの国王（在位、一六四三―一六六三年）。イラン、トルクメン等周辺遊牧民の侵入に苦しめられていた祖国の復興に努めた。歴史家としても名高く、『タタール族の系譜』を著している。〕

しては、われわれは満足しうる答えを期待できるだろう。そして、われわれ人間という種が、最初どのような状態であったにせよ、われわれの先祖が立ち去ったと思われる状態を知ることよりも、われわれ自身が求めるべき状態を知ることの方がより重要である。

第二章　自己保存の原理について

人間本性の中に、人間以外のすべての動物から人間を区別するような性質があるとすれば、それは、地域と時代が異なれば、人間それ自体が、非常に異なるということである。道徳の原理あるいは物理の原理のいずれかにもとづいて、この多様性を説明できるところまで説明することは、非常に興味をそそり、また、著しく有用な仕事である。しかしながら、われわれの本性の多様性に注意を払う前に、あるいは、全人類にある程度共通する性質と能力が不平等に所有され用いられていることによって生じる差異について説明する前に、われわれの本性に普遍的な性質に関心を向けることが必要だと思われる。

人間は他の動物と同様に、一定の本能的な性向を持っている。それは、快楽や苦痛の知覚に先立って、また、何が有害で、何が有用であるかの経験に先立って、人間を、自分自身と同胞に関係する多くの生来の機能を果たすように導く。人間には、自らの身体の維持および自らの種の存続に注意を払う性向がある。その一方で人間には、人間を社会に導き、また、一つの部族や共同体の味方をし、その他の人類との戦争や競争にしばしば従事させるような性向もある。**理性**という呼称の下で、人間の判断力や知的能力は、他の動物が持っている類似した能力から区別されているが、それは、単なる知識の問題であるか、賛同と批判の問題であるかを問わず、人間を取り巻く様々な対象に関与する。人間は、知るだけではなく、称賛したり軽蔑したりするように創られている。そして、人間の精神のこのような働きは、自分自身の性格と彼の同胞の性格に主として関係するが、それは、それらが、人間が正しくないものから正しいものを区別しようとする時の主要な対象だからである。人間は、確定し決定された諸状況において、同じように幸福を享受する。そして、一個人としてか、市民社会《シヴィル・ソサエティ》の一員としてか、どちらであっても、生来の長所を生かすためには、各自の道を進まなければならない。だが、人間は非常に様々な習慣を受けいれることができる。そして忍耐や訓練によって、自らの才能や気質を、弱めることも、強めることも、あるいは様々に変化させることさえできる。このため人間は、かなりな程度まで、自然界における自らの地位の決定者であるかのように、また、人類の実際の歴史において展開されている種々様々な出来事すべての創造者でもあるかのように思われるのである。ところで、以上述べた普遍的な諸特徴は、人類史の何れの部分を取扱う際にも、われわれが最初に注目しなければならない主題である。そしてそれらは、単に列挙されるだけではなく、明瞭に考察されなければならない。

個体の維持に関わる人間の性向は、本能的欲求という形で作用し続けている間は、他の動物のものとほとんど同じである。しかし人間の場合、これらの性向は、遅かれ早かれ、反省と予見に結びつく。そしてこれらの性向により、人間は所有《プロパティ》の問題について心配するようになり、彼が自分の利益と呼ぶあの苦労《ケア》の対象をよく知るようになる。ビーバーやリス、蟻や蜂の本能は、冬に備えて若干の貯えをするようにと教えているが、人間にはこのような本能がないため、最初は先のことを考えず、また、情熱を傾ける直接的対象が近くにない時は怠惰に耽っているが、いつの間にか人間は、動物の中の偉大な貯蓄王となる。彼は、恐らく用いることは決してないであろう富の蓄えの中に、彼の最大の心配の対象と、彼の精神《マインド》にとって第一の崇拝の対象を見出す。人間は、彼の人格《パーソン》と彼の所有物《プロパティ》とが関係があるように理解する。そして、彼が自分のものと呼ぶものを、いわば彼自身の一部、彼の身分・状態・性格の一構成要素とするのである。その関係の中で彼は、真の喜びとは全く無関係に、幸せと思ったり不幸だと思ったりする。また、人格的長所とは全く無関係に、尊敬されたり軽視されたりするかもしれない。さらにその関係の中では、彼の身体は安全で、彼の体が必要とするものが完全に供給されているにもかかわらず、彼は傷つけられたり苦しめられたりするかもしれないのである。

このような懸念から、他の諸情念はたまにしか働かないが、利己的な人間は、常に、関心事を見出す。それが、手工業と商業を営む動機となり、正義の法を犯す衝動ともなる。そして極度に腐敗した場合には、彼らの変節の代価、善悪の問題についての標準的意見となる。これらの影響下で、市民社会の法によって規制されなければ、彼らは、暴力あるいは卑屈の舞台に登場することになろう。そこで、われわれ人類は、地上に棲息する他のいかなる動物よりも恐ろしくて嫌悪すべき、あるいは不快で軽蔑すべき様相を次々と呈することになろう。

利益への配慮は、動物的欲求と欲望の経験に基づいているにもかかわらず、その目的は何か特定の欲求を満足させることではなく、あらゆる欲求を満足させる手段を確保することである。そして、それはしばしば、それが生じた欲望それ自体に、宗教や義務が課す抑制よりも強く厳しい抑制を課す。それは、人間の構造《フレーム》の中にある自己保存の原理から生じる。しかしそれは、この原理の腐敗であるか、あるいは少なくとも、偏向した結果である。そしてそれは、多くの説明において**自己愛**《セルフ・ラヴ》と称されているが、極めて不適切である。

愛とは、精神の注意力を、それ自身を超越したところへと運んでいく感情である。そして、その本質は、われわれが優しさ《テンダーネス》と呼ぶものであって、利益については全く配慮しない。この感情は、あらゆる外部の出来事に左右されない、その対象への思い入れであり、継続的な満足感であるため、失望と悲嘆のさなかにあっても、そこには自分の同胞に何も配慮せずに行動する人々には知り得ない喜びと勝利感がある。そして、状況がどのように変化しても、愛は、個人的な成功や逆境の問題についてわれわれが抱く感情とは完全に別のものであり続けるのである。しかし、人間が自分自身の利益のためにする配慮と、愛情によって他者の利益のために払う心配りとは、前者は彼自身の幸福に対するもので、後者は彼の友人の幸福に対するものであるが、同じような作用をすることもあるので、われわれは、人間行動の原理を混同する。われわれは、両者は同じ種類のもので、違う対象に向けられているだけだと思っている。また、われわれは愛《ラブ》という名称を、自己《セルフ》と結びつけて誤用しているだけではない。われわれの本性を低下させるような仕方で、このように想定された利己的な感情の目的を、利益をもたらすもの、あるいは単なる動物的生活の手段を獲得することや蓄積することに限定しているのである。

次のことは注目に値するだろう。すなわち、人間は自らを評価するのに、精神《マインド》の資質・学識・機知、勇気・寛大・名誉に非常に重きを置くにもかかわらず、動物的生活に最も気を使い、その生活を配慮に値する対象とすることに最も気を配らない人間が、利己的だ、あるいは、自分自身に気を配るということにおいて最高レベルにあると依然として考えられていることである。しかしながら、次のことを説明するのは難しいだろう。すなわち、なぜすべての人間が、食欲あるいは味覚のいずれかと同じように、優れた理解力と毅然とした寛大な精神を、自分の重要な部分と考えないのか、また、自分の屋敷や服装よりもずっと重要な部分とみなさないのかということである。どうすれば食への楽しみを回復し、食欲を旺盛にすることによって楽しみの手段を増やすことができるかと、自分の医師に相談する快楽主義者は、少なくとも彼自身への関心と同等の関心をもって、どうすれば親や子、祖国や人類への彼の愛情を強くすることができるかと相談してもよさそうなものだ。そうすれば、この種の欲求が、おそらく食欲に劣らず、楽しみの源泉であることがわかるであろう。

それにもかかわらず利己主義の原則とわれわれが想定するものによって、人間本性の、より幸福で、より尊敬に値する性質の多くが、通常、個人の私的配慮の対象から除外される。われわれは、愛情や勇気を、自分自身を軽視するか危険にさらす単なる愚行と考える。知恵は、自分の利益への関心にあるとする。そして、利益が何を意味するかを説明せずに、利益を人類の唯一の合理的な行動の動機として理解してしまう。この種の見解の上に築かれた哲学体系[1]さえあるが、人々が利己的な原理にもとづいて行ないそうなことについてのわれわれの見方は次の通りである。すなわち、われわれは、それは徳にとって非常に危険なものになるに違いないと考えているのだ。しかし、この哲学体系の誤謬は、一般的な原理にあるのではなく、むし

(1) (訳注) スミスは道徳的是認の原理を自愛心から引き出す人々として、ホッブズと彼の後継者たちプーフェンドルフとマンドヴィルを挙げている。スミス『道徳感情論』(水田洋訳、岩波文庫、下巻、三三五—三三六頁)。

ろ、一般的な原理の個々の適用にある。また、人々に自分自身に関心を示すように教えることにあるのではなくて、むしろ、彼らの最も幸福な愛情、誠実、そして精神の独立が、実際には彼ら自身の不可欠な資質であるということを忘れさせることにある。そして、自愛が人類の支配的な情念であるとするこのような利己主義の哲学と想定されるものに敵対する人々が、その誤りが人間本性についての一般的な説明にではなく、言葉の単なる革新を科学における発見と押しつけたことにあるとしたのはもっともなことであった。

大衆が、自らの様々な動機について語る際、彼らは、周知の明白な特質を言い表すありきたりの名称を用いることで満足している。この種のものに**利他主義**《ベネヴォレンス》と**利己主義**《セルフィッシュネス》という用語があるが、かれらはこれらの用語によって、他者の幸福を願う気持ちと、自分自身の幸福に配慮する気持ちを表現する。思索家たちは、このような仕方にいつも満足するとは限らない。そのために、彼らは人間本性の諸原理を列挙するとともに、分析しようとする。そこで彼らが、実質的な効果の見込みがまったくなくても、何か目新しいものの外観を得るだけのために、通俗的な認識の秩序を乱す可能性が生じるのである。この場合、思索家たちは、利他主義は利己主義の一種にすぎないということを、現に発見した。そしてわれわれに、自分の子供の世話をする時の親の利己主義と、親が自分自身に配慮するだけの時の利己主義とを区別できるような、新しい語句を、可能ならば、探してみよと要求しようとしているのだ。なぜならばこの哲学によると、親は、どちらの場合においても自分自身の欲望を満たそうとしているだけなので、どちらの場合においても等しく利己的だからである。ところで、**利他主義**という言葉は、自分自身の欲望を持っていない人々を特徴づけるためではなく、自分自身の欲望によって他者を幸福にするように駆り立てられている人々を特徴づけるために用いられる言葉である。実のところ、人間の思考がこれまでと同様に進むようにするために、われわれが必要としているのは、このうわべだけの発見によって失った言語の代わりに、言語の新たな補給だけである。しかし、人道的な人々と残酷な人々、利他的な人々と利己的な人々とを区別する異なった名称を使用せずに、人間がともに生活し、行動することは、間違いなく不可能である。

これらの言葉に相当するものは、あらゆる言語にある。それらは、はっきりと知覚したことや強く感じたことを単に表現するために、普通の人びとが用いていたものである。そして、ある思索家が、彼自身の感覚で、われわれ人間が利己的であることを証明したとしても、大衆の感覚では、われわれ人間が利己的であるということにはならない。あるいは、普通の人々がこの思索家の結論を理解するように、われわれ人間があらゆる場合、利益、強欲、臆病、卑怯を動機として行動するように運命づけられているということにはならない。何故なら。これらが人間の性質における利己性の普通の意味と認識されているからである。

どのような種類のものであれ愛情や情熱は、われわれに、その対象への関心《インタレスト》を呼び起こす。そして人類愛《ヒューマニティー》というものは、人類の繁栄への関心を呼び起こす。この**利益**《インタレスト》という用語は、通常は所有物《プロパティ》に対するわれわれの配慮以上のものを意味しないが、時として有用性一般を表し、さらにそれが幸福を表す。したがって、このような曖昧さの下でわれわれが、利益が人間の行動の唯一の動機であるのか、あるいは、利益がわれわれの善悪を区別する基準であるのかを、依然として決められないでいることは驚くに値しない。

ここで色々と述べたのは、この種の何らかの論争に一役買いたいという願いが何かあるからではなく、単に**利益**という言葉の意味を、最も一般的に受容されている意味に限定するためである。またこの言葉を、われわれの外的条件と、われわれの動物的本性《アニマル・ネイチャー》の維持に関わる配慮の対象を表現するために用いる、というわれわれの意図を明らかにしておくためである。利益という言葉をこの意味で理解した場合、それが人間行動のすべての動機を含んでいると考えられることは決してないだろう。人間が、私心のない慈愛をもつということが認められないにしても、他の種類の、私心のない諸情念を持っていることは否定されないだろう。人間は、憎悪・憤慨・激怒によって、昇進や利得といった何か将来的な見返りを対価として得る希望が全くないのに、自らの明白な利益に反する行動にしばしば駆り立てられ、また、自らの生命を危険にさらすことさえあるのである。

第三章　人類における結合の原理について

人類は、常に群れや集団をなして、放浪したり定住したり、仲良くしたりけんかしたりしてきた。人びとが集まる動機は、それがどのようなものであっても、人類が同盟をつくる、あるいは連合する原理である。

歴史の材料を集める際、われわれは、その資料を見つけただけで満足することはほとんどない。個別の事例の多さと、明らかにつじつまの合わないことに、困惑させられることを嫌う。理論において、われわれは、一般的な原理を探求すると公言する。そして、探求する事柄を、われわれの理解が到達できる範囲内におさめるために、どんな体系でも受け入れがちである。そこで人間社会の出来事を論じる際、われわれは、結合の原理あるいは不和の原理からあらゆる結論を導き出そうとする。様々な著述家の体系にもっとも適合する自然状態は戦争状態か友好状態であり、そして人々は、友好の原理、あるいは恐怖の原理によって結合するようにつくられている。実際、われわれ人類の歴史は、人類が互いに恐怖と愛情の対象になっていることを、数多くの例で示している。そして、人々が原初から同盟か戦争か、いずれかの状態にあったということを証明しようとする人々は、自らの主張を堅持するために、様々な論拠を準備している。一つの分派あるいは一つの党派へのわれわれの愛着心は、その力の多くを、しばしば対立するものに抱く敵意から引き出しているように思われる。そしてこの敵意は、逆に、支持する側のためになろうとする熱意と、自派の権利を守ろうとする欲求からしばしば生じているように思われる。

「人間は社会の中に生まれ、そこにとどまる」と、モンテスキューは言う。人間を社会に引き留める魅力が、多種多様であることはよく知られている。その魅力の一つとして親の愛を挙げることができる。親の愛は、獣類の間で見られるように成獣になると縁を断つのではなく、敬意と幼少期におけるその影響の記憶と混合するため、より強くなる。さらに、群れに溶け込み、深く考えることなしに同じ種の集団についていこうとする人間と他の動物に共通する性向がある。この性向が作用しはじめた時、どのようなものであったか、われわれは知らない。しかし、人間は仲間の中にいることを常としているので、その中から生まれる喜びや落胆は、人間生活における主要な喜びや苦しみであると考えられている。悲しみと憂鬱は孤独と関係し、喜びと楽しみは人と人との遭遇に関係する。雪におおわれた海岸に残されたラップ人[1]の足跡は、孤独な水夫に喜びを与える。そして水夫に対して示された真心と親切の無言の合図は、彼が社会で感じていた喜びの記憶を呼び覚ます。この種の無言の情景を描いた後、北方航海記の著者は最後に次のように述べている。「われわれは、13か月間、人間をまったく見かけなかったので、人びとと話をして非常に嬉しかった[2]」。しかしわれわれはこの見解を確かめるために、遠く離れた所での観察を必要としない。一人ぼっちの時、幼児は泣き叫び、大人は物思いに沈む。仲間が帰ってくると、幼児は生き生きと喜び、大人は陽気になる。これらのことは、先の見解を支える確固たる証拠が、われわれの本性の構造の中にあるということの十分な証拠である。

行動について考察する際、われわれは、われわれ自身が行動していたことを忘れがちである。そして、その対象を目の前にして心《マインド》を刺激する感情ではなく、退いて冷静に省察している時に、得られた判断を、人間の行為の動機とみなすのである。このような気分の中では、利益についての慎重な見通し以外には、重要なものは何も見出せないことが多い。そして、社会を形成するというような偉大な仕事は、深い省察から生じ、また、人類が商業や相互扶助から引き出す利点を念頭において遂行されるにちがいないと、理解する。しかし、集団と一緒になりたいという性向も、その状態で得られる利点についての感覚も、人間を結合させる原理のすべてを含むものではない。このような絆は、人間が、運命の行路を長い間ともに走ってきた友人や同族に対して強く抱く、断固とした熱情に比べると、はるかに弱い。互いに寛容であることに気づいたり、また、力を合わせて武勇を試みたりすることは、熱き友情をさらに強くする。そして、個人的な利益や安全についての配慮が消すことのできない炎を、人間の胸中に燃え立たせる。最も生き生きとした歓喜の絶頂が見られるのは、優しく愛している人びとが、勝ち誇っている時であり、また、絶望の最も大きな悲鳴が聞こえてくるのは、かれらが苦しんでいる時である。あるインディアンが、フェルナンデス諸島[3]のひとつの

(1)（訳注）スカンジナビア半島、およびロシア北西部にまたがるヨーロッパ最北部に位置するラップランドの原住民。ラップ人は、一六世紀以降、デンマーク、ノルウェー、スウェーデン、フィンランド、ロシアから重税が課せられ、北へ、フィヨルドの奥へと移住を余儀なくされた。

(2)『オランダ人航海記集成』。

(3)（訳注）南太平洋、チリ沖にある群島。一六世紀中ごろスペイン人フェルナンデス（Juan Fernandez 一五三六頃—一六〇四年頃）によって発見され、発見者の名前にちなんで命名された。フェルナンデスは、スペイン政府によって島の領有権をあたえられたが、土地が不毛であるため放棄した。

島で思いがけず彼の友人を見つけた。彼は、友人の足元で、地面にひれ伏した。「われわれは、この愛あふれる光景を、無言のまま立ったままじっと見つめていた」とダンピアは述べている[4]。未開のアメリカ人の宗教がどういうものであるか、彼の心の内で信仰に最も近いものは何なのか。もしわれわれに分かるとすれば、それは、魔術師に対する恐怖心でもなければ、大気や森の精霊から保護されたいという希望でもない。それは、激しい情熱である。それをもって彼は友を選び抱擁し、あらゆる危機的状況のなかで友の味方の側につく。そして、彼だけが突然危険に陥ったときは、それをもって遠くから友の魂を呼び覚ますのである[5]。われわれが、よく知っている近辺に、人間に社会的性質があることを証明するものがあるとしても、最も単純な状態で生活し、また、本当は感じていないことを、感じているようなふりをすることを学んでこなかった人々の事例から、われわれの所見を導き出すことも重要だと思われる。

単に知り合いであることや親しい関係が、愛情を育む。そして、社会における経験は人間の心のあらゆる情熱を、その社会へと向かわせる。その勝利と繁栄、不幸と災難は、感情に多様性と力をもたらすが、このような感情は、われわれ人間が同胞と一緒にいるときにのみ生じる。人間に自らの弱さ、安全に対する配慮、自らの生存について忘れさせ、自らの力を発見させるような情熱によって行動するようにさせるのは、この社会なのである。自分の矢が、鷹よりも速く飛び、自分の武器がライオンの爪や猪の牙よりも深手を負わせるということに気づくのも、この社会においてである。人間の勇気を鼓舞し、生来の力が与える以上の自信で人間の心を膨らませるのは、身近に支持者がいるという感覚だけではなく、また、自分の部族の中で高く評価されたいという名誉愛だけでもない。熱烈な憎悪あるいは愛情の念が、胸中にある活力を覚醒させる。その影響のもとで、人間は自分の目的を達成するための考慮以外のあらゆる考慮を忘れる。危険と困難は人間をより一層奮起させるだけである。

自己の力が強化される状態は、あらゆる存在の本性にとって間違いなく望ましい。そして、勇気が社会の人間への贈り物であるとすれば、人間が、自らの種である人間と結合することを、人間の運命の中で最も高貴な部分と考えるのは理由のあることである。この源泉から、人間の最も幸福な感情が、その力をえるだけではない。最も幸福な感情そのものが、生まれてくるのだ。またこの源泉から、人間の理性的性質の大半、というよりもほとんど全てが生まれるのである。人間を独りで、砂漠に送り出してみよ。彼は根から切り離された植物のようなものであり、なるほど、形は残るだろうが、能力はすべて衰え、枯れてしまう。人間としての風格と人間としての特徴は存在しなくなる。

(4) (訳注) ウィリアム・ダンピア（一六五二―一七一五年）。イングランドの南西部サマーセット州ヨーヴィル近郊のイースト・コーカーで小作人の子供として生まれ、グラマー・スクール卒業後、ウェイマスの貿易商人のもとで働いていたが、航海の仕事が過酷なために故郷に帰った。しかし再びインド交易船にのり、さらに、イギリス海軍のロイヤル・プリンス号に乗船し、第二次オランダ・イギリス戦争に参戦した。負傷して、故郷に帰り、回復後、ジャマイカで農園の副支配人となり、さらに独立して植民地貿易をいとなむようになる。ダンピアの航海と冒険の記録、『新世界周航記』（一六九七年）『航海とその記録』（一六九九年）は、デフォー『ロビンソン・クルーソー』（一七一九年）をはじめとして当時の漂流物語に大きな影響をあたえた。

(5) シャルルヴォア『カナダの歴史』[一七六一年]。

人びとが社会を重んじるのは、決して、その単なる物質的諸便宜のためではない。人びとの結びつきが最も強いのは、通常、そのような諸便宜が最も少ないところであり、また、人びとの忠誠心が最も強いのは、忠義の証が血であがなわれるところである。愛情は、最大の困難に遭遇したときに、その力を最も発揮する。親の胸中は、子供が危険と災難の最中にあるとき、不安と心配で一杯となる。男の胸中は、彼の友人あるいは祖国が、悪事や苦難により彼の助けを必要とするとき、炎が倍になって燃え上がる。飢えと危険から逃れて、より豊かで安全な状態へと向かわせる誘惑があるなかで、野生人が不安定で無防備な自分の部族に執着する理由は、要するに、この原理からしか説明できない。すべてのギリシア人が祖国に対して抱いた快活な愛情も、初期のローマ人の献身的な愛国心も、この原理からしか説明できない。これらの例を、商業国において支配的な精神と比較してみよう。そこは、人々が自らの国を維持することで得られる利益を、十分に経験してきたと思われる所である。だが人間が時として、孤立した孤独な存在であるということに気づくことがあるとすれば、それは、まさしく商業国においてである。人間は、同胞との争いに身を投じる目的をみつけた。また、同胞を利益をもたらすものとして、彼の畜牛や土地と同じように扱う。社会を形成してきたと思われる強力な原動力は、ただ、社会の成員を不和にさせるだけであり、あるいは、愛情の絆が壊れた後にも彼らの交際を続けさせることになるのである。

第四章　戦争と不和の原理について

ソクラテスは次のように述べている。「人類がおかれている状況の中には、友情と友好がかれらのさだめであるということを示すものがいくつかある。それは、かれらが互いに相手を必要としていること、同情し合うこと、相互利益の感覚、そして、仲間のなかで生じる喜びである。他方、人類を戦争と不和に駆り立てる状況もある。それは、かれらが同じ対象に対して抱く称賛の念と欲望、対立する主張、そして、競争中に互いが行う挑発である」。

難しい問題を解決するために、自然的正義の原理を適用しようと努めるとき、挑発や不正行為がないのに対立が生じ、しかも双方に正当性があるというような事例が想定されるだろうし、実際におこることもある。また、大勢の人々が互いの安全と保全を確保することができないとき、一つの集団は、他の集団が攻撃を始める前に、自らを防衛する権利を行使するであろう。そして、このような例と、人類が出会う過ちと誤解の事例を合わせると、戦争は必ずしもいつも危害をくわえようとする意図によって始まるものではないということ、また、争いのただ中にあって、意志の固さと同様に率直さといった人間の最良の性質さえもが発揮されるかもしれないことを得心するだろう。

この主題については、まだ述べるべきことがある。人類は、彼らがおかれた状況の中に軋轢と不和の原因を見出すだけでない。心の中に敵意の種を持っており、また、互いに対立する機会を、即座に喜んでとらえようしているように思われる。最も平和な状況においても、友人だけで、敵がいないという人はほとんどいない。また、他人の計画を快く支持する人だけでなく、他の人がとった処置に反対する人もいる。内部では最も堅固に団結している小さな素朴な諸部族でも、別々の民族として互いに敵対する時には、往々にして、最も和解しがたい憎しみによって鼓舞される。ローマ共和国の初期には、ローマ市民の間では、外国人という名称と敵という名称は同じだった。ギリシア人は、野蛮人《バーバリアン》という名称の下で、自分たちと人種が異なり、話す言語が異なるすべての民族を包括していたが、この野蛮人という名称は、ギリシア人の間では、無差別に軽蔑と嫌悪を意味する言葉になったのである。優位に立とうとする要求が特にないところでさえも、未開諸民族の間や独立した諸氏族《クラン》の間で生じる結合への嫌悪、頻繁に起きる戦争、あるいはむしろ永続的な敵意は、人類が協調する傾向にあると同様に、どれほど対立する傾向にあるかということを明示している。

最近の諸発見は、人類が置かれているほとんどすべての状況についての知識へと、われわれを導いた。われわれは、人類が、交流が開かれていて、国民的連合が容易に形成され得る、大きくて広大な諸大陸に広がっていることを知った。山脈、大河、または海の入江に囲まれたより狭い地域にも、人類をみつけた。住民が容易に集結することができ、結合することで強みを生み出す、小さな遠隔の島々にも、人類はいた。しかしこれらのあらゆる状況において彼らは、同じように、小集団に分かれ、名前および社会を区別することを好んだ。**同胞**《フェロウ・シティズン》や**同郷人**《カントリーマン》という名称は、**異邦人**《エイリアン》や**異郷人**《フォリナー》と彼らが呼ぶ名称に対立しない場合、使われなくなり、それらの意味を失うだろう。われわれが個々の人間を愛するのは、その個性ゆえである。しかしわれわれが自分の国を愛するのは、それが人類の分割された区分の内の一つの集団だからである。そして、その集団の利益に対するわれわれの熱意は、自分の味方にたいする偏愛である。

雑多な群集の中では、仲間を選ぶ機会があれば十分である。われわれは、自分を魅了しない人々からは去り、気に入った社会があるところを住処とする。われわれは区別することを好む。われわれは、自らを対立状態に置き、そして実質的に争う問題が何もなくても、派閥と党派の名称の下で争う。嫌悪も愛情と同じように、特定の対象に継続的に向かうことによって大きくなる。対立と同様に、分離や疎遠も、最初は何ら気まずさから生じたのではなかった不和を一層大きくする。われわれが人類を一家族の状態にまとめるか、あるいはより多くの人びとの結合を維持するための何らかの対外的な動機をみつけるまでは、人類は永久に集団に分かれ、多くの国を形成するであろう。

共通の危機に対する意識や敵の攻撃は、しばしば、国民をよりしっかりと団結させるため諸国民にとって有益であったし、また、それらがなければ政治的不和《シヴィル》が最後にもたらすかもしれない分裂の動きや実際の独立を防ぐためにも、諸国民にとって有益であった。そして、国外から与えられるこのような結合への動機は、遠く隔たっていて各地方の名称が異なるために連携が弱められる大きくて広大な国の場合のみならず、非常に小さい国の狭い社会においてさえ、必要かもしれない。ローマ自体、アルバ(1)から逃れた小さなグループによって建設された。ローマ市民は、しばしば分裂の危機にあった。そして、もしウォルスキ族(2)の村や郡

(1) (訳注) アルバ(Alba)。ロムルスとレムスによるローマの建国以前に、ラテン人を支配していたといわれている伝説上のアエネアス王朝の首都。イタリア半島の中部にあったと考えられている。

が、ローマ市民の不和の舞台から遠く離れていたならば、モンテ・サクロ[3]（聖なる山）は、母国がとてつもない攻撃の準備を整える前に、新しい植民を受け入れていたかもしれなかった。ローマは、長いあいだ貴族と平民の争いの影響を受け続けた。そしてヤヌスの門は、ローマの住民に祖国に対して負う義務を想起させるために、しばしば開かれたのである。

個人と同様に、社会も自らの存続に注意を払う責任を負っているとすれば、そして、諸個人の間にも諸社会の間にも、嫉妬と競争を生じさせるかもしれない利害の対立があることを知れば、そこから敵意が生まれるとしても不思議ではない。しかし、それとは異なる種類の怒りの情念がなければ、利益の対立に付随して生じる憎悪は、その対象の価値と思われるものに比例するはずである。コルベン[4]は次のように言っている。「ホッテントット民族は、畜牛や女性を盗むことによって、互いに侵害する。しかし、この侵害は、彼らの隣人を怒らせて、戦争に導こうという目的以外には滅多に行われない」。そうすると、この略奪行為は、戦争の根拠ではなく、敵意が既に心に抱かれていたために結果として行われたのである。飼育すべき家畜群も持たず、防御すべき居留地も持たない北アメリカの諸民族は、今なお、ほとんど絶え間なく戦争をしているが、彼らが戦う理由として挙げているのは、名誉にかかわる問題と、彼らの父祖達が行ってきた闘争を続けたいという願望だけなのである。彼らは敵からの戦利品に関心を示さない。略奪品を獲得した戦士は、それがどんなものであっても、出会った最初の人にそれを簡単に与えるのである[5]。

しかしわれわれは独立した諸社会の衝突のなかに、憎悪があることを証明するために、また、利害対立からは生じない怒りの情念の影響があることを観察するために、大西洋を横断する必要はない。人間本性が持つ性質のなかで、その比較的明らかな例が、地球のこちらの側で見られないということはない。祖国の敵の名前が挙げられたとき、普通の人々の胸中にわき上がるものは何か。同じ帝国や領土の中の、異なる州、県、村の間にある偏見はどこから生じているのか。ヨーロッパ諸国を二分して反目させているものは何か。政治家は自らの行為の動機を説明する時、国としての警戒と用心を挙げるだろう。しかし、国民は自ら説明することのできない嫌悪感と反感を持っている。彼らが裏切りと不正を非難し合うことは、ホッテントット族の略奪と同様に、既に心に抱かれていた憎悪の現れに他ならず、また、敵対的意向を伝達する言語に他ならない。卑怯で臆病だという非難を、嫌悪の情をもって浴びせ、憎悪を掻き立てる。卑怯と臆病は、利害関係のある用心深い敵が彼の敵対者の中に他の何にもまして見出したいと思っている性質なのである。アルプ

(2)（訳注）ウォルスキ族（Volsci）。前五〇〇年頃イタリア中部のリリー（Liri）川付近に定住していたオスク・ウンブリア系の古代イタリアの山地人。

(3)（訳注）モンテ・サクロ。ローマ市の北東、アニオ川の向かい側にある丘。前四九四年、貴族（パトリキ）の支配に対して平民（プレブス）の不満が爆発し、平民は、この丘に立てこもり、労働、軍務、国事への奉仕を拒否した。モンテ・サクロ（聖山）事件といわれている。この事件を契機にして、債務奴隷は解放され、護民官制度が生まれることになる。

(4)（訳注）コルベン（Kolben, Peter 一六七五—一七二六年）。アムステルダム市から南アフリカ調査のために喜望峰に派遣され、一七〇五年から一七一三年まで南アフリカの初代気象台長を務めた。ホッテントットの日常生活、言語、宗教、慣習についての研究を『喜望峰の現状——ホッテントット諸民族についての詳細な報告』（一七一九年）としてニュルンベルクで出版した。

(5) シャルルヴォア『カナダの歴史』（前出）を見よ。

ス山脈やピレネー山脈の両側の、また、ライン川やイギリス海峡の両岸の農夫たちが、敵対意識と国民感情をあらわにしているのをみればわかるように、まさに彼らの中に戦争と不和の種火《マテリアルズ》があり、政府の指示がなくとも、政治家《ステイツマン》がしばしば消したいと思うほど大きな炎に燃え上がろうとしているのである。その火は必ずしも常に、政治家《ステイツマン》が考える国家的理由が導くところで燃え出すわけではなく、また、利害の一致によって同盟が作られたところで消せるわけでもない。スペインのある農夫は、「私の父は、フランスとの戦争を予感したら、墓から起き上がってくるだろう」と言った。この農夫や死んだ父親は、王侯たちの争いと、どのような利害関係があったのだろうか。

ここで述べたことは、人類を非難し、また、人間を悪く描いているかもしれない。しかし、われわれが指摘してきた個々の事柄は、われわれの本性の最も好ましい資質と両立しており、また往々にして、われわれの最も優れた様々な能力を行使させる場を提供するのである。これらは、祖国防衛の際に戦士を活気づける寛大な自己否定の感情である。またこれらは、人類にとって最も有益な性向であって人間に対する明白な敵愾心の原理となる。すべての動物は、自らの持って生まれた才能と力を行使することに喜びを感じるようにできている。例えば、ライオンや虎は前足で競い合う。馬はたてがみを風に委ねることを楽しみ、どれくらいの速さで野を駆けられるかを試すのに草を食むことを忘れる。牡牛は、額が角によって武装される前でさえ、また小羊は、純真無垢の象徴とみなされているが、前額で突撃する性質を持っている。そして、遊び戯れる中で、彼らが耐え続ける運命にある争いを予期しているのである。人間にも、対立し、対等な敵対者に対して持って生まれた力を発揮しようとする性質がある。人間は自らの理性、雄弁、勇気、さらには肉体の強さを試すことを好む。運動競技は、往々にして戦争のまねごとである。汗と血が遊びのなかで惜しみなく流される。気晴らしのための遊びやお祭り騒ぎが、大怪我や死によって終わりを告げることがしばしばある。人間は永遠の生命を授けられなかった。娯楽に対する愛さえ墓場への道を開いているのである。

諸国民の敵対意識と実際の戦争なしには、市民社会《シヴィル・ソサエティ》それ自体、目的も形式もみつけることはまずできなかっただろう。人類は、正式な協定なしに交易することができたかもしれないが、国民の協力なしには安全は確保できない。国を防衛する必要性が、国家の多くの部門を生み出した。そして、人間の知的能力は、国民としての力を行使する時に、最も活動的な状態になった。理性によって説得できない場合に、威圧したり威嚇したりすること、あるいは、不屈の精神をもって抵抗することは、力強い精神を最も活気づける仕事であり、また、最大の偉業をもたらす仕事である。そして、同胞と一度も争ったことのない者は、人類の感情の半分を知らない者である。

個人の間の喧嘩は、実際に、悪意、憎悪、憤怒という不快で嫌悪すべき情念の作用であることが多い。もしこのような情念だけが胸中を占めるならば、意見の衝突による不和の光景は恐怖の対象になる。しかし、多数の人々によって続行される国家の対立《コモン》は、常に異なった種類の情念によって緩和される。愛着と友情の感情が、憎悪と混ざり合う。活動的で精力的な人が、彼らの社会の守護者となる。そして彼らの場合、暴力それ自体は、勇気の発揮であると同様に、闊達な精神の発揚でもある。われわれは私的な嫌悪の結果としては耐えられなかったことを、国民的精神や党派的精神より生じる行動としては讃美する。そしてわれわれは、敵対する国家が競い合う最中で、愛国者や戦士が暴力と策略を行使しているところで、人間の徳の最も輝かしい働きを見たのである。ここでは個人的な対立さえも、人間の功績についてのわれわれの判断を対立させせない。アゲシラオス(6)とエパミノンダス(7)、スキピオとハンニバルといった競い合った英雄の名は、繰り返し同じように称賛されている。そして、ある観点からは極めて破滅的に見える戦争それ自体も、他の観点からは自由《リベラル》な精神の行使となるのである。そしてわれわれが残念に思うまさにその諸帰結自体、人間生活からのわれわれの出口として自然の創造者が定めた病気の一つにすぎないのである。

これらの考察は、人類の状態についてのわれわれの視野を広げるだろう。しかし、これらの考察は、われわれに、われわれ自身の行為を変更させようとするものではなく、むしろ、われわれを神の行為に調和させようとするものである。そこでは、われわれは、同胞である人間の幸福な生活に対する配慮から、人間の憎悪を鎮めて、愛情の絆によって人間を結びつけようと努力する。このような友好的な意図を実現しようとする中で、われわれは、ある場合には、嫉妬と羨望による怒りの情念を和らげることを望むだろう。またわれわれは、個々人の胸中に、同胞に対する誠実な感情と、博愛《ヒューマニティー》と正義への意向を植えつけることを希望するであろう。しかし、国民の多数に対して、彼らの敵対者に敵意を抱くことを認めずに、一体感を与えることができると期待するのは無駄なことである。いかなる国民であれ、もし国外から引き起こされる競争心をただちに消すことができたとしても、われわれは恐らく、国内社会の絆を断つか弱めることになり、また、最も活発に国民としての仕事と国民としての徳が発揮される機会を無くすることになるだろう。

（6）（訳注）アゲシラオス Agesilaus（前四四四頃—三六〇年頃）、古代スパルタの王。前三六五年コリントとの戦争を勝利に導き、さらに前三七九年には、オリュントスを攻略し、スパルタの覇権を確立した。スパルタの発展は、アテネとテーベを刺激し、スパルタは両国を敵に回し、前三七一年レウクトラの戦で敗北する。その後アゲシラオスは徐々に覇権を喪失していく。

（7）（訳注）エパミノンダス（Epaminondas, ?—前三六二年）。古代ギリシアの軍人、政治家。テバイの出身で、ピタゴラス派の哲学を学び、テバイの勃興と興隆に貢献した。前三七〇—三六九年、スパルタに進出し、メッセニア人を解放したが、前三六二年には、マンティネイアの戦いで、スパルタ・アテネ連合軍に敗れ、戦死した。エパミノンダスの死後、テバイの勢力は急速に衰えた。

第五章　知力について

　われわれがここで列挙した人間の様々な性向を分析するために、過去にも多くの試みがなされてきたが、科学《サイエンス》の一つの目的、恐らくは最も重要な目的は、ある性向の存在を確証した時に果たされる。われわれは、その起源や形成過程よりも、そのありのままの姿《リアリティー》とそれがもたらす帰結により関心がある。

　これと同じ見解は、われわれの本性が持つ他の力と能力にも適用され得るだろう。それらの存在と用途が、われわれの研究の主な目的である。思考と推論は、言ってみれば、何らかの能力の働きである。しかし、次の問題をわれわれは解決できない。すなわち、思考や推論の能力は、それらが使用されていないとき、どのような形で存続しているのか。あるいは、これらの能力が人によって同じでないのは、身体のどのような違いによるのか、という問題である。それらが存在すると分かるのは、これらの能力の働きだけによってである。これらの能力は、機能していないときには、これらの能力の持ち主からさえ隠れた状態にある。そして、これらの能力の活動が、これらの本性にとってあまりにも不可欠な要素となっているので、多くの場合、この能力それ自体は、それを頻繁に使うことによって身に付く習慣とほとんど区別できないのである。

　異なる課題に従事する人々、異なる領域で活動する人々は、通常、異なる才能《タレント》を持っているように見える。あるいは少なくとも、持っている能力《ファカルティ》は同じであるが、養成の仕方が異なり、異なった目的に適合するようになっているかのように思われる。このように国民独自な特質《ジーニアス》は、個人独自な特質と同様に、かれらが置かれている運命の状態から生じるのだろう。そして、この種のかれらの長所について敢えて判断を下す前に、あるいは、かれらが達成した様々な業績によって、どの程度の敬意をかれらが要求しうるかを判定しようとする前に、人間が持つ素質の中で称賛に値するものは何か、または、人間の能力を活用する際に幸いなことは何かを判断するための何らかの法則をみつけるよう努力すべきであろう。

感覚から情報を受け取ることが、恐らく知的本能と結びついた動物的本能の最初の働きであろう。そして、生命ある主体としての、一つの大きな技量は、その動物的諸器官の力と感受性に存する。それらから人間がうけとる快楽や苦痛によって、彼は、こうして彼の知識となる諸対象の重要な違いをしる。そしてこの重要な違いは、人間が欲求のままになる前に十分に識別するよう彼に配慮させるのである。人間は一つの感覚の対象を、別の感覚の知覚によって吟味しなければならない。危険を冒して触る前に、目で見て調べなければならない。飢えや渇きの欲求を満足させる前に、あらゆる手段をもちいて観察しなければならない。経験によって得られた識別力は、人間精神の一つの能力となる。そして思考による推論が、時として感覚の知覚と区別されないこともある。

われわれの周りにある諸事物は、それぞれ外観は異なるが、なんらかの関係を持っている。それらを比較すると、個々別々に考察したときには分からなかったようなことが明らかになる。それらは、それぞれの力を持ち、また影響し合っている。それらは、似たような状況の中では、類似した作用と、同じような結果をもたらす。事物の作用について、その一様性の本質をなす核心をみつけて、表現した時、われわれは物理的法則を究明したことになる。物理的法則の多くは、また、最も重要なものでさえ大衆《ヴァルガー》に周知のもので、また、ほんの少し考えてみれば思いつくものである。しかしそれ以外の物理的法則は、凡才には全く無秩序なように見えるもののなかに隠されているため、研究、長期にわたる観察、そして優れた能力の対象となる。洞察力と判断力は、科学者と同様に、実務家によっても、この種の複雑さを解くために用いられる。そして、夫々にどの程度の深い知性が与えられているかは、次のことによって測るべきである。すなわち、共通性を全くもたないかのように見える様々な事例に適用し得る一般原則を発見することに成功したかどうか、また、大衆が混同しがちな諸事物間の重要な違いを発見することに成功したかどうかによってである。

学問《サイエンス》の目的は、数えきれないほど多くの事物を一般的な項目の下に集め、様々な作用をそれらに共通する原理に関連づけることにある。道楽者も実業家も、同様のことをしている。しかし、たかだか、自らが現に関与している範囲の中においてだけである。学者と実務家は、さらに観察と経験によって、彼らの様々な対象を考察しうる一般的な観点を見出し、そして、かれらの行動の細部においても有益に適用し得る法則を発見しようとしているのである。かれらは、必ずしも常に異なる対象にそれぞれの才能を生かしているわけではない。彼らを区別するのは、主として、理解できる範囲の違い、気づくことの種類の違い、あるいは、対象を蒐集する際の目的の違いによってであるように思われる。

人びとは欲求と熱情から、外的な目的を達成しようと行動している間は、その対象について詳細に考察することをやめて、一般的な探究の道へと進んでいくことはほとんどない。人間は、自らの能力の程度を、どのような主題であっても重要なことを敏速に理解できるかどうか、どのような苦しい出来事が起きても容易に乗り切ることができるかどうかによって測る。そしてこれらのことが、困難のただ中で行動するように運命づけられている存在の能力と力を測る適切な試験であるということは、認めざるをえない。言葉の羅列と一般的推論は、博学で博識であるかのように見えることもあるが、実生活においてはほとんど役立たない。それらを生みだす才能は、単なる虚飾に終わり、活動的な人々が難局に突き当たった際に用いる優れたな識別力と結びつくことはほとんどない。困難な状況を切り抜ける際に必要な、精神の大胆さや力強さとは、なおさら関係がない。

しかしながら、活動的な人びとの能力は、彼らが従事している問題が多様であることに対応して多種多様である。外界の無生物に対して用いられる洞察力は、能力のある一つの種類を形成し、社会と人事に向けられる洞察力は、他の種類の能力を形成する。いかなる領域においても、力量に対する高い評価は、それがどのような種類の努力によって獲得されたかをわれわれが知るまでは、疑わしい。最高の能力を持っている人々を称賛する際に言えることは、かれらが自ら取り組んでいる問題を十分に理解しているということだけである。もし、思考の対象、精神の能力についてとやかくいわないとすれば、また胸中の感情、活動的な人々の習慣についてもとやかくいわないとすれば、あらゆる分野、あらゆる職業に偉人が存在することになるだろう。

実際、最も卑しい職業の人が、自分たちの職業の中で際立っている者を称賛するさい、時として、われを忘れ、あるいは自分たち以外の人類のことを忘れ、そして最も尊敬すべき人が優れた能力を持つ者の権利として要求するあらゆる肩書を不当に用いることがある。あらゆる職人は、彼の専門の職業においては、初心者や謙虚な称賛者からみれば名人である。そして恐らくわれわれは、何が人間の才能を尊敬すべきものにするか、また、何が人間の天分を称賛すべきものにするかということより、何が人間を幸福で、愛すべきものにするかということについて、自信をもって断言することができる。このことは、才能それ自体の観点からは、恐らく不可能であろう。しかしながら、それがもたらす結果は、われわれの判断の規則と基準を示すだろう。称賛され、尊敬されることは、人びと間で優位に立つということである。その優位性の獲得に直結する才能は、人類に影響を及ぼし、人類の考えを見抜き、希望を奪い、計画を頓挫させるような才能である。すぐれた能力の持ち主は、すぐれた指導力をもって、あらゆる個人が行こうとしている所へ導き、また、ためらっている人や優柔不断な人に、目的達成への明確な道筋を示す。

ここで述べたことは、特定の技能や職業に関することではない。その意味するところは、おそらく人びとが特定の職業にそれぞれ専念することによって、結局は、ある種の能力が抑えられ、弱められることになりがちだということである。もしわれわれが、人間の集合体をいくつかの部分に分割し、その各部分を別々に観察することだけしかしないとすれば、どこで、集合体の中で人間と共に行動するのに適した才能を見出せるだろうか。

同胞のことを考えて行動すること、社会の中で自らの考え《マインド》を明らかにすること、社会の一員として、友人として、あるいは敵として、人間にふさわしい感情や思想のすべてを発揮することは、人間の本性の主要な使命であり、また職務であると思われる。人間は生きるために働かなければならないとしても、生きる目的としては、人類の利益よりも立派な目的はありえない。また、人間がもつ才能としては、人々とともに行動できるようにする才能よりも優れたものはない。実に、この点で知性は、情念に非常に多くのものを負っているように思われる。また、人事には、機敏な知性と熱烈で感受性ゆたかな心情が区別しがたくなるような、至福をともなう行動がある。両者が結合しているところで、卓越した精神が形成される。特定の時代や国民の精神の程度を決定するのは、思索における、あるいは手工業や学芸の実践における進歩よりも、むしろ人びとの間でこの卓越した精神が現れる頻度であり、そして、この頻度が栄誉と名誉をわりあてる。

様々な国民が、相次いで発見と探究の道を引き継ぐとすると、最後の国民が、常に最も知識が豊富なことになる。科学の様々な体系は、徐々に形成される。地球それ自体も、段々と踏破される。そして、歴史の各時代は、前の時代から知識を継承する。ローマ人はギリシア人よりも多くの知識を持っていた。この意味において、現代のヨーロッパの学者は全て、ギリシアやローマの誉れ高い最も教養のある人々よりも、多くを知っているといえる。しかしそれが故に現代のヨーロッパの全ての学者が彼らより優れていることになるだろうか。

人間は何を知っているかによって評価されるべきではない。何をなし得るかによって、色々な物質を生活の様々な目的にかなうように作り変える技術によって、政策目標を追求し、戦争と国防の策を講ずる中で発揮される活力と行動とによって、評価されるべきである。文芸においてさえ、人間は、彼らの天分の働きから評価されるべきであって、彼らの知識の量から評価されるべきではない。あるギリシアの共和国においては、単なる観察の領域は極端に限られていた。そして、活動的な生活の喧騒は、研究と相反するように見えた。しかし、それにもかかわらず人間の精神は、ここで最高の能力を結集し、汗と挨のただ中で最高の知識を獲得したのである。

人間性の非常に多くを、隠遁生活において学べることと、書物の知識から学べることに依拠しているのは、近代ヨーロッパに特有なことである。古代の文芸の助けがなければ、人間の感情と人間の理性は人間の社会から消滅してしまっていたに違いないという、古代の文芸に対する正当な称賛は、われわれを人里はなれたところに追いやってしまった。われわれはそこで、想像と思索から、実際には経験と感情にかかわる事柄を引き出そうと努力しているのだ。また、死語の文法や注釈者の解説を通して、社会のなかで活気づけられた精神から湧き出し、活動的生活の生き生きとした印象から引き出された思想と雄弁の美に到達しようと努力しているのだ。われわれの学識は、どのような科学においても、往々にして、その科学の原理の域を脱しないものであって、有用な知識が与えるはずの、あの能力と力の向上にいたることはめったにない。ユークリッド『幾何学原本』を研究するが、測量については少しも考えない数学者のように、われわれは社会について読んで知るが、人々と共に行動することを提案しない。われわれは政治用語を繰り返すが、国民の精神を感じない。われわれは軍事訓練の方式に関心があるが、戦略や軍事力を用いて何か目的を達成するために多くの人々を率いる方法を知らない。

しかし、何のために、改善不可能な不幸を指摘するのかと、いわれるかもしれない。(1) もし国家的問題が国民の尽力を求めるとすれば、人びとの精神は覚醒するだろう。しかし、よりよい仕事がないとき、その時間が学習にあてられるとすれば、たとえそれ以外の利点は何もないとしても、余暇の時間を真面目に過ごすのに役立ち、破滅的で馬鹿げた娯楽に走らないようにする。ほかならぬこのような理由から、われわれは、学校の門を出てからも保持すべきだとは思われないものを獲得するために、幼少期のかなり多くの年月を鞭の下で費やすのである。そして研究にも娯楽と同じように馬鹿げた性質があるが、人間の精神は、文芸を軽んじることによって損なわれうるのと同じように、文芸に虚偽の重要性をあたえることによっても損なわれうる。すなわち文芸を、われわれの行為を助けるものとしてではなく、また、それ自体で楽しく人類にとって有益な性質を形成する手段としてでもなく、一生をかける仕事として重要なものとするのである。

精神の様々な力を休ませているときに経過する時間、また、衰弱させ腐敗させる傾向にあるもの以外のあらゆる目的を差し控えている時に経過する時間が、精神の様々な力を強化するために、また、精神にその目的と強さを認識するよう教えるために用いられるならば、われわれは、成年になって、仕事にそれほど困惑することはないだろう。また賭け事に興じて、われわれの才能を誤用したり、胸中に残っている情熱を浪費したりすることはないだろう。少なくとも、自らの地位により国政の一端を担う人々は、自分たちは仕事をすることが出来ると信じるであろう。そして、国家が軍隊と議会を持っているかぎり、物憂い無意味な生活の退屈をまぎらすためだけに、自分の財産を危険に投じることなどすることなく、十分楽しむことができる様々な目的を見つけることができるであろう。思索の状態を永遠に維持することは不可能であり、また、われわれが人々の中で生きているということを、たまに感じることもないということも不可能である。

（1）（訳注）初版では it may said となっているが、二版以降、it may be said と訂正。

第六章　道徳感情[1]について

われわれは、人間の生活の中で起きることをほんの少し観察しただけで、生存についての心配が、人間の行動の主な原動力になっていると結論づけるようである。この配慮が、機械技術の発明と実践をもたらす。また、仕事から娯楽を区別するのに役立つ。そして、多くのものと一緒になって、追求すべき、または注意すべき対象として、それと競合する何か他のものを受けいれる余地をほとんど残さない。財産と富がもたらす非常に大きな諸便宜は、虚栄心によって、あるいは、より重大な独立と権力への関心によって推奨されなくなると、動物的享楽のための備えにすぎなくなる。そして、もしこの問題についてのわれわれの心配の種が取り除かれたならば、職人の労苦のみならず、学者の研究もなくなるであろう。公共的な仕事のすべての部門は不要になるだろう。議事堂はすべて閉ざされ、宮殿もすべて荒廃するだろう。

したがって人間は、その目指しているところから見れば、単なる獣類に分類されるべきものであろうか。そして、獣類と区別されるのは、動物的生活を支え便利にするための考案物を増やす能力を持っていること、また、生命維持のための心配を、自然の恵みを人間と共有している畜群よりも、人間に重い負担とさせている空想力の大きさによってだけなのか。もしそうだとすれば、成功に伴う喜び、失敗から生じる悲しみ以外には、人間の感情はなくなるだろう。自分の所有物を破壊した激流、あるいは豊かにした氾濫は、財産が害される災禍の時や、財産を保護し増大させる恵みの時に、湧き起こるあらゆる感動を、人間に与えるだろう。同胞は、単に彼の利益に影響を与えるだけのものとしてみなされるだろう。利益か損失かが、あらゆる交流の成り行きを記録するために用いられるだろう。そして、**有益な**。あるいは、**有害な**という形容語句が、社会において彼の仲間を見分けるために用いられるだろう。それは、これらの形容語句が、たくさんの実がなる木から、地面をふさぎ妨げになる木、あるいは人間の視界をさえぎる木を区別するのに、用いられるのと同じである。

しかしながら、これが、われわれ人類の歴史ではない。同胞からもたらされるものは、特に注意深く受け取られる。そして、あらゆる言語に、人々の交流の中で成功や失敗とはいくぶんか違うものを表現する言葉が豊富にある。利益の観点からは、燃え上がらせるものは何もない場合でも、仲間といる時は、胸中は燃え立つ。そしてそれ自体は取るに足らない事柄でも、人びとの意図や性格を明らかにするのに役立つ時には、重要なものになる。舞台でオセロがハンカチをなくしたために激怒したと思った外国人は、人間のより激しい感情をいかなるものであっても、単なる利益や損失の影響に帰する思索家よりも、間違っていなかった。

(1)（訳注）章のタイトルが**道徳感情 moral sentiment** であることに注意。スコットランド啓蒙のもう一人のアダム、『国富論』の著者、アダム・スミスの最初の著作のタイトルは『**道徳的諸感情 moral sentiments** の理論』であった。スミスによれば、中立的な観察者の同感をえられる限り、当事者のあらゆる種類の感情が、社会的に是認されるのである。それに対してファーガスンの道徳感情は、五感（視、聴、嗅、触、味）と同類の感覚であり、視覚が対象の形、聴覚が音、嗅覚が匂いを見分けるのと同様に、対象の道徳的性質を判断する感覚である。人間に五感以外に、道徳感情があるとしたのが、スミスが忘れえぬ教師として尊敬していた、フランシス・ハチソンであった。

人間は、仕事について協議するために集まるが、利害を警戒して分裂する。しかし人間の対立の中で、友としてであろうと、敵としてであろうと、利益や安全への関心によって制御できない炎が燃え上がることがある。親切心からだと分かると、好意の対価を測ることはない。そして、**侮辱**や**不正**という言葉に比べると、**不運**という言葉の意味は、それほど激しいものではない。

われわれは、人間の行為に差異があることに、行為者としても傍観者としても絶えず気づくようにつくられている。そして、遠い時代と国々で起きた出来事のありのままの話を聞くと、感嘆や憐憫の情に動かされたり、憤怒や激怒の情にかり立てられたりするのである。これらのことについて敏感であるために、われわれは、閑居の中では、歴史の物語や詩の創作に魅惑され、同情の涙を流し、血潮がたぎる。また、目にはありありと不快感が、あるいは喜びがあらわれる。それは、人間生活を興味深い舞台に変え、そして怠け者さえをも敵、あるいは友人として、かれらの前で演じられている場面の中に絶えず誘い込む。この感受性が、熟慮と理性の力と結びついて、道徳的本性の基礎となり、そして、称賛と非難の条件を決定する一方で、われわれの同胞を、最も称賛すべきで魅力あるものとか、あるいは、最も不愉快で軽蔑すべきものとかに分類する働きをするのである。

道徳的差異の実在性を思索の中で否定している者が、個々の事例では自らが維持している一般的立場を忘れ、嘲笑、憤慨、軽蔑という感情が人々の行動に差異がない場合でも存在しうるかのように、これらの感情を露わにしているのを見るのは滑稽である。また、欺瞞を非難することが、道徳の側に加担しているのではないかのように、道徳的抑制を課してきた欺瞞を辛辣な口調で暴こうとしているのを見るのも滑稽である。(2)

人々が、どのような原理に基づいて様々な性格の優劣を判断し、そして感嘆や軽蔑といった激しい情動を抱くのかということを、われわれは説明できるだろうか。仮に説明できないということを認めるとすれば、それは、それだけ真実味がないことになるのか。あるいは、科学の体系を構築する仕事に従事している人々が、心の運動が発生する原理を発見するまでは、われわれは心の動きを停止しなくてはならないのか。指が燃えている時、われわれは火の特性についての知識に関心を持たない。心が引き裂かれている時、あるいは精神が歓喜に満ちている時、われわれは道徳的感受性の問題について思索する暇はない。

推論と理論が適用される他の事例においてと同様にこの場合においても、好奇心の強い人々が自然の原理の探究で忙しくしている一方で、自然が自らの道を進んでいることは幸いである。農夫あるいは子供も、洞察力をもって、矛盾なく、また類推を用いて、考え、判断し、自らの言葉を語ることができる。しかし論理学者、モラリスト、文法学者は、この過程を基礎づけている原理を発見しようとする時、あるいは個別の事例については非常に馴染み深く、広く認められていることを一般法則にしようとする時、当惑するのである。われわれが適切な行動をできるかどうかは、理論や一般的な推論の中にわれわれが見出す何らかの方向づけによるよりも、個別の事柄についてわれわれが持っている才能や、個々の出来事についての示唆におうところが多い。

われわれは、あらゆる探求の結果、説明できない事実にどうしても遭遇してしまう。この悔しさを我慢す

（2）マンドヴィル。

ることにより、多くの実りのない骨折りがしばしば省かれるだろう。われわれは、われわれの実在感覚とともに、多くの様々な状況が、同時にまた同じ方法でわれわれの知識となること、そして実際に、われわれの存在様式を構成していることを認めなくてはならない。全ての農夫が、人間は自らの権利を持っていると、また、これらの権利を侵害することは不正であると、われわれに言うだろう。もしわれわれが更に、**権利**という言葉をどのような意味で使っているのかと、彼に尋ねるとすれば、恐らくわれわれは彼にこの言葉を、より重要でない言葉かより適切でない言葉に置き換えることを強いることになるだろう。また、彼が、自分の言葉の特有の言い回しで自分自身を説明しようとしている時に、彼の本来の気持ちは何なのか、また彼が結局のところ思っていることは何なのか、を説明するよう彼に求めることになるだろう。

個人の権利は、色々な対象と関連し、そして様々な見出しの下で理解されるだろう。人間には、所有権《プロパティ》の確立や階級の区別に先立って、自分の身体を守り、自由に行動する権利がある。また、理性で理解したこと、心で感じたことを主張する権利がある。彼らは会話をする時、いつも彼らが主張している立場が正しいか正しくないかを意識している。しかしながら、ここでわれわれがすべきことは、権利の概念を様々な事例に適用することではなくて、この概念が精神に受け入れられる際に生じる好意的な感情について推論することである。

次のことが真実であるならば、すなわち、人間が本能的に結合し、社会のなかで親切と友情という感情から行動するということ。知り合い親しい関係を持つまえから、通常人間はそういうものとして、お互いを配慮の対象として、そしていくぶんかは心配をする対象としていること。繁栄は冷淡にながめられるが、苦難は哀れみをもって見られるということ。惨禍はそれに巻き込まれる人々の数と資質によって測られるということ。同胞のあらゆる苦しみが、思いやりのある大勢の見物人を引き寄せるということ。実際によいことが起きることを常に願っているわけではない人々に対してさえ、危害を加える道具になることを非常に嫌がること。これらのことが本当だとすれば、このような友好的な性質の様々な表出のなかに、道徳的知覚の基礎がしっかりと据えられていると見るべきである。また、われわれが自分自身のために保持している権利意識が、人類愛と公正の感覚の働きによって、われわれの同胞にまで広げられていると見るべきである。

残忍な行為や抑圧的な行為をわれわれが非難する時、その弁舌を激しくするものは何か。同胞を苦しめるような侮辱を与えないように、われわれを抑制するものは何か。どちらの場合においても、それは恐らく、悲嘆に暮れている者の前で同情の涙を流させる、あの人間本性《プリンシプル》に特有な働きであり、慈愛の性質の構成要素となるあらゆる感情が結びついたものである。またそれは、善を為そうとする決意でないにしても、少なくとも危害を加える道具になることに対する嫌悪である[3]。

しかしながら、人々の行動に与えられる非難と称賛のすべてについて、その動機を列挙することは困難であろう。われわれが道徳を説く時でさえ、人間の精神のあらゆる性向が、判定の形成の一端を担い、口舌を急き立てるだろう。嫉妬が貞淑の最も警戒を怠らない監視者となるように、悪意はしばしばわれわれの隣人の弱点を最も速く見つけ出す。羨望、気取り、虚栄が、われわれが下す判断を左右するかもしれないし、また、われわれが生来もつ最も悪い性向が、われわれの見せかけだけの道徳に対する熱意の根底にあるかもしれない。しかし、もしわれわれが次のことを問うつもりだとすれば、すなわち、人類に好意を寄せている人々が、なぜあらゆる場合において、一定の権利を、彼らの同胞に属するものとして理解するのか、また、彼らはなぜ、このような権利を配慮することを称賛するのか、ということを問うつもりだけだとすれば、称賛する人は、彼が称賛している仲間の幸福に好意的であるということ以上に適切な理由を挙げることは、恐らくできないであろう。

人間精神には何らかの友好的な性向が実際にあるのかについて、論争が頻繁に行われてきたことを考えると、また、利害をめぐる競争が盛んに行われていることを、このような競争に付随する嫉妬、羨望、悪意の情念とともに思い起こせば、愛と同情が、人間の胸中における最も強力なる原理であると断言することは、奇妙に見えるかもしれない。しかし多く場合、愛と同情は、最も抑えがたい熱情をもって駆り立てられることが運命づけられている。そして、もし自己保存の欲望がより持続的で、またより不変的であるとすれば、愛と同情は、熱狂、満足、愉悦のより豊富な源泉である。愛と同情は、憤慨と激怒の力に劣らない力をもって、精神を、あらゆる利益を犠牲にし、また、あらゆる困難と危険にうろたえずに耐えるよう急かすのである。

友情が植えつけられる心情《ディスポジション》は、平穏時には満ち足りて光り輝いており、また、勝ち誇っている時だけでなく、悲しい時でさえ生き生きとしている。それは外見に優美さを付与する。そして顔にあらわれたその表情は、美の不足を補い、あるいは、いかなる顔色も顔立ちも太刀打ちできないような魅力を与える。人間生活の様々な場面における主要な喜びは、この源泉から生じる。そして、詩歌においては、それを模写したものが、その主要な装飾となる。人間本性の記述は、力強い行為と男らしい勇気を表したものでさえ、もしそれらが寛大な感情の発露と混じり合わなければ、また、争い、勝利、または優しい愛情が見舞われる不運から生じると思われる哀愁と混じり合わなければ、人間の心を魅了しない。『アエネーイス』においてポリーテスの死は、トロイの崩壊で滅びた他の多くの人々の死よりも心を打つものではない。[4] しかし、年老いたプリアモスは、この彼の末子が殺された時その場にいた。そして悲嘆と悲哀の苦悶をこらえ切れずに、父親

(3) 人類は利益に一身を捧げると言われている。そしてこのことは、あらゆる商業国において疑いなく真実である。しかし、だからといって、彼らが、生来、社交と相互に愛し合うことを嫌っているわけではない。利益が非常に支配的な所でも、正反対のことを示すいくつかの証拠がある。われわれは、同情、誠実、善意への性向の力について、どう考えるべきか。その性向の力によって、人間の幸福は富、優越および名誉を可能な最大限度まで保つことにあるという支配的意見にもかかわらず、これらの諸対象をめぐって競争している関係者達あいだでも耐えうる程度の友好の基盤が依然として維持されている。そして、彼ら自身の利益と想定されるものを獲得することが、他者に不利益をもたらすように思われる場合には、彼らはその利益の追求すら差し控えるようになるのである。また、富についての問題をこのように理解することを妨げるような状況において、人間の心に何も期待しえないのであろうか。あるいは、先の意見と同じくらい堅固で一般的な次のような意見の影響下で、人間の心になにも期待しえないであろうか。すなわち、人間の幸福は、動物的欲求の充足ではなく慈愛的精神の充足にあるという意見、また財産や利益ではなく、このような対象そのものを軽蔑すること、そしてこの軽蔑から生じ、人類の繁栄あるいはその当事者が所属している特定の社会の繁栄に向けられた行動の断固たる選択と結びついた勇気と自由が、人間の幸福であるという意見である。

(4) (訳注) ウェルギリウス (泉井久之助訳)『アエネーイス』(世界古典文学全集、筑摩書房21巻三八頁、一〇三頁)。

は、彼が隠れていた場所から出てきて、彼の息子の血を流した者の手によって殺されたのである。ホメロスの悲劇は、愛情の力を示すことにあるのであって、単に恐怖と憐れみをかき立てることにあるのではない。単なる恐怖と憐れみの情念は、ホメロスがいかなる場合においても、恐らく決して喚起しようとしなかったものである。

このように燃えたち熱しやすいこと、心情に対するこのような支配、その感動に伴う喜び、そして、尊敬に値し名声を勝ちとるその効果の全てによって、人類愛の原理が、われわれの称賛と非難の基調となるべきであるということは驚くにあたらない。さらに、われわれの行為がこの原理によって導かれることが妨げられている所でさえ、熟慮してみれば、人間の性質の中で望ましいものについての知見を、この原理が精神に依然として授けているということも、驚くにあたらない。「そなたは、そなたの兄アベルに何をしたのか」というのが、道徳の最初の訓戒であった。そして、もしこれに対する最初の答えがしばしば繰り返されているとしても、人類はそれにもかかわらず、ある意味において、自らの本性の罪を十分に認識していたのである。人類は、同胞の保護者として考え、語り、また、行動さえしてきた。人類は、誠実と相互の愛情の表れを、何が人間の性質の中で価値があり愛すべきものなのかを試す指標とした。人類は、残酷と抑圧を、憤慨と憤怒の主な対象とした。頭が利益の計画で一杯になっている間さえも、心は往々にして友情の誘惑にかられる。また仕事は自己保存の原理に基づいて行われるが、気楽な時間は気前のよい親切のために用いられる。

したがって、人間が外に現れた行動について、日常的に判定する際の基準は、その行動が全体的な善に与えると想定される影響から引き出される。危害を加えないことは、自然的正義の重要な法であり、幸福を行き渡らせることは、道徳の法ある。われわれが、多数の人々を犠牲にして、一人または少数の人々に恩恵を与えることを非難する時、われわれは、公益を、人間の行動が目指すべき重要な目的として挙げているのである。

結局のところ、もし人類への愛情の原理が、われわれの道徳的な是認と嫌悪の基礎であるとするならば、次のことは認めざるをえないだろう。すなわち、われわれは、同胞がどれくらい傷ついたか、あるいはどれくらい感謝しているかについて、厳密に注意せずに、称賛したり非難したりすることがあるということ。また、この原理と直接関係する誠実、友情、寛大、公共精神といった徳以外に、この原理とは異なる根拠から称賛に値するような他の徳が存在するということである。節度、慎慮、不屈の精神は、同じように、われわれの同胞を配慮する原理から称賛される性質なのだろうか。そうではなく、これらの徳それ自体において人間は幸福になり、また他者にとっても役立つからという理由からではないだろうか。人類の幸福を促進する資質のある人は、大酒のみでも、愚か者でも、卑怯者でもない。さらに節度、慎慮、不屈の精神が、われわれが愛し称賛する性質には欠かせないものであると、よりはっきりと表明できるだろうか。私は、なぜ私自身の内にこれらの徳を望むべきかを、そして、なぜ同じように、私の友の内と、私が愛情を注ぐ対象であるすべての人の内に、これらの徳を望むべきかを、よく知っている。しかし、われわれの幸福にとってあまりにも必要な性質があり、また、われわれの本性の完成にあまりにも大きな役割を果たしている性質があるとすれば、それを称賛する理由を何の目的のために探すのか。このような資質がおろそかにされるようになれば、われわれは自分自身を尊重することも、何が卓越しているものなのか識別することもやめなくてはならない。

愛情に満ちた精神を持つ人で、彼自身は一個人として、彼の配慮を必要としている全体の一部にすぎないという行動原理を持っている人は、この原理の内に、あらゆる徳の十分な基盤、彼の主な楽しみを奪い取るかもしれない動物的快楽に対する軽蔑の念の十分な基盤を見出し、また、これと同等の軽蔑の念、すなわち、公共善を追求することを彼にやめさせるような危険や苦痛に対する軽蔑の念の十分な基盤を見出している。エピクテトスは、次のように述べている。「熱烈で揺るぎない愛情は、その対象を過大評価し、その途上に立ちはだかるあらゆる困難や危険を過小評価する」。「恋に落ちたことのある人たちに尋ねてみよ。彼らには私の話が真実だということが分かるであろう」。

もう一人の著名なモラリスト[5]は、次のように述べている。「私の目の前に、正義の理念がある。もし私が、あらゆる場合にこれに従うことができるならば、私は私自身が、人間の中で最も幸福であると考えるべきである」。人間の幸福と行為を切り離すことができるならば、人間がこの理念を厳密に形成すべきだということは、恐らく、人間の行為にとって重要なのと同様に、人間の幸福にとっても重要である。それは恐らく、有徳な人々が促進させようと従事している、あの人類の善のもう一つの名称にほかならない。もし徳が最高の善であるならば、その最良かつ最も注目に値する効果は、それ自体を伝え、普及させることである。

道徳的性質を理解した上で、愛すること、また、憎むことさえ、正義感からある集団を支持すること、邪悪な行為によってかき立てられた憤慨から別の集団に敵対すること、これらは、誠実さの一般的徴候であり、また活気に満ちた、正しい、寛大な精神の働きである。不当なえこひいきや、誤った根拠に基づく反感を防ぐこと、細やかな感情や熱意を減じることなく、あらゆる場合に識別力と洞察力をもって進む精神の平静を保つこと、これらのことは、活気ある洗練された魂の表れである。人間生活の様々な局面のすべてを通して、このような魂の命令に従うことができることは、また、繁栄の時も逆境の時も、常に独立不羈の精神を持って、その全ての能力を発揮し、生命が危機に瀕している時でも、自由が危機に瀕している時でも、単純な利害問題を扱うのと同じように、このような魂の命令に従うことができることは、度量の大きさと精神の真の気高さの勝利である。エパミノンダスは次のように言った。「今日の決着はついた。直ちに私の身体からこの槍を引き抜け。流血しても、かまうことはない」。

どのような状況のなかで、また、どのような指導によって、このように驚嘆すべき人格が形成されるのか。それは、流行を広め、上品ぶった言葉が交わされる、気取り、見栄、虚栄の温床において見出されるだろうか。人々が互いに、身の回り品、衣裳、財産の名声を競う、豊かな大都市で見出されるだろうか。楽しくもないのに微笑むこと、愛情もないのに抱擁すること、羨望と嫉妬という隠れた武器で傷つけること、必ずしもいつも名誉がえられるとはかぎらない事柄に個人的重要性を基づかせること、こうしたことをわれわれが学ぶ讃美の的になっている王宮の内において見いだされるだろうか。否。それが見いだされるのは、胸中の偉大な感情が呼び起こされる状況においてである。人びとの境遇と財産ではなく、人格が他と区別でき

---

(5) [モンテスキュー]『ペルシア人の手紙』[一七二一年]。

る主要な特徴となり、利害についての心配あるいは虚栄が、より力強い情動の炎の中で消滅する状況においてである。そして、獲物の血を味わったことのある動物のように、自分の目的を感得した人間の魂が、自らの才能と力を発揮させないようなものに従事するところまで落ちぶれることがあり得ない状況においてである。

高揚した幸福な心の状態にのみ相応しい出来事が、その心に働きかけ、この感嘆すべき効果を生み出すのである。人類は、単に指図されるだけでは、常にその意味をどう理解すべきか途方に暮れ、あるいはその指示に無感覚になるだろう。しかしながら、われわれが生活様式と同様に政治をシステム化してしまうと、われわれが称号、装具、栄誉のためにわれわれの自由を売り渡してしまうと、われわれが繁栄と権力以外に価値を認めず、貧窮と怠慢以外に不名誉を感じないようになると、事態は絶望的である。このように病み腐敗した精神を教育のどのような魔力が、癒すことができるだろうか。どのようなセイレーン[6]の声が、卑しくなった自由の欲求を、また野心の欲望を目覚めさせることができるだろうか。あるいは、どのような説得が、見せかけの洗練を、真の人類愛と誠実の感情に変えることができるだろうか。

(6) (訳注) セイレーン (Syren) は、ギリシア神話に登場する人面鳥身の海の精。美しい声で船員を魅了し、滅ぼした。英語のサイレン (siren) の語源。

第七章　幸福について

これまで、人間本性を特徴づける活動的な力と道徳的な性質について考察してきたが、これとは別に、人間の幸福を更に取り上げる必要があるだろうか。会話の中で最も頻繁に用いられ、最も馴染み深いこの重要な言葉は、恐らく、よく考えてみると最も理解されていない言葉である。それは、いかなる欲求であろうとそれが満たされる時、われわれの満足を表現するのに用いられる。それは、われわれの目的が遠くにある時、ため息と共に発せられる言葉である。それは、われわれが獲得したいと望むものであるが、われわれは留まってそれを吟味することは滅多にしない。われわれは、あらゆる対象の価値をその効用と幸福へのその影響によって評価する。しかしわれわれは、効用それ自体と幸福は、説明を要しないものと考えている。

最も頻繁に欲求を満たされる人々が、一般に最も幸福であるとみなされている。しかしもし実際に、われわれが欲しいものを所有することと、所有しつづけることが、幸福であるために必要不可欠ならば、人類の大部分は、自らの運命に不満を言う理由があるだろう。彼らが喜びと称するものは、通常、束の間のものである。そして希望に満ち期待していたものも、手に入ってしまえば心を引き続けることはない。新しい情熱が続いて起こり、以前と同様、遠くかなたの幸福を想像し、熱中する。

憂鬱なとき、如何に多くのこの種の反省をしないだろうか。あるいは、心配と難儀から解放されたいという思惑から、われわれが自ら進んで落ち込んでいく、あの倦怠や無為の結果、如何に多くのこの種の反省をしないだろうか。

人類に用意されている楽しみや苦しみを、形式的に計算してみると、偶然ではあるが、苦しみの方がその強烈さ、持続性、頻度からはるかに優勢であることがわかる。このため、われわれが人生の一つの段階から次の段階へと前進する際の活力と熱意、歩んできた道に戻ることへのわれわれの抵抗、成年になって若いころの浮かれ騒ぎを繰り返すことへの嫌悪、あるいは、子供の遊びを大人になって繰り返すことへの嫌悪が、われわれの過去の記憶や現在の感情が等しく嫌悪と不快の対象になっていることの証明として、述べられてきた(1)。

しかしながら、原因についてのわれわれの憶測から導き出されたこの結論は、他の多くの結論と同様に、経験と一致しない。あらゆる街路、村落、農場でわれわれが出会う人びとの多くは、陽気で無思慮な、無関心な、落ち着いた、忙しそうな、あるいは活き活きとした表情をしている。親方《レイバラー》は口笛を吹いて彼の手下に合図をし、職人《メカニック》は落ち着いて彼の仕事に取り組んでいる。陽気で快活な人々は、その理由はわれわれには分からないが、いつも楽しそうである。また人間生活の不幸を論証しようとしている人々ですら、自分の議論に没頭している間は、悲しみを忘れ、人間は不幸だという証明をすることを、まあまあの気晴らしとしている。

恐らく、**快楽**と**苦痛**という用語それ自体が、曖昧なのだろう。しかし、われわれの推論の多くで見られるように、これらの言葉の意味を、過去の記憶、現在の感情、あるいは将来の心配のいずれかにおける、外界の事物に対する単なる感覚に限定するならば、快楽と苦痛が幸福や不幸の構成要素の全てを含んでいると想定するのは大きな誤りである。あるいは、愉快な日常生活は、それぞれ別の名称を持ち、振り返ればはっきりと思い出される様々な喜びが、支配的になることによって維持されると想定するのも大きな誤りである。

精神は、それが存在しているほとんどの間、活発な活動に費やされ、それ自体の喜びや苦痛の感情に注意を払うことだけに用いられているのではない。そして、理解、記憶、予見、感情、意志、意図といった精神の諸能力のリストは、精神のさまざまな働きの名称を列挙したものにすぎない。

われわれが普通に**楽しみ**あるいは**苦しみ**のどちらかの名称を与えている感覚がすべてない時、われわれ

（1）モーペルテュイ『道徳哲学試論』［一七四九年］。〔（訳注）モーペルテュイ Maupertuis Pierre Louis Moreau de（一六八九―一七五九年）。フランス西部ブルターニュ半島北岸のサン・マロ（St. Malo）で生まれ、二〇歳で入隊し、騎兵隊副官にまでなるが、この間、余暇に、数学、力学、天文学等の研究をしていた。五年後退役、その年に科学アカデミーへの入会を認められる。一七二八年にロンドンを訪問、ロイヤル・ソサイアティーのメンバーに選出される。一七三六年には、ルイ一五世によって派遣されたラプランド探検隊の長となり、地球の経度測定を試みる。フランスに帰国後、ヨーロッパのほとんど全ての科学アカデミーの会員となる。生物学、数学、天文学に関する多くの著作を公刊しているが、ここで言及されている『道徳哲学試論』は、自然科学者モーペルテュイの作品としては異色のもので、そこで展開されている快楽・不快の計算はベンサムに影響を与えたといわれている。（参照　中野力「ロバート・ウォーレスとモーペルテュイ――幸・不幸の比較について」『関西学院経済学研究』第39巻二〇〇八年、同『人口論とユートピア　マルサスの先駆者　ロバート・ウォーレス』昭和堂、二〇一六年、第8章）〕

の存在そのものが、幸福あるいは悲惨というそれと正反対の性質を持ちうるとすれば、また、快楽あるいは苦痛と称するものが人間生活に占める割合が、われわれが工夫し遂行している時、追求し期待している時、行動し熟考し社会的業務をしている時に経過するものよりも小さいとすれば、能動的活動の方が、少なくとも期間の長さ故に、われわれのより大きな関心に値すると思われるに違いない。能動的活動の機会が失われた時、快楽を求めるのではなく、何かすることを求めるべきである。そして、苦しんでいる人の不平そのものは、無気力な人が何かを見つめている表情のような悲嘆の確かな表れではない。

しかしながら、われわれは、しなくてはならない仕事については、それがどのようなものであっても、人生の恵みであると思うことはほとんどない。われわれは常に純然たる楽しみの時間や、困難が終わることを目指し、われわれが現在満足していることの大部分が実際に導き出されている源泉を見逃す。多忙な人々に、彼らが切望している幸福はどこにあるのかと尋ねれば、彼らは恐らく、それは現在追求している目的のなかにあると答えるだろう。その幸福が今ないのに、なぜ惨めでないのかと尋ねれば、彼らは、幸福を獲得することを願っているからだと言うだろう。しかし、心もとない不確かな見通しのなかで、精神を支えるのは希望だけだろうか。また、成功の保証が期待の合間をより心地よい感情で埋めるだろうか。猟師が身体を疲労させる必要がないようにするために、また博徒が彼の心を困惑させる必要がないようにするために、猟師には彼の獲物を、博徒には勝負に賭ける金を与えれば、恐らく両者は、われわれの愚行を笑うだろう。博徒はスリルを味わうために新たに金を賭け、猟師は犬が吠えるのを聞くために雄鹿を野原に放ち、危険と困難を冒して追跡する。仕事が取り上げられ、希望をもてなくなると、存在することが重荷になり、記憶の反復は苦痛になる。

ある女性は次のように言う。「この国の男性は裁縫や編み物を学ぶべきです。そうすれば彼らの閑な時間が、彼ら自身と他の人々にとって重荷になることを避けられます」。すると、もう一人の女性が「本当に、その通りです。私自身は決して外を見ないのですが、天気が悪くなりそうだと身ぶるいします。悪い天気の時には殿方たちが、つまらなそうな顔で私たちのところへ気晴らしを求めに来るし、また、夫が困っている様子は、実に、憂鬱な光景ですね」と答えている。

計画を考案しているとき、実行しているとき、強い感情と心情の流に乗って活動している時、精神は自らの存在を明らかにし、楽しんでいるように思われる。目的や対象がほとんど役立たないことが知られている場合でさえ、才能や想像力が駆使されることが多く、仕事であれ遊びであれ同じように才能や想像力を楽しませるのである。われわれが休息を望むのは、われわれの限りある消耗された力を回復するためだけである。娯楽は多くの場合、仕事に疲れたときの単なる気分転換にすぎない。われわれは不平を言っている時でさえ、必ずしもいつも不幸であるとは限らない。心地よい精神状態を作る一種の苦痛があり、嘆き悲しむことそれ自体が喜びの表現であることもある。画家や詩人はこのことを見抜き、娯楽の手法の中で、われわれの涙をそそるように創られた作品が好評を博すことを知っている。

したがって、ここに描かれたような存在にとって、快楽への欲求と苦痛に対する嫌悪のいずれにおいても、活動する動機に出会うことは有り難いことなのである。活動は、彼が求める楽しみそのものよりも重要であり、物憂さは、彼が避けようとする苦しみよりも大きい悪なのである。

動物的欲求の満足の持続期間は短い。肉欲に耽ることは精神の異常に他ならず、もしそれが絶えず希望によってたきつけられているようなものでないとすれば、思い出すことによって矯正されるべきである。狩猟が獲物の死によって終わりになるのと同じように、快楽に耽る人の喜びは、彼の暴飲暴食を全うさせることによって終わる。感覚の諸対象は、社会の紐帯として、また、追求している遠くのものとして、人間生活の体系の中で重要な部分をなす。これらは、個体の存続や種の永続という自然の目的を実現するようにわれわれを導く。しかし人類の幸福の主要な要素として、これらの効用に頼るのは、思索における誤りであったし、実践においてははるかに大きな誤りになるだろう。後宮の主人といっても、恐らく、彼を悩みから解放し、楽しませるために自らの労働と財産を捧げている民衆よりも、さらに惨めであろう。その後宮の主人のために、帝国にある全ての財宝がおびえた住民の隠し財産から強奪され、彼のためだけに最も精選されたエメラルドやダイヤモンドが鉱山から採掘され、彼のために微風がすべて芳香で満たされ、彼のためにあらゆる地域から美人が集められ、真上の太陽の下で成熟した情熱によって生気を与えられ、後宮の主人に仕えるために、格子に閉じこめられているのである。

肉欲は、活動的な精神を常に魅了するものを追求する、何らかの習慣によって容易に克服される。好奇心が目覚める時、あるいは情熱がかきたてられる時には、会話が熱し、陽気にまたは深刻になるような宴の最中でさえ、いわゆる飲食の喜びは忘れられる。少年は遊び《プレイ》のためにこの喜びを軽蔑し、大人は仕事のためにこの喜びを拒否する。

安全、住家、食糧、さらに享楽や存続のためのその他の手段等、あらゆる動物の生存《ネイチャー》にかかわる、特に人間の生存にかかわる諸事情を列挙して、人間の幸福が依拠している分かりやすくて確固とした基礎をみつけたと思うことがある。しかし道徳を説くのに最も不向きな人々でも、生存するためのあらゆる手段と肉体的感覚の欲求にふけるための手段が、財産に含まれているにも関わらず、幸福は財産とは結びついていないと述べている。禁欲、勇気、行動を必要とする状況は、われわれを危険にさらすものであり、苦痛なものとして描かれる。しかし、有能な人、勇敢な人、情熱ある人は、困難の真只中に置かれ、持てる力を用いざるを得ない時、最も楽しんでいるように思われる。

フランシス・ヴェール卿が、何もすることがなかったため亡くなったと聞かされたスピノーラは、「それは、将軍を殺すに十分だった」と言った。[2] 危険と絶え間ない疲労にさらされる兵士としての生涯を選び、戦争それ自体を気晴らしとしている人々がなんと多くいることか。あらゆる便宜を奪われ、あらゆる苦難と戦うことになる船乗りとしての人生を選ぶ者がなんと多くいることか。また、政党や派閥の運営を気晴らしとし、怠けているよりはむしろ、彼がまったく敬意を払ってない人々や国民のために仕事をしようとする政治家としての人生を選ぶ者がなんと多くいることか。このような人々は、苦痛を喜びより好ましいものとして選ぶわけではない。しかし彼らは、能力と決断力を絶え間なく行使しようとする、たゆむことのない性向に刺激される。彼らは闘争のただ中で意気揚々とし、仕事の機会がなくなると意気消沈する。

勇気の報酬ではなく危険そのものを愛したという、タキトゥスが描いたあの青年の感覚では、楽しみとは

---

(2)『ハーバート卿の生涯』。

何だったのか。角笛やトランペットの音、猟犬のうなり声、あるいは戦いの叫び声が、猟師や兵士の情熱を目覚めさせる時、どのような喜びが期待されているのだろうか。人間生活を最も活気づける契機は、危険で困難な仕事への招請であり、安全や休養への招待ではない。そして人間自身は、その卓越した性質により、快楽を追求する動物ではなく、また自然の力が、人間が用いるためにもたらすものを単に享受するだけのものでもない。人間の友である犬や馬と同じく、自らの本性の楽しみといわれているものよりも、自らの本性の働きに従うべきものであって、気楽で豊かな安楽なところではやせ衰えるように、そして、自らの存在が脅かされると思われる危機の最中では奮起するようにと運命づけられているものなのである。これらすべてにおいて、人間を行動に駆り立てる性向だけが、人間に与えられている多様な力と調子を合わすことができる。そして人間の本性の中で最も尊敬すべき特性である大度、不屈の精神、英知は、人間が闘うことを運命づけられている様々な困難と明らかに関係している。

魂が別の目的によって呼び起こされると、動物的な快楽が味気ないものになるとすれば、同様に周知のごとく、苦痛の感覚は、精神の何らかの激しい感情によって抑えられる。激情の最中にある時、戦闘で急き立てられている時、熱狂している時、あるいは狼狽している時に負った傷の痛みは、精神の興奮がおさまるまでは全く気付かない。精神が、宗教、狂信、あるいは人類愛のいずれの感情であろうと、何らかの力強い感情に取りつかれている時には、よく考案され熱心に長々と行なわれる拷問にさえ、断固とした態度で、そして涼しげに耐えられるのである。次に挙げる事柄は、人間の不幸を、人間が経験すると思われる悩みや苦しみの度合いから算出することによって、どれだけわれわれが誤る可能性があるかを示すものである。すなわち、キリスト教会の迷信深い信者が、何年間も苦行を続けていること。東方の狂信者が、多年にわたる激しい苦行に自発的に耐えていること。ほとんどの未開民族が、飢餓や拷問を恐れないこと。戦場における兵士の陽気な、または頑固な我慢強さ。狩猟家が自らの娯楽の中で困難に耐えていることである。そして、人間の幸福は、これらのことと反対の楽しみによって測定されるべきではないと主張することに、精緻な思考があるとすれば、それは、哲学の時代より前にレグルス(3)やキンキンナトゥス(4)からあるものであり、あらゆる少年が遊ぶ時に知っているもので、また、あらゆる未開人が、森の中から穏やかな都市を眺め、大農園の所有者を模範にしたいなどと思わず、大農園を蔑む時に確認するものである。

このような人間精神の全ての活動にもかかわらず、人間が、動物という名称が意味するものを完全に満たしている動物であるということは、認めざるを得ない。肉体が病む時、精神は衰える。血が流れなくなる時、霊魂《ソウル》は旅立つ。生命の維持は、快苦の感覚によって注意され、死に対する本能的恐怖によって守られているが、自然は、人間の安全を、人間の知性の単なる警戒心だけに委ねなかったし、また、人間のあやふやな思慮の支配にも委ねなかった。

(3)(訳注)レグルス Regulus(?—前二四九年頃)。第一次ポエニ戦争で活躍したローマの将軍。カルタゴ海軍を破り、アフリカに上陸したが、敗退し、捕虜となる。後に講和大使としてローマに送られたが失敗。キケロに愛国者として讃えられた。

(4)(訳注)キンキンナトゥス Cincinnatus。共和政ローマの興隆期、エトルリアの都市、ウェイイ攻略において、一六日間だけ独裁官となって、アクエイ族を破り、帰国後、農民の生活に戻ったと伝えられている英雄。

精神と肉体の区別は、最も重要な帰結をもたらすが、われわれが今言及している様々な事実を基礎づけるものは、いかなる教義でもない。これらの事実は、われわれが問題となっている区別を認めるか、認めないかによらず、また、この生命のある主体を一つの本質から形成されたものと仮定しようと、あるいは、様々な要素が組み合わされたものと仮定しようと、等しく真実なのである。そして唯物論者が、人間を機械《エンジン》のように取り扱うとしても、人間の歴史の様相に如何なる変化をも起こすことはできない。人間は見ることが出来る多くの器官によって、様々な機能を果たす存在である。関節が曲がり、筋肉が弛緩し収縮するのをわれわれは見る。人間の胸中では心臓が鼓動し、血液は身体のあらゆる部分に流れる。人間は、身体の何の器官にも帰することができない、他の様々な機能を果たす。人間は知覚し、回想し、予測する。願望したり、避けたり、称賛したり、軽蔑したりする。快楽を享受し、苦痛を耐え忍ぶ。これら様々な機能のすべては、ある程度、同時に正常に機能したり、しなかったりする。血液の流れが悪くなると、筋肉は弛緩し、理解力は鈍くなり、そして想像力は鈍感になる。病気で苦しんでいる時、医者は彼が何を食べているかということだけでなく、何を考えているかということにも注意しなくてはならない。そして、脈拍数だけでなく情熱の回復具合も調べなければならない。

人間は、自らの存在を維持するために洞察力、警戒心、本能を与えられているが、その全てをもってしても、他の動物と運命を一にしており、結局は死ぬものとして創られているようである。無数の人間が、種としての完成に到達する前に死ぬ。そして個人は、自らのはかない人生を、断固とした態度と行為によって長引かせるか、絶望的な恐怖によって長引かせるかのいずれかを選択する場合、しばしば後者を選ぶ。そして、臆病の習慣によって、彼が非常に熱心に維持しようとしている人生を苦いものにするのである。

しかしながら人間は、時には、この屈辱的な運命から解放されて、自らの人生の長さについて考えずに行動することもあるようだ。思案に熱中しているとき、あるいは熱烈な願望のなかでは、どのような快楽も苦痛も、全く効果がない。今わの際においてすら、筋肉は魂《ソウル》が発する声を捉える、そして精神は、その活力に満ちたまま、獲得しようと苦労している目前の目的のために戦っている最中に、旅立つように思われる。ミュレイ・モラックは、病気で担架にもたれながら、なお戦い、その戦いの最中に息絶えた。そして唇に指をあてて、彼が行った最後の努力は、彼の死を隠せという合図だった。この用心は、恐らく、敗北を防ぐために彼がそれまでしてきたすべての用心の中で、最も必要なものだったであろう。

日常生活の多くの状況において身を処するのに非常に役立つ、このような魂《ソウル》の習慣を獲得するのに、どのような思慮も、われわれの助けとなりえないのだろうか。もしなりえないとわれわれが言うとしても、それが幸福であることは明らかである。ギリシア人やローマ人は、快楽を軽蔑すること、苦痛に耐えること、生命を顧みないことを、人間の優れた特質とみなし、また訓練の主要な課題とみなした。彼らは、活力にあふれる魂は、その力を発揮する価値ある対象をみつけると確信していた。そして、このような対象を毅然と選択するための第一歩が、心配性で臆病な精神の卑しさを振り払うことにあると確信していたのである。

人類は一般に、自らの勇気を発揮する機会を得ようと努めてきた。そして称賛を求めて、勇気をそれ自体として重んじなくなった人々にとっては恐怖の的になるような光景を、しばしば繰りひろげてきた。スカエウォラは、ポルセンナの魂を揺り動かすために、自らの腕を火に押し当てた(5)。未開人は裁判のとき敵に勝ち誇るために、彼の身体を拷問に慣れさせた。イスラム教徒でさえ、愛する女性の心をつかむために自分の肉を裂き、彼女の尊敬に値することを示すために、血を流しながら陽気に振る舞う。(6)

残酷なあるいは馬鹿げている程度まで苦痛を与え、また、苦痛を競い合う慣習をもっている民族もいるし、身体に苦痛を与えそうになると思われるものはすべて最大の悪とみなす民族もいる。そして、困難の最中で、弱く意気消沈した想像から生まれた恐怖から、あらゆる現実の不幸を呪う民族もいる。われわれは、それぞれの愚について釈明する義務はない。また、人間本性に関係する問題を扱う中で、その強さや弱さを、いかなる国であれ時代であれ、その国その時代に特有な習慣や考えから評価すべきでない。

---

(5)（訳注）リウィウスはこの情景を次のように描いている。「『眼中に大きな栄誉がある者たちは、いかに体を惜しまぬか、しかと悟れ。』……燃やしていた炉へ右手を突き入れる。あたかも感覚を失ったごとく、平然と手の焼けるに任せた……」リウィウス（鈴木一州訳）『ローマ建国史』岩波文庫、上一八二頁。

(6) モンタギュー『書簡集』。

第八章　前章に続く

教育や財産が異なる人々の様々な状態と生活様式を相互に比較したことのある人は誰でも、たんなる境遇だけが人々の幸福や不幸を構成するのではないということを納得するだろう。また、外見的慣習の相違は、道徳の問題についてのいかなる感情の対立も意味しないということも納得するであろう。人間は、様々な行動で、親切心と敵意を表現する。しかしそれでも、親切心や敵意は、人間生活において考慮すべき主要な問題なのである。人間は様々な業務に従事し、様々な状況を黙認する。しかし、ほとんど同じ情念から行動する。人間の便宜を満たすために、どれだけの物が必要であるかについての正確な基準はない。また、人間が行動する上で特に適している危険や安全の程度というものもない。勇気と寛大、恐怖と羨望は、ある特定の地位や身分の人々に固有のものではない。また、人類という種の才能や徳性を適切に用いることが可能だということを、人類の内で誰も示したことがなかったというような状態もない。

それでは幸福《ハピネス》と呼ばれている、あの神秘的なものは一体なになのか。それは、このように様々な境遇において存在していたようにおもわれる。また、ある時代やある国において幸福にとって不可欠と思われた事情が、他の時代や国においては、破壊的あるいは無益であると考えられている。幸福は、単なる動物的な喜びが続くことではない。動物的な喜びは、精神を夢中にさせる活動や仲間とは別に、人生が存続している間の少しの間しか埋めることができない。このような喜びは、あまりにも頻繁に繰り返されると、飽きて嫌になる。これらの喜びは、これらが過度に与えられた身体を傷つけ、夜の稲妻のように、これらが時折突き破る暗闇を、一層暗くするだけである。幸福は、遠くにある時は往々にして欲しいと強く思う対象だが、手に入れると退屈と倦怠をもたらし、苦痛そのものよりももっと耐えられない休息の状態、あるいは想像上の心配から解放された状態ではない。もしこの主題について右に述べたことが正しいとすれば、幸福は、どのような目的であれ、それを追い求めることから生じるのであって、達成することから生じるものではない。そして、われわれが到達するすべての新しい状況において、たとえそれが裕福な生活だとしても、幸福か否かは、われわれの精神が適切に用いられている度合に因るのであって、われわれが行動することになる状況や、手にすることが出来る物資や、提供されている道具に因るのではない。

もしこのことが、娯楽《アミューズメント》という名称によって分類され、また、最も幸福であると通常みなされている人々の人生の大部分を占めている、あの種類の気晴らしに関して認められるとすれば、このことは、獲得しようとしている目的に、そのために従事しなければならないことよりも主要な価値があると想定される仕事の多くの場合においては、通常想像されている以上に認められると思う。

聞くところによれば、守銭奴自身は自分の富についての配慮を、時として気晴らしとみなすことが出来るが、彼の相続人を、彼の財産を増やすよりも浪費していると譴責する。他者の行為かもしれないものにたいして、これほど無関心で、このように自分が自分自身の領域と選んだものだけを配慮することによって、とくに、もし貪欲な精神を引き裂く嫉妬と妬みの情念を彼自身において克服しているとすれば、どうして金を目的としている人間が、より全体的に浪費家よりも楽しく喜びに満ちた人生をおくると考えられないであろうか。また、巨匠、学者、風流人と同じように、あるいは。次のような類の人びとの何れとも同じように楽しく喜びに満ちた人生をおくると考えられないであろうか。すなわち、罪を犯すことなく余暇を過ごす方法をみつけている人々の類とさえ同じくらい、また、彼らの様々な方法で獲得したものや制作した作品を、守銭奴にとっての財布、あるいは、単なる気晴らしから熟練を要するゲームや運が左右するゲームをする人々にとっての賭銭と同じように無駄なものとみている人びと同じくらい、楽しく喜びに満ちた人生を送ると考えられないだろうか。

われわれは、正式な業務の域には達しない気晴らし、すなわち、何らかの情熱を魅了しない気晴らしや、われわれの才能や能力に応じた課題を与えないような気晴らしには、すぐ飽きてしまう。狩猟や賭博台には、それぞれ、精神を刺激して働かせる危険と困難がある。競争する遊びのすべては、われわれの対抗心を活気づけ、一種の党派心生み出す。数学者は、入り組んだ問題のみを面白く感じ、法律家と決疑論者は、自らの鋭い洞察力を試し、自らの判断力を必要とするような案件のみを面白く感じる。

積極的に関与したいという願望は、他のあらゆる自然的欲求と同様に、過度に働くようである。人間は、ワインやその他の酒類の嗜好においてと同様に、娯楽においても耽溺するだろう。最初は、わずかな賭け金と、適度な情熱をともなうもので、賭博師を楽しませるのに十分だっただろう。しかし、麻薬は、常習者には効かなくなる。賭博師の注意を呼び覚ますために、賭博《プレイ》は奥底の知れないものになり、上がりも大きくなる。賭博師は次第に深入りし、ついには面白さを求めるようになり、しかも彼の全財産を投じた危険によってかき立てられる不安、希望、絶望の情念の中にしか、面白さを見出せないようになる。

もし人間がこのように、娯楽を自分の仕事よりも真剣で関心をひく場に変えることができるとすれば、なぜ仕事と人間生活の多くの業務が、はるか先の成果、あるいは将来の出来事とは無関係に、娯楽のように選ばれないのか、そしてそれらが気晴らしをもたらすものとして受け入れられないのか、その理由を特定することは困難であろう。これが恐らく、満ち足りた陽気な人々が、熟考せずに、彼らの気質の明るさの基盤に据えてきたことである。恐らくそれは、どんな熟考によっても据えることができる、勇気ある不屈の精神の最も堅固な基礎である。そして幸福それ自体は、ある種の行為をわれわれの娯楽にすることによって、手に入れることができるし、また、人生の価値を、あらゆる個々の出来事について評価する場合と同じように、全般的に評価する際、人生を単に、精神を働かせる場、心を没頭させる場として考えることによって、手に入れることができるのである。ブルートゥスは次のよう述べている。「私はあらゆることを試み、企てるだろう。私は、祖国をこの奴隷状態から必ず蘇生させる。もし望ましい成り行きになれば、われわれ全員にとって喜ばしいことになろう。しかし、そうならなくても、私は喜ぶだろう」。なぜ失望の中で喜ぶのか。祖国が打ちのめされた時に、なぜ落胆しないのか。それは、恐らく悲しみと落胆が、何の役にも立たないからである。それらが襲ってきた時は、耐えるしかないのだ。それらはどこから私に襲ってくるのか。このローマ人は次のように述べるだろう。私は自分の心《マインド》に従ってきたし、これからもずっと従うことができる。様々な出来事が、私が行動することを運命づけられている境遇を変えたかもしれない。しかし、それらが、私が人間の役を演じることを妨げることができるだろうか。人間が行動することも死ぬこともできないような状況を私に示せ。そうすれば私も、人間は不幸であると認めるだろう。

人間生活を、このような側面からしっかりと見る精神の力を持っている人は誰であれ、人間の活動的性質が定められている固有の幸福を恐らく構成する、あの楽しみの状態と魂の自由を意のままにするには、自分が従事する事柄を正しく選択しさえすればよいのである。

人間の性向、そしてその結果として人間が従事している活動は、通常、主に二種類、すなわち利己的なものと社会的なものとに分けられる。前者はもっぱら一人で行うもので、もし人類と関係してくるとすれば、それは、対抗、競争、憎悪の関係である。後者は、われわれを同胞と共に生きたい、そして同胞に善いことをしたいという気持ちにさせる。また、社会の構成員を結びつける傾向にある。そして最終的には、苦労と楽しみを分かち合い、人びとの同席を喜びの機会とするのである。この種類の下に挙げられるのは、男女の情欲、親子の愛情、普遍的な人類愛《ヒューマニティ》、または個別的な愛着、そしてとりわけ、あの魂《ソウル》の習慣であろう。すなわち、われわれが自分自身を自分が愛するコミュニティーの一部にすぎない、そして、その全体的繁栄を熱意を注ぐ至高の目的、行動の最高の原則としている社会の、個々の構成員でしかないとみなす魂の習慣である。この愛着は、不公平な区別をいっさいしない公正の原理であり、際限のないものである。その効果は、われわれの個人的な知り合いの範囲を超えるだろう。それは少なくとも、精神と思考の中では、われわれに宇宙との関係と、神が創造したあらゆるものとの関係を気づかせるだろう。アントニヌスは次のように述べている。「神の国《シティ》を愛さず、ケクロプスの国《シティ》を愛する者はいるだろうか(1)」。

(1) (訳注) マルクス・アウレリウス (鈴木照雄訳)『自省録』(中央公論社、世界の名著、一四巻、四四一―四四二頁)。

胸中にわき起こる情動はすべて、どうでもいいようなものではない。それは、行動的で生き生きとした喜びであるか、悲しみの感情であるかのいずれかであり、また、われを忘れるような喜びであるか、こみあげてくるような苦悶であるかのいずれかである。そして、われわれの様々な意向から行うことは、それらを満足させることと同様に、われわれの幸福や不幸にとって最も重要なものだとおもわれる。

個人は、自らの生命の維持について配慮する責務を負っている。彼は独りでも存在しうるかもしれないし、社会から遠く離れて、感覚的、想像的、理性的機能の多くを果たすこともできるだろう。彼はこのような機能を適切に遂行することに対して、報われることすらある。また、彼自身に関わるあらゆる本能的な営為は、彼の同胞に関わる本能的な営為と同様に、積極的な喜びを伴い、また生活の時間を快い活動で費やすことになろう。

•

しかしながら、一定の程度を超えると、このようなわれわれ自身への配慮は、苦しい不安と残酷な情念の源泉となり、そこから堕落して貪欲、虚栄、あるいは高慢になる。また、嫉妬と羨望、恐怖と悪意の習慣を育むことによって、それは、人類の繁栄に敵対すると同様に、われわれ自身の楽しみを破壊するものになる。しかしながら、このような害悪を、われわれ自身への配慮が過度になったことに帰すべきではない。われわれの目的の選択を単に誤ったことに帰すべきである。われわれは、精神の諸特性のなかにしか見つけられないはずの幸福を、外部に探し求めるのである。われわれは、自分たちが偶然的な事柄に左右されていると考える。それゆえに、いつも不確かで不安な状態なのである。われわれは自分が他人の意志に左右されていると思っている、それゆえに、卑屈で臆病になる。われわれは、同胞が対抗者や競争相手になる事柄の中に、われわれの幸福《フェリシティ》が置かれていると思っている。そして幸福《ハピネス》を求める中で、われわれは、競争、羨望、憎悪、敵意、復讐の世界に没入し、極度の苦痛を招くことになるのである。要するに、われわれは、自らの偏向を保持することが、自分自身を保存することであるかのように行動し、苦難を永続させるのである。われわれは、異常な想像力や堕落した心から生まれる不幸を、われわれの同胞達のせいにする。かれらに自分の失望や悪意から生じる煩悶の原因を帰すのである。そして、われわれは自分で不幸を大きくしながら、自分自身への配慮が、よりよい効果を伴わないことに驚く。しかし、自分が本来、理性的存在で、社会の一構成員であり、また、自分自身を維持することは、自らの理性を維持し、心中の最上の感情を維持することでもあるということを忘れていない人は、このような不都合のどれにも遭遇することはないだろう。そして、自分自身のことを配慮する中で、彼は満足と勝利のみをもたらす対象をみつけるだろう。

恐らく、われわれの欲求を、慈愛的なものと利己的なものに分けたことが、ある程度、個人的《パーソナル》な楽しみと私的《プライヴェイト》な利益の問題についてのわれわれの理解を誤った方向へと導くことを助長したであろう。そして、徳は公平無私であることを証明しようとするわれわれの熱意は、その大義の普及をあまり促進してこなかった。利己的な願望を満足させることは、われわれ自身に利益や喜びもたらし、慈愛心を満足させることは、他人に喜びや利益をもたらすと考えられている。しかし実際には、あらゆる願望の充足は、個人の喜びであり、そしてその価値は、その感情の特性や力に比例するので、同じ人間が、自分自身のために獲得した幸運よりも、他人に与えた幸運から、より大きな利益を得るということも起こりうる。

したがって、慈愛心を満足させることは、どういうものであれ何か他の願望を満足させることと同じくらいわれわれ自身の願望の充足である一方で、多くの理由から、この性向の働き自体が、人間の幸福を構成する第一の要素であり、また主要な要素でもあるとみなされるべきなのである。子供にたいする親の優しさや気配りの行為はすべて、また、友情、愛、公共の事柄への熱意、あるいは普遍的な人類愛のなかで心にわき起こる感動はすべて、楽しみと満足をもたらす数多くの行為である。哀れみそれ自体、同情、悲嘆や憂鬱さえも、何らかの優しい愛情に接ぎ木されると、台木の性質を帯びる。そしてそれらは積極的な喜びではないにせよ、少なくともそれらは、われわれの［悲しみなどの感情の］対象を救済することで得られる、真の楽しみとでなければ交換したいとさえわれわれが思わない特定の性質を持つ苦痛である。人間のこの種の性質においては、極端なものでさえ、それらが憎悪、嫉妬、悪意と反対のものであるため、利己的な精神を苦しめる極度の心配、嫉妬、恐怖を伴うことは決してない。あるいは、もし同胞との上辺だけの結びつきから何らかの邪悪な情念が実際に生じるならば、その結びつきは本物ではないと非難しても差し支えないだろう。もしわれわれが疑い深い、あるいは嫉妬深いとすれば、われわれの上辺だけの愛情は、恐らく、注目されたい、個人として高く評価されたいという望みにすぎないのであって、それは、同胞と結びつきたいとわれわれを思わせる動機になることが多い。しかし、それはまた、われわれが同胞の幸福を犠牲にすることを厭わない動機になることも多い。われわれは、同胞をわれわれの虚栄心、快楽、あるいは利益の道具とみなし、われわれの善意や愛の対象としてもよい仲間とはみなさない。

この種の愛情に捧げられている精神は、習慣的に夢中になっている対象にとらわれているので、短気な人間が嫌な気分を直すために必要とするような娯楽や快楽を、求めるところまで落ちぶれることはない。そして感覚を満足させることが、心を満足させることに置き換えられる時、節度を保つことは、簡単なことになる。勇気もまた、非常に容易に身につけられる。それはむしろ、社交、友情、公共的活動における精神の熱情から切り離せないものである。この熱情は、個人的な心配や恐怖の対象を忘れさせ、そして、われわれ自身がそれを維持しようと努める中で遭遇するかもしれない些細な不都合、危険、または苦難にではなく、主としてわれわれの熱意や愛情が目的とするものに、関心を向けさせる。

それゆえに、人間の幸福は、人間の社会的性向を彼が従事《オキュペイション》している活動の支配的動機とすること、また、彼自身を彼の心がその全体的繁栄のために激しい熱情で燃えたつ共同社会の成員として位置付けること、さらに、苦悶・恐怖・嫉妬・羨望の源である個人的な不安を抑制することにあると思われる。あるいは、ポープ氏がこれと同じ感情を表現しているように、「人間は、あの豊かに実るぶどうの樹のように、様々な生を支えた。人間が獲得する強さは、彼が与える抱擁からくる」(2)。もしこれが個人の幸福《グッド》であるならば、それは同様に人類の幸福《グッド》でもある。そして徳が課す仕事は、もはや、われわれ自身が慎まなければならない幸福《グッド》を他人に与えることを義務づけるようなものではない。それは、われわれがこの世で促進することが求められている、あの至福の状態を、われわれ自身が維持しうる最高水準で、われわれ自身が保つことを想定してい

---

(2) 同様の格言は人間生活《ネイチャー》のあらゆる局面においても妥当するであろう。「愛することは快楽を享受することであり、憎悪することは苦痛である。」［Alexander Pope 1688-1744, *Essay on Man*, 1733 この思想詩の末尾にファーガスンが引用した語句がある。］

る。

われわれは通常、親切をすることがわれわれの義務で、親切にされることがわれわれの幸福であると思っている。しかしもし実際には、勇気や、人類の幸福《グッド》に捧げられた心が、人間の至福を構成するとするならば、なされた親切は、それを与えられた人にではなく、それをした人に幸福をもたらす。そして不屈の精神や寛大な精神をもつ人が、同胞に与え得る最大の幸福《グッド》は、このような幸せな性質を共有することである。エピクテトスは次のように述べている。「あなたは、屋根を高くすることによってではなく、同胞市民の魂を高めることによって、あなたの国《シティ》に最大の利益を与えるであろう。なぜならば、偉大な魂が小さな住まいに住む方が、卑しい奴隷が大きな家に潜伏するよりもよいからだ[3]」。

慈愛深い人々にとって、他人の満足は喜びの基礎である。そして、神の叡智によって統治されている世界においては、生存そのものが恩恵なのである。臆病にさせ卑劣にさせる心配事から解放された精神は、冷静で活動的に、勇敢で大胆になる。また、あらゆる企てが可能となり、人間本性を飾るあらゆる才能を精力的に発揮するようになる。この基礎の上に育まれたのが、古代の名高い諸国民を彼らの歴史の何年かの間、際立たせていた、あの感嘆すべき特性であり、彼らの生活態度においては、模範となるような度量の大きな行動も、ありふれた普通のこととなっていた。それは、公共的感情《パブリックアフェクション》にとってあまり望ましくない統治の下では、滅多に生じないものである。また、それは、あまり実行されていなくても、あるいは理解すらされていなくても、称賛と膨れ上がる賛辞の対象にされるのである。クセノフォン[4]は「このようにしてトラシュブロスは死んだ。彼は実に高潔な人であったように思われる」と述べている。何と価値のある称賛、そしてこの立派な人物の話を知っている者にとって、何と示唆的な言葉であろうか。これらの輝かしい国家の成員たちは、自らを一つの共同社会《コミュニティ》の一部とみなす習慣から、あるいは少なくとも、国家における何らかの階級の人々と深い関わりがあるとみなす習慣から、個人として評価されることに気をかけなかった。彼らは、魂の中にある偉大な熱意を刺激する対象について、絶えず考えていた。それは、彼らを絶えず同胞市民の視点から行動するよう導き、また、諸国民の運命あるいは彼らの集合体内の人々の運命を決定づける、討議、雄弁、政治、戦争の技術《アート》を実践するよう導いた。これらの国民は、このような過程で蓄積された精神力から、そしてそれを追求する中で改善された機知から、彼らの大きな度量と、政治的・軍事的行動の優秀さのみならず、詩歌や文学の技術《アート》さえも得たのであるが、これらの技術《アート》は、彼らの間では、別の状況で刺激され、涵養され、洗練された才能の二次的な付属物でしかなかった。

古代ギリシア人あるいは古代ローマ人にとって、個人は無であり、公共《パブリック》が全てだった。近代ヨーロッパの非常に多くの国々では、個人が全てであり、公共《パブリック》は無である。国家は、単に、様々な部門の結合にすぎない。そこでは奉仕への報酬として、重んじられ、富、高位、権力が与えられる。あらゆる個人に、彼が自分

(3) カーター夫人 [Elizabeth Carter 一七一七—一八〇六年] 訳『エピクテトス著作集』[一七五九年]。

(4) (訳注) クセノフォン Xenophon (前四二六頃—三五六年頃)。古代ギリシアの軍人、歴史家。ペロポネソス戦争後、ペルシア王子キュロスの軍に参加。厳冬のアルメニア山中の退却軍を指揮する。その体験談『アナバシス』(松平千秋訳 岩波文庫) を残している。

自身のために維持すべき固定された地位と位階を授けることは、近代的統治の本質で、その確立当初からでさえそうだった。われわれの祖先は、未開時代には、外国との戦争がない間は、国内で自分たちの個人的な要求のために戦った。そして、私的な集団が絶えず不当な行為と抑圧を被っていた一方で、競争と力の均衡によって、国家の中で一種の政治的自由を保持していた。彼らの子孫は、より洗練された時代になると、それより前の時代の人びとが主としてその中で活動していた政治的混乱《シヴィル》を治めた。しかし彼らは獲得した平穏を、彼らを保護してくれる法と統治構造に対する熱意を育むことに用いず、個人的な出世または利益のための色々な仕事《アート》を、個別に、そして各々が自分自身のために営むことに用いた。彼らの政治体制が、それらを彼らが追求し成功することを可能にしたのである。こうして儲けるためのあらゆる技術《アート》を含むと想定される商業が、諸国民の大きな目的として、また人類の主要な研究対象としてみなされるようになる。

われわれは、自分の財産を唯一の心配の対象とみなすことにあまりにも慣れすぎている。このため、民衆による統治のもとにおいてさえ、また、様々な身分の人々が自国の統治に参加するために呼び集められ、そして、かれらが享受する自由が、臣民側の警戒と活動がなければ長く保たれないような国家においても、築くべき自分の財産を持たないと通俗的にいわれている人びとは、どんな仕事をすべきかと途方に暮れ、孤独な気晴らしに耽っているか、園芸、工作、絵画、音楽といった彼らが好んで趣味といっているものに磨きをかけようとしているかのように思われる。これらに助けられて、彼らは物憂い生活の空白を埋めようと努力し、そして彼らの倦怠感を、祖国あるいは人類への何らかの積極的な奉仕によって癒す必要性を回避するのである。

弱い人々または悪意のある人々は、何かどうでもよいようなことに従事していればよいのであって、彼らは、自分自身や彼らの同胞を犠牲にするような気質が様々な影響を及ぼすのを回避することができるような仕事を何か見つけることができれば幸いである。しかし、能力と活力をもつ幸福な性質に恵まれた人々は、娯楽に彼らの時間を妥当な範囲を超えて費やすようになると、真の放蕩に陥る。そして実際に彼らは、自分自身を楽しませると同時に同胞にも何らかの真の利益をもたらすものよりも、自分自身を楽しませるのに適した仕事や余暇の方がよいと信じ込まされて、彼らの幸福をだましとられるのである。

この種の同胞に真の利益をもたらす楽しみは、実際に、欲得ずくの人、嫉妬深い人、あるいは悪意ある人の選択肢にはなり得ない。その価値は、これと反対の気質の人々にしかわからない。そして、われわれは彼らの経験にのみ訴える。彼らは仕事、友情、社会生活《パブリック》において思索の助けを借りず、単に自分の性質に導かれて、立派に振る舞うことが多い。そして自分の情動と感情の流れに満足し、過去を回想したり、将来の希望を思いめぐらしたりすることなく、現在を楽しむ。彼らが、徳が苛酷な自己否定の仕事であると気付かされるのは、実践においてではなく、思索においてなのである。

第九章　国民の幸福について

人間は、生まれながらにして、一つの共同体《コミュニティー》の構成員である。個人は、この資格で考察されると、もはや自分自身のためにつくられたものとは思われない。自分の幸福と自由が社会の利益の妨げになる場合には、彼はそれらをなしで済まさなければならない。彼は全体の一部にすぎない。そして、彼の徳に与えられるべき称賛と考えられているものは、ひとつの集合体の構成員や、ひとつの組織あるいは機関の特定部分が、その場所を占め、良い結果を生み出すよう、適合していることに対して、我々が与えているより一般的な称賛の分枝にすぎない。

もしこのことが全体と、その部分の関係から導出されるとすれば、また、もし公共の利益が個人にとっての主要な目的であるとするならば、個人の幸福は市民社会《シヴィル・ソサエティ》の偉大な目的であるということもまた同じく真実である。その構成員を個別に考察した場合に不幸であるならば、いかなる意味において、社会《パブリック》は利益を享受しうるだろうか。

しかしながら、社会の利益とその構成員の利益を一致させるのは容易である。個人が国家《パブリック》からどの程度の配慮を受けているとしても、彼は、まさにその配慮にたいして返報するときに、彼の本性に可能な最大の幸福を受け取るのである。そして、国家がその構成員に与えうる最大の恩恵は、彼らが国家そのものに愛着を持ち続けるようにすることである。最も幸福な国家《ステイト》とは、その国民に最も愛されている国家であり、最も幸福な人々とは、その心がひとつの共同社会に専念している人々であって、その共同社会の中で彼らは、あらゆる闊達な精神と熱情の対象を見出し、また、あらゆる才能と有徳な性質を発揮する領域をも見出すのである。

このように一般的な行動原理をみつけた後も、われわれの困難の大半は残っている。それは、これらの原理を、個々の事例に正しく適用するという問題である。諸国民は、その大きさ、人口、豊かさの点で異なっている。また、彼らの行っている仕事《アーツ》、既に獲得している諸便宜に関しても異なっている。これらの事情は、人々の生活様式に影響を及ぼすだけではなく、われわれの見るところでは、生活様式それ自体の諸側面と競合するようになることすらある。それらは、徳とは無関係に国民を幸福にするものだと想定される。またそれらは、ある肩書きを与えると想定されている。その肩書は、財産や名誉の力が私人の虚栄心を満足させるように、われわれ自身の虚栄心や他の国々の虚栄心を満足させるのである。

しかし、幸福を測るこの方法が、私的な人々に適用されると、破滅的で誤ったものになるとすれば、国家に適用される場合も同様である。豊かさ、商業、領土の広さ、技術《アート》の知識は、適切に用いられる時は、存続の手段になり、また、権力の基礎になる。これらが一部欠けると、その国民は弱くなる。これらがまったく用いられなくなれば、その民族は滅亡するだろう。これらは、幸福をもたらすものではなく、人口を維持するだけである。従ってこれらは幸福な人々を養うのと同様に、不幸な人々をも養うだろう。これらは一つの目的には応じるが、しかし、それ故に全ての目的に十分なものではない。臆病で、意気消沈し、卑屈な人々を存続させるためにのみ用いられる場合には、ほとんど重要性を持たない。

強い大国は、弱い国家を圧倒し征服することができる。洗練された商業国民は、未開国民よりも多くの富をもち、より多様な技術《アート》を用いる。しかし人間の幸福は、全ての場合において同じように、公平で活動的、かつ精力的な精神の賜物である。そしてもしわれわれが、社会の状態を、単に人類がその性向によって導かれて行く状態とみなすならば、また人類を存続させる効果と、人類の才能を成熟させ、さらに人類の徳性をかきたてる効果とによって評価されるべき状態とみなすならば、これらの諸利点を享受するために、われわれの共同社会を拡大する必要はない。われわれは、しばしば、このような諸利点を、独立を維持している小さな国々で、最も顕著に獲得しているのである。

人口を増大させることは、偉大かつ重要な目的として認められるだろう。しかし、どのような国家であれ、その領土を拡大することは、恐らく、この目的を達成する方法ではない。われわれが、同胞が増えることを望むとしても、だからといって全体が、もし可能だとしても、一人の長の下で統合されるべきだということにはならない。われわれはローマ人の帝国を、偉大で雄大な国家の典型として称賛しがちである。しかし、この場合にわれわれが称賛する偉大さは、人類の徳と幸福を破滅させるものだった。それは、この征服国民が統治と生活様式の諸事項において以前に享受していたあらゆる利点と矛盾するということが分かったのである。

諸国民の対抗心は、彼らの対立から生じる。諸国家の群生は、人びとの集団と同様に、平等と個別の利害のもとで、彼らが処理すべき色々な事柄において、彼らの理性を行使し、彼らの力《ヴァーチュー》を試す機会となる。安全のためにとられる政策は、国家の政策の大部分を含み、あらゆる国家において、外国から危惧されることに関係する。火打石が火をおこすために鋼鉄を必要としているように、スパルタは自らの力を発揮するために、アテネが必要であった。そして、もしギリシアの都市国家が、一人の長の下で統一されていたならば、われわれはエパミノンダスやトラシュブロス、[1] あるいはリュクルゴス[2]やソロン[3]の名を決して聞くことはなかったであろう。

したがって、人類のために考えると、われわれは独立や利害対立から時折生じる迫害を悲しく思うが、それにも関わらず、ある程度の徳が人類に残っている間は、われわれは、複数の体制を構築するのに適している多くの人々を、一つの体制の下に集めることは望み得ない。あるいは、異なる別々の立場で、多くの人に能力を発揮させ栄光の舞台を提供するかもしれない色々な事柄を、一つの議会、一つの立法権力や行政権力の指揮に委ねることも望み得ない。

これは、それについては決定的な法則がありえない主題かもしれない。しかし、無制限の支配を称賛する

（1）（訳注）トラシュブロス Thrasybulus（?—前三八八年頃）古代アテネの政治家で軍事指導者。民主的立場で寡頭制に反対し、民主制を回復し、対コリント戦でも活躍したが、小アジアに遠征中に、原住民に襲われて戦死した。

（2）（訳注）リュクルゴス Lycurgus。古代スパルタの伝説的な立法者。貧富の差をなくするために土地の再分配を行ない、交換経済の発展を妨げ、共同食事の制度、男子にたいする厳しい軍事訓練の必要を説いた。

（3）（訳注）ソロン Solon（前六四〇頃—五六〇年頃）古代アテネの政治家。平民が窮乏化し、債務奴隷になることを阻止するために、平民の負債の帳消しと、土地の再分配を要求した。ソロンの改革といわれる。しかし、貴族と平民の対立は解消できずに、成功しなかった。

ことは、破滅的な誤りであり、これ以上に人類の真の利益が完全に誤解されている事例は恐らくないだろう。

ある特定の国家がどの程度の領土拡大を望むべきかは、往々にして、隣国の状態から導き出せるものである。多数の国家が近接している場合、それらの国家が互いに尊敬し、思いやりを持つためには、また、一国の政治的生命が存する独立を有するためには、それらの国家はほぼ同等であるべきである。

スペインの諸王国が統合された時、また、フランスにおいて大きな封土が国王に併呑された時、グレイト・ブリテンにおける諸民族が分裂した状態を続けることはもはや得策ではなかった。

ギリシアの小さな共和国は、実際、それらが細分化され、それらの力が均衡することによって、ほとんどすべての村落が、国民としての目的を見出したのである。あらゆる小さな地区が、優秀な人間の養成所であった。そして、現在では大きな帝国の惨めな辺境となっているところが、人類が主要な栄誉を獲得した戦場だった。しかし、現代のヨーロッパにおいては、［ギリシアの小共和国と］同じくらいの大きさの共和国は、大木の陰にある低木のように、隣接するより強力な諸国家に成長を妨げられている。これらの国々の場合は、力の不均衡のために、分離によって得られる利点がほとんどない。彼らは、主人でも奴隷でもないために、それだけ卑屈で、また、それだけ不安定なポーランドの商人のようである。

一方、独立している社会は、どんなに弱くても連合を嫌う。連合が強制的な雰囲気や不平等条約によって行われる場合だけでなく、新しく入った国が、古くからのメンバーと同等の重要性をもって受け入れられる場合ですら、連合を嫌う。市民は、王国の併合に関心がない。市民は国家が拡大するにつれて、自らの重要性が低下することを知るにちがいない。しかし野心家たちは領土の拡大につれて、権力と富からの収穫がより豊かになることをしる。その一方、統治それ自体は、より容易な仕事となる。ここから帝国の破滅的な発展が始まる。またここから、自由な国民が、華やかに領土を獲得していくなかで、最終的には、彼らが征服した奴隷によってくびきでつながれ、苦しむことになるのである。

国力を増大させようとするわれわれの願いが、領土拡張の唯一の口実である。しかしこの手段は、それが極端にまで遂行されると、ほとんど挫折する。

戦争において、人口の優位と資源の優越は強みであるにも関わらず、一国の強さは、その国民の豊かさや人口の多さからではなく、その国民の性質から生じる。国家の富によって、多くの人々を雇い、城壁を築き、戦争の装備を整えることが出来るとしても、怖がる人々が持っているものは、簡単に奪われ、臆病な群衆は敗走し、城壁は勇者によって防御されていない場合、よじ登られるだろう。また、武器は、勇士が持っている時にのみ力を発揮する。アゲシラオスが彼の都市国家の防壁として指さした一隊は、他の都市国家の岩や石の要塞よりも、恒久的かつ効果的に彼らの国を防衛した。

人間の力《ヴァーチュー》の実際の働きを無用にするかもしれないような防衛策を考案する政治家には、われわれは何も負っていない。理性を働かせることは人間の存続にとって必要であるということは、理性的存在としての人間に、賢明にも命じられている。人間が名誉を求める中で、個人として評価されるかどうかは、徳性によって決まるということは、人間にとって幸いである。また、国民が強くて安全になるためには、国民の勇気を維持し、国民の諸徳性を涵養するように努力しなければならないということは、諸国民にとって幸いである。このような手段を用いることによって彼らは、彼らの対外的目的を達成すると同時に幸福になる。

平和と全員の合意は、社会全体にとっての至福の主要な基盤であると、一般に考えられている。しかし、独立した諸国家《コミュニティ》の敵対と、自由な民衆の論戦は、政治生活の原理であり、人間を育成する場である。われわれは、如何にして、これらの激しく言い争う正反対の主義主張を一致させることができるだろうか。恐らく、これらを一致させる必要はないだろう。平和を好む者は、人々の敵意を和らげ意見を一致させるために、彼らができることをするだろうし、もし彼らの犯罪を抑止し、彼らの最悪の情念を静めることに成功できるならば、幸いだろう。だが、腐敗と隷従を除いては、国家の統治に同等の役割を担う高潔な人々の間で続けられる論争を、やめさせることができるものは何もない。

意見に関しては、最も選り抜きの人びとの間でも完全な一致は得られるはずはない。もし完全に一致するなら、社会はどうなるだろうか。プルタルコスは次のように述べている。「スパルタの立法者は、自国民の間に不一致と不和の種をまいたように思われる。彼は、良き市民は議論するように導かれるべきだと考えた。彼は、競争を、彼らの徳を燃え立たせるたいまつとみなした。そして、人びとを喜ばせるために吟味もせずに人びとの意見に従うことは、腐敗の主要な源泉であると考えたようである」

統治形態は、人類の幸福や不幸を決定すると思われる。しかし、統治形態は、それぞれの国の大きさ、生存方法、性質、生活様式に適合するために、様々なものになるにちがいない。大衆が自らを統治するのを許される場合もあるし、厳しく制限されなくてはならない場合もある。ある原始時代の村落の住民は、理性の導きと彼らの素朴な考えが示唆するものに委ねていても安全だったかもしれない。しかし、ニューゲートの住人を信用することは、鎖で彼らの身体を縛って、鉄の棒を彼らの足に固定させても、ほぼ不可能である。とすれば、あらゆる状況の人類に適合する唯一の統治形態を見つけることが、どうして可能であろうか。

しかしながら、われわれは次節において、服従と統治の様々な類型ごとに、その特徴を指摘し、そこで用いられる用語について説明していこう。

第十章　前章に続く

人類は元来平等だったというのは、一般的な見解である。実際、人類は生まれながらにして、自らの存続と才能を用いることについて平等の権利を持っている。しかし人類は、様々なところに適応できる。彼らがこのような状況から導き出される規則によって分類されるとしても、彼らは、彼らの自然権において、いかなる不正もこうむっているわけではない。人間にとって社会それ自体が必要であるのと同様に、何らかの形の従属関係が必要であるということは明らかである。そして、このことは、統治の様々な目的を達成するためだけではなく、自然によって確立された秩序に従うためにも必要なのである。

いかなる政治制度もないときから、人びとは、非常に異なった才能をもち、また、精神《ソウル》や情熱の傾向も様々なので、数々の異なったを役割を果たしていた。人間を集めて一緒にすると、各自が自分の持ち場をみつけるだろう。彼らは、集団のなかでは非難したり称賛したりする。選ばれた人びとのなかでは協議し審議する。人びとは個人として優位に立ったり、優位を与えたりする。こうして多くの人々が、職務が公式に割り当てられる前から、一緒に行動し、彼らの共同社会を維持できるのである。

われわれはこのように行動するものとして造られている。そして、もしわれわれが統治一般の諸権利に関して何か疑いを持つとすれば、われわれの困惑の原因は、胸中の感情にある何らかの疑念というよりは、思索家達の巧妙な議論にある。われわれは、大衆の意志をまとめるための規則を決める前に、仲間の決断に巻き込まれ、群衆として行動する。われわれは、指導者の権利の根拠を定める前に、あるいは指導者を選出する手順を整える前に、指導者に従う。そして人類は、統治者と被統治者の法的資格について多くの間違いを犯した後に、ようやく統治それ自体を規則に服従するものにしようと考えるようになったのである。

したがって、社会の多様な存在形態を考える中で、決疑論者が「一人の人間や、何人かの人間に、自分の行動を制御するどのような資格があるのか」と好んで問いかけるとしたら、次のように答えられるであろう。すなわち「その行動が同胞に不利益となるような影響を一切与えないならば、そのような根拠はまったくない。しかし不利益を与えるならば、防衛の権利や、不正の行使を抑止する義務は、個人と同様に集合体にもある。多くの未開民族は、犯罪を裁く正式な法廷をもたないが、目に余る犯罪に危機感を抱くと、集合して、敵に対するのと同じように犯罪者に対しても彼らの手段を講ずる。」。

この意見は、社会がその集団的資格で主権を行使しているところで、あるいは、全体の力を委ねられている者が主権を行使しているところで、主権に対する資格を支持するものである。しかしこの意見が、どこであろうと支配が臨時に授けられている所において、あるいは、支配が単に力ずくで維持されている所において、支配を要求する権利を同じように支持するだろうか。

この問いに対しては、次のように答えれば十分であろう。すなわち、正義をなし、善をなす権利は、あらゆる個人に、またはあらゆる階層の人々にあり、この権利の行使には、力の欠如以外に限界はない。しかし悪をなし、不正をはたらく権利というのは、言葉の濫用であり、用語の矛盾である。このような権利は、如何なる簒奪者にもないし、人びとの集合体にもない。君主の場合このような大権を認めるというとき、われわれが表現しようと意図しているのは、君主の権力の範囲と、君主が自らの快楽のために行使できる力のことだけである。このような大権を持つのは、盗賊の首領や、軍隊の最高位をしめる専制君主である。どちらかに剣をつきつけられると、旅行者や住民はやむを得ず、あるいは恐怖から、服従するかもしれないが、義務や正義から責務を負うのではない。

ところで、様々な社会がわれわれに示している社会形態の多様性は、ほとんど際限がない。社会の成員が区分される階級、立法権及び行政権を確立する方法、さらに、彼らを導いて、様々な慣行を持つようにし、彼らの行政官たちに異なった大きさの権力と権威が与えられるようにする感知できないような諸事情が、互いに最も似ている統治構造の間においても絶えず違いをもたらし、また、人間社会《ヒュマン・アフェアーズ》を細部に至るまで多様にし、その全貌は、いかなる理解力といえども把握できないし、いかなる記憶力といえども保持できない。

全体についての一般的かつ包括的な知識を得るためには、あらゆる他の主題と同様にこの主題においても、われわれは心して、様々な統治を特徴づける多くの特殊性と特異性を見過ごし、多くの統治が一致するいくつかの点に着目しなくてはならない。そうすることによって、この主題を明確に考察し得る一般的ないくつかの項目を設定するのである。われわれが知識を獲得したといえるのは、次のような時である。すなわち全体に共通する一致点となっている諸特徴を明示し、そしてその諸特徴を研究し、それらが立法行政司法のいくつかの形態にもたらした影響だけでなく、政治《ポリース》商業宗教あるいは国内生活に関連する諸制度にもたらした影響をも明らかにした時である。この知識は、経験の必要性を否定するものではないが、われわれの研究を導き、そして、様々な出来事のさなかで、われわれが観察によって気付く個々の事柄を整理する順序と方法を示してくれるだろう。

高等法院長モンテスキューが書いていることを思い出すと、なぜ私が人間社会《ヒューマンアフェアーズ》について論じるべきなのかと、当惑する。しかし私もまた、私の省察と感情によって駆り立てられる。私は、普通の能力を持った人々に対して、それらを、より分かりやすく述べることができると思う。なぜなら、私は、［モンテスキューよりも］普通の人々の水準に近いからである。もし、多様な統治形態を便宜上整理することができる諸項目について、何らかの説明をすることによって、諸国民の一般的な歴史をさらに追及していくための道を開く必要があるならば、読者は、恐らく、この深遠な政治家にして社交的なモラリストが、この主題について既に述べたことを参照すべきであろう。彼の著述の中には、私が今、［統治形態の］分類のために彼から模倣しようとしているものの原型があるだけでなく、恐らく同様に、私が様々な箇所で［私の］創案であると信じて、作者の名を挙げずに繰返し述べてきた多くの見解の出所もあるだろう。

古代の哲学者たちは、通常、統治を三つの項目の下で扱った。民主政、貴族政、専制である。彼らが注目したのは、主として様々な種類の共和政体だった。そして彼らは、モンテスキュー氏が行った専制と君主政との間の非常に重要な区別に、ほとんど関心を払わなかった。モンテスキュー氏もまた、統治を三つの一般的な形態にまとめることができると考えた。そして、彼は次のように述べている。[1]「各々の本質を理解するためには、ほとんど熟慮しない人々にもよく知られている見方を想起すればよい。彼らは三つの定義、とい

(1)（訳注）モンテスキュー（野田良行・梶本洋之助他訳）『法の精神』岩波文庫I、五一頁。

うよりはむしろ次の三つの事実を認めている。すなわち、共和国とは、国民が集合体として、あるいは国民の一部が、主権を持っている国家であり、君主国とは、定まった明確な法律に従って、一人の人間が統治する国家であり、そして専制国家とは、一人の人間が、法律あるいは行政の規則なしに、単なる衝動的な願望あるいは気まぐれによって、彼の眼前にあるあらゆる事柄を決め、処理する国家である」。

共和政には、非常に重要な区別がなされる余地がある。それは、一般的な定義において指摘されていることであるが、民主政と貴族政の区別である。前者においては、最高権力は集合体の手中にある。この主権者が任命する行政官職は、すべての市民に開放されている。任命されたものは自分の職務を遂行するに当たって、国民の代理人《ミニスター》になり、国民に対して彼に委託された全ての事柄ついて責任を持つことになる。

後者においては、主権は特定の階級あるいは階層の人々にある。そして、この人々は、一度任命されると生涯その職にあるか、あるいは出生と財産に基づく世襲的栄誉によって昇進し永続的な上位の身分に到達する。この階層によって、またこの階層の人々の指名によって、統治に関わるすべての職は埋まる。そして彼らが構成する様々な会合で、立法、行政、司法に関することは何でも最終的に決定される。

モンテスキュー氏は、これらの様々な統治体制の下で、人間がとるに違いないと想定される感情や行動原理を指摘した。

民主政においては、人々は平等を愛さなくてはならない。同胞市民の権利を尊重しなければならない。国家への愛着という共通の絆によって結束しなければならない。人々は、個人的な権利を要求する中で、自らの能力を競争相手の能力と公平に比べて測定することによって獲得できる評価の程度で満足しなくてはならない。利益を望まずに公共のために働かなくてはならない。個人的従属を作り出そうとするあらゆる試みを、排除しなければならない。要するに、誠実、力、精神の気高さが、民主政の支柱である。そして徳は、民主政を保持するために必要な行動原理である。

民衆的統治の卓越をなんと美しく指摘したことか。そして、もし民衆的統治がその原理を確立しがちであるとすれば、あるいは、あらゆる場合に、その原理が存在することを明確にしめしているとすれば、人類はこの政体を如何ほど切に望むことであろうか。

しかし、利があることを何かしら望んで、この政体を受け入れるためには、恐らくわれわれは、この原理をもっていなければならない。そして、この原理が完全になくなっているところでは、この政体は弊害を伴うことになろう。人びとがすでに不幸であるばあい、追加的な不幸は、避けられるべきだろう。

コンスタンチノープルあるいはアルジェにおいて、人々が平等の立場であるかのように行動しているのは、惨めな光景である。彼らはただ、統治による抑制を振り払い、通常は彼らが仕えている主人が独占している略奪品を、できるだけ多く獲得しようと思っているだけなのである。

民主政治のひとつの長所は、名声を得る主な根拠が、個人的資質であるため、人々が能力と行動の功績によって分類されることである。彼らは全員、権力を主張する権利を平等に持っているのにも関わらず、実際には、国家は少数の人々によって統治されている。国民の大多数は主権者としての彼らの資格においてさえ、彼らの感覚を働かせているにすぎない。国民として不自由に悩まされている時や、社会の危機に脅かされている時に感じ、そして大勢の集会のなかで生じがちな熱狂にかられて、彼らが従事している事柄を強調し、彼らを脅かしている攻撃を退けようとしているにすぎない。

権利の最も完全な平等も、優れた精神を持つ者が優位になることを、決して排除できない。また、群衆の集まりは、より抜きの人々の導きがなくては、決して統治できない。このようなことから、民衆的統治は貴族政と混同されるかもしれない。しかし、このことだけが貴族的統治の特質をなしているのではない。ここでは、国家の成員は少なくとも二つの種類に分けられている。一方は支配することが運命づけられており、他方は従うことが運命づけられている。一個人の長所や短所は、どんなものであっても、その人物を一つの階級《クラス》から他の階級へ上げたり下げたりすることはできない。個人が持つ性質の唯一の効果は、その個人が自らの身分《オーダー》にふさわしい程度の評価を得ることであり、彼の階級《ランク》を変えることではない。ある状況では、彼は優位であることは当然だと教えられ、他の状況では、優位を譲るように教えられる。彼は保護者あるいは被保護者の地位を占め、そして、自分の国の統治者あるいは被治者のどちらかである。全国民は、国家の計画を遂行するために一体化するかもしれないが、一体化して政策について審議したり、法律を制定したりすることは決してないだろう。民主政の下で全人民に帰属している事柄は、ここでは一部の者に限定されている。上流階級を構成する人々は、彼らの間では能力に応じて等級を定められることもあるだろうが、下級の地位にある人々に対する恒久的な優位は保っている。彼らは国家の下僕であると同時に主人でもある。そして個人的な奉仕と血を流すことを代償に、彼らが享受する政治的《シヴィル》あるいは軍事的栄誉を得る。

特権と地位の完全な平等を、自分自身のために維持し、同胞市民の中にも容認するということは、もはやこのような社会の成員の支配的な行動原理ではない。人々の権利は、彼らの地位によって変わる。一方の階層は与える気持ちがあるもの以上のものを要求し、他方の階層は自分のものとできないものを与える用意がなくてはならない。モンテスキュー氏がこのような統治の原理に、**徳**ではなく**節度**という名称を与えているのは、もっともなことである。

一方の階級の尊厳は、傲慢が緩和されたものであり、他方の階級の服従は、一応の敬意である。前者は、彼らの優越の、妬みを買うような要素を隠すことによって、国家の編成における不満となるものを和らげ、そして、彼らの教育、洗練された生活態度、磨かれた才能によって、彼らが占めている地位に、ふさわしく見えるように、注意深くしなければならない。もう一つの階級は、力ずくでは強要されえないようなものを、尊敬と個人的愛着から譲ることを、教えられなければならない。このような節度が、どちらかの側でなくなると、この国家制度《コンスティチューション》は動揺する。激怒し暴徒化した民衆は、民主的国家において認められている平等の権利を要求するだろう。あるいは、支配に専心している貴族は、統治者を自分たちの中から選ぶことが出来るだろうし、あるいは既に彼らが指名されていることを知るだろう。この統治者は、財産、人気、あるいは能力の優越によって、自分自身の家族のために、既に彼の地位を節度の限界を超えて高め、そして特定の人々を限りない野心に感染させた、あの羨望の的になっている権力を獲得しようとするのである。

したがって君主政には、その前の貴族政の特徴が見出される。しかしながら、君主政において、君主は貴族の中の第一人者にすぎない。彼は限られた権力に満足しなければならない。彼の臣民は、いくつかの身分に分けられる。彼は至る所で、彼の権威を制限する免除特権の要求に出くわし、また、彼の施政を衡平法と既定の法律が定める一定の範囲内に制限するのに十分な勢力に出くわす。

しかしながら、この統治の下では、平等への愛はとほうもないことであり、節度自体、不必要である。あらゆる階級の目標は、優先権であり、またあらゆる身分の者はでき得る限り自らの優越を誇示するだろう。君主自身は、彼の権威の大部分を、大げさな称号と、彼が公に示すまばゆいばかりの装備に負っている。下位の階級も同様の誇示によって自分の重要性を強調し、またそのために、あらゆる場合に自らの家柄を示す旗や自らの財力を示す装身具を携えている。その個人に、彼と彼の同胞臣民たちとの間の関係を明らかにしうるものが、他に何があるだろうか。また、君主の地位と農夫の地位との間にある無数の階級を区分し得るものが、他に何があるだろうか。あるいは、広大な諸国家において、野心と利害によって分裂し、いかなる共通利害の意識もなしに社会を形成することを運命づけられている成員の間に、何か秩序らしきものを維持しうるものが、他に何があるだろうか。

君主政は一般に、国家の人口と領土が、共和政体にふさわしい数と規模を超えて拡大した所に、見出される。これらの状況と共に、財産の配分において大きな不平等が生じ、また、上昇志向が支配的な情熱になる。あらゆる階級は、その特権を行使するだろうし、君主は絶えず自らの特権を拡大しようとする。もし、優位に立つことをあきらめた臣民が、平等を求めるならば、君主は喜んで彼らの要求への支持を表明する。そして、君主自身が多くの機会に戦うことを余儀なくされる勢力を、弱めるにちがいないものを臣民が獲得するのを、喜んで助けるのである。このような政策が行なわれると、君主政治に特有な、多くの妬みを伴う栄誉と不平は、外観上は、除去されるであろう。しかし、臣民は平等な状態に近づくが、それは、臣民がひとりの主人の意志に等しく従属している奴隷の平等であり、自分自身の意志を保持している自由人の平等ではない。

　モンテスキューによると、君主政の原理は名誉である。人間は、善良な性質、気高い精神、不屈の精神を持っているだろう。しかし、最も卑しい市民の個人的諸権利に対する侵害にも我慢しない平等感覚、保護を求めず、権利として当然与えられるべきものを恩顧としては受け取ろうとしない毅然とした精神、個人的配慮を無視した公共心、これらは、この政体の存続と両立しない。また、この政体の構成員に割り当てられる地位のすべてにおいて身につく習慣にもふさわしいものではない。

　あらゆる身分が、それ特有の威厳を持ち、また、地位のある者が順守すべき作法が定められている。上層の人びとと下層の人びとが交じり合う中で、身分の諸利点を洗練することが、野心と虚栄の目的となる。他方で、洗練された社会のなかで交流を円滑にするために、このような野心と虚栄を表に出さず放棄させることが、正しい躾の目的である。

　配慮すべき対象は、個人的特質よりは、むしろ地位の威厳である。友情は単に好みによって形成され得るものではないし、同盟も単に心の選択によって形成され得るものでもない。それにも関わらず、人々は強く結びついていて、彼らの身分を変えずとも、道徳的に卓越することが大いに可能であり、また、多くの様々な程度の腐敗に陥りがちでもある。彼らは国家の成員として力強い役割を果たし、また私的社会の交流においては友好的に振る舞う。あるいは、彼らは、私的党派として傲慢さと図々しさ増す一方で、市民としての威厳を放棄するかもしれない。

　君主政においては、あらゆる身分の人々は国王から彼らの諸特権を受け取る。しかし彼らは、それらを権利として保持し続ける。そして、彼らは、彼らが享受している永続的身分と、彼らが指揮し保護するようにと任されている人々の愛着とに基づけられた、国家における従属的な権力を行使する。彼らは国民協議会と公共の集会に、力づくで参加しようとはしないし、議会といわれるものはない。それにも拘らず、彼らが採用する意見は、君主にも影響するに違いない。そして、あらゆる個人が個々の立場で、ある程度、自分の国のために思案する。彼の身分を傷つけない場合、何であれ彼はその社会に武器をもって奉仕しようとする。また、彼の名誉心が脅かされる場合、何であれ、反感と嫌悪感をもつが、これらが、彼の君主の意志を否定することもある。

共通の利益の感覚によって結びつけられていないにも拘らず、従属と保護の互恵的絆によって深く絡み合っている君主国の臣民は、共和国の国民と同様に、自らを能動的な社会の成員として、また、自由な立場で同胞と接している。もしこのような名誉の原理、すなわち、個人を彼自身の人格の奴隷根性から救い、あるいは、他者の手中にある圧政の道具《エンジン》にならないようにする原理が、機能しなくなったら、ヨーロッパ諸国はどうなってしまうだろうか。また、もしこのような名誉の原理が、商業の行動原理や似非哲学の改良にとって代わられたり、あるいは共和主義的精神の暴発に屈したりすれば、また、もし名誉の原理が、臆病な臣民に裏切られたり、君主の野望によって抑制されたりしたら、ヨーロッパの諸国民はどうなってしまうだろうか。

専制政治は、腐敗した君主政である。そこでは宮廷と君主は、外観上は残っているが、あらゆる下位の階級はなくなり、臣民は、何の権利もなく、いかなる財産も所有できず、君主の気まぐれで与えられる地位以外のどのような地位にも就くことはできないと、いわれている。これらの諸政策は、征服の原則に基づく。それらは、鞭と刀をもって教え込まれなくてはならない。そして、鎖と投獄の恐怖の下で、最もよく受け入れられる。従って、恐怖がその原理であって、それによって臣民をその地位に留めておくのである。そして、他者に恐怖心を与えるものを、勝手気ままに用いる統治者が、この恐怖という情念を、彼自身にとっても非常に重要なものとする理由は、非常に多くある。彼が、他者の権利のために考え出した保有条件そのものが、すぐに彼自身の権利に適用される。そして、自らの権力を確保し拡大しようとする熱望から、彼は自らの権力が、彼の臣民の財産と同様に、単なる想像力と変わりやすい気まぐれが作り出したものであることを知る。

このようにわれわれは、様々な統治制度を区別するための理念上の境界線を、非常に正確に定めることができる。しかしわれわれが現実に見いだすものは、その原理に関しても、形態に関しても、多様な形で混ざり合っている。人びとが、人間的特質だけでなく外的境遇によっても区分されていないような社会はどこにあろうか。人びとが、正義、名誉、節度、恐怖といった様々な原理によって駆り立てられていないような国家はどこにあろうか。学問の目的は、その対象におけるこのような混乱を隠すことではなく、個別の事柄の多様性と結合の中に、次のような主要な特徴を見つけることにある。すなわち、それは、われわれの注目に値するものであり、また、それをよく理解していれば、理解していない場合に様々な特異な事例がわれわれに引き起こすかもしれない困惑から、われわれを守ってくれるものである。政府が、人々に、徳、名誉、あるいは恐怖を原理として行動するよう要求する程度に応じて、ほぼ全ての統治は共和政、君主政、専制という項目の下に、整理される。そして、この一般理論は、これらの個別の事例にも、ほぼ適用され得るのである。

統治の諸形態は、実際には、多くの、またしばしば気づかないうちに変化し、互いに接近したり遠ざかったりする。民主政《デモクラシー》は、身分の不平等をある程度認めることによって、貴族政に接近する。貴族政治と同様に民衆政治《ポピュラー》においても、特定の人々は、彼らの人格的権威によって、または、ときおり彼らの家系の名声によって、一種の君主的権力を維持してきた。君主《モナーク》は、程度はことなるが、制限を受けている。専制君主《プリンス》でさえ、特権をほとんど要求しない臣民を持つ君主であるか、あるいは彼自身が第一人者として臣民を力によって服従させる覚悟をしている君主《モナーク》であるかにすぎない。これら様々な政体は全て、人類の歴史における諸段階にすぎず、人類が、徳に支えられながら、あるいは、悪徳によって苦しめながら通ってきた束の間の一時的な状況を特徴づける。

完全な民主政と専制とは、統治構造が時として到達することがある、両極端であると思われる。完全な民主政の下では、完全な徳が求められ、完全な専制の下では、全体の腐敗が想定される。だが、単なる形態という点では、人々の階級《ランク》と区別には、権力の偶然的で一時的な保有ということ以外には、固定的なものは何もないため、社会は、あらゆる個人が平等に統治する資格を持つ状態から、等しく奉仕するように定められている状態に、容易に移行する。どちらの状態においても、同じ資質、すなわち、勇気、人気、雄弁、武功が、野心家を、高い地位に引き上げる。これらの資質によって、市民または奴隷は、兵卒から軍の指揮官に、無名の地位から高名な地位に、容易に到達する。いずれにおいても、一人の人間が無制限の力を持って統治するかもしれない。また、どちらにおいても、民衆があらゆる身分の壁と法の規制を破壊するかもしれない。

もし専制国家の臣民の間で確立されている平等が、その成員に自信、度胸、正義への愛を鼓吹したとすれば、恐怖の対象でなくなった専制君主《プリンス》は、群衆の中に埋没するに相違ない。これに反して、もし民主的国家の成員が享受している個人的平等が、貪欲と野望の様々な目的に対する平等な権利としてのみ尊重されるならば、君主《モナーク》はあらためて動き出し、彼と利益を共にしようとする人々に支持されるだろう。強欲で欲得づくの人々が党派に集う時、彼らにとってどの指導者の側につくか、カエサルの側かポンペイウスの側かは、どうでもよいことである。どちらにつくかを決める唯一の動機は、略奪または権力への望みなのである。

腐敗した社会の無秩序のなかで、状況は、民主政から専制へ、また、専制から民主政へと、頻繁に変化してきた。腐敗した人々による民主政のただ中から、また、無法の混乱状態から、暴君が血にまみれた武器をもって王座に上る。しかし、彼が獲得した地位における彼の「権力の」乱用や弱点は、今度は、反乱と復讐の精神を目覚めさせ、それに道を譲ることになる。殺人と悲痛の叫びは、軍政の通常の歩みのなかで、秘密の隠れ家にいる臣民を脅かし、地下室を通って、さらに後宮《セラグリオ》の鉄格子と鉄扉さえつきぬける。民主政は、荒れ果てた無我序と騒擾の光景の中で再生するように思われる。しかし、この両極端は、病める国家における暴発あるいは倦怠の一時的な発作にすぎない。

もし人々が、どこにおいてもこのような程度の堕落にまで達すれば、矯正を即座に希望することはできないように思われる。群集の台頭も、暴君の台頭も、正義の施政を保障しないだろう。暴動も、おとなしく意気消沈した隷従も、市民に、彼が、公正と同胞への愛情のために生まれてきたのだということを教えないだろう。そして、もし思索家たちが時として好んで**自然状態**という名称を与えようとしている、あの不断の**戦争状態**を見出そうとすれば、彼らはそれを、未開で素朴な部族が国民としての状態と国内編成を始める第一段階においてではなく、専制君主《プリンス》と彼の臣民との間に存在する争いの中に見出すであろう。

第二部　未開な諸民族《ネイションズ》の歴史について

第一章　この主題について古代から引き出される情報について

人類の歴史は、有限であり、また、あらゆる地域に、人事に始まりがあったことを暗示するものがある。技術《アート》があり非常にすぐれた政治制度によって名高い国々も、その起源はひ弱なものであった。そして、それらの国々の言い伝え《ストーリー》の中に、このような名声を獲得してきた緩やかで漸次的な進歩の足跡《インディケイション》を依然として留めている。あらゆる国民の古代の遺物は、それらが如何に変えられていようと、また、如何に装いを変えていようと、この点については、同じ情報を含んでいる。

聖史の中に、われわれは人類の両親を見出す。彼らは、たった一組の男女として、地球を受け継ぐために、そして、地表に繁茂していた茨と棘の中で、自ら生き抜くようにと送られてきた。彼らの一族は、再び少なくなり、幼弱な人類を待ち構えていた危険と戦わなくてはならなかった。そして、長い年月が経過し、荒れ地で羊群を放牧していた一つの家族、あるいは少数の家族の中から、最も尊敬すべき民族が出現した。

ギリシア人が、もともと定住地をもたず、頻繁に移住していたことは、彼らの社会が未開で幼稚な状態であったことの証である。また、言い伝えの中で非常に褒め讃えられているギリシア人の好戦的な英雄的行為は、ひとつの国を保持するために、彼らが戦った苦闘を示すものに過ぎないが、後に彼らは、彼らの神話を作る才能、彼らの技術《アート》と政策によって、自らの国を人類の歴史の中で非常に有名なものにしたのである。

ある強盗団――われわれは、彼らをそのようにみなすよう教えられている――が、ティベル川の岸辺に安全な定住地をみつけた時、また、未だ男性のみによって構成されていたある部族《ピープル》が、ひとつの民族《ネイション》の性質を保持していた時、イタリアは、未開で貧弱な多くの小郡《カントン》に分かれていたに違いない。ローマの城壁の四方八方には、ながい間、敵の領土があった。しかし、ローマが拡大した後に自らの帝国の進展を抑止するものがなかったのと同様に、自らの幼弱な力を阻止したり抑制したりするものはなかった。テントを張って野宿していたタタールやスキタイの遊牧民の群れと同じように、この生まれたばかりの社会は、近隣のあらゆる部族より優れていなかったとしても、同等であった。原野をその影で覆っている樫の木も、かつては苗床のか細い若木であり、その初期の成長を妨げていた雑草から区別することは出来なかった。

ガリア人とゲルマン人もこれと似たような状態にあったということが、分かってきた。また、ローマ人がブリテンに初めて侵攻した頃、ブリテンの住民は、多くの事柄において、北アメリカの現在の先住民と似ていた。彼らは、農業について無知で、身体に彩色し、また獣の皮を衣類に使用していた。

このような状況があらゆる民族の歴史の始まりであったと思われる。そして、このような状態の中に、われわれは人類の原初の性質を探し求めるべきであろう。探究は遠くはなれた時代に関係し、そして結論は全て、われわれに利用可能な保存されている事実の上に築かれるべきである。それにもかかわらず、われわれの手法は、全般的に推測に頼り、また、われわれの本性のあらゆる強みを、われわれ自身が持っている技術《アート》に帰すことがあまりにも多い。また、われわれが持っているすべての長所を単に否定することによって、原初状態における人間について十分に描いたと思うことがあまりにも多い。われわれは、自分自身を洗練と文明の基準と想定する。そして、われわれ自身の特徴が現れない所には、知るに値するものは何もないと理解する。しかし、恐らくここでも他の多くの場合と同様に、われわれには、原因についてわれわれが知っていると想定しているものから結果を予知する資格はないし、また、われわれ自身の本性についてさえ、それが機能しているのをわれわれが見たことのある事情が存在しないときに、その性質と働きがどの様なものであったかを確定する資格はない。一体誰が、単なる推測によって、裸の野生人は、洒落者や賭博師であるとか、肩書と財産の違いはないが、高慢で虚栄心が強いとか、また、自分の身体を飾り娯楽を見出すことを主な関心としているとか、想像するだろうか。たとえ野生人が、このようにわれわれと悪徳を共有していると想定されうるとしても、また、彼の森の中で、町の中で行われている愚かなことを競い合っていると想定されうるとしても、野生人はいかなる場合においても、才能と徳においてわれわれより優れているとか、また、ほんのわずかな国民しか技術《アート》、規律、政策によって獲得できないような洞察力、想像と雄弁の力、熱烈な精神、愛情と勇気を持っているとか、大胆にも主張する人はいないだろう。しかし、これらの事柄は、人類の最も未開な状態を見る機会を得た人々によって伝えられた記述の一部である。このような証言の範囲を越えて、われわれは、この主題についての情報を信用することも、また、知っているかのように述べることもできない。

もし、遠く彼方で形成された推測や見解が、人類史において十分な権威を持たないとすれば、まさにそれ故に、あらゆる国の古代の物語は、慎重に受け取られなくてはならない。それらは、大部分、後代の単なる推測や虚構である。そして、当初は真実らしきものをいくらか含んでいた場合でも、それらを伝えられた人々の想像によって変容し、そしてすべての世代は、各々、異なった形のものを受け取ることになる。それらは、それらが描こうとしている時代の特徴ではなくて、それらが伝説の形で通過してきた時代の徴をとどめるように変えられている。それらがもたらす情報は、鏡から反射された光、すなわち、その被写体を正確に写す鏡から反射された光のようなものではなく、曇って磨かれていない表面からくる、形をこわし拡散させられた光線のようなものであり、最後に反射された物体の色彩と形状を伝えるだけである。

伝統的な色々な物語は、大衆《ヴァルガー》によって繰り返し語られると、国民性の特色を帯びるようになる。ばかげたことが入り混じっているにもかかわらず、しばしば想像力を高め、心を動かす。詩の題材になり、情熱的で優れた精神の技術《スキル》と雄弁によって飾られると、それらは感情を魅了するとともに、多くのことを教える。伝統的な物語が、空想を楽しむことにすら適さなくなるのは、あるいは、何の役にも立たなくなるのは、たんなる古事収集家達によって整理され、歴史の方法としてそれらにまとうことを禁じている潤色を剥ぎ取られた時だけである。

イリアスやオデュッセイアの物語、ヘラクレス、テセウス、オイディプスの伝説を、人類史に関わる事実の問題に、典拠として引用するのは馬鹿げたことである。しかし、これらが創作された時代の考えや感情を確かめるために、引用するのは、非常に正当なことであろう。あるいは、かの民族の天分の特性を示すために引用するのも、非常に正当なことであろう。これらは、かの民族の想像力と混じり合い、かの民族によって好んで繰り返され、称賛されてきたからである。

歴史が信用に値するものを何も提供しない一方で、物語はこのような方法で、様々な民族の非凡な才能を証明するものとして認められうるだろう。従って、その作者たちの個性を伝えるギリシアの物語は、他に何も記録が残っていない時代に光を投げかける。ギリシア人の卓越性が、実際、他のいかなる事情にもまして明らかになるのは、彼らの作り話にみられる誇張《ストレイン》と、あの伝説的英雄、詩人、賢人たちの物語においてである。これらの人々の話は、英雄が褒め讃えられた話題で既に豊かになっていた想像力が、創作し、潤色したものであるが、後にギリシア人が、あらゆる国民的目的を追求して進んで行ったときの、あの激しい熱情を燃え上がらせる役目を果たしたのである。

これらの国民にとって疑いなく大きな強みとなったのは、彼らの神話の体系の独自性であり、そしてその体系は既に大衆の伝統に受容されていたために、理性、想像力、感情が広く向上するのに役立った。このような向上は、後に最も優れた才能を持つ人びとによって、神話自体においても企てられ、或いはその教訓の中で伝えられた。詩人の情熱は、ギリシア人の精神に行き渡り、大衆に伝えられた天才たちの考えは、国民的精神を駆り立てるものとなった。

外国からの借りものの神話と、見知らぬ国を引き合いに出して作られ、外国への言及だらけの文学は、その用途がずっと限定されている。それらは、識者にのみ語りかける。そして、知識を伝え、心を正すことを意図しているにも関わらず、少数者に限定されているために、逆効果をもたらすかもしれない。それらは、常識をくつがえし、妄想を助長するかもしれない。また、アテネの水夫が舟を漕ぎながら、大らかに歌っていたものを、あるいは、羊飼いが羊の群れに付き添いながら繰り返す掛け声を、悪徳の引き金とするかもしれないし、衒学や学者ぶった尊大な態度の拠り所にするかもしれない。

われわれの学問そのものが、その影響の及ぶところで、ある程度われわれの国民的精神を萎縮させる働きをしているかもしれない。われわれの文学は、われわれの祖先が野蛮状態にあった時に、それ故に、文学の技法《アーツ》を既に獲得していた人々にわれわれの祖先が軽蔑されていた時に、繁栄していたわれわれとは異なる人種の国々から由来する。このため、われわれを卑下した次のような見方が生じていた。すなわち、われわれ自身は劣等で卑しむべき諸民族の子孫で、その才能が外国からもたらされた範例と教訓によって、ある程度、鼓舞され導かれるまでは、人間的な想像力や感情は十分に作用していなかったというのである。われわれについての記述は、主としてローマ人から得たものであるが、ローマ人は、彼ら自身の祖先の未開状態のなかに、すべての素朴な国民が恐らくは等しく持っている徳の体系を、すなわち、富に対する軽蔑、愛国心、そして困難、危険、疲労に対する忍耐力を認めていた。それにも拘らずローマ人は、われわれの先祖が彼らの先祖に似ていた、少なくとも、技術《アート》が欠如し、その技術《アート》を用いて獲得できる諸便宜を軽視していたという点においては似ていたということだけのために、われわれの先祖をけなしたのである。

　しかしながら、われわれの祖先である諸部族の説明について、最も真正かつ教訓的なもののみならず、最も魅力的でさえあるものは、ギリシアとローマの歴史家たちからわれわれは得ているのである。これらの畏敬すべき博学な著述家たちは、人間本性を理解していた。そして、その特徴を集めて、あらゆる状況におけるその特性を示すことができた。この仕事を近代ヨーロッパの初期の歴史家たちは、ギリシアとローマの歴史家からうまく継承することができなかった。かれらは、通常、修道士の職に就くべく育てられ、禁欲的な生活の中に閉じ込められていた。彼らは、天才が生み出したものが散逸するのを気にせず、また、彼らが選んだ事柄や彼らの作品のスタイルいずれによっても、いかなる状況における人類の活動的精神をも表現することができなかった。その一方で、彼らは、彼らが好んで事実と称するものを、記録することに従事した。彼らにおいては、人間についての知識を何ら伝えなくとも、叙述することが歴史であると想定されていた。そこでわれわれが、時系列に記録されている様々な出来事や王位継承のなかから、人間のあらゆる活動のなかで唯一、その物語を魅力的あるいは有益なものにする、あのユニークな知性と心情を探し出そうとしても無駄な骨折りとなるだけである。

したがって、われわれは、われわれの初期の祖先の歴史をたどることを、カエサルとタキトゥスが残したものまでの所で、喜んでやめよう。また、現在の諸事象と関連し、そのもとで今われわれが進んでいる体制の一部となる頃までに、われわれの精神に興味と知識を与えるような何らかの主題があると期待する理由はほとんどない。しかしながら、そうだからといって、心情を躍動させ、寛大・度量・勇気の発揮を誇示することに人類が夢中になっていた、どの段階よりも、近代ヨーロッパにおいて、問題そのものがより不毛になったと、あるいは人事の状況がより興味を引かないものになったと、結論づける理由はまったくない。

これらの時代にふくまれていたことについての検証は、学問が発達し洗練された時代の技量をもって、才能ある卓越した能力をもつ人々が、自らが発見した材料を集めて、非常に上手く、無文字時代の物語を、その後の時代の出来事と関連付けたときですら、決して公正には行われていない。彼らにとってさえ、社会の新しい状態において使用されている名称の下で、彼ら自身の状況と時代とは、あまりにも異なりかけ離れた状況と時代に、人類がどのようであったかについての見解を公正に伝えることは、困難なのである。

このような性質を持つ歴史家たちから、彼らの著述が与えるのにふさわしい教訓を引き出そうとするとき、われわれが往々にして忘れがちなことがある。それは、時おり描かれている些細な状況から、ある時代の実際の生活様式を収集するために使用されている一般的用語のことである。王家、貴族という称号が、タルクイニウス[1]、コラティヌス、キンキンナトゥス[2]の家族にも用いられている。しかし、ルクレティア[3]は、彼女の召使と共に家事をし、キンキンナトゥスは農業に従事していた。ヨーロッパでは、市民社会における位階の名称は、そして職務の名称さえ、大昔のものと現在使われているものは同じである。しかし、イングランド史には以下のような記述がある。ある国王と彼の臣下が祝祭を行なうために集まった時、強盗を生業としている無法者が、宴会の分け前にあずかろうとやってきた。国王が自ら立ち上り、この不相応な客をその集まりから力ずくで追い出そうとした。両者の間に乱闘が起こり、国王は殺された[4]。大法官兼首相の壮麗で贅沢な家具は、称賛と羨望の的であったが、彼は毎日、冬はきれいな藁と干し草で、夏は緑のイグサや木の枝で自分の部屋を覆っていた。当時は、君主でさえ彼の寝床として、まぐさが提供されていたのである[5]。この時代についての、このような生き生きとした描写と独特な筆致は、君主と臣下の違いと想定されていることについての、われわれの想像を、われわれの祖先が生きていた粗野だが親密な状態へと呼び戻

（1）（訳注）タルクイニウス・プリスクスが第五代目の、タルクイニウス・スペルブスが第七代目の王位に就いた。コラティヌスは、タルクイニウス家の親族。にあたるといわれている。

（2）（訳注）キンキンナトゥス（Cincinnatus）前出（六九頁）。

（3）（訳注）ルクレティア（Lucretia）、コラティヌスの妻。

（4）ヒューム『イングランド史』第8章、二七八頁。

（5）前掲書、七三頁。

す。その状態の下でわれわれの祖先は、様々な目的で、行為の原理に基づいて行動していたのであるが、彼らの相互関係を記録したり、あるいは彼らの性質を研究したりしている時、われわれが彼らの行為の原理を十分に理解していることはほとんどない。

トゥキュディデスは、**野蛮人**という名称に対する彼の国の偏見にもかかわらず、彼が研究しようとしていたギリシアのより古い生活様式は、野蛮な国々の風習にあると理解した。

ローマ人は自らの祖先の姿を、われわれの祖先についてかれらが行った説明の中に見出したかもしれない。そして、もしもアラブの一族が文明国民になることがあるとすれば、あるいは、もしもアメリカの部族が、われわれヨーロッパの商人が与える毒から逃れることができるとすれば、かれらが、後世において、自分たちの起源に関する説明を最もよく収集することができるのは、現在の様々な物語からであり、また、旅行者たちが、今日、提供している記述からであろう。さらに、かれらの現在の状況の中に、われわれは、まるで鏡に映っているかのように、われわれ自身の先祖たちの特徴を見ることができる。また、そこから、われわれの父祖たちが置かれていたと信じるに足る様々な状況の影響について、われわれの結論を導き出すこともできるのである。

精神や身体の習慣、生活様式や理解力の点でゲルマン人やブリトン人は、彼らと同じように、弓や投げ矢を持って森の中をさまよい、また、同じように厳しく変わりやすい気候の中で狩猟によって生活しなければならないアメリカ人と何が違うであろうか。

もし高齢になって、幼年期からの自分の成長について正しく理解したいとすれば、われわれの拠り所となるのは、保育園しかない。そして、われわれが描こうとしている成長段階に現にある人びとを例として、それ以外の如何なる方法によっても思い出すことのできない自らの幼少期の生活を、描かざるをえないのである。

第二章　所有権が確立される以前の未開諸民族について

アメリカの一方の端から他方の端にいたるまで、カムチャッカから西に向かってオビ川にいたるまで、北海から、それと同じ大きさの広々とした土地を超えて、中国、インド、ペルシアの国境にいたるまで、ほぼ例外なくカスピ海から紅海にいたるまで、さらに紅海からアフリカの内陸部と西海岸にいたるまで、あらゆるところに、われわれが野蛮なあるいは原始的という名称を与えている民族が存在する。地球のこの広大な領域には、非常に多種多様な地勢、気候、土壌が含まれているので、その住民の生活様式には、太陽の影響の不均等、さらに食物と生活方法の違いから生じてくる変異の全てがみられるにちがいない。しかしながら、この主題について問いかけるのは、まずは未開状態におけるわれわれの種について、何らかの一般概念を形成すべく努力し、そして、単なる無知を愚鈍から区別し、そして技術の欠如を才能の欠如から区別することをわれわれが学ぶまでは、時期尚早である。

右に言及した地域、あるいは、地上のそれ以外のより未開な地域に住む諸民族のなかには、主として狩猟、漁猟、あるいは土地の自然な産物によって生活している民族がある。彼らは所有にほとんど関心を持っておらず、また、服従や統治もほとんど始まっていない。他方、畜群を所有し、かれらの生計《プロヴィジョン》を牧畜に依存している民族は、貧困とはどういうことか、富裕とはどういうことかを知っている。彼らは、保護者と被保護者の関係、従者と主人の関係を知っており、富の程度に応じて階級区分されている。このような相違は、性質の本質的な違いをつくり出すにちがいない。そして、最も未開な状態における人類の歴史を考察するための二つの独立した項目を提供するだろう。すなわち、所有を未だ知らない野生人という項目と、法律によって未だ確定されていないとはいえ、所有が関心と欲望の主要な対象になっている野蛮人という項目である。

所有権が進歩に関わる問題であるということは、非常にはっきりしているように思われる。それは、時間の経過の帰結である他の数ある事柄の中でも、所有物を明確にする何らかの方法を必要とする。所有の欲望それ自体は、経験から生じる。所有物を獲得し改良するための勤勉は、怠慢か享楽のいずれかに向かう現在の性向を克服し、遠い目標を見据えて行動する習慣を必要とする。この習慣は徐々に獲得されるものであり、そして実際、これが、商工業の技術が発達した状態にある諸国民を特徴づける主要なものである。

狩猟や漁猟によって生活している部族においては、個人にとって唯一の所有の対象は、その個人が携行している武器、用具、毛皮である。明日の食物は、森の中の野獣、あるいは湖中に隠れており、捕獲するまでは、我がものにできない。しかも捕獲されても、それは、集団で漁や狩をする多くの人々の獲物であるために、その共同体《コミュニティ》のものとなり、すぐに消費されるか、あるいはその社会全体の蓄えに加えられるかである。

アメリカのほとんどの地域でそうであるように、原始的な民族が、狩猟にくわえて、ある種の未開な農業を行なっている所では、彼らは、土地にかんしても、大地の恵みにかんしても、彼らの主要な獲物と同じようにしている。男性が一緒に狩りをするように、女性も一緒に働く。そして播種期の労苦を共にした後、収穫の恵みを共同で享受する。種をまいた原野は、いつも狩りをしている縄張りのように、この民族の入会地《プロパティー》として主張された。しかし、それはこの民族の成員に分割して分配されない。彼らは、集団で出て行って、土地を耕し、種をまき、収穫する。収穫物はその共同体の穀倉に集められる。そしてそれから、定められた時に、個々の家族の維持のために、それぞれの取り分が分配されるのである。(1) 彼らが外国人と交易をして市場で得られたものでさえ、自国に持ち帰られ、その民族の蓄えに加えられる。(2)

毛皮や弓が個人のものであるように、小屋とその用具は家族のものである。そして、家事が女性に委ねられているように、家庭の財産も同じように女性の所有となるようである。子供は母親に属すると考えられ、父親側の血統はほとんど無視されている。男性は結婚する前は、かれが生まれた小屋に留まっている。しかし、新しい関係を異性と形成した後は、居住地を変えて、妻の家族の一員となる。既婚女性は狩人や戦士を彼女の財宝の一部として数える。彼らは、危険と困難なことが起きる場合の備えとして蓄えておかれるのである。そして一族の集会がないときや、狩りや戦争の合間は、彼らは女性たちの世話によって養われ、単なる娯楽に興じたり怠けたりして、ぶらぶらと過ごしている。(3)

一方の性が、主として彼らの勇気、政治的手腕、戦功を依然として高く評価しつづけるのにたいして、他方の性に与えられているこの類の所有物は、支配力を獲得した印であると主張する著述家もいるが、(4) そうではなく、それは実際には従属の印である。従者が心を配り手間をかけている事柄は、まさに戦士が煩わされたくないと思っている事柄である。それは、何の名誉も得られない隷従であり、絶えざる骨折りである。これを本分としている人々は、事実上、かれらの国の奴隷と農奴なのである。男女のこのような定めの中で、男が卑しむべき欲得づくの技術《アーツ》を軽蔑しているなかで、残酷な奴隷制度の確立がいくらか遅くなるとすれば、また、この不平等だが思いやりのある関係のなかで、優しい心が、奴隷に行われる苛酷な仕打ちを防ぐとすれば、恐らくは他の多くの事例と同じように、こうした風習そのものの中にも、自然が最初に示唆したものの方が、後に改良した多くのものよりも好まれる理由があるのである。

もし人類が、いかなる場合であれ所有に関わる事柄を、これまで述べてきたような基礎のうえに置き続けているとすれば、われわれは旅行者たちによって、これら以外に報告されていることを容易に信じることができるだろう。すなわち、彼らのあいだには階級や身分の区分はないし、また実際に、年齢、才能、性質の違いによって生じる役割分担とは異なるいかなる程度の従属もないという報告である。個人の才能を発揮しなくてはならないような出来事の真っ只中では、個人の才能によって優位が生じる。しかし、平穏な時には、権力あるいは特権の痕跡は消えうせる。自らの一族の若者を率いて敵を壊滅させたり、あるいは、狩猟で最前列にたっていた勇士も、戻ると、彼の部族の他の者と同列になる。そして、眠り、食べることが唯一の仕事であるときには、彼は優越な地位を享受できない。他の者よりも彼の眠りや、食べ方が優れているわ

(1)『カリブ人の歴史』。
(2) シャルルヴォア。(訳注　第二版から次の文章が加筆された。「未開民族についてのこの説明は、北アメリカ原住民に関するかぎり最も重要な点において、この著者あるいは引用されている他の著者の証言に基づいているというよりもむしろ、貿易や戦争のなかで、また、交渉の過程で、この民族の生活様式について観察する多くの機会をもった生き証人達の一致した報告である。しかしながら生き証人達と会話をする機会がなかったかもしれない人びとのために刊行物を参照することが必要である」。)
(3) ラフィトー。
(4) ラフィトー。

けではないからだ。

支配に何の利益も伴わない場合、絶えず命令する面倒を嫌う者がいるのと同じように、絶えず服従する屈辱を嫌う者がいる。モンテスキューは、スッラの性格のところで次のように述べている。「私は勝利を愛し、偉大な行動を愛す。しかし平時の退屈な細かい行政や、高官の華飾には関心がない」。恐らくモンテスキューが言及しているのは、最も単純な社会において、利益に促される動機の弱さと、功績にもとづかない昇進についての無知が、軽蔑の代役をしているときに、支配している感情のことであろう。

しかしながら、この状態における精神の特性は、無知のみにもとづいているのではない。人々は自分たちが平等であることを自覚しており、そして平等の権利に固執する。彼らは、酋長に従って戦場に赴く時でさえ、かれが正式な指揮官のように振る舞うと我慢できない。彼らは命令には従わない。彼らは、軍役についたのではなく、その企てにおいて互いに忠実で、等しく熱心であることを約束したのである[5]。

この説明は、財産制度の発展度が異なる様々な民族に、等しく適用することはできないと思われる。カリブ人と、アメリカの比較的温暖な気候の地域のその他の先住民の間では、族長の地位は世襲によるか選ばれるかであり、そして終身である。財産の不平等な分配は、明白な服従関係をつくり出す[6]。しかし、イロコイ族とその他の温帯地域の民族の間では、**治者**と**臣下**、**貴族**と**平民**という名称は、**富者**と**貧者**という名称と同じようにほとんど知られていない。老人たちは、何の強制力も付与されていないが、部族の決定に際して自然に備わった権威によって助言したり促したりする。軍の指導者は、男らしさと武勇が優れていることによって指名される。政治家は、彼の勧告にどれだけ注意深く耳が傾けられるかということのみによって優れていると認められる。戦士は、彼の民族の若者たちが彼について戦場に行く時にどれだけ彼を信頼しているかということのみによって優れていると認められる。そして、彼らの一致協力が一種の政治的統治を構成すると想定されるに違いないとしても、それは、われわれのどの言葉にもあてはまらないようなものである。権力は、精神の自然的優越以上のものではなく、職務の履行は、個人の役目を自から果たすこと以上のものではない。そして、その共同体は命令の下で行動しているようにみえるが、その構成員の誰の胸中にも不平等感はない(7)。

敢えて言えば、これらの非公式ではあるが幸福なやり方――年齢によってのみ会議の席が与えられ、戦場においては若さ、情熱、武勇によって指導者の地位に肩書が与えられ、ただならぬ事態が起きると、共同体全体が集まる――に、われわれは、元老院、執政官、民会の起源、すなわち古代の立法者を非常に有名にしてきた様々な制度の起源を見出すのである。元老院は、古代ローマ人と同様、ギリシア人の間でも、その名称の語源からすると、元々かなり年輩の人々によって構成されていたように思われる。ローマの軍事的指導者は、アメリカの戦士と違わないやり方で徴兵を布告し、市民は志願して戦闘に備えた。エウロータス川とテベレ川の両河岸でも以前は、アメリカの荒野で諸民族の政策を方向づけた自然の示唆に従っていた。そして、リュクルゴスとロムルスが彼らの諸制度の模範としたのは、あらゆる未開民族の成員たちが自分たちの

(5) シャルルヴォア。
(6) ダリアン地峡についてのウェイファーの説明。
(7) コウルデン『五民族の歴史』。

才能と力を結合させるために見出した、最も初期の方法だった。

北アメリカの諸民族のなかでは、個人は全て独立しているが、愛情と習慣によって家族の世話をしている。家族は、多くの独立した部族と同様に、外部からの監督や統治の下にない。家で起こることは何であっても、流血や殺人でさえも、家族だけに関わることとしか考えられていない。他方、家族は郡《カントン》の構成単位である。女性は集まってトウモロコシを栽培する。老いた男性は会議に行く。猟師と戦士は、村の若者と一緒に戦場にいく。このような郡の多くが集まって、民族会議《ナショナルカウンシル》を構成し、また、民族としての企てをする。ヨーロッパ人が初めてアメリカに移住した時、このような民族の六つが同盟を形成し、その外交官とか連合司令官もあった。そして、彼らの結合の強さと彼らの集会の力によって、セント・ローレンス川の河口からミシシッピー川の河口まで支配していた[8]。彼らは、独立した民族としての目的と、その同盟の目的を理解していたようである。彼らは勢力均衡を学んだ。ある郡《カントリー》の為政者は、他の郡の計画と行動を観察し、時折、別の郡と提携することもあった。彼らは同盟や条約を結んでいた。そして、ヨーロッパの諸国民のように国家理性にもとづいて、それらを維持したり破棄したりした。また彼らは必要だと思えば、あるいは都合がいいと思えば平和を維持し、そして、何か挑発や妬みが生じると戦争をした。

このように確定した統治形態や同盟の絆は一切なくても、彼らが、諸民族と協調し、力を合わせて行動したのは、理性の考案によってというよりは、むしろ本能の示唆に似たようなものによってであった。外国人には、誰が為政者で、どのような方法で行政機関《セネット》が構成されているのか分からないが、交渉相手となりそうな代表や、戦う相手となりそうな戦士の一隊は何時でも見付かる。警察や強制力を持つ法律もなしに、彼らの社会内は秩序をもって導かれており、邪悪な性向が存在しないことが、犯罪を抑止するために公に制定されたどんなものにも優る安全保障なのである。

しかしながら、時折、混乱が起こる。特に、暴飲暴食のときである。彼らは節度をこえた飲酒に耽溺し、それは、品行に対する通常の注意を忘れさせ、暴力的な情念に火を点し、争いや流血の惨事にいたる。ある人が殺害された場合、殺人犯がその直後に責任を問われることは滅多にない。しかし、被害者の家族や友人たちとの不和が続く。もし殺人犯が、異郷人である場合は、被害者の同郷人との不和が続く。もし危害が殺人犯の社会に恐怖を与えるようなものであれば、時には、かれは、自国とすら不和が続くこともある。民族、地域、家族は、彼らの成員の誰が犯した罪であれ、贈り物によって償おうと努める。そして被害者側の人々をなだめることによって、最初の混乱以上に社会を恐れさせること、つまり復讐や憎悪がその後に続くことを防ごうと努めるのである(9)。しかしながら、もし犯罪者が、罪を犯した場所に留まる場合、流血の惨事は、処罰を免れるということは滅多にない。死者の友人は、彼の憤怒を抑える方法は知らなくても、隠す方法は知っている。そして長い年月を経たとしても、彼は彼の親族や家族に加えられた危害に対して必ず報復するのである。

こうした事情は、彼らを用心深く、慎重にさせ、激情を抑えるように絶えず注意させる。また、平常の態度に、洗練された諸国民が持っている以上の冷静で落ち着いた雰囲気を与えるのである。一方、彼らの物腰

---

(8) ラフィトー、シャルルヴォア、コウルデンなど。

(9) ラフィトー。

は優しく、また、シャルルヴォアによれば、会話において彼らは、われわれが洗練された社交界《ソサイアティ》の儀礼で装う以上の優しさと魅力をもって互いに注意と関心を払う。

この著者は、彼が旅行した北アメリカの諸民族は、寛大な行為あるいは親切な行為を決して義務という観念の下では言及しなかったと述べている。彼らは、欲求から行動しているかのように、その結果に関心を払うことなく、愛情から行動していた。彼らは親切な行いをしたとき、欲望を満足させたのである。親切な行為を終えると、それは記憶から消えた。彼らが恩恵を受けた時、それが友情を生むきっかけになったかもしれないし、ならなかったかもしれない。もし友情を生むきっかけにならなかったとすれば、この当事者達は感謝を義務とは、すなわち、一方が返礼するように強いられ、他方が返礼しなかった人物を非難する資格をもつ義務とは考えなかったのだと思われる。彼らが贈り物を与え、あるいは受け取る精神は、タキトゥスが古代ゲルマン人に見出したのと同じ精神である。彼らは贈り物を喜ぶ。しかしそれを義務に関する事とは考えていない[10]。このような贈り物は、それが取引あるいは条約のしるしとして用いられる場合を除いてはほとんど重要性を持たない。

彼らのお気に入りの格言によれば、生まれながらにして他人に恩義がある人はいない。それゆえに、人間はいかなる強制をも、あるいは不平等な扱いをも我慢する義務はない[11]。このように、一見したところでは無愛想で不親切な行動原則の中に、彼らは正義の基盤を見出したのであり、そして、どのように教化してもそれ以上は良くならないくらいの着実さと誠実さをもって、その規則を遵守しているのである。彼らは、親切や友情の義務と想定されるものに関係する事柄を、自由に委ねているが、ひとたび心が愛情のとりこになってしまうと、その自由は、心がより完全にその義務に従事するようにのみ作用する。われわれは自分の目的を何の制約もなく選択することを好む。そして、友情の義務が規則によって強要される時には、親切それ自体をひとつの仕事と見なすことになる。それ故に、われわれは、親切を要求することによって道徳の体系を改良するのではなく、むしろ堕落させるのである。われわれが感謝を強要し、恩には必ず報いるようにとしばしば提言することは、われわれが感謝の本質を誤解していることを示すだけである。また、それは、友情や寛大それ自体の有用性を利害によって測り、そして、愛情の交流の中に商売の魂を取り入れようとする、あの利害感覚が強くなっている徴候の現れに他ならない。こうしてわれわれは、奴隷的取り決めを放棄し、賄賂を拒否するのと同じ精神をもって、好意を受けることを辞退しなければならないことがしばしばあるのである。洗練されていない野生人は、あらゆる好意を歓迎し、あらゆる贈り物を遠慮なしに、よく考えずに受け取る。

平等を愛することと正義を愛することは、元々同じだった。様々な社会がそれぞれ持つ構造によって、社会の成員には異なる特権が与えられており、正義それ自体がそのような特権を然るべく尊重するよう要求している。しかし、人間が元々は平等だったことを忘れてしまった人は、容易に奴隷に成り下がるし、あるい

(10)「彼らは贈物を喜ぶ。しかも与えたものを考慮に入れ、或いは受けた贈物のために束縛せられることはない」(タキトゥス『ゲルマーニア』田中秀央・泉井久之助訳、岩波文庫、八〇頁)。

(11)シャルルヴォア。

は、その人が主人の地位にあっても、同胞の権利を託すべきではない。この幸福な原理は、精神に独立意識を与え、他者の意のままになる好意にたいしては精神が無関心になるようにし、また、危害を与えないように精神を抑制し、さらに、寛大と親切の情に対して心を開いたままにする。この原理は、教育を受けていないアメリカ人に、誠実で、他人の幸福を配慮しているかのような風貌を与え、それが、幾分か、彼の振る舞いにおける高慢な驕りを和らげている。そして信頼と平和の時代には、統治や法律の助けなしに、よそ者でも安全に、近づき、交流することができる。

この民族の間では、名誉を支えているのは、装具や財産の優越ではなく、卓越した能力と大いなる不屈の精神である。尊敬される才能は、彼らの境遇において彼らを導き、働かせる能力、すなわち国についての正確な知識と戦争における策略である。カリブ人の酋長は、こういう能力を持っているかどうか試された。新しい指導者を選ぶ時には、偵察兵が一人、敵国へと通じる森を横断すべく送り出される。そして、この偵察兵が帰ってくると、新たな指導者の候補になっている者は、この偵察兵が旅した行路をみつけるよう要求された。また、国境にある小川か泉が指定され、ある特定の場所へ行くのに最も近い道を探し、その場所に杭を打ち込むよう要求された(12)。このためにカリブ人は、道なき森を何リーグも、野獣や人間の足跡をたどることができ、また、様々な助けを借りることに慣れた旅行者が見逃すようなものを正確に観察して、樹木が生い茂り人間が住んでいない広大な大地を横断する道を発見することもできる。彼らは最も経験豊富な水先案内人と同じくらい巧妙に、細長いカヌーを操り、荒海を渡る(13)。彼らは、交渉しなければならない相手の考えや意図を見抜く眼を持っている。また彼らは、人を欺こうとする時には、最も鋭敏な人でもほとんど見抜けないほど巧みに本心を隠す。彼らは全体の集会では、活き活きとした比喩的な語り口で熱弁をふるう。そして、交渉をする際には、自らの民族の利益を完全に見極めて行動する。

このように、自分自身の事柄についてては細部まで思うままにでき、また、特別な出来事が起きても上手に振舞うことができるが、彼らは、科学の研究や一般的な原理の探求は一切しない。彼らは狩猟や戦争で経験したことを越えて、遠い将来に生じ得る諸結果に関心を向けることまでは出来ないように思われる。彼らは季節毎の食糧だけに頼っている。夏には大地の果実を食べ、冬には獲物をもとめて森の中へと、また、雪に覆われた荒野へと行かざるをえない。彼らには、次に犯すかもしれない過ちを避けるための備えを、前もってしておくという行動原理はない。そして彼らには、情熱に駆り立てられていない時に、無邪気な羞恥心、思いやり、自責の念、そして欲求を制御する能力を生み出す、あの理解力が欠けている。いかなる暴力であろうと暴力をふるったことを彼らに後悔させることは、ほとんど出来ない。また、実際に、激情に駆り立られて、あるいは酒宴の席で行ったこと対して、冷静な気分の時に責任があるとは思われていない。

彼らの迷信は、卑俗でくだらないものである。もしそれが未開民族の間だけでのことだとしても、われわれが洗練《ポライトネス》の効果を称賛するには不十分だろう。しかし、この主題について、隣国を非難する資格のある民族はほとんどない。ある民族の迷信を考察すると、他の民族の迷信とほとんど違わないことが分かる。それらは、共通の源、すなわち、人間の洞察力が及ばない危険な出来事を全て導くと想定されている、見えない仲

(12) ラフィトー。

(13) シャルルヴォア。

介人についての当惑した理解から生じた、類似した愚かで馬鹿げた話の繰り返しにすぎない。

自然のよく知られている経過、あるいは規則的な経過によって決まる事柄については、精神《マインド》は自らを信じる。しかし、奇妙で尋常ではない状態においては、精神は当惑し欺かれる。そして、自らの慎慮や勇気を信頼する代わりに、占いに頼ったり、また、非合理的であるがゆえに、常により強く崇敬されている様々なしきたりに頼ったりする。疑惑と不安に基礎づけられている迷信は、無知と神秘によって育てられる。一方で、迷信からうまれる処世訓は、日常生活の処世訓と必ずしも常に混同されているわけではない。また、迷信の弱点や愚かさが、日常的な事柄を処理する際に人々が身につけている用心、洞察、勇気によって必ずしも常に避けられるわけでもない。鳥のついばみによって未来を知ろうとするローマ人、あるいは、野獣の内臓を調べるスパルタの王、夢の解釈について愛人たちに尋ねるミトリダテス、これらは、この問題に関する子供じみた愚行が、最高の軍事的・政治的才能と併存するということを証明するのに十分な実例である。

迷信的なしきたりの効果を信頼することは、ある特定の時代や民族に特有なことではない。この弱さを払拭することができた者はほとんどおらず、教養のあるギリシア人やローマ人でさえできなかった。ギリシア人やローマ人の場合、最高度の文明によってもこの弱さを取り除くことはできなかったのだ。この弱さに勝てたのは、真の宗教の光、あるいは自然の研究だけで、それによってわれわれは、無知な人々を恐れさせたり楽しませたりする幻影を、物理的な原因によって作用する賢明な摂理に置き換えるように導かれたのである。

アメリカの未開民族の間では、人類がそれほどひどく腐敗していない全てのところで実際にそうであるように、名誉の核心は不屈の精神である。しかし、この名誉の核心を維持しようとする彼らのやり方は、ヨーロッパの諸国民のやり方と非常に異なっている。彼らの戦争の常とう手段は、待ち伏せである。そして彼らは、敵を出しぬくことによって、最少の危険で、最大の殺戮をなすか、あるいは最大の数の捕虜を得ようと奮迅する。彼らは敵を攻撃する場合、自分の身体をさらすのは愚なことだとみなす。そして、味方の血で染まった勝利は喜ばない。ヨーロッパのように同じ条件で敵に挑むことに、価値を見出さない。彼らは、ライオンのように貪り食うことを自慢するのと同じように、狐のように近づくこと、鳥のように飛んで逃げることさえ自慢する。ヨーロッパにおいては、戦死は名誉と考えられるが、アメリカ原住民の間では、恥ずべきことと見なされる。[14] 彼らは、奇襲をかけられた時や敵の手中に陥った時に耐えることになる試練に備えて、また、勇気よりも忍耐を必要とする苦痛のさ中で、彼ら自身の名誉と彼らの民族の名誉を保持しなければならない試練の時に備えて、不屈の精神をたくわえておくのである。

このような場合、彼らは闘いを辞退したがっていると思われることを決してよしとしない。たとえ自死によるものであっても、闘いを避けるということは恥ずべきことだと思われている。そして、捕虜に与えうる最大の侮辱は、処刑という方法で、彼に人間としての名誉を拒否することであった。ある老人は、拷問の最中に次のように述べた。「ナイフで突き刺すな。むしろ、火焙りによって私を死なせてくれ。お前たちの味方であるあの犬どもが、海の向こうから男らしく処刑されるということを学ぶために」[15]。厳粛な裁判の最

---

(14) シャルルヴォア。

中、反抗的な言葉で虜囚が、彼自身の憎悪の念だけでなく彼を拷問している者の憎悪の念をもかきたてることがよくある。われわれは、このような過誤の結果のもとで、人間本性について頭を悩ますこともあるが、その一方で、人間本性の持つ力に感嘆せずにはいられないのである。

このような慣行が広く行き渡っていた国民は、一般的に、戦争の捕虜を家族として受け入れることによって、自分たちが失ったものを埋め合わせることを望んだ。そして、まさに最後の瞬間に、拷問をするために振り上げられた手が、しばしば養子縁組の合図をすることがあった。これにより、捕虜はかれの敵の子供や兄弟となり、そして国民としてのあらゆる特権を共有することになった。彼らは処刑する人を憎悪や復讐の原理に導かれて、取り扱っているようには見えなかった。彼らは拷問に耐える場合と同様に、拷問をする場合においても、名誉を重んじた。そして彼らが最高の敬意を払おうとする場合、一種奇妙な愛情と優しさに導かれて、最も残酷になった。臆病者は、女性の手によって、直ちに処刑された。勇者は、不屈の精神を試すために人間が考案し用い得る、あらゆる試練を受ける資格があると考えられた。ある長老は彼の捕虜に次のように言っている。「このように勇敢な若者が私に割り当てられたことは、私の喜びである。私は汝の同胞によって殺害された私の甥の寝床に汝を眠らせるつもりだった。また、私の思いやりの心をすべて汝に注ぐつもりだった、汝とともに過ごして、私の老いを慰めるつもりだった。しかし、手足を切断され不具にされた姿になっている汝にとって、生きているよりも死ぬ方がよいだろう。だから、人間らしく死ぬ準備をするがよい(16)」。

アメリカ先住民が、幼年期に度胸を強くするように非常に気を使っているのは、恐らく、右にみたような誇示のためか、あるいは、むしろ彼らが行動する際の原理としている不屈の精神に対する感嘆からであろう。[17] 子供たちは最も激しい苦痛に堪えることを互いに競うことを教えられる。青年は忍耐力を試す乱暴な試練を経た後、大人として認められ、そして族長になるには、飢餓、灼熱、窒息に耐えられるか試される。[18]

生活手段の獲得が非常に困難な未開民族のあいだでは、精神が、生活手段の獲得について考えること以上に自らを高めることは決してできないと考えられるかもしれない。また、このような状態における人間は、最も卑しくて最も欲得ずくの精神の実例となるだろうと考えられるかもしれない。しかしながら、この逆が真実なのだ。最も単純な状態にある人間は、この場合、自然の要求によって導かれているので、食欲が必要とするもの以上の、食欲の対象には、関心を持たない。そして、財産についての彼らの願望は、彼らの飢えをしのぐ程度の食糧を持つこと以上には広がっていかない。彼らは、富の所有に、貪欲や虚栄あるいは野心のような何らかの習性を、刺激するような身分的優位をみない。彼らは、情熱にすぐに火がつかないような課題には集中できない。そして勇敢に立ち向かわなければならないような危険をともなわない仕事には、また、勝ち取るべき名誉がない仕事には、喜びを感じることはできない。

商業的技術《アート》や強欲な精神が軽蔑されていたのは、古代ローマ人に限ったことではなかった。それらを軽蔑

---

(15) コウルデン。
(16) シャルルヴォア。
(17) 前掲書。この作者は、少年と少女が二人の裸の腕を括り、燃えている炭を二人の間に置き、どちらが先に振り落とすか競っていたのを見たことがあると言っている。
(18) ラフィトー。

する精神は、あらゆる未開で独立した社会に広く行き渡っている。あるアメリカ人は、彼が捕えた数名の捕虜と、品物を交換しないかと提案したカナダ総督に次のように述べた。「私は戦士であって商人ではない。あなたの衣服や道具は私には関心がない。しかし私の捕虜たちは、今あなたの思うままになる、彼らを取り戻すがよい。そして、あなたがそうするならば、私は出撃し、もっと多くの捕虜を捕まえるだろう。あるいは、その途上、死ぬかもしれない。そしてもし、そのような危険が私に襲いかかったら、私は男らしく死ぬ。だが覚えておけ。我が民族は、私の死の原因があなたにあるとしてあなたを攻撃するだろう」[19]。このように考えている彼らの態度は、気高く堂々としている。そしてこの態度は、洗練された諸国民が最も尊いものとする貴族の誇りによっても、めったに醸し出しえないものである。

彼らは自分の容姿に注意を払う。そして、立派に見えるようにするために、多くの時間を費やし、はげしい苦痛にも耐え、色々な方法で、身体を装飾したり、刺青をして身体に色をつけたり、またはその色を保つために絶えず手直しをしたりするのである。

彼らは、卑しいとみなしているあらゆる種類の仕事を、嫌悪しているので、大部分の時間をぶらぶらしたり眠ったりして過ごしている。野獣を追跡したり、あるいは、敵の不意をつくためには、雪の上を百リーグでも横断する男が、食糧を手に入れるための通常の労働には、どのような種類のものであれ、従事しようとしないのである。「同じ人間が、あのように休むことを嫌いながら、あのように怠惰に耽っているというのは奇妙なことだ」とタキトゥスは言っている[20]。

サイコロ博打のゲームは、洗練された時代に考案されたものではない。好奇心の強い人々が、広く知られていない古代の遺物の中にその起源を求めたが、徒労に終わった。それは恐らく、考古学者の推測でさえ到達できない、あまりに遠く彼方の時代、また、極めて未開な時代に属するものだったと思われる。正真正銘の野生人は、彼の毛皮、道具、首飾りを博打台に持って来る。ここで彼は、退屈な仕事ではかき立てられることがないような情熱と興奮を覚える。そして勝負の最中、彼は、より熟達した賭博者なら何度か抑制することを学んでいる激情にかられて、髪の毛を掻きむしり、胸をたたく。彼はしばしば裸で、持ち物をすっかり奪われて、博打場を去る。あるいは、奴隷制度があるところでは、前の損失を取り戻すために勝ち目をもう一度得ようと、自分の自由を賭ける[21]。

最も未開な状態にある人類には、これらすべての欠点とともに、さまざまな悪徳、あるいは、尊敬すべき特質もある。郷土愛、友情、公共的感情、洞察力、雄弁、そして勇気は、後に工夫や発明がもたらした効果ではなく、人類が元々持っていた特性であったと思われる。もし人類が生活様式を改良しうるとすれば、課題は自然によって提供されている。そして、教化の目的は、親切や寛大の感情を鼓舞することではなく、また、尊敬すべき性質を形成する主たる要素を授けることでもない。それは、激情の偶発をなくすることである。また、それは、最大の力を発揮する時に自らの最良の性質を感じる精神が、時折、野獣的な欲望や統御不能な暴力に興ずることを未然に防ぐことにある。

(19) シャルルヴォア。

(20) タキトゥス『ゲルマーニア』(泉井久之助訳、岩波文庫、七九頁)。

(21) タキトゥス、ラフィトー、シャルルヴォア。

これまでに述べてきたような状況においてリュクルゴスが採用され、新たに働き始めるとすれば、リュクルゴスは多くの重要な事柄が、既にかれが利用できるように準備されているということに気付くであろう。彼が説く財産に関しての平等は、すでに確立されているので、彼は、貧者と富者の利害対立からの内紛を心配しなくてよいだろう。彼の説く長老会、民会は設置されている。彼の説く規律は、ある程度、採用されている。そして彼の説く奴隷《ヘロット》の役割は、両性の一方に割り当てられている仕事によって果たされている。このような利点があるにもかかわらず、かれが市民社会に教えなければならない非常に重要な課題が残っている。それは、少数の者に支配することを学ばせ、多数の者に従うということをおしえることである。リュクルゴスは、あらゆる予防策を講じて、報酬目当ての仕事、奢侈の称賛、利益への熱情が将来侵入してこないようにするだろう。それでもまだ、彼には恐らく、前述のいずれよりも困難な仕事があるだろう。それは、彼の市民達に、苦痛を軽視するのと同様に、欲求を抑え、快楽に無関心になるように教えることである。また、戦場において、統一した警戒態勢を保ち、さらに、敵の不意をつくよう努めるのと同じくらい、敵に不意をつかれることを避けるように教えることである。

こうしたことが出来なかったために、未開民族は一般に、困難や疲労に我慢強く、また、戦争に熱中し、戦略と勇気によって、より規律正しい敵の軍隊を恐怖に陥れる力をもっているにもかかわらず、争いが長引くと常に、より文明化した諸国民の優れた技術と規律に屈するのである。ローマ人が、ガリア、ゲルマン、ブリテンの諸地域を侵略することができたのは、このためである。また、このために、ヨーロッパ人はアフリカやアメリカの諸民族に対して優越したな地位を築きつつあるのである。

いくつかの民族は、自分たちが優れているという確信の下で、支配する権利をもっていると考える。カエサルでさえ次のように不平を述べた時、人類の権利と同様に、人類の熱情とはいかなるものであるかを忘れていたように思われる。すなわち、ブリトン人が、恐らくカエサルの侵略を防ぐために、ガリアへの降伏状を彼に送った後も、依然として自由のために戦い、また、彼らの島へのカエサルの急襲に対抗しようとしたと、不平を言った時である。[22]

人類に関する全ての記述において、商業的技術《アート》の状態が異なる民族同士が互いに抱く軽蔑と嫌悪以上に、注目に値するものは恐らくないだろう。あらゆる民族は、自分たちが追い求めるものに夢中になっていて、自らの状態が人間の幸福の基準だと考えているため、自らの優位を自負し、また自らの慣行の中で、それが真実かを十分に証明する。教え込まれた生活習慣をやめさせることは、文明人《シティズン》に劣らず野生人にもできない。野生人は、いかなる仕事にも束縛されない精神の自由、自分より優越するものを認めない精神の自由を愛す。洗練された民族と交流し、かれの境遇を改善するようにと、どれほど誘われても、自由になれる最初の機会をとらえて、再び森の中に戻る。野生人は、人口の多い都市の街路では、元気をなくし消沈する。広々と開拓された農場では、不満げに歩き回り、未開地や森林を探しもとめる。苦難と困難な状況に耐えうる身体をもっている野生人は、未開地や森林のなかで気苦労のない快い自由と、心情からの単純な示唆以外

(22)「カエサルは、彼らの方から進んで、大陸にまで使節を送り講和条約をもとめておきながら、理由もなく戦争をしかけたといって非難した」カエサル『ガリア戦記』第四巻(國原吉之助訳、講談社学術文庫、一四四頁)。

には、行為に関する規則が何も定められていない魅惑的な交際を楽しむのである。

第三章　財産と私欲の影響下にある未開民族について

シベリア辺境の狩猟民族の諺でよく使われている呪いの言葉があった。それは、彼らの敵は、タタール人のように生きることを余儀なくされ、畜牛を育て世話をするという愚かなことをしなければならなくなるだろうというのである。[1]彼らは、自然が森や荒野に獲物を蓄え、牧夫の仕事を不要にし、人間に残されたのは、獲物を選び、捕える労苦だけだと、考えたようである。

人類の怠惰というよりは、むしろ本能や情熱によって当面はしなくてもよい精励にたいする彼らの嫌悪感が、彼らの所有概念が拡大していくのを遅らせる。しかしながら、生活手段が共有され、そして、社会全体の貯蔵物が未だ分けられていない時でさえ、所有概念は既に様々な対象に適用されていたことが、わかってきた。毛皮や弓は、個人の持ち物であり、小屋と家具は、家族の占有物であった。

親が自分の子供たちのために、多くの仲間よって乱雑に管理されていたときよりも。より多くの食糧を蓄えておきたいと願い、そして自分の労働と技術を別々に用いるようになると、彼は排他的な所有を目指し、土地所有と土地の生産物の使用を求めるようになる。

自分の仲間たちに、あらゆるものを全員で使用しようとする同一の性向がもはやないことを知ると、その

(1)　アブルガーゼ（前出一五頁注11）。

個人は、自分の財産に心を奪われ、そして誰もが自分自身のために配慮していることに驚かされる。彼は、必要性の感覚と同様に、競争と嫉妬によっても駆り立てられる。彼の心は利益への関心で一杯になる。そして、現在の欲望がすべて十分に満たされているときにも、彼は将来のことを考えて行動することができるし、あるいはむしろ、競争の対象になっているものや、世間一般に高く評価されているものを集めることに、虚栄の目的を見出す。暴力が抑制されているところでは、このような動機にもとづいて、彼は利益目的の仕事《アーツ》に着手し、飽き飽きするような業務に専念し、そして、彼の労働の将来的な報酬を辛抱強く待つことができるのである。

このようにして人類は、ゆっくりと数多くの段階を経て勤勉を身につける。彼らは彼らの利益を重視することを教えられ、また、不正な利得を慎むことを教えられる。彼らは彼らが合法的に獲得したものの所持を保障される。このような方法によって、労働者、職人、商人の習慣が徐々に形成される。単なる自然の産物を集めて蓄えたもの、あるいは家畜の群れが、あらゆる未開民族における最初の富であった。住民が主として農業に力を注ぐか、あるいは牧畜に力を注ぐかは、また彼らが定住するか、あるいは全所有物を持って絶えず移動するかは、風土によって決定される。

ヨーロッパの西部、若干の例外はあるがアメリカの南部から北部、熱帯、そして、温帯圏のあらゆる地域において、人類は一般にある種の農業に従事し、そして定住する傾向にあった。アジアの東部と北部においては、人類は畜群だけに依存し、新しい牧草を求めて絶えず大地を移動していた。定住に関わる技術《アート》は、ヨーロッパの住人によって実践され、また、様々に改良されてきた。絶え間なく行われる移住に適した技術《アート》は、歴史の最も初期に記述されているものから、スキタイ人やタタール人のものにいたるまで、ほとんど変わっていない。歴史の最も初期の説明から最新の説明によれば、移動可能な乗り物に張られた幌と馬が、この放浪の民の富と身の回り品であって、馬は労働、戦争、牧畜のあらゆる目的のために、また肉屋の商品としても用いられた。

しかし、未開な諸民族がどのような方法で生活していたとしても、所有がもたらした最初の影響については、いくつかの点でほぼ一致している。ホメロスは、このような進歩の段階にある民族と共に生きたか、あるいは、彼らの特徴を説明しようと努めたかのいずれかである。タキトゥスはこのような民族を、一論考の主題にした。そしてもしこれが、考察されるに値する人類の一側面であるとすれば、われわれは彼らの特質を蒐集するに際して、非常に大きな利点を持っていると言わざるを得ない。肖像画は、最も優れた技を持つ人の手によって、既に描かれており、歴史家たちの話に散りばめられてきたもののすべてが、一目でこれらの名高い著者たちの著作から見てとれる。または、依然として同じような状態にある人々の現実の生活様式において、われわれが観察する機会があるものの全てが、一目でこれらの名高い著者たちの著作から見てとれる。

われわれが既に述べてきた状態から、ここでわれわれが検討している状態へと進む中で、人類は、最も初期に持っていた性質の大部分を依然として保持している。人類は、労働を依然として嫌い、戦争に熱中し、また、不屈の精神の讃美者である。そして、タキトゥスの言葉によれば、汗よりも血を惜しまない。[2]彼らは

（2）「血をもって購いうるものを、あえて額に汗して獲得するのは、懶惰であり、無能である」［タキトゥス『ゲルマーニア』泉井久之助訳、岩波文庫、七七頁］。

彼らの衣類に風変わりな装飾を施すことを好み、また暴力沙汰の多い生活の中で、もの憂い暇な時間は危険な娯楽や賭博で費やそうとする。彼らは、あらゆる卑しい労働は女や奴隷に仕せる。しかし、個人が個々の利益を見出すようになったこの段階では、社会の紐帯が緩くなり、国内がより頻繁に混乱に陥るに違いないと、われわれは考えるだろう。いかなる共同体であれ、その成員が、財産の配分における不平等な分け前によって区別されるようになると、恒久的かつ明白な服従の基礎が据えられる。

こういった諸事例は、従って、人類が原始的な状態から、野蛮な状態と称し得るものに移行する中で生じる。同じ共同体の成員が、競争や復讐のために争い始める。彼らは団結して、財産や出自の輝かしさによって卓越している指導者たちに従う。彼らは、栄光への愛と略奪欲を結びつける。そして、力で獲得されるものは正しく勝利者に属するという考え方から、彼らは人間を追う猟人となり、またあらゆる争いを剣によって決するのである。

あらゆる国は盗賊団となり、近隣諸国を思う存分、容赦なく食い物にする。アキレウスは、あらゆる野原で畜牛を捕えてもよいと言う。エーゲ海沿岸がホメロスの英雄たちによって略奪されたのは、これらの英雄たちが、彼らの周辺諸国の黄銅と鉄、家畜、奴隷、更には女性を、彼らのものにしようと望んだからに他ならない。

騎乗のタタール人は肉食獣で、彼が問うのは、畜牛を見つけることができるのはどこか、畜牛を得るためにはどれほど遠くへ行かなくてはならないかということだけである。モンケ・ハーン(3)の不興を買った修道士は、教皇とキリスト教徒の君主たちが、彼らの所有する牛すべてを譲ると約束して、彼と和解したので

ある。(4)

これと同じ精神が、ヨーロッパ、アジア、アフリカのすべての野蛮な民族の間では例外なく、支配的だった。ギリシア、イタリアの遺物や、あらゆる古代の詩人の寓話は、このような精神の力の実例を含んでいる。われわれの祖先を最初にローマ帝国の属州に導いたのは、この精神だった。また、その後われわれの祖先がサラセン帝国からの略奪品をタタール人と分け合うために東方に行ったのは、十字架に対する敬意というよりはむしろこの精神に導かれてのことだっただろう。

前節の叙述からすれば、人類は、最も洗練されていない状態において、共和国を設立する前夜にあったと考えたくなるかもしれない。彼らの平等への愛、全体で集まって話し合う習慣、自らが所属する部族への熱意は、その種の政体の下で活動するのにふさわしい資質なのである。そして、彼らはあと数歩だけ前進すれば、共和国を確立できたように思われる。彼らが決めなければならなかったのは、話し合いを構成する人数と彼らの集会の形式だけである。そして、彼らは、混乱を鎮めるための恒久的権威を与え、彼らが既に認め、厳守しようと思っている正義のための若干の規則を制定すればよかったのである。

(3) (訳注) モンゴル帝国第四代皇帝 (一二〇九—一二五九年)。帝国の拡大を目指し、西進し、イラン・イラク方面を領土に加えた。

(4) ルブルク〔一二一五?—一二七〇年、フランシスコ会宣教師。一二五〇年代初頭、ルイ一九世の使者としてモンゴルに派遣された。アジアの自然、地誌、生活様式、宗教、言語について彼が伝えた情報は、当時の人々、またその後の知識人達に注目された〕。

しかし、これらの歩みは、ほんの少し見たところでは、あるいは、一瞥したところでは簡単に進められるように見えるが、それほど容易なことではない。互いに平等な人々の中から、今後、彼ら自身の行動を統制する権利を持つようになる為政者を選び決定することは、単純な人々には考えつくことではなかった。また恐らく、いかなる雄弁も、彼らにこの方策を採用させることはできなかったし、また、この方策を用いることの意義を理解させることもできなかっただろう。

諸民族は、軍事的指導者を選んだ後でさえ、かれには、いかなる種類の政治的権威をも託さない。カリブ族の酋長は、族内の争いごとについては、解決しようとはしなかった。**裁判**や**統治**という用語は、彼らの言語にはまだ存在していなかった。[5]

このような重要な変化が受け入れられる前に、人びとは、階級の違いに慣れていなければならない。また、服従が選択の問題であるということに気づく前に、彼らは、偶然的な出来事によって不平等な状態に到達していなければならない。財産を欲するとき、彼らが意図していることは、ただ彼らの生存の確保だけである。しかし、戦争で指揮をとる勇者は、さらに、戦利品の最大の分け前を得る。傑出した人々は、好んで世襲的な栄誉を考案する。親を敬う大衆は、このような人物の子孫も尊敬するようになる。

所有物は世襲され、そして家族の栄光は年月を経るとともに輝きを増す。ヘラクレスは、恐らく優れた一戦士であったと思われるが、子孫にとって神となり、彼の一門は王族として主権者に祭り上げられた。財産の優位と生まれの優位が結びつくと、酋長は戦場においても祝祭においても優越した地位を享受する。彼に従う者たちは従属的地位に身を置く。そして自らを、共同体の構成員とは考えずに、酋長の家来と位置づける。また彼らの酋長の名称から自分たちの名前をつける。彼らは、酋長の身を守り、彼の地位を支えることに部族愛《パブリック・アフェクション》の新たな目的を見出す。彼らは、彼の屋敷を築くために私財を役立てようとする。また、彼の顔色をみながら動き、貢物を納めた祝祭に参加することを最高の栄誉とする。

この前の段階の人類は、民主政を目指していたように思われるが、この段階は君主政的な統治の萌芽を示しているように思われる。しかしこの段階は、後に**君主政**という名称で知られるようになる、あの体制からは依然として程遠い。酋長と従者、君主と臣下の区分は、まだ不完全である。かれらの娯楽や仕事も異なっていない。また、彼らの精神の洗練度も異なっていない。彼らは同じ皿から食べ、一緒に地面に眠る。王の子供たちも臣下の子供たちと同様に、畜群の世話に携わる。豚の飼い主がユリシーズの法廷における主席弁護人だったのである。

部族民から明確に区別され、部族民に称賛の念を持たれ、また、酋長の高貴な家柄と姻戚関係にあるということが、部族民の虚栄心をくすぐるような酋長は、羨望の的ではなく、尊敬の的である。彼は、彼らの共通の主人としてではなく、彼らの結合の共通の絆としてみなされる。彼は危機に際しては先頭に立ち、彼らの苦労を最も多く担う。彼の栄誉は、従者の数が多いことに、また卓越した度量と勇気にある。そして彼の従者の栄誉は、酋長のために血を流す覚悟の中にある。(6)

戦争の頻発は、社会の紐帯を強化しがちであり、そして略奪それ自体も、人々が互いの愛情と勇気がどれ

(5)『カリブ族の歴史』。

(6) タキトゥス『ゲルマーニア』。

だけ強いかを試すために行なわれる。人間の胸中に存在するあらゆる良い性向を破壊し混乱させようと脅かしていたもの、人間社会から正義を追放するかに思われたものに、人類を氏族や兄弟関係に結びつける傾向があるのだ。それは、社会相互間においては実に恐るべきものであって、各々に敵意を抱かせるものであるが、しかしそれぞれの社会内部においては誠実、公平無私、さらに寛容な気持ちを抱かせるものである。危機が頻繁に生じ、忠誠と武勇を経験することは、このような徳への愛を目覚めさせ、これらの徳を称賛の対象とし、そして、このような徳を持つ人々は慕われるようになる。

野蛮人は、激情、栄光への愛、勝利への願望に駆り立てられ、また、敵の脅威によって奮起し、復讐の念に突き動かされる。そして、破滅あるいは征服の前触れがない間は、何時も気ままに怠惰にふけっている。野蛮人は、勤労や機械的な労働を必要とする業務に身をやつすことはできない。肉食獣は怠け者である。女性や奴隷が、狩人と戦士の食事のために骨折って働いている時、彼らは眠っている。しかし、狩人や戦士に遠くに獲物がいることを教えると、彼は大胆で激しくなり、術策を駆使し、そして飽くことなく行動する。彼の力に抵抗できる障害物はなく、また、どれほど疲労していても、彼は活動をやめない。

このように描かれているけれども、人びとは、見知らぬ人びとに対しても寛大で温かく、また、自分たちが属する社会の内部においては、親切で愛情深く穏やかである。[7] 友情と敵意は、彼らにとって最も重要な問題である。彼らはこの二つの役割を混同しない。彼らは敵を特定し、そして友を選ぶ。略奪においてさえ、主要な目的は栄誉である。そして略奪物は勝利の印とみなされる。民族や部族は彼らの餌食である。しかし、一人で旅する者は、危害も加えられずに通過することを許され、あるいは驚くほど気前よく扱われる。

なぜなら彼らがこの旅行者から獲得できるのは、寛大だという評判だけだからである。

彼らは、夫々の酋長の下で小さな部落に区分されており、また、ほとんどの場合互いを警戒し憎んで分裂しているが、戦争や強敵に直面した時には、結合してより大きな集団になることがある。彼らはトロイ遠征においてギリシア人がそうであったように、非常に優秀な指導者に従って多くの独立した部族からなる王国を形成する。しかし、このような連合は単に偶然的なもので、継続している間でさえ、君主国よりも共和国に似ている。下位の酋長たちも自らの重要性を保ち、指導者たちの会議に対等な態度で割り込んでくる。このことは、個々の氏族のメンバーが、通常、氏族の会議に割り込んでくるのと同じである。[8] 極めて親密な状態で一緒に生活していて、階級区分が非常にあいまいな人々が、自分たちを威圧することも買収することもできない指導者に対して、一体どのような動機にもとづいて、自分たちの個人的な感情や意向を放棄したり、絶対的な服従を誓ったりすると、どうして想定できるだろうか。

タタール人は彼の王のもとに馳せ参じ、「私は命じられた所へ行くし、召集された時にやって来る、そして、殺すように命じられた人は誰であろうと殺し、将来にわたって王の声を指揮刀とみなす」と約束し、王の輩下になることを誓う。このような誓約を強要するためには、軍事力が用いられなければならない。あるいはそれを買い取るためには、金で動く人々を用いなければならない。[9]

(7) カルピニ、ルブルク、カエサル、タキトゥス。
(8) コルブ『喜望峰概観』。
(9) シモン・ド・聖クインティヌス。

これが、野蛮人が自ら確立した専制主義の結果として、彼の頑固な心でさえ従わせられた約束なのである。そして、このように商業的技術《アート》の水準が低い状態においては、アジアにおいてと同様にヨーロッパでも、人々は政治的奴隷状態を味わってきたのである。各人の胸中において私利私欲が支配的になってくると、主権者と彼の党派もその感染を免れることはできない。主権者は、自らに委ねられた権力を用いて、人民を自分の財産にして、自分の利益や快楽のために人民の所有物を意のままにする。如何なる民族であれ、富を善悪の基準とするようになると、かれらは君主に委ねた権力を警戒しなくてはならないだろう。タキトゥスは次のように述べている。「スイーオネース人の間では、富が尊敬されている。このため、この民族は武器を取り上げられ、奴隷の境遇に陥っている」⑽。

人類が、卑屈で、私利私欲で動き、狡猾で、人をだまし、残忍であるという特徴を帯びるのは、この悲惨な状況においてである。それは、矯正できないものではないにせよ、最も嘆かわしい種類の腐敗であることは確かである⑾。彼らの間では、戦争は、個人を豊かにするための略奪行為に過ぎない。商業は、罠と詐欺のシステムに変わり、統治は圧制的になったり、無力になったりする。

利益によって導かれ、法によって統治されていなかった頃の人類にとって、適度な大きさの国々に分かれ、あらゆる地域に拡張していくことを防ぐ何らかの自然的制約があり、また、支配を拡大することはできなくとも、独立を維持するのに十分な土地を占有することができたのは、幸いだった。

未開時代の人々の間には、彼らの社会が立憲君主制という形態になるために十分な程度の階級格差がない。そして、規模がかなり大きい領土を一人の頭領の下にまとめるには、住民の好戦的で荒々しい精神を抑制する専制と軍事力が必要であるように思われる。いくらか自由が残っている所では、ヨーロッパのほとんどの野蛮な君主国においてそうであったように、君主の権力は極度に不安定で、主として君主個人の性質に依存している。逆に、君主の権力を彼の臣民が抑制できない所では、法も同じように君主の権力を規制できない。強奪と恐怖が、支配の主要な動機となり、人類が分割されるただ二つの集団、すなわち抑圧者の集団と被抑圧者の集団の性質が形成される。

ヨーロッパは、新しい住民が征服し定着する中で、何年ものあいだ、このような苦難に脅かされた[12]。アジアでも同様の征服が行われ、実際、このような苦難に見舞われたのである。そしてそれは、贅沢から生じる通常の柔弱と奴隷根性に麻痺されていなくとも、戦車に乗りかれの蓄群の後に続いたタタール人を驚かせた。広大な大陸の中心部において、このタタール人の中から大胆で果敢な戦士たちが出現した。彼らは奇襲や優れた能力によって、隣接する遊牧民の群れを征服した。彼らはその発展と共に、人口および勢力を増大した。そして下るにしたがって増水する急流のように、あまりにも強大になり、いかなる障害も彼らの進路を阻むことはできなかった。征服部族は、何世代にもわたって王に護衛兵を供給した。そして、護衛兵たちは、略奪物の分け前に預かることが許されている間は、自発的に抑圧の道具となったのである。このようなな

(10) タキトゥス（泉井久之助訳）『ゲルマーニア』岩波文庫二一〇頁。

(11) シャルダン『旅行記』。

(12) ヒューム『テューダー家の歴史』を見よ。国王旗下の数連隊あれば、テューダー家は完全な専制政治を樹立できたであろう。

方法で、専制政治と腐敗は、荒々しい自然の自由があることで非常に有名であった諸地方に浸透して行った。あらゆる柔弱な地方において恐怖の的だった権力は、武装解除され、諸民族の養成所それ自体も朽ちていったのである[13]。

未開な諸民族がこのような苦難を免れている場合、内部の平和を維持するために対外戦争をすることが必要となる。外部から敵が現れない時には、私的な抗争をする暇があり、戦時には祖国防衛のために発揮される勇気が、内紛のなかで発揮される。

カエサルは次のように述べている。「ガリア人の間では、あらゆる国、地域、村落だけでなく、ほとんどすべての家においても不和があり、あらゆる人が保護を求めて、保護者の下へ逃げて行かざるをえない[14]」。このように党派に分かれているなかで、氏族間の確執のみならず、家族間の争い、個々人の不和や競争さえ、力によって決着をつけられる。迷信の助けがない場合には、主権者が裁判権を行使しようとしても、法の決定に従わせようとしても、徒労に終わる。常に自分のものを力によって護っている人々、また、勇敢だという評判が伴わないで財産を持つことを軽蔑する人々は、剣以外を審判として認めない。スキピオが、相続をめぐる二人のスペイン人の争いを終わらせようと仲裁を申し出たとき、彼らは次のように言った。「われわれは、既に親戚にも仲裁を断っているし、われわれの争いを人間の判決に委ねない。神々の中でも、軍神マルスにしか訴えない[15]」。

よく知られているように、ヨーロッパの諸民族は、このような訴訟の手続きを形式化したのだが、それは世界中どこにも知られていないものだった。すなわち、ほとんどの場合、民事《シヴィル》と刑事の裁判官は当事者達に対して［武器の］一覧を示すこと以外はなにもせず、事件の決着を彼らの戦いに委ねた。彼らは、神が支持する者が勝利者になると了解していた。そしてこの異常な訴訟手続きを踏むことができなかった場合、その代わりとして彼らが訴えたものは、通例、より気まぐれな偶然的事象であった。そしてその場合でも彼らは神々の判決が宣告されたと思ったのである。

ヨーロッパの荒々しい諸民族は、格闘を、運動や遊戯として好んでもいた。実際の争いがない時、技を試すために、仲間内で互いに挑戦し、彼らの内の一人が死ぬこともしばしばあった。スキピオが父と伯父の葬式を行ったとき、二人のスペイン人が戦うためにやって来た。そして、彼らの決闘を公開することで、葬式はより荘厳なものになった[16]。

このような荒々しい無法状態においては、真の宗教の影響が非常に望ましく、また非常に有益だったと思われるが、ここでは迷信が、支配力をめぐって武勇に対する尊敬の念とさえ争うことが多い。古代のガリア人やブリトン人のあいだでドルイド[17]たちのような身分の人々は[18]、あるいは、喜望峰にいる予言者を僭称する者は、自分の魔法に寄せられる信頼の中に、権力を掌握する方法を見出す。彼の魔法の杖は刀そのものと競

(13)『フン族の歴史』を見よ。
(14)『ガリア戦記』第六巻（国原訳、二一三頁）。
(15) リウィウス。
(16) リウィウス、第三巻。
(17)（訳注）ドルイド Druids。古代のケルト人がガリア、ブリタニアに定着した時期に宗教生活を支配していた人びと。霊魂の不滅を説き、アニミズム的傾向が強い。
(18) カエサル。

うようになり、またドルイド僧のやり方で、ある人々に対して市民的《シヴィル》統治の初歩を教え、あるいは、ナチェズ族[19]のあいだで太陽の子孫と思われる人々や、タタール人の間におけるラマ僧のように、他の人びとにたいして専制政治と絶対的隷従の初期の経験をさせたのである。

われわれは一般に、自分たちのものと極端に異なる慣習と生活様式の下で人類がいかにして生存できるのかということを理解できず途方に暮れ、そして、われわれが慣れていない状況において、われわれ自身が我慢しなければならないことを想像して、野蛮時代の悲惨を誇張しがちである。しかし、すべての時代には、その時代の苦痛があるのと同じように、その時代の安らぎもある[20]。人間の最も未開な状態においてさえ、たまたま起こる激しい暴力の合間に見られる人々の友好的な交際は、愛情豊かで幸福なものである[21]。未開時代においては、個人の身体と財産は安全である。なぜならば、各人には敵もいるが、同様に友人もいるからである。そしてもしある人が危害を加えようとすると、他の人が助けようとする。さらに、時に暴力を神聖化する傾向にある武勇に対する称賛の念それ自体が、不正を侵すことを防ぐ寛大さと名誉心に関わる何らかの行動原理を鼓吹するのである。

人間は、生活していく中で生じる困難や不便に耐えるのと同様に、政策の欠点にも耐えている。戦争の危機や疲れは、それらに慣れた者にとっては必要な気分転換となる。また、それらは、人びとを鼓舞しない事柄、あるいは挑戦的でない事柄には、情熱を感じない者にとっても必要な気分転換となる。アッティラの年老いた廷臣たちは、もはや彼ら自身が果たすことができない英雄的偉業の話を聞いた時、嘆き悲しんだ[22]。また、ケルト族の間では、老齢のために戦闘に適さなくなった戦士は、気抜けした非活動的で憂鬱な生命を短くするために、かれの友人の手で死なせてくれと請うのが習わしであった(23)。

(19)（訳注）ナチェズ族Natchez。ミシシッピー川下流に住んでいたアメリカ原住民。都市国家的な社会を形成し、社会は、貴族、平民、奴隷に階層分化していた。ウィリアム・ロバートソンもナチェ族の身分制、酋長の絶対的権力について言及している（ウィリアム・ロバートソン『アメリカ史』第2巻一三七―九頁）。

(20) プリスクス［訳注、五世紀前半のローマの外交官で、歴史家］が大使としてアッティラ［訳注、五世紀中頃のフン族の独裁的支配者］のところにいたとき、スキタイ風の衣服を着た人にギリシア語で話しかけられた。驚いて、どうしてこんな野蛮な連中のところに滞在しているのか、聞かせて欲しいというと、このギリシア人は次のように話した。私はかつて捕虜であり、また、少しのあいだ奴隷であったが、ある顕著な働きの報酬として自由をえた。「ローマ統治下でのかつての生活よりも、ここでの生活の方が幸福です。というのは、スキタイ人と一緒に生活する人びとは、戦役の労苦に耐えることが出来るならば、何も苦しめるものはないからです。人びとは、自分たちの所有物を妨げられることなく享受できます。それに反してあなた方は、たえず外敵や悪政の餌食になっています。自衛のための武器を持つことも禁じられていますし、あなた方を守るために任命された人びとの怠慢と邪悪の行為に苦しめられています。平和がもたらす弊害は、戦争がもたらす弊害よりもずっと大きい。権力者や富者は罰せられません。貧者に慈悲は示されません。あなた方の制度は、賢明に考案されていますが、堕落した人々が運用すると、有害で残酷なものになります」『使節の報告　抄録』。

(21) ダリヴォー（一六三五―一七〇二年）『アラブ原住民の歴史』。

(22) 同書。

(23)「若いころの体力をなくした男は、生きていることに耐えられなくなり、そして知人は老人を軽蔑する」（シリウス・イタリクス［『ポエニ戦争』］第一巻二二五）。

このような獰猛な魂のすべてをもってしても、西洋の未開民族は、ローマ人の政策と、かれらよりも整然とした軍事行動とによって征服された。ヨーロッパの野蛮人が個人として名誉の中核に置いていたものが、彼らを、彼らに固有の不利益にさらしたのである。それは、民族間の戦争においてさえ、敵にたいする奇襲攻撃を嫌い、また、戦略によって利益を得ることを嫌う。また彼らは、個々には大胆で恐れを知らなかったが、他の未開民族と同様に集まって大きな集団になると、迷信にとらわれ、恐怖にうろたえがちであった。

彼らは戦いの前夜には、自らの個人としての勇気や力を意識して、自信たっぷりで血気盛んだった。また、成功した時は得意満面で羽目を外し、失敗した時は意気消沈した。かれらは、あらゆる出来事を神々の審判と捉える傾向にあったので、一貫して慎重に行動することによって、かれらの力を最大限利用し、逆境を挽回したり、利益を更に大きくしたりすることは、決してできなかった。

愛情と熱情の支配に身を任せていた彼らは、愛着の念を固く抱いていた場合には寛大かつ忠実であり、嫌悪の念を抱いていた場合には執念深く強情かつ残酷であった。放蕩に耽り、酒類を過度に飲む彼らは、熱した混乱状態のなかで国事を論じ合い、また、同じように危うい時に、軍事的企ての計画を着想したり、短剣や長剣によって彼らの内紛を終わらせようとしたりする。

戦争では、彼らは捕虜になるよりも死を選んだ。強襲して町に侵入し、占領しようと強行したローマの勝利軍が見たのは、わが子が連れ去られないようにと、殺そうとしている母親の姿だった。また、家族の血で真っ赤になった短剣で最後に自らの胸を突き刺そうとしている父親の姿だった。[24]

このような事例のすべてにおいて、無秩序それ自体を尊敬に値するものにしてしまう魂の活力を見出す。

この魂の活力によって人間は、周囲の事情が幸運な場合には、外敵に対して国民の独立と自由《フリーダム》を堅持すると共に、国内の自由《リバティー》の基礎を築くことができるのである。

（24）リウィウス『ローマ建国以来の歴史』第四十一巻第二章（毛利晶訳、京都大学出版会）、ディオ・カッシウス［『ローマ史』］。

第三部　政治と技術の歴史について

第一章　風土の影響について

ここまで、様々な民族の状態や生活様式について、主に温帯地域で生起したことにもとづいて述べてきたが、これらのことは、地球上の未開状態にある全ての地域の人類にも、ある程度は適用できるだろう。しかし、もしわれわれが、われわれの種がさらに努力して得たものについて、われわれの種の歴史を探求しようとするならば、われわれが観察する範囲は、たちまち、より狭い範囲に限定されることになるだろう。政治的叡智と市民的技術《シヴィルアーツ》の守護神は、地球の特定の地域を自らが鎮座する場所として選び、また、特定の人種をお気に入りとして選んだと思われる。

人間は、その肉体的能力によって、あらゆる気候のなかで生存することができる。赤道付近の太陽の下では、ライオンや虎とともに君臨し、また、極圏では、熊やトナカイとともにいる。人間はなんにでも適応し、どちらの状態の習慣をも身につけることができる。また、技術の才によって、どちらの状態の欠点をも補うことができる。しかしながら、人間の性質に最も好都合なのは中間的な気候だと思われる。そして、この動物が、自らの種としての最も主要な名誉を獲得したのは、常に温帯圏であったということは、どう説明しようと、間違いない事実である。この舞台において人間が繰り返し発明してきた技術、人間の理性の広がり、空想力の豊かさ、そして、文芸・商業・政治・戦争に関する人間の英知の力は、この環境が際立って有利であること、あるいは、精神の自然的優位を、明らかに示している。

人類の中で最も注目に値する人種といえども、文明化される前は野蛮であったことは事実である。彼らが再び未開状態に回帰したという事例も幾つかある。また、彼らに非凡な才能があるとわれわれが主張するのは、彼らが技術、科学、あるいは政策を実際に持っているからではない。

文明人と同様に野生人を特徴づけ、主人と同様に奴隷を特徴づける、活力、力量、感受性がある。そして、精神が持つ同じ力が、様々な目的に向けられるだろう。現代のギリシア人をいたずら好きで、卑しく、狡猾にさせている気質は、恐らく、彼らの祖先を野営地や民族の集会で、情熱的で独創的で大胆にさせた活気に満ちた気質と同じなのだろう。現代のイタリア人は、感受性、機敏、芸術によって有名だが、現代のイタリア人は、古代ローマ人が持っていた能力を瑣末な事柄にしか使っていない。そして、グラックスを公共の広場で熱くさせ、厳正な人々の集会を揺り動かしたあの激情、あの情熱を、今では娯楽の場において、あさはかな称賛を求めて発揮しているに過ぎない。

ある気候の下では、商業的営利的技術が、人類の主要な目的となっていて、これらの技術は、どのような災害があっても保持されてきた。他の気候の下では、状況《フォーチュン》がどんなに変化しようとも、これらの技術は無視され続けてきた。一方、ヨーロッパとアジアの温暖な気候のなかでは、これらの技術を賛美していた時代もあったし、蔑視していた時代もあった。

ある社会状態では、技術を軽視するあの情熱的精神と活動の原理が、他の社会状態では技術を偉大な成功へと導く。人々が情熱に駆られ、祖国の戦いや危険によって熱くなり奮起している時に、あるいはラッパの音がし、国家的業務への召集警報が鳴り、そして心臓の鼓動が昂ぶっている時に、時間をみつけて、慰安の工夫をしたり、単に自分の目的にとって便利で簡便でしかない改良を追求したりするのは、鈍感あるいは卑しい精神の証しであった。

技術が繁栄した正にその場所で、様々な民族が経験した再三にわたる栄枯盛衰と運命の逆転は、恐らく、人間の精神が常に忙しく、創意に富み、多芸多才であることの結果だろう。この精神によって人間は、国民として両極端に変化してきた。人間は、自由の基礎を最もよく理解していたところで、最高の専制的帝国の体制を築いた。また、人間は、自らが燃え立たせた炎の中で滅亡した。恐らく人間は、人間の精神が達しうる最高の改良と最低の腐敗を交互に示すことしかできなかったのであろう。

この舞台において、人類が未開から始まって非常に高い水準まで洗練されたことが、歴史の範囲内で二度あった。その時代の性質によって、建設するか破滅するかのいずれかに運命づけられていたが、どの時代にも、人間は活動的で熱烈な精神の痕跡を残してきた。ローマの道路と廃墟は、野蛮人の足に踏みつけられて、土埃の中に埋められている。彼らは、改良された贅沢品を軽蔑して踏みにじり、また、それをもたらした技術を拒絶した。そうした技術の用途を発見し称賛することは、同じ民族の子孫に託されたのである。野蛮なアラブ人のテントが、今もなお壮大な都市の廃墟に張られている。そして、パレスチナとシリアの辺境の荒野は、恐らく再び、誕生したばかりの諸国民の揺籃の地となるだろう。アラブの一族長が、ローマの建国者のように、将来のいつの日か繁茂することになる植物の根をすでに植えつけているかもしれないし、あるいは遠い将来、偉大な体制となるものの基礎をすでに築いていているかもかもしれないのである。

アフリカの大部分は、これまでずっと未知の世界だった。しかし他の証拠を何もみつけられない場合、アフリカの変革について大きな話題にならないことが、アフリカ人の天分の弱さの論拠となる。地球上の全ての熱帯地域は、地理学者たちには知られていたとしても、歴史にほとんど資料を提供していない。［熱帯の］多くの地域に、軽蔑に値するような水準ではない生活技術があった。しかし熱帯地域のどこにおいても、政治的叡知による、それよりも重要な企画は成熟しなかったし、また自由と結びつく諸徳性、様々な政治的《シヴィル》な事柄の遂行に必要とされる諸徳性が鼓舞されたこともなかった。

実際、新世界の住民の中で、簡単な器械と手工業の技術を最も発展させたのは、熱帯地域の住民だった。手工業の技術と商業活動が非常に古くからあり、また、それらが、ほとんど衰退することなく、時代の荒廃と帝国の変転の中を生き残ったのは、インドと、太陽が真上から光を照らすこの半球の地域だった。パイナップルとタマリンドを熟させる太陽が、専制政治の苛酷さを和らげることさえできるところまで、人びとを温和にしているように思われる。そして、野蛮人の征服や侵攻が、ヨーロッパの強情な先住民にしたように、安楽と快楽への愛が生み出したものを完全に破壊するに至らなかったのは、東洋の先住民の穏やかで平和を好む気質の効果だった。

大きな闘争もなしに、主人が次々と変わったインドの先住民は、どんな変化が起きても、勤労に励む準備ができており、生活の楽しみと動物的快楽への希望を失わない。征服戦争が、参戦者を苛立たせるほど長引くことはない。また、参戦者が争っている土地が荒廃させられるほど長引くこともない。野蛮な侵略者でさえ、彼を激怒させなかった商業的な居住地には手をつけない。また彼は豊かな都市の征服者であるにも関わらず、都市の近隣にしか野営しなかった。そして、彼が獲得した物がもたらす快楽、悪徳、虚飾に徐々にのめ込んでいくかどうかの選択を、彼の子孫に委ねた。彼の後継者たちは、蜂蜜の甘味を知るにつれて、彼自身に増して蜜蜂を飼育しようとする。また彼らは、自らが所有者となった蓄群や畜舎に危害を加えないでおくのと同様に、住民とその住居にも危害を加えない。

近代インドの叙述は、古代インドの叙述の繰り返しである。また、中国の現状は、人類の歴史の中で匹敵するものがないほど遥か遠い昔から受け継いだものである。君主の継承は変化してきたが、国家に影響を与えるような革命は起きていない。アフリカ人とサモエード人[1]が、無知であるという事に関して変化していないのと同程度に、中国人やインド人の話を信じるならば、彼らの手工業の慣行は変化していないし、また、彼らの商売を規制し、彼らが卑しい金銭づくの仕事に専心できるよう保護するためだけに計画された何らかの政策を守るということにおいても、変化していないのである。

もしわれわれが、人類が行ったことについてのこのような一般的な説明から目を転じて、人類が様々な風土を居住地としてきたことや、人類の気質・外観・性質が様々であることなど、動物としての人類そのものについてより詳しく説明しようとするならば、人類の行動の諸結果や、人類の歴史の帰結に対応する様々な才能を見出すことになるだろう。

生まれつきの諸能力が完成した人間は、機敏で繊細な感受性をもち、想像力と省察力は大きく多様で、仲間に関連する事柄について注意深く洞察力があり細やかで、目的に対しては揺るぎなく熱心で、友情あるいは敵意に一身を捧げ、そして独立と名誉を失うまいと気を配り、安全や利益のためにそれらを放棄することはない。人間は、いかに腐敗しようとも、いかに進歩しようとも、生来の感受性を彼の力ではないにせよ保持している。そして人間の交際は、彼の精神が被った事柄の性質に応じてありがたいものにも、あるいは呪わしいものにもなる。

しかし、極端に暑いか、あるいは寒い場所では、人間精神の活動範囲は狭められるように思われる。そしてそこでは人間は、友人としても敵としても、お互いにそれほど重要なものでなくなる。一方の極地では、鈍感でのろく、大した願望も持たず、生活様式も規則的で穏やかである。他方の極地では、熱狂的な情熱をもち、判断力が弱く、感情の起伏が激しく、動物的快楽に溺れている。両極地において、人々の心は欲得づくで、子供っぽい誘惑に大きな譲歩をする。いずれの極地においても、人間の精神は安易に隷属を受け入れる。一方の極地では、精神は将来の恐怖にうちひしがれており、他方の極地では、精神は現在の感覚によってすら掻きたてられないのである。

ヨーロッパの諸民族は、自分たちの恵まれた風土の南部や北部を、植民あるいは征服しようとしたが、抵抗に遭遇することはほとんどなく、意のままに領土を拡張した。領土拡張の限界となったのは、ただ、大きな海と、自らが征服に飽きることだけであった。民族が衰退する前に生じる苦痛と苦闘がほとんどないまま、広大な地域が次々とロシアの領地に併合されてしまった。ロシアの君主は、恐らく、自分の使者の誰も話さえしたことがない部族の全てを、自分の配下に置いているが、彼は、帝国を拡大するために、かつて

(1)（訳注）サモエード。シベリアの北極海沿岸に住み、ウラル語族サモエード語派の諸言語を使用する諸民族の総称。

ローマ人が執政官と軍団を用いて遂行するしかなかった計画を、数人の測量士を派遣して遂行したのである。(2) 近代のこのような征服者たちは、反感を持たれると、反乱だと不平をいう。また、貢ぎ物を強要しようとした場所で、敵として扱われて驚くのである。

しかしながら、東方の海の周辺において、彼らは、彼らに統治する資格があるのかに疑問を持ち、徴税を何の代償もない要求とみなす諸民族(3)に出会ったと思われる。ここにおいて恐らく、古代ヨーロッパの精神と、獰猛という名のもとで民族独立の精神(4)とが見出されるだろう。その精神が、西ローマ帝国において勝ち誇るローマ軍とその地をめぐり争い、また、ギリシアの多くの村落を自らの広大な領土に包含しようとしたペルシアの君主たちの企てを挫折させたのである。

人間以外の動物に地域ごとの変種があるように、互いに遠く離れた地域に住んでいる人びとの間に、大きな顕著な違いがあることは、容易に認められる。馬とトナカイは、正しく、アラビア人とラップ人の象徴である。アラビアは馬の競争で名高い国である。そしてこの国の馬のようにアラビアの先住民は、森林の野人であろうと、教育されていようと、活動的で、自分がしようと思っていることを熱心に実行する。この人種は、彼らの未開状態においては自由を求めて砂漠へ飛び出し、また、流浪する集団として帝国の国境を悩ませ、そして彼らの野営地が前進していく地域を恐怖に陥れる。(5) 征服への展望によってかきたてられている時、または、計画にもとづいて行動している時、彼らは、地上の広大な地域に彼らの支配と、彼らの想像上の体制《システム》を広げていく。また、彼らは、財産と定住地を持っていた時には、技術《アーツ》の実践と学問研究において、生気あふれる工夫と優れた創意の模範を提供した。これとは逆に、ラップ人は、その地域の仲間のように、頑丈で、根気強く、飢餓に耐え、従順というよりは鈍感であり、特定の地域では役に立つが、変化を受け入れることができない。ラップ民族全体は、時代が移り変わっても同じ状態にあり、また、居住する土地によってデンマーク人、スウェーデン人、あるいはモスクワ人と呼ばれても平然として受け入れている。そして彼らの国が、これらの諸民族がかつて自分たちの帝国の境界とした線によって、共有地のように分断されるのを許しているのである。

このような様々な特性をはっきりと見分けることができるのは、両極地においてだけではない。それらの連続的変化は、気候の変化に対応している。様々な特性は、気候の変化と関係しているように思われる。一定水準の能力や洞察力や情熱は、国民全体に与えられているわけではないし、また、ある民族《ピープル》の一般的特性でもない。しかし、国が異なれば、それらを持っている人とそうでない人との割合、さらにそれらの程度が異なるということは、生活様式、会話の調子、それぞれの国において支配的な仕事・娯楽・文学的創作の才能から十分に明らかである。

空想の材料と詩的隠喩の原野をわれわれに提供し続けている、あの神話と昔話を発明し潤色したのは、古代と現代の南ヨーロッパ諸国とされている。われわれの心と想像力を燃え立たせ、知性を啓発するロマンティックな騎士物語や、その後のより合理的な形式の模範も、われわれは、これらの諸国からえている。

---

(2) ロシアの地図を参照。
(3) ツチ族。
(4) 『タタール人の系譜的歴史』(前出、一五頁)。
(5) ダリヴォー(前出、一六二頁)。

勤労の果実が最も豊かに実ったのは、北方の地域だった。そして、ここで科学の研究は最も堅実に進歩した。南方の地域では、想像力と感性の成果が、非常に数多くあり、最も成功した。バルチック海沿岸は、コペルニクス、ティコ・ブラーエ、ケプラーの研究により有名になったが、地中海沿岸は、全分野において天才を輩出し、科学者だけでなく、たくさんの詩人や歴史家がいたことで賛美されている。

学問は、興味と空想から生じたという側面があるが、他方で、依然として判断と記憶の領域に属している。知性の光や胸中の感情が衰える一方で、相対的な重要性についての理解を欠いているが、国事についての忠実で詳細な記述、すなわち諸国民の条約と主張、君主たちの起源と系譜は、北方地域の諸国民の文学の中に十分に保存されている。人間性の歴史、公的立場からの正式な報告書だけでなく、私生活の注意深い記録にもとづく興味深い回顧録、巧みな冗談、鋭い嘲笑、優しく感動的な、または高揚した演説、これらは古代と同様に近代においても、少数の例外を除けば、無花果と葡萄の育つところと同じ緯度の地域にだけ存在する。

生来の才能のこのような多様性は、もし本当にあるとすれば、その基礎の大部分は身体的構造にあるに違いない。そしてしばしば観察されてきたように、葡萄の木が繁茂するのは、人間の血がたぎるのを早めるためにその助けが最も必要とされていない場所においてである。南方の諸国民の間では蒸留酒は、その破壊的な効果を意識して禁じられているか、あるいは上品なものを愛するために、また、かなり温和な気候であるために、あまり求められていない。他方、北方地域において蒸留酒は、特別な魅力をもっていて、精神を活気づけ、その気候が否定していると思われる、あの生気ある幻想と熱情を生み出すのである。

ある気候帯で、男女間に生じる心をとろけさせるような欲求や激しい情熱は、他の気候帯では変化して、冷静な配慮、または互いに嫌悪感を抱いてもそれを我慢する忍耐強さになる。このような変化があることに気づくのは、地中海を渡る時、ミシシッピ川の流れにそっていくとき、コーカサス山脈を登っていく時、または、アルプスとピレネーからバルト海沿岸へ行く時である。

ルイジアナの辺境では女性が、迷信と情熱とによって倍加された力によって支配している。カナダの先住民の間では女性は奴隷であり、主として、苦労に耐え家事を行うことで評価される。(6)

後宮やハーレムの燃えるような熱情と激しい嫉妬心は、アジアとアフリカにおいて長い間はびこってきたし、ヨーロッパ南部の諸地域では、宗教や政治体制《シヴィル》の違いにも屈することがほとんどなかった。しかしながら、暑さが和らぐにつれて、このような熱情と嫉妬心は変化していき、ある緯度の所で、一時的な情熱に比較的簡単に変化し、それは、精神を魅了しても衰弱させることはなく、精神を空想的な企てにかきたてるようになる。さらに北に行くと、それは、騎士道の精神へと変化する。この精神は、心情よりも機知《ウィット》と空想を用いる。享楽よりも計略を好む。また、感情と欲望が衰えた場合、きざな態度と虚栄心を代わりに用いる。太陽から離れるにつれて、同じ情熱が平静になり、家庭的な結びつきの習慣に変化するか、あるいは、冷淡な状態に凍結してしまう。そこでは、男女が自由に交際しようとすることも滅多にないのである。

これらの気質と性質の変化は、赤道から極地まで計測されている緯度の数値には、実際には対応していな

(6) シャルルヴォア(前出、一二九頁)。

い。また、空気の温度それ自体も、緯度に左右されるものではない。土壌や位置の違い、海から遠いか近いかが、大気に影響すると思われている。そしてそれらが、身体的構造の組成に大きな影響を与えているのだろう。

アメリカの気候は、ヨーロッパと同緯度上にあるとはいえ、ヨーロッパの気候とは異なることが観察されている。広大な湿地、巨大な湖、また、年数を経て朽ち果てた鬱蒼とした森林、さらに、未開拓地を特徴づけるその他の環境が、アメリカの大気を重く有害な湿気で満たし、そして、その湿気が、冬季には二重の厳しさを与え、そして何カ月もの間、頻発し継続する霧と雪と結氷が、温帯のアメリカに寒帯の不便さをもたらすと考えられている。しかしながら、アメリカの沿岸には、より低い緯度上にではあるが、サモエード人とラップ人によく似た人種がいる。カナダ人とイロコイ族は、ヨーロッパの温帯地域の古代の住民に似ている。メキシコ人は、インドのアジア人のように、快楽に耽り、柔弱に堕していた。そして、野蛮で自由な人々の近隣にあって、自らの弱さのために、迷信の支配と、専制的統治の永続的な体制の出現を許してしまったのである。

タタール地方の大部分は、ギリシア、イタリア、スペインと同じ緯度上にあるが、気候は異なっているように思われる。沿岸地方は、地中海沿岸だけでなく大西洋沿岸でさえも、季節のゆるやかな変化と推移に恵まれているのだが、その一方で、ヨーロッパ東部とアジア大陸北部は、あらゆる極端な気候に苦しめられている。ある季節には、厳しい夏の暑さに生じた虫などの異常大発生がほとんど凍った海にまで達し、住民は、靄や霞が立ち込める中で、有害な害虫から自分自身を守ることを余儀なくされると聞いている。しかし、同じ年の別の時期には、その同じ靄や霞の中で厳しい寒さから避難することを余儀なくされるとも聞いている。冬がめぐってくると変化は早く、シベリアの北限からコーカサス山脈の麓とインドの辺境にいたるまで、全ての緯度で地表は、ほぼ同じくらい酷く荒れ果てる。

このように気候に恵まれていないために、北アジア人は国民性についても、運命についても、同じ緯度上にいるヨーロッパ人よりも劣っていると考えられているかもしれない。しかしながら、両地域の経度に沿っていくと、気質と精神についての同じような変化が観察されている。そして、ヨーロッパのいくつかの国々が、それらの北方の隣国よりも優れているのと同じように、南タタール人は、トンガ人とサモエード人よりも有利な状況にあるために優れているのである。

南半球は、このような観察の対象をほとんど提供していない。南半球の温帯地域は、いまだ発見されていない。あるいは、二つの岬、すなわち南半球の中緯度にまで伸びている喜望峰とホーン岬においてしか知られていない。しかし、南アメリカの野生人は、北アメリカとの間にペルーとメキシコの諸民族が存在しているものの、北アメリカにいる野生人に似ていると考えられており、また、ホッテントット人は、多くの点でヨーロッパの野蛮人と似ていると考えられている。ホッテントット人は、自由に固執しており、政治の萌芽があり、民族として活力を持っている。それらが、より真上からの太陽光線にさらされている他のアフリカの諸部族からホッテントット人の種族を区別するのに役立つのである。

われわれは、これらの観察によって、人類の歴史についての極めて大雑把な検討から明らかになるに違いないことを述べたに過ぎない。あるいは、地上の広大な地域に住んでいるいくつかの民族について、おぼろげに知られている事柄と、その他の民族の輝かしい事跡から推定され得ることを述べたにすぎない。しかしわれわれは、依然として、気候がいかにしてその住民の気質に影響を与えるのか、あるいは、いかにしてその住民の特質を育むのかを説明できないでいるのである。

心の気質と精神の知的作用が、肉体的諸器官の状態にある程度左右されるということは、経験からよく知られている。人間は、病気の時と健康な時とでは異なる。また、食べ物、空気、運動が変われば、異なったものになる。しかし、われわれは、このような周知の事例においてさえ、その原因と、そこから推定される結果とをどのように結びつけるか当惑する。このような多様な諸原因を含めて、気候が、何らかの規則的な作用によって、人間の性質に影響を与えているかもしれない。しかし魂の働きと関係している、あの優れた器官の構造を理解するまでは、われわれはこれらの影響のあり様を説明できるとは決して思えない。だが、それを理解するのは、恐らく不可能だろう。

ある民族が置かれた境遇のなかから、彼らの生業を決定することによって、彼らの習慣と生活様式を規定する様々な事情を指摘し、そして、その民族の性質を生みだすと想定される身体的原因に言及することなく、彼らの行動を決定する様々な誘因を特定している時、われわれは、それらの因果関係が比較的よく知られている、原因と結果について語っているのである。例えば、生活様式と考え方について、一年の大半を暗闇の中で、洞窟に閉じ込められているサモエード人のような人種と、四季を通じて自由に行動できる人々とでは異なること、また、厳しい寒さから逃れる方策を求める代わりに、燃えるような太陽の苦しみに対する備えを探している人々とでは異なることは理解できる。火と運動は寒さ対策となり、休息と日陰は暑さから

身を守る。オランダ人は、ヨーロッパにいる時は、よく働き勤勉だが、インドではより無気力で怠惰になる。(7)

恐らく、道徳的観点からすると、極端な暑さや寒さはいずれも人類の活動的資質にとって等しく好ましくない。それらは、克服できないような困難、あるいは、怠惰と無精への強い誘惑を提供することによって、発明の才の発揮を最初から妨げたり、あるいは、その進歩を制約したりするのである。中程度の不便な状況は、精神を活気づけると同時に、成功への希望を抱かせ、精神の奮起をうながす。ルソー氏は次のようにいう。「技術《アーツ》が最も栄えたのは、最も好ましくない環境の下においてであった。エジプトでは、技術がナイル川の氾濫とともに広がり、アフリカでは、技術は、石ころだらけの土地から、また、不毛な砂漠から雲上まで広がったが、エウロタスの肥沃な河岸では、技術は根を下ろさなかったということを、私は示すことができる。(8)」

生存するために最初から苦労し、困難のただ中にある場所では、人類は、彼らの境遇の欠陥を勤労によって補う。乾燥し魅力的で健康によい土地が未開拓のままで放置されている一方で、(9)厄介な低湿地は、多大な

(7) マラッカ攻略に徴用されたオランダ人水夫達は、テントを作るために与えられた帆布を破ったり燃やしたりした。そのようにしたのは、帆を作ったり張ったりするのを煩わしく思ったからである。『マテリーフ航海記』(一五六九頃—一六三二年)。

(8) (訳注) ジャン・ジャック・ルソー (本田喜代治・平岡昇訳)『人間不平等起源論』岩波文庫、五五頁。ファーガスンは、ルソーが「アッティカ」としているところを「アフリカ」としている。

(9) ハンガリーの状態とオランダの状態を比較せよ。

労働によって干拓され、海には強大な防波堤がつくられる。しかし防波堤の材料や費用を、干拓された土地によって賄ったり償還したりすることはほとんどできない。港が開かれ、船舶で一杯になる。そして、その港がその状況を見込んで造られていないとすれば、重荷を積んだ大型船が浮くだけの水もない。優雅で壮大な殿堂が、軟泥の土台の上に建てられる。そして、自然が人間を受け入れる準備をしていなかったと思われるところで、人間生活のあらゆる便宜品が豊富になっている。技術と商業の地を決定するのは自然の諸利点の有無であるとは思われない。人間は、楽しむための条件に恵まれている場合よりも、克服しなければならない困難がある場合に、より多くのことをなすものである。そして実のならないオークと松の木陰は、ヤシやタマリンドの木陰よりも人類の才知を伸ばすのに役立つのである。

様々な民族が分かれて、それぞれがはっきりと区別できるような独立した社会として存続することを可能にする、あらゆる状況を、われわれが、これまでに観察してきた結果から、技術的にも政治的にも様々な民族が発展することを可能にする様々な利点として挙げるべきだと考えられるだろう。個人を形成するのに、他の人々との交際や交流が必要であるということと同じくらい、国家の政治生活の原理を活気づけるためには、諸国民の敵対と競争が必要である。諸国民の戦争、条約、相互の警戒心、および、互いに相手を視野に入れて創案される制度、これらが人類の仕事の半分以上を占め、そして、彼らの最も偉大で最も向上的な活動に材料を提供する。この理由により、独立した尊敬すべき国民の養育所になるのに最も適しているのは、多くの島が群がっているところであり、また、多くの自然的障壁、大きな河、山脈の稜線、細長く突き出た岬によって分断されている大陸である。国家の区分が明確に維持されているならば、各区域において政治生活の原理が確立され、そして各領域の首都は、動物の身体における心臓のように、生命維持に必要な血と国民的精神とをその構成部分に容易に送ることができる。

これまで最も尊敬すべき国民が出現したのは、国境の少なくとも一部が、常に海に洗われている所だった。海は野蛮時代には、国防意識に勝るものではなかったとしても全ての障壁の中で恐らく最強の障壁だった。そして、技術が発達した状態では海は、商業に絶好の機会と便宜とを与えることになる。

それゆえ、太平洋と大西洋の沿岸に、繁栄する途上の独立した国々が散在していた。それらの国々は、紅海、地中海、及びバルト海の周辺にあった。しかし、インドとペルシアに接する山々でひっそりと暮らしている少数の部族、あるいはカスピ海と黒海の入り江や沿岸で粗野な制度を作っている少数の部族を除けば、広大なアジア大陸には、国民という名に値する民族はほとんどいない。境界のない広大な平原を遊牧民の群れが漫然と行き来している。彼らは、絶えず移動しているか、あるいは、互いに敵意を抱き、追放されたり攻撃されたりしている。彼らは狩猟をする時、あるいは牧草地を探し求めている時、混じり合うことは、恐らく実際には決してないのだが、彼らは国民としての一つの大きな特徴をもつことができない。国民としての特徴は、領土から生まれ、生まれ故郷への愛情によって深く植えつけられるものだからだ。彼らは、国家としての協定や一致なしに、集団で動く。彼らの間に新しい帝国ができると、どのようなものであれ、簡単にその一部となる。あるいは、生活物資や娯楽品のために、交易している中国やモスクワの一部にもなる。

幸福な国家体制を形成している諸国民は、それぞれの国名の存続と政治的独立の存続を自然的に形成された障壁に委ねていない。相互の警戒心によって勢力の均衡が維持される。そして相互の警戒心という原理は、近代ヨーロッパにおいてはライン川や大西洋、アルプス山脈やピレネー山脈よりも、古代ギリシアにおいてはテルモピュライの地峡、トラキアの山々、あるいはサラミスとコリントの湾よりも、諸国民の分立を長引かせたのである。この分立に、これらの気候に恵まれた住民たちは、彼らの国民としての至福、彼らの輝かしい名声と政治的《シヴィル》偉業を負っていたのである。

市民《シヴィル》社会の歴史を追求しようとするならば、われわれは主としてこのような事例に注目しなければならない。そして、人類が地勢や気候の影響によって、彼らの国民的活動を制限されているか、あるいは、精神の諸能力が劣っていると思われる地球上の諸地域から、ここで別れを告げなくてはならない。

第二章　服従の歴史

われわれがこれまで観察してきたのは、平等な条件で結合している人類か、指導者に対して自主的に敬意を払い愛着を持つことだけを服従の基盤として認める人類か、そのいずれかであった。しかしいずれも、いかなる協力して考案した統治計画あるいは法体系をも持っていなかった。

野生人の財産は小屋、毛皮、武器からなり、かれは自分自身で確保できる備えと、自分自身で確保できる程度の安全で満足している。かれが自分と同等な人々と交渉する時、裁判官の判定を仰がなくてはならないような争論の種は生じない。また、行政官の記章や終身司令官の紋章をつけている人は、身近にいない。

野蛮人が、酋長の旗下に従って、部族の中で従属的な役割を担うのは、個人的な資質や、光輝ある英雄的家系、あるいは財産の優位に対して感嘆の念を持っているからである。そして野蛮人は、自らが選択して行っていることが、義務の対象になるとは思わない。彼は感情によって行動し、礼儀を知らない。そして野蛮人は、権利に関するあらゆる問題について挑発されたり口論になったりすると、究極の解決手段として剣に訴えるのである。

その間にも人事《ヒューマン・アフェアーズ》は進歩し続ける。ある時代には、人類の群れをなす傾向が、次の時代には国民的結合の原理になる。元々は共同防衛のための協定であったものが、政治的な力の一致した計画となる。生存のための配慮が、富を蓄積したいという熱望になり、そして商業的技術の基礎になる。

人類は心がその時々に感じるままに不便を除去しようと努力する中で、また、明白で近くにある諸便宜を獲得しようと努力しているうちに、自らの想像力でさえ予期できなかった結果に到達する。そして、他の動物と同じように、結果を意識せずに、自らの本性にしたがって進んでいく。「私はこの原野を自分のものとする。そして私の子孫に残しておく」と最初に言った人は、自分が民法《シヴィル・ロー》と政治制度の基礎をつくりつつあるということに気づいていなかった。最初に一人の指導者の下に加わった人は、自分が永続的な服従の先例を作りつつあるということに気づいていなかった。そのような服従を要求する中で、強欲な者は彼の所有物を奪おうとしていたし、傲慢な者は彼に奉仕することを求めようとしていたのである。

人間は、一般的に、よく計画と企画の立案をしたがるものである。だが、他の人びとのために企画を練り計画を立てようとする人は、自分自身で企画を練りたいと考えているあらゆる人から反対されることになろう。どこからか吹いてきて、好きな所へ吹いていく風のように、社会の諸形態はよくわからない遠い起源から生まれてきたものである。すなわち、それらは、哲学の時代よりもずっと前に、人間の思索からではなく、本能から生まれたものである。人類の集団が向かう方向は、制度と政策については、彼らが置かれている状況によって決定づけられるのであって。どのような人であれ、ある一人の企画者の計画に従って、彼らの道が変えられることは滅多にない。

啓蒙の時代と称されている時代においてさえ、群衆の歩みと動きは全て、未来に対して等しく盲目である。そして諸国民は、偶然、ある体制に至るのであるが、それは、人間の行動の結果であることは事実だが、如何なる人間の企画をも実現したものではない。(1) 人間というものは、どこに向かっているかを知らないとき、最も高い所に登るものだと、クロムウェルが言ったとすれば、社会《コミュニティー》については、より明白に、次のように断言できるだろう。すなわち、社会は、いかなる変化も意図されていないところで、最も大きな変革をうけいれ、そして、最も洗練された政治家すら、自分の企画によって国家をどこに導こうとしているのかを、必ずしも常に知っているわけではないと断言できるであろう。

もしわれわれが、近代史の証言と古代史の最も確かな部分の証言に耳を傾けるならば、また、世界のあらゆる地域の民族の習慣、および。野蛮な状態であれ、洗練された状態であれ、あらゆる状態の民族の習慣に注目するとすれば、この主張を撤回する理由はほとんど見つからないだろう。一致協力して形成される政体はなく、計画から写し取られたような統治もない。小さな国家の成員は、平等を求めて競い合う。より大きな国家の成員は、何らかの形で階層分化して。君主政の基礎ができる。人びとは、ある統治形態から他の統治形態にゆるやかに移行する。そして、古い呼称のまま、新しい政体を採択することが多い。あらゆる形態の種子は、人間本性に内蔵されている。それらは時機が到来すれば芽を出し、熟す。特定の種が、土に混ざっている感知できない成分によって優勢になることがしばしばある。

したがってわれわれは、古代の立法者と建国者に関する伝統的な歴史[(2)]を受容するにあたっては、注意しなければならない。彼らの名前は、長い間賛美されてきた。彼らが立てたとされる計画は称賛されてきた。そして、恐らく初期の状況から生まれたものが、全て、計画《デザイン》の結果とみなされている。作者と作品は原因と結

（1） レスの枢機卿『回想』［一七三一年］。

（2） （訳注）第一部訳注2（三頁）参照。

果のように、常に結びつけられる。これが、われわれが諸国民の成立を考察しうる最も単純な形式である。そしてわれわれは、経験によってのみ知られるようになったものを、また、人間の知恵では予見できなかったものを、さらにその時代の気風と性質とが一致しなければ、どのような権力を持ってしても個人に実行させることができなかったものを、それより前に立てられた計画《デザイン》によるものとするのである。

もし人間が　大きな省察力があり、改良の探究に取り組んでいる時代に、自らの社会制度《インスティテューション》に固執し、多くの不便だと認識されているものの下で苦しみながらも慣習《カスタム》の足かせから逃れることができないとすれば、ロムルスとリュクルゴスの時代の人間の気風は、どのようなものだったと推定できるだろうか。間違いなく、彼らの方が革新者の計画《スキーム》を取り入れたり、習慣の影響を取り除いたりしなかったであろう。彼らは知識がはるかに少なかったので、順応性がなく従順でもなかった。また、精神がはるかに抑制されていたので、改良に取り組むことができなかったのである。

われわれは、次のように想像するかもしれない。すなわち、未開な諸民族は、彼らがそのもとで苦労している多くの欠点を非常に強く意識し、そして、生活様式を改革する必要があると強く意識しているので、彼らはあらゆる改良の計画を喜んで採用し、もっともらしく思われる提案なら全て、何も言わずに受け入れようとするに違いないと想像するだろう。またわれわれは、ある時代にプラトンの雄弁によっても生み出すことが出来なかったことが、別の時代にはオルフェウス[3]の竪琴によって生み出すことが出来ただろうと考えがちである。しかしながら、われわれは素朴な時代の特徴を誤解している。その頃の人類は、不便を不便とは思わず、それ故、改革を始めたいとはほとんど望んでいなかったと思われる。

一方、ローマとスパルタには、ある程度の制度があったという事実については、議論の余地はない。しかしこれら両国の統治は、一人の人間の計画からではなく、その国民が置かれた状況とその国民の天分から生まれたものだと思われる。また、これらの国の建国者と考えられている有名な戦士と為政者は、同じ制度を求めていた多くの人々の中で重要な役割を果したに過ぎなかったと思われる。そして、彼らは、すでに行われていて、彼ら自身とその周辺に住む人々の生活様式や資質の形成に寄与していた多くの慣行を発明したのは自分達であると指摘することによって、後世に名声を残したのだと思われる。

先述のように、素朴な民族の慣習は、多くの事例において、古の為政者が考案したとされるものと合致する。また、共和主義的な統治、元老院、民会の原型や、財産の平等、財産共有さえ、非凡な人々が発明したり考案したりするために、取っておかれたものではなかった。

もしロムルスがローマ人の国家の建国者だとすれば、自分一人で支配するために弟を殺したロムルスは、元老院の統制力の下で制約されるようになるのを望まなかったに違いない。また、彼の統治の諮問機関を、ひとつの集団の決定に委ねることも望まなかったに違いない。支配への愛着は、その性質上、束縛されることを嫌う。そして、未開時代におけるあらゆる統率者と同様に、この首長は、ある階級の人々が彼の諮問機

（3）（訳注）ギリシア神話に登場する詩人で音楽家。アポロンから竪琴を授かり、竪琴の名手となり、オルフェウスが琴を弾くと鳥獣をも魅了したという。また、セイレーン（六〇頁参照）が待ち構えている海の難所では、自らの歌で、魔法の歌を負かしたという。

関に割り込もうとしていることに、恐らく気づいていただろう。しかも、この階級なしには、彼は前進できなかったのである。彼は、ラッパの音によって大勢の人々が集合して、決議をしている機会に遭遇した。その決議には如何なる人が異論を唱えても、また、制御しようとしても無駄であった。技術のないあらゆる社会が立てる大まかな計画によって始まったローマは、その場しのぎの便法を追求するなかで、進歩し続けた。そして、国家内に生じた諸党派の主張を調整しながら、その政治的枠組を自分のものにしたのである。

人類は、社会のごく初期の時代に、豊かさを切望することと、優秀なものに感嘆することを学ぶ。強欲と野心がある人類は、それらに導かれて、略奪や征服を企てることがある。しかしこれらの動機は、人類の日常の行動では、これらを利益への関心から違う方向へと導くような、次に挙げる事情によって、均衡が保たれているか、制御されている。すなわち、その他の習慣や活動、怠惰や不摂生、個人的愛情や個人的敵意である。こういった事情が、時として人間を怠慢にしたり、狂暴にしたりするのである。これらの事情は、国内の平和《シヴィル》もしくは無秩序の源泉であるが、これらを動機として行動する者が、いかなる権利侵害であれ、それを固定し、維持し続けていくことを不可能にする。隷従と強奪は、最初は国外から強いられる。そして戦争は、攻撃的なものであれ自衛的なものであれ、あらゆる部族にとって重要な仕事である。彼らの頭の中は敵のことでいっぱいとなり、彼らには国内の不和にかまけている余裕などない。しかしながら、自らの安全を確保することは、全ての独立した共同体《コミュニティー》の願いである。そして、防壁を強化したり敵を弱体化したりすることによって、あるいは、味方を獲得することによって、この目的を達成するにつれて、個人は国内で自分自身の得失について考えるようになり、指導者は彼の地位に付随する諸利益を拡大したいと考えるようになる。従者は、侵害される危険のある諸権利を失うまいと警戒するようになる。そして、愛情と習慣から以前には結びついていた諸党派、あるいは共同保全のために以前には結びついていた諸党派は、一致しなくなり、それぞれの優先権や利益に対する要求を支持するようになる。

　このようにして、国内で党派間の敵対意識が覚醒され、自由への要求が支配への要求と対立するようになると、あらゆる社会の成員は、彼らの新しい活動舞台をみつける。恐らく彼らは、利益について口論しただろうし、異なる指導者の間で均衡を保っただろう。しかし彼らは、主権の侵害に抵抗するために、あるいは国民として共通の権利を維持するために、国民《シティズン》として結びついたことは決してなかっただろう。もし君主《プリンス》が、この争いの中で、自分の主張に反対するのと同じくらい、支持している人もたくさんいることにも気付くとすれば、国外の敵に向けて研がれた剣が、同胞臣民の胸部に向けられることになろう。そして、対外的には平和な期間は全て、内戦に費やされてしまうだろう。**自由**、**正義**、そして**国内の秩序**《シヴィル・オーダー》という神聖な名目が、公共の会議で鳴り響くようになる。そして、それ以外の警鐘が鳴らされない間は、社会の内部に、多くの興奮と敵愾心をかき立てる問題が生じることになろう。

　ギリシア、イタリア、そしてヨーロッパ全土で、古代に形成された小さな公国に関連していることが、既に述べたような、所有、私利私欲および世襲的階層区分の影響を最初に受けた人類についての特徴と一致するならば、まさに、これらの国家においてその後継起した反乱や内戦、国王の追放、あるいは主権者の大権や臣民の権利に関して生じた諸問題は、政治制度に向かう第一歩と法治体制への願望とについて、われわれがここで述べている説明と一致する。

国制の最も初期の形態を決定づけるのは、諸国民の置かれた状態の様々な事情である。未開状態においては、国の大きさによって決まる。また、人類が格差の弊害について論争し始める以前に、彼らが甘受していた格差の程度によって決まる。同様にそれは、**偶然的な事情**といわれるもの、すなわち個人の性格や戦争の成り行きにも左右される。

全ての社会《コミュニティー》は、元々は小さかった。人類を最初に結びつけたあの性向は、人類が後に帝国の境界線を広げるためにとった行動の原理ではない。征服や安全という共通の目的によって集まっていない小さな諸部族は、連携することすら嫌がる。トロイを破壊するためにつくられたギリシア人の同盟——実在したのか寓話上のものかわからないが——のように、多くの国が一つの目的を遂げるために結合するとしても、それらは簡単にまた分離し、敵対国家という原則に則って新たに行動するだろう。

国には人々の情念が、一人または数人から全体に簡単に伝わるのに適している規模というものが、恐らくあるだろう。また、集合して、集団として行動し得る適当な人数というのもあるだろう。社会がこの規模を超えて拡大しておらず、また、その社会の成員が集まりやすいところで、政争が生じたとすれば、その国家はほぼ間違いなく共和主義の原則にもとづいて進み、民主主義を確立する。大半の未開な国々における首領の大権は、彼の一族の栄光に由来し、また、彼の部族の人びとの自発的な愛着に由来する。彼が指揮した人々は、彼の友人であり、臣下であり、兵士であった。もし彼らの生活様式が変わり、彼らが彼の権威を尊敬しなくなり、彼らの間で平等を要求するようになると、あるいは首領があまりにも多くを取りすぎないかと警戒心を抱くようになると、彼の権力の基盤は既になくなっているのである。自ら進んで臣下となっていた人が頑固になり、大きな党派や集団が自分たちのために行動するようになると、小さな王国はアテネの王国のように当然のなりゆきとして共和国になるのである。

人類が進歩する過程で生じる状況や生活様式の変化によって、首長《リーダー》と君主《プリンス》が諸国に出現する。それと同時に、貴族と様々な身分が創出される。彼らは、従属している度合に応じて、かれらの位階を要求する。迷信もまた、次のような階層の人々を創出するだろう。すなわち、聖職という肩書きの下で個々の利益を追求し、集団として強固に結合し、果てしない野心があるため、権力の僭称者のなかに列挙するに値する人々である。政治体は、通常、このような様々な階層の人々が混合して形成される。各階層は人民大衆の中から、ある部分を味方にしようとする。時として人民自体が一つの党派となることもある。また、多数の人々は、いかに階級区分されようとも、主張がぶつかり合い意見が異なるため、互いに妨害し制御するようになる。また彼らは、国民評議会《ナショナルカウンシル》に各々の階層の原則と知見を持ちこみ、そして各々の利益を擁護することによって、国家の政治形態の調整あるいは存続の一端を担うのである。

どの身分であろうと、特定の身分の要求は、何らかの並立する勢力によって制御されなければ、暴政に至るであろう。すなわち君主の要求は専制政治に、貴族や僧侶の要求は横暴な貴族政治に、民衆の要求は混乱した無政府状態に至るであろう。これらの帰結は、党派の目的として公言されていたものでは決してないし、また、ほとんど偽り隠されていたものですらない。しかし、どの党派であろうと、その党派が追求している政策が優勢になってくると、それは次第にあらゆる極端なことにつながっていくだろう。

彼らが支配力を獲得しようと努力している途上で、また、敵対する利害が妨害し合う中で、自由《リバティー》は永続的に存在することもあるし、一時的に存在することもある。そして国制は、このように多極化した諸党派《パーツ》の偶然的な組合せがもたらす様々な形態と性質を持つことになるだろう。

ある程度の政治的自由《フリーダム》を社会に与えるためには、その社会の成員が、個人として、あるいはそれぞれが自分の階級に関わっている者として、彼らの権利を主張すれば、恐らく十分であろう。すなわち、共和政においては、市民が自分自身の平等を断固として主張するか、あるいは同胞市民の野心を適度な範囲に抑えることで十分であり、君主政においては、あらゆる身分の人々が彼らの私的地位あるいは公的地位の名誉を維持し、そして、宮廷からの強制に対しても、大衆からの要求に対しても、その威厳を犠牲にしなければ十分である。その威厳が、富とは関係なく、ある程度、王位を安定させ、臣民に対する配慮を確保するのだ。

党派闘争のただ中で、しばしば公共の諸利益は忘れられる、正義と公正の原則さえ忘れられることもある。しかしこれ程までの腐敗が前兆となるような致命的な帰結は、不可避的に続いて起こるわけではない。公共の利益は往々にして安全である。それは、個人が公共の利益を自らの行動の目的とみなす傾向にあるからではなく、各人が各人の場において各人の安全を保持しようと決意しているからである。自由を維持するのは、多数の人々の絶えざる不一致と対立であり、公正な統治を目指したかれらの一致した熱意ではない。したがって自由な国家では、最も賢明な法が、特定の階層の人々の利益や精神によって指図されるということは恐らく決してないであろう。それは様々な人々によって提案され、反対され、修正される。そしてついには、相争う党派が互いに採択するように強いた中間的なもの、あるいは妥協的なものが表明されることになるのである。

人類の歴史をこの観点から考察すれば、小さな社会が民主政に傾き、領土と人口が比較的大きい国家においては君主政が優位となる原因について戸惑うことはない。また、様々な状況と様々な時代において、人類が様々な政体の特徴を混合させ結合させて、ここで述べた単純な国制のいずれでもなく、全ての混成物のようなものを作り出す原因にも戸惑うことはない[4]。

未開で素朴な状態から脱した人々は、彼らがそれまで慣れ親しんできた、あの平等の精神から、あるいは、適度な服従意識から行動するに違いない。都市あるいは小さな領地の圏内に集まると彼らは、伝染しやすい感情から行動する。また、各人は、群衆の中であるいは小人数の集団の中で、彼が目立つ度合いに応じて、そこで占める重要度を感じ取る。権力と支配を僭称する人々は、群衆を騙すにはあまりにもよく知られている姿で登場する。それゆえ彼らは、彼らの要求に抵抗する人々の頑固な気質を制御し得るような助けを望んでも得られない。アッティカの王テーセウス[5]は、十二州の住民を一都市に集めたと言われている。この都市において、彼は、以前は彼の君主国に分散していた人々を一つの民主国に結びつける効果的な方策を講じて、王権の凋落を加速させたのである。

広大な領土を持つ君主は、彼の地位を保つのに多くの利点を持っている。彼は臣下に不満をもたれること

（4） 第一編第十章［「国民の幸福について」続］。

（5） （訳注）アッティカはギリシア南東部、アテネ周辺の地方。ギリシア伝説によれば、テーセウスがアッティカ地方の多くの町や村を一緒にしてアテネを首都とする統一国家を建設した。

なく、まさに臣下自身が獲得した富によって、王家の領地の壮麗さを支え、そして国民の想像力を幻惑できる。彼は一つの地区の住民を他の地区の住民と敵対させるように利用できる。そして暴動や反乱をもたらす情熱が彼の臣下の一部だけを一時的に支配しているとしても、彼は一般的な権威を持っていると確信する。彼の命令を受ける多くの人々から彼が遠くに住んでいることさえ、彼の統治に対して払われる神秘的な畏怖と敬意を増大させる。

しかしながら、このような種々の傾向にも関わらず偶然や腐敗が、様々な事情と結びついて、特定の国家をこのような趨勢とは別の方向へ向かわせ、あらゆる一般的原則にたいする例外を生みだすだろう。このことは、ギリシアの比較的新しい公国のいくつかにおいて、また現代のイタリアにおいて、さらに、スウェーデン、ポーランド、そしてゲルマンの帝国でも、実際に生起した。しかしネーデルランド諸州連合やスイス諸邦連合は、諸民族の結合を維持しながら、かなりの間、君主政治への傾向に抵抗した最も大きな社会である。そしてスウェーデンは、広大な王国において君主政が崩壊した後に確立された共和国の唯一の例である。

小さな地域あるいは単独の都市の主権者は、現代ヨーロッパにおけるように、君主政的様式が伝播することによって支えられていないばあい、その王権を安定して保有できない。主権者は、絶えず臣下の反逆の精神によって脅かされる。そこでたえず警戒しつつ、峻厳、予防策、強権によって自らを守るのである。

ドイツとポーランドの事例が示すように、大国では、民衆と貴族のどちらの勢力も、彼らの権利を保持するのに同等の困難に遭遇するだろう。そして国王の暴政という危険を避けるために、最高政務官《サプリーム・マジストレイト》に行政権に必要な委託すら与えることを差し控えざるをえないのである。

ヨーロッパ諸国は、それぞれの最初の植民のやり方で、君主政の基礎を据え、そして正規の広範囲におよぶ統治の下で結合しようとした。もし国内における進歩が非常に多くの独立した共和国の確立をもたらしたギリシア人が、アガメムノン(6)の指揮下で、アジアへの征服と植民を達成したとすれば、ギリシア人は同じような事例を提供したであろう。しかし多くの独立した集落《カントン》を形成していた原住民は、征服部族が征服を達成し、獲得したものを確保するために一気に行ったあの合同と連合を、どの地域においても、ゆっくりと行なった。カエサルはガリア地方で何百もの独立した民族と交戦したが、ガリアの諸民族は彼らの共通の脅威に対してさえ十分に団結しなかった。ローマ人の地に定着したゲルマンの侵入者たちは、同じ地区で、数多くの独立した政治組織をつくった。しかもそれは、古代ガリア人が多くの時代をへて連合や条約によって、あるいは戦争の結果として達成することができたものよりもはるかに大きなものだった。

ローマ帝国を分割した植民地とともに、偉大な君主国の種と広大な支配の根が、あらゆる所に植えられた。うわべだけの協力のもとで何年もの間、この魅惑的な獲物を襲い、獲得しようとし続けた人々の正確な数はわからない。抵抗にあうと予期した所では、彼らはそれに見合う兵力を集めようと努力した。そして、植民しようと企てた時は、民族全体が移動し、戦利品を分け合った。彼らの結合を維持することなしには、

(6) (訳注) アガメムノン (Agamemnon)。ギリシア伝説に登場する、ミケーネの王で、トロイ遠征軍の総大将として活躍する。

安全を確保できない広大な地域にまで拡散した時には、彼らは、彼らがその下で戦ってきた指揮官を継続して受け入れた。そして、様々な駐屯地に師団として送られた軍隊のように、統一的な行動や計画が求められる場合にはいつでも集結できる備えをしていた。

各部隊には全て持ち場が割り当てられ、全ての部隊長に、彼自身および彼の部下の生活に資する所持品が割り当てられた。統治の形式は軍事的服従の形式をとっており、そして封土《フィーフ》は士官に対する、その地位に対応した暫定的な報酬であった。[7] 人民には、軍事的奉仕を任務とする階級と、主人の利益のために労働し、土地を耕作することを任務とする階級とがあった。士官の土地保有条件は徐々に改善された。まず一時的譲渡から終身保有となり、そしてこれは一定の条件遵守のもとで、彼の後継者への譲渡を認めるものになった。

あらゆる所で貴族の身分《ランク》は世襲となり、あらゆる国家において有力な永続的な身分《オーダー》が形成された。彼らは人民を隷従させる一方で、国王の要求には異議を申し立てた。彼らは時には服従しなかったり、彼らの武器を国王に向けたりした。彼らは国家における一般的な専制主義にたいする越え難い強力な障壁となった。しかし彼ら自身が、彼らの好戦的な家来を用いて、ありとあらゆる小さな領域の暴君となり、秩序の確立と法の正規な適用を妨害した。彼らは弱小支配者あるいは少数派としての諸利点を利用して、王権を侵害した。あるいは、国王を選挙制にした後、選挙の度に約定や規約を次々とつくり、国王の権力を制限したり、弱体化したりした。君主《プリンス》の大権は、ある所では単なる称号になってしまった。特にゲルマン帝国においてはそうであった。そして国民的統合それ自体は、とるに足らない若干の形式を順守するということにおいてのみ保持されたのである。

王権に付随する大きな世襲的諸特権のもとで、国王《ソヴリン》と彼の従者との争いがことなった結末をむかえた所では、封建領主は徐々に権力を奪われ、貴族は臣下の地位に降格させられ、彼らの名誉を保持し支配権を行使するには君主《プリンス》に頼らざるをえなくなった。国王は、貴族を人民と同じ服従の状態に落としめ、そして、労働者と従者を彼らの直接的な支配者の抑圧から救うことによって、彼自身の権威を伸長させることが、彼の利益になると考えた。

ヨーロッパの君主たちはこの計画を様々な仕方で成功させた。彼らは人民を保護し、それにより商業的営利的技術の実践を奨励する一方で、国家においては専制主義への道を切り開いた。そして、彼らが臣民を多くの抑圧から解放したのと同じ政策によって、王座の権力を増大させたのである。

しかし人民が国制によって政府に代表と首長《ヘッド》を送り、その下で自らが獲得した富と、自らが個人としても重要であるという感覚とを活用することができた所では、この政策は玉座に不利なものになった。それは、大権を制限し、法の下での統治を確立し、人類の歴史において新しい光景を繰り広げることになる新しい権力を形成した。それは、共和政と混合した君主政であって、広大な領土をもち、軍事力を用いずに何年ものあいだ支配したのである。

このような段階を経て、ヨーロッパの諸国民は現在の体制に到達したのである。これらの中には、法制度を持つに至っている所もあるし、穏やかな専制主義を実践するに至っている所もある。あるいは、これら

---

(7) ロバートスン『スコットランド史』第一巻を見よ。

様々な制度の極端なものになりがちな傾向と戦い続けている所もある。

ヨーロッパの初期の時代に帝国が急速に発展し、諸民族の独立心を脅かし、オスマンの征服者が彼ら自身のために、また、彼らが征服した哀れな民族のために建てた墓のなかに、葬り去った。ローマ人たちは彼らの帝国の領域を徐々に拡げていった。新しい獲得物は全て、長くて退屈な戦争の成果であった。そして、新たな領土を確保するためには、植民者の派遣と様々な手段が必要であった。しかし封建時代の有力者は、権力基盤《エスタブリッシュメント》を獲得した瞬間から、彼の領土を拡張し家臣の人数を増やそうとして、単なる形式的な叙任によってしばしば新しい領邦を併合した。そして、独立国家については、その政治形態の実質的な改革をなにもせずに、属国として自らの成長しつつある支配権のもとにおいた。

独立した諸公国は、ひとつの機械の諸部分のように結合されたり、また、ひとつの建物の材料のように組み立てられたり、しがちであった。それらは抗争の結果、簡単に一緒になったり、ばらばらになったりした。弱い国家の独立は、強国の相互の猜疑心によってのみ、あるいは、勢力均衡を維持しようとする、全ての国の一般的な注意によってのみ保持された。

この均衡を維持するのにヨーロッパ諸国が進めた適切な政策体系や、条約を調整するさいに戦争に勝った強い君主国においてさえ習慣的になっている節度は、人類の名誉である。また、これらは最初に征服した人々も、かれらの競争相手と同じように自滅するだろうという見方を定着させ、幸福《ハッピー》が永続するという希望を生み出すだろう。恐らくこのような見方は、それ以前の時代には、あるいは多くの国において、決して同じように優勢ではなかったであろう。

大規模な組織においてと同様に、恐らく、このような国家において、われわれは政治体を構成している個々の部門を最もはっきりと識別することができるだろう。また、様々な階層の人々を結合させたり、分離させたりする利害の一致と対立を観察することができるだろう。それらに導かれて彼らは、彼らの個別の要求を主張し、そして様々な政治形態を確立するにいたるのである。極めて小さい共和国といえども、これらの国家と同じような諸部門と、同じような精神によって活気づけられている成員とから構成されている。このような小共和国は、諸党派の偶然的連携によって、また、諸党派を争いに参加させる様々な利害によって様々に変化する統治の例を提供する。

全ての社会において、偶然にできた従属関係がある。それは正規の制度とは無関係で、その社会の国制に反する場合がしばしばある。政府と人民が別々の言語を話し、そして、法律に則った任命なしには、あるいは世襲による栄誉の優越なしには、権力の資格を認めないように思われる一方で、恐らく財産の分配、あるいは影響力に差を生みだす何か他の事情から生じると思われる、この偶然的な従属関係が、国家にその基調をあたえ、その性格を固定するのである。

長いあいだ下級身分とみなされ、行政の上級職から除外されてきたローマの平民《プレビアン》階級は、集団としてはこの不快な差別を除去するのに十分な勢力を持っていた。しかし、依然として従属的身分であるという思いで行動していた個人は、争いになるといつも、保護を受け、その人間的権威を感知していた貴族《パトリキ》の側についた。このようにして門閥の支配は、ある期間、貴族政の承認された原則によって形成され得るものと同じように正規なものとなった。しかし、徐々に平民も国家の高官職に就くようになり、それまであった差別の影響は回避さるようになった。もしくは弱められるようなった。異なる階級の要求を調整するためにつくられた法から免れるのも容易であった。民衆《ポピュラス》は一つの党派になり、彼らの協力は、支配へのもっとも確実な道だった。クロディウス(8)は、平民家族のうわべだけの養子になることによって、人民の護民官になる資格を得た。カエサルは、この党派の主義主張を支持することによって、権力の不正な行使と専制政治への道を開いたのである。

このように儚い束の間の舞台において、統治の諸形態は進行しつつあるものの、ある特定の状態にすぎない。後続の時代は全て、その前の時代と異なっているであろう。党派は何時もあらゆる好機を捉えて利益を得ようと準備している。そして人間は、ある党派から危険にさらされている時、その党派のライバル以上に良い保護者を見つけることは滅多にない。カトーはカエサルと対立しているポンペイウスと手を組んだ。そしてカトーが警戒すべきものとしては、結果として共和国の自由に逆らう様々な頭目の連携をもたらした、あの諸党派の和解以外にはなにもなかったのである。この傑出した人物は、彼の時代においては子供の中にいる大人のように際立っていた。また彼は、正確な理解力と大きな洞察力、さらに男らしい剛勇と無私無欲という点で、彼の敵対者をはるかに上回っていた。そしてそれらをもって彼は、人類の破滅に至るような空虚で子供じみた野心を挫こうと奮迅したのである。

自由な統治体制が一人の企画者の構想から生じることは、滅多にまたは決してないとはいえ、だが、それは、一人の人間の警戒心、活動、そして熱意によってしばしば維持されるのである。この守らなければならない目的を理解し、選んだ人々は幸福である。そして遅きに失することなく、この目的が選ばれたとすれば、人類にとって幸福である。それは、運命を決する革命の前夜にカトーやブルートゥスのような人物の生涯を有名にするために、また、トラセア[9]とヘルウィディウス[10]の憤りを密かに育むために、さらに、腐敗した時代に思索にふける人々の頭を占拠するために、留保して置かれたのである。しかもこのような時期を逸し結実しなかった例においてさえ、人類にとって非常に重要な目的を知り、高く評価することは、幸福であった。自由な統治体制を追求し愛することは、たとえ成功しなくても、人間本性に栄誉を与えたのである。

(8) (訳注) クロディウス Clodius, Publius (前九三頃—五二年)、ローマの護民官。ガイウス・グラックス (グラックス兄弟の弟) によって提出された貧民に対する低価格での穀物の売却制度を、貧民にとってさらに有利なもの (無料給付) とした。カエサルはこの制度を整備し、民衆の人気を得て、自らの権力を高めていく。

(9) (訳注) トラセア Publius Clodius Thrasea Paetus (?—後六六年)。古代ローマの政治家。執政官としてネロを厳しく批判し、政界から引退、ネロの命令によって処刑される。

(10) (訳注) ヘルウィディウス Helvidius Priscus。ローマ皇帝ネロの時代 (五四—六八年) からウェスパシアヌス (六九—七九年) の時代に生きたストア哲学者で政治家。情熱的な共和主義者で支配者を激しく批判し、皇帝ウェスパシアヌスと対立し、処刑された。

第三章　国家の目的一般とそれに関連する制度と慣習について

服従の様式は偶然の産物であり、統治の諸形態は、主として、国家の成員が元々分類されてきた様式と、特定の階層の人々に彼らの国の支配権を付与する様々な事情とから生まれる。しかしその一方で、あらゆる統治が注意をすべき幾つかの目的がある。それらは、あらゆる社会において人類の知見と推論を導く。また、政治家に仕事を提供するだけではなく、ある程度、その社会を、為政者が彼の権力を保持する権威をもつ制度へと向かわせるのである。国防、正義の分配、国家の存続と国内の繁栄が、そうした目的である。これらの目的が無視されるならば、権力、特権あるいは平等を求めて諸党派が戦う舞台そのものが、消えてなくなり、社会それ自体ももはや存在しなくなるにちがいない。

これらの目的にもとづく考えが、あらゆる公共の集会で主張されるだろう。また、あらゆる政争において、諸個人の私的見解や党派の要求と闘いながら、諸国民の偉大な立法者とみなされうる人類の共通の感覚と見解に訴えることになろう。

ほとんどの国民的目的を達成するために求められる諸政策は、互いに結びついていて、一緒に追求されなくてはならない。それらは同じであることが多い。外敵に対する防衛のために準備されている軍事力は、国内平和の維持のためにも同じように用いられるだろう。人民の権利と自由を守るためにつくられた法律は、人口と商業を奨励するものとしても役立つだろう。そして全ての社会は、いかなる場合にも、その社会の利益を保持し不幸をさけるのに最適の形態をとるべきである。あるいは、その形態を維持すべきである。その目的を思索家がどのように分類し、区分しているかは、考慮しなくてもよいことなのだ。

しかしながら、私人と同じように国家にも、夫々、お気に入りの目標と、主に追い求めているものがある。そのために国家の制度と慣習は、多様化する。異なる手段によって同じ目的に達することさえある。そして、様々な職業によって蓄財をする人間と同じように国家も、その到達するあらゆる状況において、自らの主たる営みの習慣を保持しているのである。ローマ人は彼らの征服を推し進めることで豊かになった。そして、戦争へと向かう彼らの性向は大地を荒廃させるおそれがあると思われたが、恐らく一定の期間、人口を増加させたであろう。現代の幾つかの国家は、商業の原則に則って支配し、拡張しつづけている。そして、国内の富の蓄積だけを意図していながら、国外において帝国としての優位を獲得しつづけているのである。

好戦的性質と商業的性質は、様々に結合する。それらは、多かれ少なかれ戦争を頻発させ、征服欲を高ぶらせるような状況の影響によって様々な度合いで形成される。また、それらは、国民が平穏に国内の資源を改良したり、あるいは自国の土壌や気候のためにえられないものを彼らの勤労の果実によって外国人から購入したりできるようにする状況の影響によって様々な度合いで形成される。

あらゆる社会の成員達は、多かれ少なかれ国事に従事している。その度合いは、その国制が、彼らをその統治に関与させ、そして、公共的性質の諸目的に彼らの注意を喚起させる程度に比例する。国民の才能は、それが技術の実践や社会的諸問題に用いられている度合いに比例して、育成されたり、されなかったりする。また国民の生活様式は、自由と正義の原則に則って行動するよう励まされ導かれる度合いに比例して改良され、卑屈と隷従の状態へと貶められる度合いに比例して腐敗する。しかし諸国民が、これら重要事項のいずれかにおいてどのような利益を獲得しようとも、あるいはどのような弊害をさけるとしても、そのことは、通常、単に偶然的な出来事と考えられている。それらが政策の目的として認められることは、あるいは、国家の分別のなかにいれられることは、ほとんどないのである。

われわれは嘲笑されることを恐れず、人間の才能を育み、自由《リベラル》な精神の諸感情を鼓舞するためだけに、政治制度を要求する。われわれは、普通の人々の活動を鼓舞し、その行動を導くためには、動機となるような利益、あるいは、他の利点があるという希望を提供しなくてはならない。彼らは必要性からのみ、あるいは利益のために、勇敢で独創的、かつ雄弁になるだろう。彼らは富、人口、および、その他の戦争の資源を大いに利用するだろう。しかし彼らは、有能な能力によって導かれなければ、あるいは国民的活力に支えられなければ、これらからは何の結果も生まれないことをしばしば忘れている。したがって、公共の安全に対する配慮から、また、個人の自由や私的財産を確保しようとする願望から採用された特定の政策に偏向した国家はあるようにおもわれるが、道徳的効果に対する考慮から、あるいは人類の英知への観点から採用された政策に偏向した国家は滅多にない。

第四章　人口と富について

カンネー[1]でローマの花が散ってしまったという知らせが届いた時に、ローマ人が思ったに違いないことを想像すると、また、「国民の中で若者は、季節の中の春のようだ」と雄弁家が言った時に、彼の胸に去来したことを思うと、また、アメリカで家族と民族の名誉を守るために狩人と戦士が指名された時の歓喜の叫びを聞くと、同胞市民を増やし維持しようとする非常に強い動機があることを感じさせられる。利益、愛情、さらに政治的意図が一緒になってこの目的を推奨する。そして、この目的を完全に無視するのは、自分自身の利益を誤解している暴君、自らに託された任務をないがしろにする政治家、あるいは、同胞臣民を、利害をめぐる敵、利益を追求する上での競争相手として見なす腐敗した国民だけである。

頻繁に起こる争いや難事に従事している未開社会や一般に小規模の社会では、社会の成員の保持と増加が最も重要な目的である。アメリカ人は、戦場《フィールド》で支配者として留まったか、あるいは、敵に遭遇した土地から追放されたか、ということではなく、彼が失った人間の数で敗北を測り、捕えた捕虜の数で勝利を評価す

(1)（訳注）カンネーの戦い（前二一六年）。地中海の覇権をめぐるローマとカルタゴの戦争（ポエニ戦争）で、ローマ軍がハンニバルの大軍により惨敗した戦い。カンネーは、イタリア半島の南東、アドリア海に面したところにある。

る。彼が企てる全ての活動において提携できる人、友人として抱擁できる人、情愛の対象となる人、戦いにおいて援助してくれる人が、彼にとって最も貴重な財産の追加となるのである。

特定の人々との友情が問題とならないとしても、自分を守り、敵を苦しめてくれそうな仲間を作ることに余念がない社会にとっては、人口を増やすことが、最大の目的となる。したがって、養子にできるかもしれない捕虜や、男女を問はず国家のために育てることができるかもしれない子供は、最も貴重な戦利品とみなされる。被征服者に彼らの都市の諸特権を享受することを認めるローマの慣行、サビーニの略奪、それに続くサビーニとの同盟(2)は、人類の歴史の中で特異なあるいは稀な例ではなかった。同じような政策が繰り返し行われてきた。そして、国力が少数の人々の力に存する所ではどこででも、また、人間が、領地とか財産を考慮せずに、人間自身として評価される所では、当たり前で明白な政策であった。

したがって、人類が小さく分かれて生活をしていた未開時代に、地球上の人口が少なかったとしても、その欠陥は人口に対する国家の側の無配慮から生じたとは思われない。人類を増加させるために採り得る最も効果的な方策は、諸国民の連携を妨げ、人口の維持を彼らの配慮すべき主要目的とさせるほどの小さな集団で行動せざるをえないようにすることであるかもしれないのだ。確かにこれだけでは十分ではないだろう。われわれは恐らく家族養育奨励策を追加しなければならないだろう。それは、人類が好ましい政治の下で享受できるものである。また、技術の実践から得られる生活手段をも追加しなければならないだろう。

母親は、自分の食糧を探すことが非常に困難な所では、子孫を増やそうとしない。また、子孫を育てる余裕もない。北アメリカでは母親は、寒い、あるいは温和な気候への備えに加えて、この困難への配慮から様々な節制をしているらしい。母親の考えでは、森林を移動するなかで新たな負担をさけるために、子供が鹿肉を食べ、歩いてついてくることができる状態にまで育てておくことは、慎慮と自制心の問題なのである。

より温暖な地帯では、人口増加という目的それ自体は軽視されているが、恐らく気候が与える気質が〈北アメリカとは〉異なるために、また、生活資料の獲得がはるかに容易であるために、人口は増加する。そして、人口のことなど気にしない両性の交わりは、単なる放蕩の問題となっている。聞く所によると、自然の意図を打ち負かすこと、または抑制することが、野蛮な政策の目的となっている所すらある。台湾では、男性は四十歳より前に結婚することが禁じられている。女性は、三十六歳以下で妊娠した場合、行政官《マジストレイト》の命令によって中絶させられる。行政官《マジストレイト》は、子供の生命とともに母親の生命をも危険にさらす暴力を行使するのである。[3]

中国において両親が子供を殺すあるいは遺棄することが許可されていたのは、恐らく、子供が多いことの

（2）（訳注）ローマ建国期の伝説。ロムルスによってローマが建国されたころ、女性が少なく、子孫を残し、国を維持存続することが困難であった。そこで、ロムルスは催事で近隣諸部族から多くの人を集め、ローマの若者たちはサビニ族の若い女性を拉致した。サビニは女性を奪回するために、ローマと戦争をしたが、既に子供を産んでいたサビーニの女性達が、戦争に反対し、和解する。ルネサンス期以降、多くの芸術作品の主題となっている。

（3）『オランダ人航海記集成』［前出、一一七頁］。

負担を軽減するためだったと思われる。しかし、人間の心にあまりにも反する慣習についてわれわれが聞いていることにもかかわらず、それは、恐らく人口を抑制する効果をもたないであろう。それは人口を脅かしそうに思われるが、他の多くの制度と同様に、それが予測していたと思われるものとは逆の影響をあたえている。この救済手段を見越して両親が結婚し、そして子供が救われることになるのだ。

人類が人口をどれほど重要な目的と考えようとも、民政《シヴィル・ポリシー》の歴史において、それだけのために意図された賢明な、あるいは効果的な制度を見いだすことは困難であろう。未開なまたは弱い民族の慣習は不適切である。あるいは彼らの生活様式の中にある障害を乗り越えることができない。産業の成長、技術を改良し、商業を拡大し、財産を確保し、権利を確立しようとする人間の努力が、実際には人口を増大させる最も効果的な手段なのである。しかし、これらは異なる動機から、すなわち、利益と個人の安全にたいする配慮から生まれる。これらは存在している人々の利益を意図しているのであって、彼らの数の増大を達成しようとしているのではない。

ところで知るべき重要なことは、人々が自らの政治体制において幸せで、産業の追求に成功している所では、人口はそれに比例して増大する傾向にあるということである。この目的のために考えられた他の計画のほとんどは、人類の期待を裏切っただけである。あるいは、彼らの注意を誤導しただけである。

植民地建設における、また、ペストとか戦争によって時として生じる荒廃を復興しようとする努力における、政治家の直接的介入は有益である。しかし、もし人類全体の増加についての推論において人類の自由と幸福を看過するとすれば、われわれの人口増大策は貧弱で、効果がない。それは、表面をいじくっているだけ、あるいは、影を追っているだけである。その一方で、われわれは本質的問題を等閑視している。そして、衰退しつつある国家において、われわれは一時しのぎをしているだけであって、その間、悪の根源は依然として存続しているのである。オクタウィアヌスはローマで人口に関連した法を復活させた、あるいは、強化した。しかし彼については、また、同じような状況にある多くの主権者については、次のように言うことができるだろう。すなわち、彼らは治療薬を工夫する一方で、毒薬を与えているのだ。そして、衰弱し病んだ体を皮膚への外用薬によって盛期にまで回復させようと努力する一方で、生命原理の活力をそぎ、麻痺させているのである。

この重要な目的が、必ずしもいつも、主権者の叡智や単独の人間の政策に依存していないということは、人類にとって実に幸いである。自由の追及に熱心な国民は、生来の性質のままに行動していても、国家の審議会が考案することができるどんなものよりも、より顕著な結果を生み出すことができる状態を、自分たちのために見いだす。主権者や政策担当者がこの案件の主人公であると思われる場合でも、彼らにできる最善のことは、彼らがあまり促進できない利益を損ねないように気をつけることと、彼らが修復できない欠陥をつくらないように気をつけることである。

ヒューム氏は言う。「国が小さな領地と小さな州に分かれ、そこで各人が自分の家と田畑を持ち、各州が自由で独立した州都を持っているとすれば、人類にとってなんと幸福な状態であろうか。また、産業と農業、結婚と人口にとってなんと望ましい状態であろうか！[4]」だが、ここには政治家主導の結婚褒賞政策、独身者処罰政策、また、外国人受けいれ政策、原住民出国禁止政策はないであろう。財産が安全で、子孫達にも十分な備えがあると気付いている全ての国民《シチズン》は、圧政や欠乏に対する重苦しい恐怖によってやる気をそがれることはなかった。そして、他の全ての自然の機能が制限されていなかった所では、養育所を提供する機能が抑制されるはずはなかった。自然は、公正であること強者たちにもとめた。しかし自然は、彼女の作品の維持を、彼らの空想的な計画には委ねなかった。政治家は、若者の炎を何によって煽り立てることができるだろうか。その炎を消さないようにするだけでよい。そうすれば、その力は失われることはない。オクタウィアヌスのように、一方で人類を抑圧し軽んじておきながら、他方で結婚に餄を、不妊に鞭を与えても効果はない。現にある所有物の保有が不確実で、また、大家族の生活だけでなく、自分自身の生存すら不安定でおぼつかない展望のもとで、人々が怯えている所では、外国から新しい住民を招こうとしても効果はない。自らの臣民の状況をこのようにしてしまった専制的な主権者は、残りの人民を、彼自身のいかなる工夫にではなく、彼らの強い自然の本能に委ねているのである。

人間は環境が魅力的な所に集まるだろう。そして、あらゆる地域で数世代のうちに、そこにある生活手段の量に見合う程度の人々が住みつくようになるであろう。人間は衰退の兆しがみえる状況の中でさえ増加する。ローマ人や幾多の繁栄しつつある社会が頻繁に行った戦争、そしてペストや奴隷市場でさえ、定期的に人口が失われても、その供給源を破壊しなければ、また、子孫が流出するとしても、その子孫を産み出す家族を不安定にしなければ、人間は供給された。人類のための十分な食糧がある所で、結婚褒賞金と外国人誘致によって、あるいは土着民渡航禁止によって、彼の人民の数を増大させたと思っている政治家は、車輪を回し馬車を動かしたと自賛している寓話の中の蝿によく似ている。彼はすでに動いていたものに乗っていたにすぎない。彼は、奔流を早めるために櫂を漕いだにすぎない。また、風速をあげるために扇をあおいだにすぎない。

壮大な入植計画と唐突な人口計画は、最終的にいかに成功しようとも、常に人類に高い代償がつく。入植者を補充する最初のこころみにおいて、ペテルブルグに十万人以上の貧農が、毎年、まるで幾多の畜牛のように追いやられたが、生活手段の欠如のため、毎年、死んでいった。[5] インディアンは、プランタン［訳者注　バナナの一種］の近くにしか定住しようとしない。[6] そして家族が増えると、道端に新たにプランタンを植える。

もしプランタンやココアやヤシが住民を維持するのに十分あるとすれば、熱帯地域の人種は森の木と同じように多くなるだろう。しかし地上の多くの場所では、その気候と土壌の性質のために、自生的産物はほとんどないに等しい。生活手段は労働と技能《スキル》の所産だけである。国民が質素さを保ちながら、勤勉さを増し、そして技術を改良するならば、それに比例して彼らの人口も増えるに違いない。そうしているために、ヨーロッパの耕作地には、アメリカの荒野やタタールの平原よりも人口が多いのである。

（4）（訳注）ヒューム（田中秀夫訳）『政治論集』京都大学学術出版会、一八四頁。

（5）ストラレンベルグ［一六七六―一七四七年、スウェーデンの軍人で探検家。一七〇九年ポルタワの戦いでロシア軍の捕虜となり、長期間シベリアに抑留される。一七三〇年釈放され帰国後、ヨーロッパおよびアジアの北部と東部の地図とシベリアの地図を刊行した。］

（6）ダンピア［前出、二八頁］。

しかし富の蓄積に伴う人類の増加にも限界がある。**生活必需品**は、曖昧で相対的な用語である。野生人と洗練された市民とでは見解が異なる。それは好みや生活習慣に関係する。技術が改良され富が増大し、そして、諸個人が現に持っている物あるいは獲得できる見込みがある物が、家族を扶養するのに必要だと彼らが考える所にまで達すると、彼らは時をおかずに家族の世話をするようになるだろう。しかし持っている物が、どれほど豊かであっても、その水準まで達しない場合、また、結婚に十分だと想定される財産の獲得が困難な場合、人口は抑制されるか、あるいは減少し始める。市民は、原始状態に戻ると思い込み、自分の子供が欠乏のために死んでしまうに違いないと考える。そして彼は、自らが想定している地位や彼の願望を満たすだけの財産を持っていないという理由で、富で満ちあふれている所から立ち去るのである。このような悪弊の根本的な救済法はない。単なる富の蓄積では救えない。なぜならば、珍しい高価な品々が、何であろうと次々と求められるからである。絹や真珠が一般的になると、人々は、裕福な人々のみが獲得し得る何か目新しい装飾品を切望し始めるだろう。もし人々が自分の好みに耽溺していたら、彼らの要求は繰り返される。なぜなら渇望しつつづける想像を落ち着かせるのは、富の継続的増大であって、獲得された量ではないからである。

人間を労働と営利的仕事に向かわせる動機は、利益である。職人に彼の労働の果実を保障し、独立または自由の期待をもたせれば、国家《パブリック》は、富の獲得に忠実な僕《ミニスター》と、獲得したものを蓄積する忠実な執事を見出すであろう。政治家はこの場合においても、人口それ自体の場合と同じように、危害を加えないようにすること以外には何もすることはない。政治家は、商業の揺藍期、商業に付随しがちな詐欺を抑止する方法を知っていれば、十分である。商業は、もし継続しておこなわれるとすれば、人々が、自分自身の経験の結果に頼って仕事をしていても、悪くなる可能性が最も小さい部門である(7)。

未開時代の商人《トレイダー》は近視眼的で不正直、そして欲得ずくである。しかし、商業が進歩し発達すると、商人の視野は拡がり、彼の行動原理が確立される。商人は几帳面で自由《リベラル》、かつ、忠実で進取的になる。そして全体的に腐敗している時代でも、商人だけは、彼が獲得したものをまもる力以外のあらゆる徳をもっている。彼は、彼の獲得物にたいする安全保障以外には、国家からの援助を一切必要としていない。そして彼自身は、しばしば、国家の最も聡明で尊敬すべき成員なのである。窃盗、詐欺、腐敗が他の全ての階層の人々の中で支配的な慣習となっている中国においてさえ、大商人は、いつでも、信用を与えたり得たりしているそうである。彼の同国人達が、悪漢を想定して作られた為政の方針の下で、またその規制のもとで行動しているなかで、彼は、商業の論理《リーズン》と人類の原則にもとづいて行動しているのである。

もし人口が国富に関係するとすれば、自由《リバティー》と個人の安全は、両者の偉大な基礎である。この基礎が国家に据えられると、自然は国家の成員の増加と勤労を保証したことになる。前者を保証するのは、人体の中で最も熱烈な欲求であり、後者を保証するのは、精神を占有するものの中で最も一様で恒常的な思慮である。し

(7)（訳注）自由、独立、所有権の保障があれば、人びとの利己心を発条として富裕になり、商業の発展とともに、几帳面、寛大、忠実で、進取的な国民が形成されるという　ファーガスンの主張は、スミスの『道徳感情論』（一七五九年）『国富論』（一七七六年）との対比で、注目される。

たがって、両者に関係する政策の重要な目的は、家族に生存と居住の手段を保障すること、勤勉な人々が自分の職業を追求できるように保護すること、そして政治的制限と人類の社会的感情とを彼らの個別的利己的営為と調和させることにある。

個々の職業や産業や取引については、その道で経験を積んだ人が熟練者であり、一般的な思索家は全て未熟者である。商業の目的は個人を富裕にすることである。彼が自分自身のためにより多くを獲得すればするほど、彼は自国の富を増大させることになる。保護が必要とされるならば、与えられなければならない。犯罪や詐欺が行われるならば、制止されなければならない。政府はそれ以上のことをできない。洗練された政治家が積極的に手を貸そうとすると、彼は妨害や不満の原因を増やすだけである。商人が自分自身の利益を忘れ、自国のために計画を立てるようになると、幻想とキメラ(8)の時代が到来し、商業の堅固な基礎は覆される。恐らく、商人は不平不満をいわずに自分の利益を追求しておれば、商業の利益は安全なのだといわれるだろう。

穀物輸出はその産出国を枯渇させるにちがいないという想定にもとづいて進められたフランスの一般的な政策では、最近まで、商業のその部門は厳しく禁止されていた。イングランドの土地所有者と農業経営者は十分に信用されていたので、彼らの商品の販売を有利にするための輸出奨励金を得ていた。結果として明らかになったのは、私的利益は国家の入念な工作に優る商業と富裕の保護者であるということである。一方の国は、北アメリカ大陸への緻密な入植計画を立てて、商人や近視眼的な人々の行動をほとんど信用しない。一方の国は、人々が自由の状態で彼ら自身の土地を見つけて、彼ら自身で考えるようにしておいた。後者の活発な勤労と狭い視野は、入植地を繁栄させたが、前者の偉大な企画は依然として考えの中に留まったままである。

しかし私は、私があまり精通していない主題、ましてや私の執筆意図とは関係がない主題からは喜んで立ち去ろう。非常に優れた文筆家たちが商業と富についての考察を発表してきた。しかし、彼らは、この主題について与えられるべき極めて重要な一般的警告、すなわち、これらを、いかなる国家であれ国民の幸福の全てとみなすべきではない、あるいは、主要な目的とみなすべきではないという一般的警告について何も述べていない。(9)

ある国民は、金や貴金属を求める中で、国内の富の源泉を顧みず、そして生活必需品を近隣諸国に依存す

(8)（訳注）キメラ。ライオンの頭、ヤギの体、蛇の尾をもつギリシア神話に出てくる怪獣。

(9)（訳注）この一節は、第四版（一七七三年）で次のように変更された。「しかし私は、私があまり精通していない主題、ましてや私の執筆意図とは関係がない主題からは喜んで立ち去ろう。非常に優れた文筆家たちが、商業と富についての諸考察を発表してきた。そしてまもなく国民経済についても、他のあらゆる学問の課題について出版されてきたものに匹敵する理論が（『道徳感情論』の著者、スミス氏によって）公刊されるであろう。しかし私が人間社会についてみてきたなかで、商業と富を国民の幸福の全てあるいはいかなる国家であれ主要目的と見なすべきではないという一般的警告よりも重要と思われるものはない。このことは、わたくしがここで言及している著者たちも非常によく理解している。われわれは、学問では諸対象を別々に考察する。しかし実践においては、それらの対象のすべてを一緒に見ないことは間違いであろう」。

るようになる。他の国民は、国内資源の改良と商業の増大に熱中するあまり、彼らが獲得した物の防衛を外国人に依存するようになる。会話の中ですら、われわれの論法に商業への関心が影をさすのをみるのは不快である。また、政府の干渉が適切に行われることはほとんどない、あるいは、政府が提供する保護以上のことは決して行われえない主題が、国民評議会の重要な課題として常に提議されているのをみるのも不快である。

われわれは、公共精神が欠如していることに不満を漏らす。しかし、現実において、この誤りの帰結がどのようなものであるとしても、それは思索における、われわれの落ち度ではない。われわれは常に公共のために考えている。しかし国民的観点の欠如の方が、われわれが表明するものを持っているよりも、よい場合がしばしばあった。われわれは、自分たちの蓄えの増大以外にはなにも考えず、損益について議論するために集まる商人の一団のような国民をもつことになろう。そして彼らと同様に自分たちの保護を、自分たち自身がもっていない力に委ねることになろう。

他の動物と同様に、人間も、生活必需品が蓄積され、富の貯えが増大している所で、多く存続し得る。そのためにわれわれは、国民の幸福や道徳的政治的性質への関心を失ってしまう。そして、繁殖させようとしている蓄群のことを案じて、牧舎と牧草地以外のことを考えない。われわれは、少数者が多数者をしばしば餌食にしたということを忘れている。また、貧者にとっては富者の金庫ほど魅惑的なものはないということ、自由の代価が支払われるようになると、勝者の力強い剣が反対の側に振り下ろされるかもしれないということを忘れている。

この問題において、国民の実際の行動がどのようなものであれ、確かに、われわれの議論の多くは、われわれを、富と人口のために次のような状態へと急き立てている。すなわち、腐敗にさらされた人類が、自らの所有物を守ることができない状態である。そして人類は、最終的には抑圧され破滅にいたるのである。われわれは枝を伸ばし、葉を茂らせようとする一方で、根を切断しているのだ。

公共的事柄に注意を向けている或る人々が、国民の数と富についてしか考えないのは、恐らく、人間の様々な徳性は揺るぎないという見解からであろう。また、他の人々が、国民の徳をいかにして保持するかということしか考えないのは、腐敗にたいする恐れからであろう。人間社会は、双方から大きな恩恵をこうむっている。彼らは単に間違いによって敵対しているだけである。そして、たとえ連携したとしても、彼らは、あらゆる対象を個人的利益に結びつけ、自分の蓄え以外の如何なる蓄えについても、その安全や増大について配慮しない卑劣な輩と戦うのに十分な力を持っていない。

第五章　国防と征服について

どの国であろうと、その国の政策のうちどれほどが、戦争や国の安全と関係しているかを確かめることは不可能である。プラトンの中でクレタ人は次のように述べている。「われわれの立法者は、国と国とは本質的に敵対状態にあると考え、この考えに沿って対策を講じた。そして、敗者の全所有物は勝者のものになると思い、自分の国が征服されないようにする前に、国民に何か利益になる提案をすることは馬鹿げていると考えた」。

軍事政策のモデルになってきたとされるクレタは、リュクルゴスのかの有名な法(1)の原型であると一般に考えられている。人類は、あらゆる場合、彼らの行為を方向づける何らかの明白な目的を持っているに違いないと思われる。そして徳を選択する時でさえ、彼らは外部的効用の視点から見ているに違いないと思われる。スパルタの規律は軍事的だった。スパルタ以外の国民には、敵に直面している時以外には必要であるとは思われていない多くの規則を、スパルタ国民に守ろうという気持ちにさせたのは、不文律と伝統的な法の力ではなく、また、立法者が獲得している公共的信頼にたいする義務と想定されるものでもなく、むしろ、その規則が戦場で役に立つという感覚だった。

この類まれな国民の全ての制度は、従順、不屈の精神、そして公共への熱意を教えた。しかし、他の諸国民が自分の財宝で買いたがるものを、彼らは徳のみによって獲得することを選んだということは、注目に値する。そして、よく知られているように、彼らは、彼らの歴史の歩みとともに、自らの規律を、その道徳的効果のみに基づいて評価するようになった。彼らは勇気ある、無私の、そして最も愛着をもつものに捧げられた精神が、幸福であるということを経験していた。また、彼らは、野心から生まれる利益を放棄することによって、この性質を彼ら自身の中に保持することを学び、さらに、彼らの多くの国民さえも犠牲にすることによって、軍事的栄光への希望を保持することを学んだのである。

ラケダイモン人[2]の小さい家々が悲嘆と深刻な反省で一杯になったのは、レウクトラの戦い[3]でクレオンブロトスとともに滅びた者の運命ではなく、戦場から逃亡したスパルタ人たちの運命についての思いからだった[4]。また、スパルタ市民は、奴隷的で金銭づくの人々と交流することによって国外で腐敗するのではないかという恐れから、ペルシア戦争の指導者としての地位を放棄した。その結果、アテネ人が五十年もの間

（1）（訳注）貧富の差をなくするために土地を再分配し、また、金銀貨の代わりに鉄貨の使用を強制し交換経済の発展を防ぎ、さらに七歳から三〇歳の男子に厳しい軍事訓練を課した。

（2）（訳注）ラケダイモン Lacedaemon。ペロポネソス半島南部に位置した古代ギリシアのポリス、スパルタの正式名称。

（3）（訳注）レウクトラ Leuctra の戦い（前三七一年）。スパルタとテバイの戦い。スパルタ王クレオンブロトスはテバイ近郊のレウクトラに陣を敷き、兵力としてはスパルタ同盟軍が優位であった。しかし従来の重装歩兵密集隊戦術に改良を加えたテバイの将軍エパミノンダスの新戦法、斜線陣形に破れた。この戦いで勝利したテバイはギリシアの覇権を握ることになり、スパルタは衰えていく。

（4）クセノフォン。

他の追随を許さない存在として、野心と利益を追求することによって、あのような権力と富を獲得したのである。(5)

これまで述べてきたように、あらゆる未開な国家においては、戦争が、最大の仕事である。そして野蛮な時代においては、人類は、通常、小集団に分かれて、ほとんど何時も敵対をしていた。この状況は、軍事的指導者に彼の国における継続的な支配力を与え、そして好戦的時代には、全ての民族を君主政体に向かわせる。

軍隊の指揮は、最も分担しがたい任務である。したがって次のことを知って、われわれが驚くのは当然であろう。すなわちローマ人が、多年にわたる軍事経験の後、また、多くの衝突の中でハンニバルの武力を実感したすぐあとで、同じ軍隊に二人の指揮官を置き、そして、二人の指揮官に交替で一日ごとに指揮をとらせることによって、彼ら各々の権力を調整させたということである。しかしながら、同じ国民が、他の局面では、あらゆる下位の行政官の職権行使を止めさせることが得策であると考えた。また、非常事態には、国家の全権威を一人の人間の手中に委ねることが得策であると考えた。

共和国は、一般的に、戦争を遂行する時は、政府の行政部門に大きな信頼を置くことが必要であるとみた。ローマの執政官《コンスル》は、徴兵を布告し、軍事的誓約をしたとき、彼は、その瞬間から、国庫と彼の指揮下にある人々とを思い通りにつかえるようになった。(6) 警士(7)が持つ斧と棒は、もはや行政官の単なる記章、あるいは、こけおどしではなくなった。それらは、父親の命令で、彼自身の子供の血で染められた。そして、あらゆる階級の反逆者や不服従者に、容赦なく振り下ろされた。

全ての自由な国家において、軍法の原則と民法《シヴィル》の原則とを常に区別する必要がある。そして国家が彼の軍事的指揮官とした人にたいする絶対的服従を習得していない人、また、国内政治の審議において個人的自由を主張している時と同じような度量から、戦場において個人的自由を放棄することを習得していない人は、市民社会の最も重要な教訓をいまだ習得していないのであって、彼が住むのに適しているところは、野蛮な国家か、あるいは腐敗した国家だけである。そこでは、反乱の原理と卑屈の原理が一緒になり、しばしば、いずれかが場違いな所で適用されているのである。

戦時における必要性という観点から、民主《ポピュラー》政体、または貴族政体に傾きがちな国民も、君主政と近似した諸制度に頼ってきた。平時には複数の人々が国家の最高の業務を行っていた所でさえ、異常事態には、国家に属している全ての権力と権威は、一人の人間に委ねられた。そして、政治機構が揺らぎ危機にさらされた非常事態には、荒れ狂う動乱に対して、国家を守る支柱として、君主的権力が用いられたことがある。このようにしてローマでは独裁官《ディクテイター》が、［ネーデルランド］連邦共和国(8)では連邦司令官が、時折、任命された。

---

(5) トゥキュディデス、第一巻。

(6) ポリュビオス［後出、三〇七頁を見よ］。

(7) (訳注) 警士 Lictor。執政官を先導した古代ローマの官吏。公的権力の象徴として先に斧をしばりつけた棒をもっていた。

(8) (訳注) ネーデルランド北部の七州が、スペイン国王フィリップ二世の統治から独立する為に結成したユトレヒト同盟（一五七九年）によって建国した連邦共和国。連邦を構成する七州は、それぞれ州主権を有し、分権主義的原理に基づく連邦共和国であった。

また、このようにして混合政体においては、国王の手中に独裁的な権力を与えるために、時折、法の一時的執行停止によって、国王の大権が拡大され、そして自由の防壁が取り除かれるようである。[9]

したがって、人類が戦争のことしか念頭においていないとすれば、恐らく人類は他のどの政体よりも君主政体を望み続けるだろうし、また、少なくとも、あらゆる国民が、秘密の統合本部をつくるために、行政府に無制限の権威を与えるであろう。しかし、市民社会にとって幸いなことに、人々は異なる種類の諸目的を持っている。そして経験の教えによれば、軍隊の指揮には絶対的かつ統一的な命令が必要であるとしても、国民の力が最もよく形成されるのは、人々の多くが平等に慣れている所であり、また、最も卑しい市民といえども、時として、彼自身が、服従するのと同じように命令する運命にもあると考えている所である。このような所で、独裁官は、彼の参謀を支持しようとする精神と勢力を見出すのである。このような所で、独裁官自身が養成され、多くの指導者たちが公的選択にさらされるのである。さらに、このような所で、国家の繁栄は単独の個人の手からはなれ、そして、不滅の叡智が、永続的な正規の軍事編成の体制を整え、最大の逆境のもとでさえ、国民的戦いを長引かせることができるのだ。このような強みを持ち、多くの卓越した指導者たちが続々と登場したローマは、いつもほとんど同じように、アジアやアフリカの敵と争う準備ができていた。一方、これら敵国の運命は、ローマとは逆に、ミトリダテス[10]やハンニバルのような、類い稀な人間の偶然の出現に依存していたのである。

兵士は、剣とともに兵士としての誇りと、ある一つの考え方を身につけていたと言われている。自由で腐敗していない国家《ステイツ》における兵士の誇りは、国家《パブリック》への熱情である。そして彼らにとって戦争は、単なる職業の遂行ではなく、情熱の発揮なのである。その結果は、よい場合も、わるい場合も、極端に受けとめられる。味方は最も温かい愛情の証を体験させられる。敵は最も冷酷な憎悪の結果を体験させられる。このような体制《システム》のもとで、古代の有名な諸国民は非常に礼儀正しく、最高に洗練された戦争を行ったのである。

小さな未開社会では、あらゆる民族間の戦争において、個々人は、自分が攻撃にさらされていると気づくが、誰も自分の防衛を他人に頼むことはできない。アメリカの酋長は、対スペイン戦争に参画するために多数の軍隊を準備していたジャマイカ総督に、「スペイン国王は偉大な君主である」、「あのような偉大な国王に対して、このような小さな武力で戦争をしようと企てているのか」と述べた。アメリカの酋長は、彼が見た軍隊にヨーロッパからの軍隊が加わることになっていると聞いて、またジャマイカ総督がその時からもはや指揮することができないと聞き、次のように述べた。「この見物人の集団を形成している人々は誰だ。彼らはあなたの国の人びとではないのか。なぜこのような大戦争にあなた方全てが参戦しないのか」。見物人は商人であり、その他は、軍務に参加しない住民であるという答えが返ってきた。この首長は、続けて尋ねた。「スペイン国王がこの場であなた方を攻撃するとしても、彼らは依然として商人であり続けようとするのか。どの国においても商人として生活することは許されるべきではないと、私は考える。戦争に行く時、

---

(9) ブリテンにおいては人身保護法(Habeas corpus)の一時的停止によって。

(10) (訳注) ミトリダテス Mithridates。前二世紀中頃から前一世紀中ごろまで西アジア、イラン北東部を支配した、アルサケス朝パルティアの王。盛期には、イラン高原からユーフラテス川にいたる広域を支配していた。

私は、女性以外は誰も国に残しておかない」。この素朴な戦士は、商人を、祖国の争いに全く参加しない一種の中立的な人々とみなしたに違いない。そして彼は、多くの戦争が、それ自体として取引の対象とされるかもしれないということ、強い軍隊が、勘定台から動員されるかもしれないということ、人間の血が、国民的敵意がなくとも頻繁に為替手形によって売買されているということを、知らなかった思われる。さらに多くの文明国において君主、貴族、政治家が、商人と見なされることが非常に多いということも知らなかった思われる。

技術と政治が進歩する過程で、全ての国家の成員は階級分化する。この区分の始まりにおいて、武器を持つ者と持たない者との区別以上にゆゆしきものはない。人々を主人と奴隷の関係に置くのに、この区別以外にはなにも要求されない。現代ヨーロッパにおいて実現しているように、職人と労働者に身体の安全と所有権が与えられた結果として、確立した奴隷制度の厳しさが緩和されたとしても、この区別は依然として貴族と下層民とを分けるのに役立ち、また国の中で統治し、独裁的に支配するよう定められている階級の人々を指し示すために役立つのである。

確かに、人類が改良を追求する過程で、この秩序を逆にすることになるという予測がなされたことはいまだかつてない。ましてや国政と軍事力を、異なる人びとに委ねるようになるという予測がなされたことはいまだかつてない。しかし、従来の秩序の再生可能性も等しく予測されないであろうか。そして、武器を持たない市民が、どんなに特権と地位によって区別されていようとも、ある日、彼の剣を委ねた人間に屈しなくてはならないようになるということも等しく予測されないであろうか。このような革命が実際に起こるならば、この新しい主人は彼自身の身分のなかに貴族の精神と自由人の精神を再生させることができるだろうか。彼は、戦士の徳と為政者の徳を蘇生させることができるだろうか。彼は市民的《シヴィル》徳と軍事的徳を彼の国に復活させることができるだろうか。私は答えに窮する。モンテスキューによると、皇帝たちの下ですらローマの統治は、軍隊の支配下で選挙制になり、共和政になった。しかし、執政官の一団が共和国を形成した後は、ファビウス一族やブルートゥス一族[11]については聞かれなくなった。

野蛮な状態から離脱する過程で人々が区分されることになる階層のいくつかを、われわれはすでに列挙した。貴族、平民、君主の随身等である。さらに僧侶も忘れられていない。そして、洗練された時代に到達すると、軍隊がこのリストに加わるにちがいない。民政《シヴィル・ガヴァメント》部門と軍事部門とが切り離され、そして、政治家に優位があたえられるようになると、野心家は、自ずと、軍役を従属的地位に満足している人々に委ねることになるだろう。財産の分配において最大の分け前にあずかっていて、祖国防衛に最大の利益を有する人々が、剣を放棄してしまうと、彼らは、自らが遂行しなくなったことに対する代価を支払わなくてはならない。そして、祖国から遠く離れている軍隊だけでなく、祖国のまさに中央にいる軍隊も、賃金によって養

(11)（訳注）いずれもローマの共和制期に多くの政治家、軍人を輩出した名門。ファビウス家からは、ローマ最初の歴史家で第二次ポエニ戦争に参戦したピクトル・ファビウス（生没不詳）、執政官を五回務めカンネーの戦い敗戦後のローマを主導したマキシムス・ファビウス（前二七五頃—二〇三年）が、ブルートゥス家からは、カエサル暗殺の首謀者で共和制の信奉者マルクス・ブルートゥス（前八五—四二年）が出ている。

われている。もはや国家《パブリック》への愛情や国民的精神によって奮起させられなくなった、あの危険な義務を、兵士が、習慣として、あるいは、刑罰に対する恐怖心から、遂行するように慣れさせるために、訓練が考案される。

このような制度が、国民的徳の体系にもたらす亀裂について考える時、市民的《シヴィル》技術を発展させてきたほとんどの国民が、ある程度、この方策をすでに採用しているのを見て、不快になる。戦争中の国家や、遠くに守るべき不安定なものを持っている国家だけでなく、自らの権威を失うまいと気を配りながら訓練の利益を獲得しようと急いでいる君主までが、外国の軍隊を雇ったり、常備軍を維持したりしているだけでない。ここで見たような必要性がほとんどないのに、また、君主国において支配しているような動機が何もないのに、同じ道をたどっている共和国すら存在する。

軍隊の編成が諸国民の内政において非常に大きな位置を占めているとすれば、戦争の実際の帰結は、人類の歴史において同じように重大である。栄光と略奪は、争いの目的であった。譲歩して優位を認めること、あるいは賠償金は、平和の代償だった。安全への愛と支配欲は、等しく強くなりたいという願望に人類を導いた。勝者としてであれ、敗者としてであれ、人類は連携へと向かう。そして強国は、国境地帯で多くの領域や城砦を獲得して、絶えず国境を拡張しようとする。

征服の原則と自衛の原則とは、必ずしも常に区別されるわけではない。もし隣国が危険で、しばしば迷惑をかけられるとすれば、隣国を弱体化し武装解除すべきだというのは、征服だけでなく、安全をも考えての原則である。ひとたび降伏した隣国が争いを再開しようとすれば、それ以後は、その隣国を公式に支配しなければならない。ローマは、征服についてその他の原則を決して認めなかった。そして、祖国と同盟諸国に恒久の平和をもたらすというもっともらしい口実で、いたる所に横柄な軍隊を派遣した。但し、ローマだけは平和を乱し得る力をたくわえていたのである。

ギリシア諸国が互いに対峙するために結成した様々な同盟が平等であったために、ギリシア諸国の分離独立が、しばらくの間維持された。そしてこの時期こそが、ギリシア諸国の歴史の中で輝かしい幸福な時期だったのである。それが持続した原因は、ギリシア諸国の評議会《カウンスル》が穏健であったからでも、特殊な国内政策がギリシア諸国の進歩を阻んだからでもない。むしろ、これら諸国が個々にした警戒と行動であった。勝者たちは時として、征服した国家の統治形態を自らの統治形態に類似したものに変更するだけで満足した。その次に賦課問題に踏み込んだかどうかを断定することは難しい。しかし、ある国は進貢させるために戦い、他の国は戦争で支配力を獲得するために戦ったということを考えると、次のことは疑いようがない。すなわち、アテネ人は、国民的野望と富への欲求から戦い始めた。スパルタ人は、元々は自国と同盟諸国を防衛するつもりだけであった。しかし、両国は結局、ともに等しくギリシアの盟主に進んでなろうとしたのである。そして、両国は互いに国内で侵略に対する備えをしつつあったが、両国とも、彼らの同盟諸国とともに、余儀なく、外国からの侵略を受け入れざるをえなかったのである。

フィリッポス[12]の征服の場合は、自己保存および安全に対する欲求が、君主ならば自然に抱く野心と混じり合っていたようである。フィリッポスは、彼自身が痛手を受けた地域や、脅威を感じた地域、挑発された地域に、相次いで自らの軍隊を派遣した。そしてギリシア人を征服すると、フィリッポスは、ギリシア人を彼らの古くからの敵であるペルシアの方へ向けることを提案した。これについて、彼が立てた計画を実行したのは彼の息子だった。

ローマ人はイタリアの支配者、カルタゴの征服者となった。それ以前からローマ人は、マケドニア側から脅威を受けていた。そこで自らの軍事力を行使する新たな戦場を求めて新たな海を渡ることになった。ローマ人は、彼らの歴史の最初から最後にいたるまで、戦争遂行については、征服そのものを意図して行ったことはなく、また恐らくは、遠くはなれた諸地域の征服から得られる利益について、あるいは、新たな領地の統治方法についても、予め考えずに、彼らは、彼らの到達範囲内のものを次々と獲得していったのである。そして、彼らは、彼らを絶えず戦争に従事させ、絶えず勝利と領土の増加をもたらした政策に鼓舞されて、ほんの数世紀前までは村のはずれまでであった国家の領域を、ユーフラテス川、ダニューブ川、ウェーゼル川、フォース川さらに大西洋にまで拡大した。

あらゆる国民の精神は征服に反対していると主張した所で、効果はない。国民の真の利益は、実際、ほとんどの場合そうである。しかし、自国を防衛し、戦いに勝つ態勢が整った国家は全て、同様に征服したいという気持ちになる恐れがある。

傭兵軍と統制のとれた軍隊が、あらゆる場所で組織され地球を闊歩する準備ができているヨーロッパにおいて、また、脆弱な土手によってせき止められている奔流のように、政治形態や一時的な勢力均衡によって抑制されているにすぎないヨーロッパにおいて、もし水門が破壊されるようなことになれば、途方もない氾濫をみることになると予想しないであろうか。朝鮮海峡から大西洋まで、弱小の王国や帝国が散在している。全ての国家は、その軍隊が敗北すれば一属州になる可能性がある。今日戦場で敵対しているあらゆる軍隊が、明日は傭兵になる可能性がある。そして、勝利するたびに、新たな軍事力が勝者に追加されることになろう。

ローマ人は、海上交通の技術も陸上交通の技術も劣っていたが、ヨーロッパ、アジアおよびアフリカのかなりの部分で、荒々しく頑固な諸民族に対する支配を維持した。あの破壊的原則、すなわち、一国の偉大さはその領土の大きさによって評価されるべきであり、また、隣国の奴隷化はどの国民にとっても利益であるという一般原則が支配的になるとすれば、商業によって世界のあらゆる所に接近し、輸送設備を持つヨーロッパの艦隊と軍隊に、できないことが何かあろうか。

(12)（訳注）マケドニア王、フィリッポス二世（前三八二?―三三六年）。少年時代、テバイの人質となり、その時に軍事について多くを学んだと言われている。兄の死後、マケドニア王となり、周辺諸部族と融和政策をとり、勢力を拡大していく。ペルシア遠征中に暗殺されたが、このパラグラフの末尾でファーガスンが述べているように彼の計画は、息子のアレクサンドロス（大王）に引き継がれることになる。

第六章　市民的自由について

略奪と防衛のいずれのためであっても、戦争が諸民族の主要な目的であるならば、あらゆる部族は、その最も初期の段階から、タタールの軍団のような状態を目指すだろう。そして、そのすべてが成功すれば、タタール帝国のような雄大な帝国へと急速に向かうことになろう。軍事指導者は、為政者より上位に立つだろう。そして全財産をもって逃亡する準備や、全軍隊で追跡する準備が、あらゆる社会においてつくられる公共的な取り決めのすべてとなるであろう。

ヴォルガ河岸やエニセイ河岸でスキタイ人に、馬に乗ること、自分の小屋を馬車で移動させること、攻撃のときも敗走のときも同様に敵を困らせること、槍や弓を素早く使用すること、戦場から逃れる時には追跡者に当たるように矢を風上に放つことを、最初に教えた人は、また、同胞に、同じ動物を酪農、食肉、戦争といったあらゆる目的に用いることを教えた人は、祖国の建国者として尊敬されるであろう。あるいはギリシアにおけるケレスやバッカスのように、有用な発明をした褒賞として、神として讃えられるだろう。このような制度のところでは、ヘラクレスやイアソン(1)の名前や偉業は、後世に伝えられたかもしれない。しかし、政治社会の英雄であるリュクルゴスやソロンの名前や偉業は、寓話としても実話としても、栄誉の記録の中では名声を獲得することはできなかっただろう。

好戦的な野蛮人の部族はすべて、彼ら自身の部族の中では非常に強い愛情と名誉心をもっているようだが、彼ら以外の人類に対しては悪漢や盗賊のようになる。(2) 彼らは利益に無頓着で、危険に動じないかもしれない。しかし、われわれがもつ人類愛の感覚、諸国民の権利に対する配慮、市民的叡智《シヴィル》と正義に対する称賛、さらには、われわれの柔弱さそのものが、軽蔑と恐怖の念をもって、われわれを、われわれの優れた性質がほとんど見られなくて、われわれの欠点をとがめるのに非常に役立つような光景から立ち去らせるのである。

人類は、市民社会に生じる様々な事柄を遂行する中で、最高の愛情の対象を見出し、また、最高の才能を発揮する。戦争の技術が完全なものになるのは、市民社会の長所と結びついたときである。また、軍需物資とそれらの操作に関わる複雑な発条が最もよく理解されるのも、市民社会の長所と結びついたときである。最も名高い戦士は市民でもあった。ローマ人やギリシア人と対比すると、トラキア、ゲルマン、ガリアの首長は未熟者だった。ペラ(3)の原住民は、技術の諸原理をエパミノンダスやペロピダスから学んだのである。

前節で述べたように、諸国民は、外国との戦争を予期した上で、かれらの政策を調整しなければならない。それと同様に国内の平和を達成するためにも備えなければならない。しかし、正義が不在のところに平

(1)（訳注）Jason イアソン。ヘラクレスとならぶギリシア神話に登場する英雄。

(2) 前出、一五四頁。

(3)（訳注）ペラは、古代ギリシアの都市。ペロピダスは、テバイの政治家、将軍で、前三八二年、スパルタ軍がテバイの城砦を占領したときアテネに亡命したが、三七九年帰国してスパルタ軍を駆逐し、その後レウクトラで戦いではエパミノンダス（三八頁）とともに活躍した。

和はない。平和は、対立や論争や反対意見とともに存続し得るかもしれないが、不正行為とともに存続することはできない。加害者と被害者は、これらの言葉の意味そのものが暗示しているように、敵対状態にあるのである。

人々が平和を享受しているところで、彼らが、その平和の拠り所といているのは、彼ら相互の配慮や情愛か、あるいは法律による抑制かである。この二つの方法のうち、前者によって国民に平和をもたらしている国家は、最も幸福な国家である。しかし、後者によって平和をもたらすことさえ、非常にまれなことである。第一の方法は、闘争や競争の原因をなくするだろう。第二の方法は、人々の諸要求を契約や取決めよって調整する。スパルタは市民に、利益に関心を示さないよう教えた。その他の自由な国々は、国民の私利私欲を保障し、それを国民の権利の主要な部分とみなす。

法律とは、同じ社会の成員が同意した約定であって、その下で、為政者と被治者が彼らの諸権利を享受し、そして社会の平和を維持し続けるのである。利得への欲求が、侵害の最大の動機である。それゆえに法律は主として財産と関係する。法律は、時効、譲渡、相続といった財産獲得の様々な方法を確定するだろう。さらに法律は、財産所有を安全にするために必要な諸規定を設ける。

強欲以外にも、人々が不正を行う他の動機がある。高慢、悪意、嫉妬、復讐である。法律は、それらの本源《プリンシプル》そのものを根絶やしにしようとするか、あるいは、少なくともそれらの影響を小さくしようとするであろう。

どのような動機から悪事が行われるとしても、被害者が損害を受ける対象は様々であろう。被害者は、彼の財産とか彼の身体を侵されるかもしれないし、あるいは彼の行動の自由を侵されるかもしれない。彼は、生来、他人に対して有害でないあらゆる行為の主人である。彼が所属している社会の法律は、恐らく、彼に定められた地位を与え、また、彼の国の統治における一定の役割を与えている。したがって、この点で彼を何らかの不当な制限の下に置く侵害行為は、彼の政治的権利の侵害と呼び得るだろう。

市民が財産および地位に関する諸権利を持っていると想定され、そして、これらの権利の行使において安全保障がある場合、かれは自由《フリー》であるといわれる。そしてかれが罪を犯すことができないようにしている規制は、それ自体、かれの自由《リバティー》の一部である。罰せられずに不正を犯すことが許されている人がいるところでは、誰も自由《フリー》ではない。玉座にある専制君主でさえ、この一般原則の例外ではない。専制君主は、力があらゆる争いに決着をつけると主張した瞬間に、彼自身が奴隷になるのである。専制君主が彼の人民の権利を無視すれば、その無視が彼自身に跳ね返ってくるのだ。そして、すべての身分が一般的に不安定なところでは、彼自身の身分ほど危険にさらされているものはない。

人びとが自由《リバティー》について語るとき、言及している事柄は、様々である。身体と財産の安全であったり、身分の威厳であったり、あるいは、政治的重要事項への参画であったりする。さらに、彼らの権利が保障される方法もことなる。そのために、自由という用語の解釈がことなることになる。そしてすべての国民は、その意味は、彼ら自身の中からのみ、見出されるものだと想像しがちである。

富の不平等な分配は不正であると考えた人々もいる。彼らは自由《フリーダム》の基礎として、財産の新しい分配を要求した。この企画は、民主政治に適している。そして民主政治においてのみ、ある程度認められてきた。

イスラエル人の入植のような新しい入植や、スパルタやクレタ島の体制のような特異な体制は、この企画が実行された事例である。しかし、その他の大部分の国家では、民主主義的な精神といっても、農地法のための闘争を長引かせたり[4]、借金を一時的に帳消しにしたり、また、財産のどのような不平等の下でも、人々が、平等を求める権利を依然として持っていることを人々に覚えておくようにしたり、すること以上のことは何もできなかった。

ローマ、アテネ、そして多くの共和国の市民は、自分自身のために、また、自分の階級のために戦った。農地法が、何年もの間、提議され、討議された。それは、精神を目覚めさせるのに役立った。また、それは平等の精神を涵養し、その力を行使する場を提供した。しかし、それ以外の、何かより公的な効力をもつものとして確立したことは一度もなかった。

弱者を抑圧から守るのに役立つ制度の多くは、財産の所有を保障することによって、財産の不平等な分配に有利に働き、そして、権力濫用が危惧される人々の台頭を助長する。その濫用は、アテネとローマのどちらにおいても、非常に早くから感知されていた[5]。

私有財産の増大の制限、限嗣相続の禁止、さらに相続における長子相続権の禁止によって、特定の人々への富の過度の蓄積を防止することが提案された。また、奢侈禁止令によって、中産階級の破産の回避と、富豪の財産使用の抑制、その結果としての欲望の抑制とが提案された。これら様々な方法は、商業の利害ともほぼ一致し、そして、富を国家の目標としている国民によって程度の差はあれ採用されるだろう。そして、これらの方法は、節制あるいは平等感を鼓吹することによって、また、人類が互いに悪事を行いたくなるようにする情念を抑圧することによって、それなりの効果がある。

奢侈禁止令の目的と富の平等な分配の目的は、詳しく言えば、虚栄心を満足させることを妨げ、優越した財産の誇示を抑制すること、また、これらの方法によって富に対する願望を弱め、市民の胸中から、彼の行動を律すべき、あの節制と公正の念を失わせないようにすることだと思われる。

この目的は次のような国家では、決して完全には達成されることはない。すなわち、財産の不平等な分配が許容され、財産によって地位と身分が与えられる国家である。実際、どのような方法でも、この腐敗の源泉を断つことは困難である。その歴史が確かなものとして知られているあらゆる国民の中で、スパルタにおいてのみ、この構想自体とそれを遂行する方法が理解されていたように思われる。

スパルタにおいて財産は、実際には、法律によって認められていた。しかし、一定の規制と慣行の結果、人類がそれまでに発見していたことが、最も有効であると思われた。所有権確立以前に素朴な民族の間で広く行きわたっていた生活様式が、ある程度、保持された。[6] 富に対する情熱は、何年もの間、抑制された。そしてスパルタ市民は自分自身を、私有《プライヴェイトエステイト》財産の所有者としてではなく、祖国の財産であると考えるように

(4) (訳注) 農地法。公共の領土を、国家を構成する市民の間に分割するための法律。スミスは「ローマは他のたいていの古代共和国と同様に、もともと農地法にもとづいて建設された」という(水田洋訳『国富論』岩波文庫、第3巻、一〇九頁)。
(5) プルタルコス『ソロン伝』、リウィウス『ローマ建国以来の歴史』。
(6) 第二部第二章を見よ。

なった。

市民の世襲財産を売買するのは、恥ずべきこととされた。すべての家族において奴隷が、家財の管理を任せられた。自由人は営利的仕事にはかかわらなかった。正義は、罪を犯したくなるようなありふれた誘惑を軽蔑することで確立された。そして市民的自由を保持するために国家が用いたものは、国家の構成員の胸中に広がるようにした気質であった。

個人は、彼の財産問題から生じうるあらゆる心配から解放されていた。彼は国家《パブリック》の施設で教育され、そして生涯、国家《パブリック》の事業のために働いた。彼は共同集会所《コモン・リゾート》で食事をした。共同集会所に、彼を目立たせるものとしては彼の才能と徳性以外になにももっていくことは出来なかった。彼の子供達の後見人は国家であり、彼らは国家の子供であった。そして彼自身は、自分の家族を心配する父親ではなく、祖国の青年の親となり、また、指導者となるように教えられた。

この国民は身体を飾るのに、気を配り、身につけた色が赤か、紫かによって遠方からもわかったと言われている。しかし、身の回り品、住居、家具を、選り好みの対象、あるいは、われわれが趣味と呼ぶものの対象にすることは出来なかった。大工や建築家は、斧と鋸しか使えないように規制されていた。彼らの技量は単純なものであったにちがいない。そして恐らく、その形は、幾時代ものあいだ、同じであったであろう。技術者の創意工夫は、同胞市民の住居を飾るためにではなく、彼自身の性質を高めるために用いられたのである。

この制度《プラン》のもとでは、元老院議員、行政官《マジストレイト》、軍隊の指揮者や国家の大臣はいたが、財産家はいなかった。

ホメロスが描いた英雄たちのように、彼らは名誉のしるしとしてコップと大皿を分け与えたのである。ある市民は、政治的資格においてはギリシアの仲裁人であったが、簡素な夕食の宴で二人前を受け取ることで、彼自身が名誉を授けられたと思った。彼は活動的で、洞察力があり、勇敢で、無私、しかも、寛大だった。しかし、彼の屋敷や食卓や家具は、われわれからみれば、彼のあらゆる徳の輝きを台なしにするものであったように思われる。しかしながら、われわれが、料理人はフランスから、音楽家はイタリアからというふうに、あらゆる技術の専門家を、それらが優れている国々から求めるように、当時の近隣諸国は、この政治家と戦士の養成所から指揮官を求めたのである。

結局のところ、恐らくわれわれには、この特異な国家が、国家の全目的をどのような方法で達成したかを理解できるのに十分なほど、スパルタの法律や制度の本質が伝えられていないのであろう。しかし、スパルタ国民に払われている称賛と、彼らの周知の優秀性について当時の歴史家が絶えず言及していることは、その事実をわれわれが疑問にすることを許さないであろう。クセノフォンは次のように述べている。「この国が、ギリシアで最も人口が多い国ではないにもかかわらず、ギリシア最強の国家であることを知った時、私は驚嘆の念と、この国がどのような策を講じてその卓越性を達成したのかを知りたいという強い欲求にとらわれた。しかし、私がその制度についての知見を得たとき、私の疑問は消えた。ある人間が他の人間よりも優れているように、また自己の精神を涵養するために骨折る人が、それを怠る人に優るのが当然であるように、徳を統治の目的として学んでいる唯一の国家であるスパルタが、他の国民に優るのは当然である」。

生活手段という視点から考えられた所有の対象には、また享楽という視点から考えられた所有の対象にさえ、人類を堕落させたり、競争心や嫉妬心を目覚めさせたりするような影響はほとんどない。しかし、財産が身分を構成するところで、所有の対象が卓越や名誉の視点から考えられると、それは、人間の魂の最も熱烈な情念を刺激し、感情のすべてを捉える。また、貪欲と卑劣を野心と虚栄に調和させ、そして人々を、下劣な金目当ての策略の実践を通じて架空の尊厳や威厳を得ようとするように導くのである。

逆に、このような腐敗の源泉が効果的に遮断されているところでは、市民は従順で、為政者は公正である。そしてどのような統治形態であれ、賢明に運営され得るであろう。責任ある役職は、十分に人材を供給されるだろうし、そしてどのような規則によって任務と権力が与えられるにせよ、国家《ステイト》に存在するすべての能力と力が、国家の業務に用いられることになるであろう。なぜなら、このような仮定に立つと、経験と才能が、国家《パブリック》の信頼を得るための唯一の規準であり、また、唯一の資格であるからだ。そして、もし市民が異なる階級に区分されるとしても、彼らは、彼らの利己的企画の対立によってではなく、彼らの意見の相違によって、相互に牽制しあうようになるからである。

単にその形式的な側面のみから考察した人々が与えたスパルタの統治にたいする非難について、われわれは容易に釈明できるだろう。それは、利己的で偏愛的な人間の性質を相互に対立させることによって、犯罪行為を防止しようとして案出されたものではない。それが案出されたのは、魂の諸徳性を鼓吹するためであり、犯罪的傾向をなくすることによって無垢《イノセンス》な精神を涵養し、そして国内の平和を、争いや混乱の一般的な動機にたいするその成員たちの無関心から導き出すためであった。それと類似したものを他の国家の政体に求めようとしても無駄である。スパルタの主要な特徴や際立った特性が、他の国家には存在しないからである。二王政、長老会、監督官《エフォロス》については、他の共和国にも似たものがある。特にカルタゴ(7)の統治には類似性が見出されてきた。しかし、徳が唯一の目的であった国家と、富が主要な目的であった他の国家との間に、どのような重大な類似性が見出され得るだろうか。また、並立する二人の国王が同じ小屋を住処とし、彼らの日々の食物以外に財産を何も持っていない国民と、国家の上級役職に必要な資格として、相応な財産が求められる商業的共和国との間に、如何なる重大な類似性が見出され得るだろうか。

他の小共和国では、彼らの国王たちの計画を警戒するようになったとき、あるいは、国王たちの専制を経験した後、国王たちを追放した。これに対してスパルタでは、国王の世襲制が保たれた。他の諸国家では、高い地位を求めて競争する国民が、陰謀をめぐらし徒党を組むことを恐れていた。これに対してスパルタでは、長老会の席を獲得する唯一の条件として、請願書が必要だった。監督官《エフォロス》という最高審問権は、国民のあらゆる階層から、くじで無差別に選ばれた少数の男性に委ねても安全であった。そしてもし、スパルタの政策の他の多くの事例に対してと同様に、この事例に対しても、対照的なものが要求されるとすれば、それは、人類の通史の中に見出され得るであろう。

しかしスパルタは、その形態上の誤りと思われるものすべての下で、その生活様式の高潔さと、その市民の特性とによって、何年ものあいだ、繁栄した。その高潔さがなくなった時、この国民は、柔弱になった諸国民として弱弱しく惨めに生きたわけではない。彼らは、他の諸国家を激しい情念の激流と野蛮な荒れ狂っ

---

(7)　アリストテレス。

た時代の中に巻き込んでいた流れのなかに落ち込んだ。彼らは古代スパルタとしての歴史が終わってからは、他の諸国民と同じ歴史を歩んだ。彼らは、彼らの国民を改良するのをやめた後は、城壁を築き、財産を改良し始めた。そして、彼らは政治生命を保つ闘争の中で、この新しい計画に則って、マケドニアの支配下で国家体制が滅びた後も、生き残ったのである。すなわち彼らは、アカイア同盟(8)で立ち上った他の国家とともに行動し、そして彼らは、ギリシアのなかで、最後にローマ帝国の一村落となったのである。

この類まれな国民の歴史に、あまりにも長くとどまりすぎだと思われるかもしれないが、この国民だけが徳を国家の目的にしたというクセノフォンの言葉を弁解として用いたい。

しかしわれわれは、われわれの自由を［徳とは］異なる源泉から導き出すことで満足しなくてはならない。また、行政官《マジストレイト》の権力を制限することによって正義を期待し、臣民の財産と身体を保障するために制定された法律に保護を委ねることで満足しなくてはならない。われわれが生きている社会では、人々は、偉大になるためには豊かにならなくてはならないし、快楽そのものが、しばしば、虚栄心から追求される。また、架空の幸福に対する欲求が、最悪の情念に火を点け、そして、その欲求自体が不幸の根源となる。さらに、公共の正義が、身体につけられた足かせのように、公正と公平の感情を喚起することなく、犯罪の実行を防止するのである

人類は、富や権力への情熱に取りつかれた途端に、このように描写されるようになる。しかし、すべての場合において、人類についての描写は、混合物である。最良の場合でも悪が混入しており、また、最悪の場合でも、善との混合物である。刑法や警察による規制以外に、彼らの生活態度を悪くさせない制度がなくて

も、本能的な感情から、高潔と公正に対する愛が芽生え、また、まさに社会それ自体に影響されて、名誉となり称賛に値するものに対する尊敬の念が芽生えてくる。国外の敵に対して、団結し、一致して敵対することから、彼ら自身の社会に対する熱情と、その権利を堅持しようとする勇気が生まれてくる。政治の目的としての徳を頻繁に軽視すると、人々の知性にたいする信用が低下しがちになるとすれば、胸中から自から生まれてくる徳の輝きと頻出は、われわれの本性の名誉を回復するだろう。

国民の生活様式が規制されず《カジュアル》に混然としている所ではどこでも、すべての個人の安全と彼の政治的重要性は彼自身にも依存しているが、それよりも多く依存しているのは、彼が参加している党派の力である。このため、共通の利害を持つすべての者は、党派に結集する傾向にある。そしてその利害が要求する限り、互いに支え合うのである。

如何なる自由な社会においても市民が異なる階層に分かれている場合、各階層はそれぞれの要求と主張を持っている。各階層は、国家の他の成員との関連では、党派になり、また、その階層に属する成員間の利害の相違との関連で、無数に細分化されるだろう。しかし全ての国家において極めて容易に理解できる二つの利害がある。すなわち、国王と彼の追随者たちの利害と、貴族の利害あるいは人民と対立する何らかの一時

(8) (訳注) アカイア同盟。ペロポネソス半島北部のアカイア地方を中心とした都市同盟。同盟が何時できたかは不明であるが、前四世紀を通じて存続し、その後解体された。前二八〇年頃再結成され、勢力は著しく拡大した。しかしマケドニア王国の興隆とともに、同盟の力は徐々に弱くなっていった。

的な党派の利害とである。

主権が集合体によって保持されている場合、市民の権利を保障するために、追加的な制度を考えることは不必要であると思われる。しかし、集合体が他のあらゆる政治的警戒の必要性を無用にするような方法でこの権力を行使することは、不可能ではないにしても難しい。

民衆の集会があらゆる統治の機能を担うならば、そして民衆の集会が自らの感情、自らの権利意識、内外の敵に対する憎悪をきわめて適切に表すときに用いるのと同じ騒々しい方法によって、国民的行動の論点について熟議したり、あるいは公正と正義の諸問題を解決したりしようとするならば、国家《パブリック》は、多種多様な不便にさらされる。そして民衆の統治は、他のすべての統治の中で、行政における過ちを最も犯しやすく、また、国家の政策を遂行するにあたって最も軟弱になりやすいだろう。

これらの不利益を避けるために、民衆は常に、甘んじて自らの権力の一部を委託する。彼らは、最終決定をするために集合体に提出される問題を、討議するために、または、決定しないとしても準備するために、元老院を設置する。彼らは行政権力を、この種の諮問委員会に、あるいはこの委員会の議長となる行政長官《マジストレイト》に委ねる。このような必要で一般的な便宜的方策をもちいるので、民主的諸形式が非常に注意深く守られているなかでさえ、少数者の党派と多数者の党派が存在することになる。前者は攻撃し、後者は防衛する。そして攻守の立場は容易に入れ替わる。しかし実際には、自由の大きな危機は民衆自身の側から生じる。腐敗の時代には、民衆は容易に強奪と暴政の道具にされてしまうからである。だが、統治の通常の局面においては、行政側が優越した態度をとり、民衆の権利は常に侵害にさらされているように思われる。

ローマ人たちが、部族ごとに集まっていた時代には、元老院議員は群衆《クラウド》と混じり合い、執政官《コンスル》は大衆《マルティテュード》の下僕にしかすぎなかった。しかし、この凄まじい集会が解散されると、元老院議員が集まり彼らの主権者に仕事を指図し、そして、執政官《コンスル》は斧と鞭で武装し、すべてのローマ人に各々の地位において国家に負うべき服従を説いてまわった。

このように、集合体が主権者である場合でさえ、彼らが集まるのは、時折のことでしかない。そして、集まったときには、彼らは自らの権利と利害に関連するあらゆる問題を民衆として決定し、圧倒的な力によって彼らの自由を主張できる。だが、彼らは、彼らのために機能している、より恒常的で、また、より安定した権力がなければ、自分たちが安全だとは思わなかったし、また、実際に安全でなかった。

群衆はあらゆる所において強い。しかし群衆は、その一員の安全のためには、集合しているときでも分散しているときでも、群衆の力を導き、用いる指導者を必要とする。この目的のために、スパルタでは監督官《エフォロス》が、カルタゴでは百人会が、ローマでは護民官《トリビューン》が設けられたと伝えられている。このような制度があったので、民衆側は、多くの場合、その敵対者に立ち向かうことができたし、このような制度がなければ互角に対抗しえなかった貴族や君主の勢力を、踏みにじることさえできたのである。その場合、国家は、通常、政治的手続きの遅れ、妨害、混乱に苦しめられたのであるが、それらは、大衆の指導者たちが個人的な妬みや偉大な者に対する一般的な嫉妬心にかられて引き起こしたもので、彼らはそうすることに失敗することは滅多になかった。

比較的大きな社会においてそうであるように、人民が立法機関に参画しかしない社会もあるが、そのばあい人民は、同じように立法機関に参画しているが、さらに自衛できる状態にある並立する諸勢力を圧倒することはできない。人民が彼らの代表者によってのみ行動するところでは、彼らの力は一様に用いられるだろう。そして彼らは、その統治構造において、立法機関全体を保持している、あるいは保持しているかのように思っている人民が、集まると暴君となり、分散すると奴隷となるような病める国家における統治構造のいずれにおいてよりも、より永続的な役割を果たすだろう。適切に混合された政体において、民衆の利害と、君主や貴族の利害との釣り合いがとれ、それらの間に、事実上、均衡が樹立される。そしてこの均衡の中で、公共の自由と公共の秩序が成り立つのである。

あらゆる種類の混合政体は、異なる利害のこのような偶然の組み合わせから生まれる。そして、異なる利害集団が制定する法の公正と、法の施行における法の条文の厳守について彼らが課すことのできる強制とは、個別利害の各々が獲得できる重みの程度に依存する。したがって、法律制定の業務を行う権限をどの国家も同じように持っているのではなく、また、民法典《シヴィル・コード》が完全であるか、規則正しく順守されているかについて、どの国家も同じように恵まれているわけではない。

民主主義的な体制において、市民は、自ら主権を持っていると感じているので、他の統治の臣民と同じように、彼らの権利が実際の法律によって説明され保障されることを、望んでいるわけではない。彼らが依拠しているのは、個人の活力、党派の支持、公共の意識である。

もし集合体が、立法者としての任務と同時に裁判官の任務も遂行するとすれば、彼らが、彼ら自身を管理するための規則を考案しようと思いつくことは滅多にない。そして、規則ができあがったとしても、定められた規則の如何なるものであれ、それを彼らが順守しているのを見かけることは、はるかに少ない。彼らは、自分たちが前に制定したことを、後になって適用しない。そして彼らは、裁判官としての役割においては、恐らく、立法者という役割においての場合よりもはるかに大きく、彼らの目の前にある諸状況から生じる情念と偏見によって左右されるであろう。

しかし、貴族政であれ君主政であれ、種類の異なる最も単純な統治のもとでは、法の必要性はある。そしてあらゆる法令を立案するにあたって、調整されるべき様々な利害がある。主権者は、明示され公布された規則によって、施政に安定性と秩序を与えることを望んでいる。臣民は、自分の義務の条件と範囲を知りたいと思っている。彼は、主権者と、あるいは自分と同じ臣民達と、生活させられる条件が、彼の権利についての感覚と一致するか、しないか、によって黙従したり反乱したりするのである。

君主か貴族会議のどちらに主権がある場合でも、どちらも勝手に支配したり裁判したりすることはできない。暫定的な為政者《マジストレイト》であれ、世襲的な為政者《マジストレイト》であれ、彼の権威の大半が生まれてくるところの正義と公平に対する評判と、彼の人格に払われる敬意とを顧みないでは、無事ではいられない。しかしながら、すべての身分の人々に代議制あるいはその他の方法によって立法への実際の関与を認めてきた国々は、その度合いに応じて、彼らの法の基調と施行において幸福であった。この種の体制の下では、法律は事実上、関係する当事者たちが同意し、その条項を決定する際に彼らの意見を提出した協約である。法律から影響を受けることになる様々な利害は、その法律を作成する際に、同じように考慮に入れられる。あらゆる階級は、異議を唱え、それぞれが独自に追加あるいは修正を提案する。彼らは論争の案件については全て、法令によって調整していく。そして彼らは、彼らの自由を享受しているあいだは、まるで法を単に成文化すれば、争いごとが起こり得る全ての原因を除去でき、彼らの権利が保障されるかのように、法律を多くし、法典の巻数をふやしつづけていくのである。

ローマとイングランドは、混合政体の下で一方は民主制に、他方は君主政に傾いているが、諸国民の中で偉大な立法者であることを証明した。前者は、その民法典の本則と、その付則の大部分をヨーロッパ大陸に残した。後者は、その島において、法の権威と統治を、人類がそれまで歴史の中で到達したこともなかった完成点にまで高めた。

そうした好ましい体制の下で、実定法と同様に、周知の慣習法および裁判の慣行と判決は、法の権威を獲得する。そして、あらゆる手続きは、何らかの確定した明確な規則にしたがって行われる。個別の事例に諸規則を公平に適用するための、最良かつ最も効果的な予防措置がとられる。そして、ここで例として挙げた二カ国は、ともに特異な裁判方法を持っているが、それに驚くべき一致点があることは注目に値する。両国の国民は、ある方法で、裁判の業務を行う権利を自分たちで保有していた。そして、市民的権利や犯罪の問題についての裁定は、自分たちと同等な者からなる法廷に委ねた。そして彼らは、同胞市民を裁く中で、自分たちのために生活の条件を定めたのである。

結局のところ、われわれは、正義を守ることを、単なる法律に期待すべきではなく、これらの法律を獲得した力に期待すべきなのである。この力の不断の支持がなければ、法律は適用されなくなるに違いない。法令は、国民の権利を記録する役割を果たし、また法律の条文が表明していることを擁護しようとする当事者たちの意図を物語っている。しかし、権利として認められているものを維持しようとする活力がなくては、単なる記録、あるいは弱い意図は、ほとんど役に立たない。

圧制によって目覚めた民衆、あるいは一時的に優位に立った階層の人々は、彼らの要求に有利な多くの特許《チャーター》、免許、約定を獲得した。しかし、それらを守るための適切な備えをしなかったところでは、書かれた条項は、それらが立案された理由とともにしばしば忘れられてしまった。

イングランドや、あらゆる自由な国の歴史には、国民あるいは国民の代表者たちが集まった時に制定されたが、国王あるいは為政者を彼らのしたいようにさせておいたので、全く施行されなかった法令の例が豊富にある。紙に書かれた最も公正な法は、最も専制的な統治と両立する。イングランドにおける陪審員による裁判の形式が、法の下で権威を持っていた時でさえ、法廷の手続きは恣意的で圧政的だった。

われわれは、あらゆる投獄の秘密を明らかにし、拘禁のすべてについてその理由を公表するように、さらに、限られた時間内に釈明あるいは裁判を要求できるということを容疑者本人に示すように強制している法令を、市民的自由の要石として、賛美しなければならない。これよりも賢明な方法で権力の乱用に反対したものはない。しかし、その効果を確実にするには、グレイト・ブリテンの政治構造全体に劣らない体制《ファブリック》が、また、この幸福な国民の強情で乱暴な熱情に劣らない精神が必要である。

法令の文言にはっきりと記されている身体の安全や財産の所有権でさえ、それらの保持は、自由な国民の活力と警戒心、および、国家のすべての階層が自らの利害のために払う配慮の程度とに依存している。更に一層明白なことは、われわれが市民的自由と呼んできたもの、すなわち、自分自身と公共のために自らの立場において行動する個人の権利の基礎となるのは、他のいかなるものでもあり得ないということである。様々な形の訴訟手続きによって、財産は弁済され、身柄は釈放されるかもしれない。しかし、精神の権利は、精神以外のその他の力では、維持できないのである。

第七章　技術の歴史について

技術《アート》が人間にとって自然であるということは既に述べてきた。また、多年にわたる実践を経て人間が獲得する技能《スキル》は、人間が最初から持っていた才能が改良されたものに過ぎないということも既に述べてきた。ウィトルウィウス[1]は、スキタイ人の小屋の形に建築の原型を見出している。武具師は、投石具や弓に、彼の職業の最初の製品を見出し、造船工は、未開人の丸木舟に彼の職業の最初の製品を見出すであろう。歴史家や詩人でさえ、彼らの技術の最初の試みを、最も未開な状態における人間の戦争、恋愛、冒険を称賛している物語や歌の中に見出すだろう。

自らの性質を磨いて高めていくこと、あるいは自らの状況をよくしていくことを運命づけられている人間は、注目し、工夫を凝らし、働きかける対象を、間断なく見いだす。個人的な改良を目指していない場合でさえ、人間は、われを忘れているかのように活動をしているうちに、自己の諸能力が強化されるのである。人間の理性と感情は、社会の様々な事柄に従事している中で、このようにして育まれる。人間の発明の才や

(1)（訳注）ウィトルウィウス Marcus Vitruvius Pollio、生没年不詳。前一世紀の古代ローマの建築家で、シーザーの知己であり、オクタウィアヌスのもとで建設関係の公職に従事していた。著書『建築十書』は古代の建築書として、ローマ時代にもたびたび引用され、さらにカール大帝の時代、ルネサンス期にも熱心に読まれ、研究された。

技能は、生活用品や食糧を獲得するために働く中で発揮される。各人が追い求めるものは、各人が生きている時代と国の事情によって定められる。すなわち人間は、ある状況においては、戦争や政治的駆け引きに没頭しているが、他の状況においては、自分の利害、個人的な安楽や便宜に関わる事柄に没頭している。人間は、自らが目指している目的に、自分の持つ手段を適合させる。そして、工夫をこらすことによって、彼の技術の完成へと徐々に進んで行く。人間の進歩のすべての段階において、彼の技能が向上するとしても、彼の欲望が同様に広がっていくには時間を要するにちがいない。彼が役に立たないと思っている発明品を彼に勧めるのは、彼が意のままにできない幸運について彼に語るのと同じくらい無駄なことであろう。

各時代は、通常、先行する時代に負っていると思われる。また各国民は、彼らの知識と技術の一部を外国から得ると思われる。ローマ人はギリシア人から、またヨーロッパの近代人は両方から学んだと考えられる。このように想像する中でわれわれは、しばしば、どの国民の営みにも生活様式にも何ら独創的なものはないとまで考えるようになる。ギリシアはエジプトを模倣した。そのエジプトすら、モデルとなったものは分からなくなってしまったが、模倣者だった。

人間が実例とか交流によって進歩することは知られている。しかし国民の場合、その構成員たちが刺激し合い、互いを指導しているのに、なぜ、技術《アート》の起源を国外に求めるのだろうか。すべての社会は技術の原理を自らのうちに持っていて、技術を発揮する有効な機会を必要としているだけなのではないか。どの国民であろうと、その好機が訪れた場合には、通常、それを捉えるものだ。そしてその好機が続いている間、彼らは、それが彼らの間に生じさせた発明を改良するか、あるいは進んで他者に倣おうとする。しかし彼らは、彼らが共に追い求めているものの途上にない課題については教唆されても、彼ら自身の発明の才を決して用いないし、国外にも目を向けない。彼らがその利用法を発見していない凝った工夫を借用することは決してない。

発明が偶然のものであることを、われわれはしばしば観察している。しかし、ある時代に技術者《アーティスト》が見逃していた偶発事が、彼を引き継ぎ、そして、その効用をよりよく知っている他の技術家によって理解されるということもあるだろう。好ましい状況の下で、国民がなんらかの技術の対象に専念しているところでは、あらゆる発明は、一般的に実用化されることによって、保持される。あらゆるモデルが研究され、あらゆる偶然が利用される。もし諸国民が彼らの隣国から実際に借用しようとしても、おそらく借用できるのは、彼ら自身でほぼ発明できる状態にあるものだけであろう。

したがって、ある国の特異な技量は、よく似た環境が導入されて、それを受けいれる道が準備されるまでは、他国に移入されることは、滅多にない。このために、人類の鈍感あるいは頑迷についての不満がしばしば生じ、また、ある場所から他の場所への技術の伝播の遅さについても不満が生じるのである。ローマ人はギリシアの技術を採用していたが、トラキア人やイリュリア人(2)はずっと無関心でそれらを見ていた。ギリシ

(2)（訳注）トラキアは、バルカン半島東部、現在のブルガリアにあたる地域で、ギリシア、ペルシア、ローマの支配下におかれていたが、一世紀にローマの属州とされるまでトラキアの諸種族は抵抗をつづけた。イリュリア人は、バルカン半島西部の先住民で、前三世紀頃に国家を形成していた。しかし前二世紀中頃、ローマに滅ぼされ、この地域もローマ皇帝直轄属州となった。

アの技術は、ある時代にはギリシアの植民地の中に、そして他の時代には、ローマの植民地の中に限られていた。それらが目に見える形での交流によって広まったところでさえ、それらは、発明する力が鈍い独立国によって依然として受け入れられた。これらの技術は、ローマにおいては、アテネにおけるほど急速には進歩しなかった。そしてそれらは、イタリアの統治に新しい諸植民地が加わり、それらとともにローマ帝国の隅々まで行きわたったのである。

国外に進出して、拓けた領域を所有した近代の人類は、彼らが祖国で実践していた技術を保持していた。新しい支配者は、多くの収穫物を栽培できたかもしれないところで、猪狩りをしたり、蓄群を放牧したりした。彼は宮殿にしようと小屋を建てた。彼は先住民の大建造物、彫刻、絵画、図書館を廃墟にした。彼は自らの計画にもとづいて植民し、そして、様々な発明の源泉を新たに切り開いたが、それらの進歩が彼の子孫をどこまで導くかを見通していなかった。現在の人類の小屋は、先住民の小屋と同じように、徐々に大きくなった。公共の建造物は、新しい趣向で壮麗さを獲得した。しかしこの新しい趣向でさえ、時代が経るにつれて、打破されるにいたった。そしてヨーロッパの人々は、彼らの祖先たちが破壊したモデルを思い浮かべ、彼らが復元できなくなった廃墟を嘆き悲しんだ。

近代諸国の独創的な天才が突如として出現した後、古代文芸の遺産が研究され、摸倣された。イタリアとプロバンスの粗削りな詩歌は、ギリシアと古代ローマの詩歌と似ていた。ギリシア人やローマ人の詩歌を手本としなかったならば、われわれの作品の価値は、その後の改良によってどれだけの高みにまで達しただろうか、あるいは摸倣によってわれわれが得たものが、われわれの土地で生まれた思考体系や寓話の基調を棄てたことによって失ったものよりも多いかどうかは、推測に任せるほかない。確かに、われわれの作品の多くは、その形式と同様に素材も、ギリシア人やローマ人に負っている。そして彼らを模範としなければ、われわれの文芸の傾向は、われわれの生活様式や統治の傾向とともに、現在のものとは異なったものになっていたであろう。しかしながら、ローマと近代の文芸はそれらの原形であるギリシア文芸と趣が似ているとはいえ、ローマ人も近代人も、彼らが彼ら自身の泉から吸収しようと急いでいなかったとすれば、確かに、この源泉から学び取りはしなかったであろう。

感情と空想、手や頭を使うことは、特定の人間の発明ではない。そして、これらに依拠している芸術の繁栄は、どの国民の場合であっても、外国から学んだということの証明、あるいは勤勉や才能の点での自然的優越の証明というよりも、むしろ国内の政治的繁栄の証明である。

人々の注意が特定の問題に向けられ、一つの時代に獲得されたものが全て次の時代に残され、あらゆる個人が彼の地位において保護され、彼の欲求の赴くままに追求することが認められているところでは、様々な工夫が蓄積される。そして、如何なる技術についても、その原形を見つけることは困難である。完成へと導く段階は多くある。そこでわれわれは、われわれの賛辞のうち最大のものを誰に与えればよいのか途方に暮れてしまう。その進歩に一役を果したと思われる人々の中で最初の人、あるいは最後の人に与えればよいのか、困惑するのである。

第八章　文芸の歴史について

前節における一般的な観察に依拠するならば、人間が幸福であるところではどこであっても、文芸は、製造技術と同様に、人間精神の自然的産物であるから、自ら生まれてくるだろう。そして、いくつかの国においては、繁栄し自由な状態のもとで、人類が自ら熱中したくなるような快楽や営為のいかなるものについても外部から示唆を求める必要がないのと同じように、文芸についても、その起源を国外に求める必要はない。

われわれは、技術を人間の本性とは無関係で偶然的なものと考えがちだ。しかし人間生活にその契機を見出さない技術はない。また、われわれの種が存在する何らかの状況において、何らかの有益な目的を達成するための手段として提示されなかった技術はない。商工業は、財産に対する愛から生まれ、安全と利得への展望があるところで発展した。文芸学芸は、知性、空想、および心情から生まれた。これらは、精神が自らに固有の喜びと仕事とを探し求める働きに他ならず、そして、精神それ自体を苦しめたり、喜ばせたりする状況によって、その発展が促される。

人間は過去、現在、未来に、同じように関わっている。そして、彼らの能力を存分にふるわせるような、あらゆる仕事に対して準備をしている。したがって、物語でも、創作でも、理論でも、想像力を働かせ、心を動かす作品は、幾時代にもわたって注目の対象となり、喜びの源泉となる。伝承や記述の中にのこされている人間活動の回想は、好奇心や称賛、娯楽を愛する気持ちからなる情念を自然に満足させる。

多くの本が書かれる前に、また、科学が少なからず発達する前に、生まれつきの才能だけで創られた作品で、ときとして、完全なものがある。作者は、彼の叙述や物語が身近な接触のある対象に関連している場合、また、彼自身がともに行動し、彼自身が、その職務や運命に関わった人々の行為や性格と関連している場合、学識の助けを必要としない。

このような状況に恵まれて、自らの才能の果実を最初に世に出したのは詩人であった。また、精神が自らの想像物を誇示し、その情念を表現することになる芸術の分野において最初にリードしたのも詩人であった。野蛮な部族はすべて、彼らの抒情詩や叙事詩をもっている。そこには、最も初期の社会状態における人間の胸中にある迷信、熱狂、さらに栄光の賛美が含まれている。彼らは好んで詩をつくる。なぜなら、詩の韻律が感情を表す言葉にとって自然的であるからである。あるいは、書くという便宜をもたない彼らは、彼らの作品の復誦を容易にし、その保存を確実にするために、記憶の助けとして耳を使わざるを得なかったからでもある。

原始人が儀式の際に用いる言葉に注目すると、人間は生来の詩人であるように思われる。最初は言語の単なる欠陥と適切な語句の不足によって余儀なくされたか、あるいは対象を何かに例えるという空想の楽しみに魅了されたか、いずれにしても人間は、あらゆる着想に、想像と比喩をまとわせる。ある雄弁なアメリカ人は次のように語っている。「われわれは平和の樹を植えた。われわれはその根元に斧を埋めた。今後、われわれは、その木陰で休息するだろう。われわれは協力して、われわれの民族を結びつけている鎖を光り輝くものにしていこう」。これは、これらの民族が公に演説するときに用いる比喩の集大成である。さらに彼らは、後になって学識者達が、想像の急速な変化と情熱的な精神の熱情を表現するのに非常によく適していると考えた、あの生き生きとした修辞を、また、あの大胆不敵な言語の自由をも、すでに採用していたのである。

学者や評論家たちの学識に助けられる前に、人々がどのようにして詩人あるいは雄弁家になりえたのか、ということについて説明を求められたら、次のように反問したい。重力の法則が書物に記される前に、どのようにして物体は自らの重みで落下することができたのかと。身体と同様に、精神も諸法則をもっているが、それらは、人々の実践の中で例証される。そして、評論家たちは、その実例によってそれらがどのようなものであるかが示された後に、単に、それらをあつめるだけである。

恐らくわれわれが指摘した、熱烈な想像による感動と音楽や感動的な響きから受ける印象との間の自然な結びつきによって生まれた、未開諸国のすべての物語は、詩の中で繰り返し語られ、歌の形式をとるようになる。あらゆる国の初期の歴史は、この点において一様である。初期ギリシアの神官、政治家、哲学者は、彼らの教示を詩歌で伝え、音楽や英雄物語を通じて商人と交流した。

しかしながら、詩歌が、すべての国において文芸作品の最初の部類であったということ、さらに、明らかに非常に難解で、通常の語法から非常にかけ離れている文体が、ほとんど至る所で、最初に完成の域に達したということは、それほど驚くべきではない。全詩作の中で最も称賛されているものは、歴史の範囲、ほとんど伝承の範囲をこえて、生きつづけてきた。野生人のおおらかな歌、吟遊詩人の英雄伝説には、しばしば、堂々とした美しさがあり、言葉を変えてさらに美しくすることはできないし、また、批評家が手を入れても改良することはできない。

素朴な詩人は、知識が限られているため、あるいは理解力が粗野であるため、不利な条件にあると思われるが、彼の技能《スキル》の欠陥を補ってあまりあるほど感動的な出来事があった。荒くれ者や勇者の剛毅、寛大で大胆不敵な人物、大きな危険、不屈の精神と忠義の試練といった詩に最適の主題は、彼の見えるところで展開されていたし、また、それらは等しく信じられていたので、真実のように生き生きとした伝承として語り継がれていた。素朴な詩人には、ウェルギリウスやタッソウ(1)のように、彼自身の時代からかけ離れた時代の感情や情景を想起する暇はない。彼は批評家に、他の人が何を考え、自分の着想をどのような方法で表現したかについて想起せよと、言われることもない(2)。素朴な情念、友情、憤慨、愛は、彼自身の精神の動きであって、彼には模倣する必要はない。彼の思考や感情が単純で激しいので、彼は自分の判断を間違った方向に導

(1)（訳注）ウェルギリウス（前七〇—一九年）古代ローマの詩人、代表作『アエネーイス』前出五五頁）。タッソウ Torquato Tasso（一五四四—九五年）。イタリア南部のソレントで生まれる。父ベルナルドも詩人で、叙事詩アマディージなどで有名である。息子のタッソウは幼少期、父に連れられてイタリア各地の宮廷を転々とした。パドバで法律を学び始めたが、文学者たちと交流し、古今の文学に関心を抱くようになり、恋歌とか騎士物語を執筆する。一五六五年、タッソウは法律の勉強をすてて、ルネサンス文化を支えていたアルフォンソ二世の実弟ルイージ枢機卿に仕えた。詩論『英雄叙事詩論』、長編叙事詩『解放されたエルサレム』等を書いている。

(2) ロンギヌス［『崇高について』］を見よ。

いたり、悩ませたりする思想や文体《スタイル》の多様性をしらない。彼は、心の感動を、心の示唆する言葉で伝える。他の言葉を彼は知らないからである。それゆえに、われわれはウェルギリウスやその他の後世の詩人たちの判断や創意を讃美するが、判断や創意という用語をホメロスに適用するのは誤っているように思われる。彼の構想は、気高くもあり知的でもあるが、われわれは彼の悟性の光も心の動きも予期できない。彼は、創意からではなく、インスピレーションによって語っているように思われる。また、彼の思想や表現の選択は、省察によってではなく、超自然的な本能によって導かれているように思われる。

太古の時代の言葉は、ある点では単純で限られたものであった。しかし他の点では、それは変化に富み自由であった。つまり、後世の詩人には与えられていない自由が認められていたのである。

未開時代においては、身分や職業による人間の区分はなかった。彼らは同じ様式で生活をし、また、同じ訛りで話をした。吟遊詩人は、様々な身分に特有な発音の仕方の中から彼の表現を選択するのではない。彼は、ある階級の野卑、もう一つの階級の知識のひけらかし、また一つの階級の軽薄、これらから免れて、あの優雅で適切、かつ、正当な高揚を堅持するために、彼の言葉を職工、農夫、学者、あるいは宮廷人に固有な誤用から彼の言葉を守らなくてもいい。すべての物、すべての感情の名称は定まっている。もし彼の着想が自然の威厳を持っているとすれば、彼の表現には彼の選択に左右されない純粋さがあるであろう。

このように彼は、言葉の選択について明らかに制限されているが、自由気ままに通常の構文を破壊し、そして規則によって確立されていない言語の形式の中に、彼は彼の精神の基調にふさわしいリズムを自ら見出すのであろう。彼が伝えようとしている事柄が印象深く、そして彼の言葉が昂ぶっているなかで、彼が自由に行っていることは、文法の逸脱ではなく、改良のように思われる。彼は後世に文体を伝え、そしてそれが、彼の子孫が文体を評価する際のモデルになる。

しかし、詩についての人類の初期の性向や、この種の文芸を振興する中で彼らが持つ利点が何であれ、また、詩歌が早く完成の域に達したのはそれが最初に研究されたからか、あるいは、それが、土着の言葉による雄弁を改良するのに最も適している、最も生き生きとした天分をもつ人々を引き付ける魅力があるからなのか、いずれにしても、次の点は注目すべき事実である。すなわち、作文のスタイルのすべてが独創的で、自然の流れで継承されるよう開かれてきた国々においてのみならず、自国の学識者達が早くから外国を模範として学び始めていたローマや現代ヨーロッパにおいてすら、同時代の散文作家が無視されていたなかで、好んで読まれていた国民詩があったということである。

ギリシアにおいては、ソフォクレス(3)やエウリピデス(4)が、歴史家や人文学者《モラリスト》に先行した。それと同様に、韻

---

(3) （訳注）ソフォクレス Sophocles（前四九六頃—四〇六年）。古代ギリシアの悲劇詩人。訳注（4）のエウリピデス、アイスキュロスとともに古代ギリシアの三大悲劇詩人といわれ、七編の悲劇『アイアス』『アンティゴネ』『トラキアの女たち』『オイディプス王』『エレクトラ』『フィロクテテス』『コロノスのオイディプス』）が現存している。詩人としてだけでなく最盛期アテネで政治家、軍人としても活躍している。

(4) （訳注）エウリピデス Euripides（前四八五頃—四〇六年頃）。ソフォクレスとは異なり政治とか軍事にはかかわっていないが、ペロポネソス戦争の時代に生きた詩人として戦争の悲惨、罪悪を告発した愛国劇をのこしている。現存している作品には『キュクロプス』『レソス』を含めて19編がある。

文でローマ史を書いたナエウィウス[5]やエンニウス[6]だけではなく、ルキリウス、[7]プラウトゥス、[8]テレンティウス[9]も、さらにルクレティウス[10]も、キケロやサルスティウス[11]やカエサルよりも前の人々である。イタリアではダンテとペトラルカがどの優れた散文作家よりも前にいた。コルネイユとラシーヌは、フランスに散文による作品の素晴らしい時代をもたらした。そしてイングランドにおいては、歴史あるいは科学の試みがまだ幼年期にあり、そこで取り上げられている問題だけのためにわれわれの関心を引くにすぎないころに、チョーサーやスペンサーだけでなく、シェイクスピアやミルトンがいたのである。

ヘッラニコス[12]は、ギリシアにおける最初の散文作家とみなされており、ヘロドトスの直前の、あるいは同時代の人であった。彼は冒頭で歴史から、詩人たちが歴史を貶めた粗野な表現や突飛な作り話を、取り除くという彼の意図を宣言する。[13]しかし、遠い昔の出来事に関する記録や典拠を欠いていたために、ヘッラニコスは、彼の直後の後継者がそうであったように、散文への移行から得られたかもしれないあらゆる利点を活用して実際の事柄を述べることができなかったのかもしれない。しかしながら社会の進歩の過程には、散文が好意的に受け止められるに違いない時代がある。人々が政治や商業の問題に関心をもつようになると、感動させられるだけでなく、情報と教育をも望むようになる。彼らは、過去にあった実際の出来事に関心を持つ。彼らはそれに基づいて省察と推察し、現在の諸問題に対応しようとする。そして、彼らがこれから着手

（5）（訳注）ナエウィウス Naevius。前三世紀のローマの詩人。プラウトゥスに影響を与えたと言われているが、彼の作品自体は標題が伝わるだけで、断片しか残っていない。

(6)（訳注）エンニウス Quintus Ennius（前二三九―一六九年）。イタリア半島先端カルブリア地方のルディアエに生まれた。大カトーの知遇を得て、ローマに赴いた。その後ローマの市民権を獲得し、前一八九年のアイトリア遠征に従軍する。その模様を描いた叙事詩『年代記』は断片しか残っていないが、ウェルギリウスの『アエネーイス』に大きな影響をあたえた。

(7)（訳注）ルキリウス Gaius Lucilius（?―前一〇二年頃）。ラティウム地方のアウルンカの裕福な市民の家に生まれ、スキピオ（小）をはじめとする当時の第一級の人々と交友関係をむすび、有名人を風刺した詩を公にし、風刺詩というジャンルの草分けとなり、ホラティウス、ペルシウス、ユウェナリスらに大きな影響をあたえた。

(8)（訳注）プラウトゥス Titus Maccius Plautus（前二五四頃―一八四年）。中部イタリアのサルシナ生まれの喜劇作家。風刺を交えた生き生きとした喜劇、『捕虜』『ほら吹き兵士』『幽霊屋敷』『ペルシア人』等21編の作品を残している。シェイクスピアやモリエールに大きな影響を与えた。

(9)（訳注）テレンティウス Publius Terentius（前一九五／八五頃―一五九年頃）。カルタゴ生まれの奴隷としてローマに連れて来られたが、主人の寵愛をうけ、解放され自由人となった。ローマでは小スキピオのグループとの親交を深め、『アンドロス島の娘』『義母』『自虐者』『宦官』等6編の作品を残している。

(10)（訳注）ルクレティウス Titus Lucretius Carus（前九四頃―五五年頃）。伝記的事実はほとんど伝えられていないが、エピクロスの原子論を内容とした大長編詩『自然について』を著作として残している。

(11)（訳注）サルスティウス Gaius Sallustius Cripus（前八六頃―三五年頃）。共和政末期の政治家、歴史家。共和政末期の内戦でカエサル派に加わったが、カエサル暗殺後、政界を引退し、歴史叙述に専念する。スラ配下の武将として共和政の転覆を企てたカティリナの陰謀事件を描いた『カティリナ』、ローマ名門貴族の腐敗と平民派の抵抗を描いた『ユグルダ戦記』を残している。

(12)（訳注）ヘラニコス Hellanicus。前五世紀末、詩歌や民間伝承によらずに、ギリシア各地方の歴史とか異民族の風習を描いた。『アッティカ記』等三〇編余りの作品があるが、いずれも断片のみしか残されていない。

(13) ファレロンのデメトリオスからの引用。

しようとする様々な仕事や企画に関わる課題についての情報を得ようとするのである。人びとの生活様式や日常生活の慣行、さらに社会の形態は、道徳や政治を対象とする著述家に彼らの主題を提供する。単なる創意、公正な感情、ありのままの描写が、たとえ普通の言葉で伝えられていても、文学的価値を成すものとして理解される。そして、想像力や情念よりも理性に適合するために、これらがもたらす教訓にふさわしい待遇をうける。

人間の才能は様々な事柄に用いられ、そして様々な問題を探求するようになる。知識は市民社会のあらゆる部門において重要であり、また、あらゆる技術を実践する上で必要である。自然科学、倫理学、政治学および歴史学それぞれに称賛者がいる。また、豊かな想像力と熱狂的情熱の世界において、以前にもっていた地位を保持している詩歌それ自体さえ、形態がますます多様になるようである。

外国の事例や諸学派の指導の助けなしに、ここまで事態は進行していた。テスピス(14)の馬車が劇場に変えられたのは、識者たちを満足させるためではなく、アテネの大衆を喜ばせるためだった。そして称賛すべき詩に与えられる賞は、規則がつくられる前も後も、同じようにこの大衆によって決定された。ギリシア人たちは自国語以外のいかなる言語も知らなかった。彼らが学問を身につけるとすれば、彼ら自身が生み出したものを学ぶしかなかった。彼らがアジアから模倣したといわれている幼稚な神話は、芸術《アーツ》に対する彼らの愛を育むのにも、あるいは、芸術活動における彼らの成功をもたらすのにも、等しくほとんど役に立たなかった。

学問の体系が活動的な生活の喧騒から生まれてくるのは、次のような場合であろう。すなわち、歴史家が自分の見聞した出来事に衝撃をうけている時、彼がその出来事について彼の省察または情熱から興奮して語ろうとする時、公の場で演説を求められた政治家が、熟慮の上の演説を、常に素晴らしいと思われるように行おうと準備をしている時、対談が長引き、込み入ったものになる時、さらに、人びとの社会的な感情や省察が書きとめられる時である。社会自体が学校であり、その教えは、現実的な事柄を実践していく中で伝えられる。著述家というものは、彼の主題について彼が行った観察から書くのであって、書物から示唆を得て書くのではない。またあらゆる作品は、学徒または学者としての著者の単なる熟練ではなく、人間としての著者の性質の特徴を伝えている。遠い昔の範例を探求し、そして、あいまいな引喩と未知の言語を通して教訓をえようとする労苦は、彼の情熱の炎を消し、彼を非常に劣等な部類の作家にしなかったかどうかが、問われることになろう。

社会をこのように文芸の学校とみなし得るとすれば、その教えは、おそらく国ごとに、また、時代ごとに異なることになろう。ローマ国民の政治と戦争への熱中は、何年かのあいだ、文芸を抑制し、そして歴史家と詩人すら、その才能が窒息させられたようにと思われる。スパルタの諸制度は、力強く毅然とした精神の実践的諸徳性と結びついていないものを、何であろうと公然と侮蔑していた。魅惑的な空想や言葉の羅列を、スパルタ国民は、料理人や香料商人の技術と同類のものとした。剛勇を讃えた彼らの歌は、何人かの著

(14)(訳注)テスピス Thespis。前六世紀中ごろに活躍したと伝えられているギリシアの悲劇詩人。アテネのディオニュソス劇場で初めて悲劇を上演したといわれている。

述家によって言及されている。そして彼らの機知に富んだことわざや軽妙な即答の集成が、今も保存されている。これらは、学問や文芸のセンスついての彼らの能力の高さではなく、活動的な国民の徳と能力を示している。一般に人類は、自らが尊重するものと無数にある目的との調整の仕方について途方に暮れるが、スパルタ人は、幸福にとって本質的なものを心の美徳の中に持っていたので、無数の目的によって惑わされることなく、その価値を洞察できた。そして自分自身の理解を確信して、人類の愚行に鋭い刃を向けた。「いつあなたはそれを実践し始めるのか」というのが、高齢になっても依然として徳の本質についての諸問題に執着している人に対する、スパルタ人の質問だった。

スパルタ人は学ぶべきことを、人間の心の勇気と無私の愛情を育成し、保持するにはどうすればよいかという、ひとつの問題に限定していたのに対し、スパルタ人のライバルであるアテネ人は、省察や情熱の対象となるあらゆるものを洗練させようとした。アテネ人は、人間の自然的性向の中で、善いものであれ、悪いものであれ、とにかくそれを目覚めさせるために、次のようなことをした。すなわち、快楽、装飾、生活の利便に役立つあらゆる創意工夫の努力に対して褒賞として利得あるいは名声のいずれかを授与し、市民達の置かれている境遇を多様化した。さらに、彼らの財産を不平等にし、それぞれが戦争、政治、商業、営利的職業に従事するようにしたのである。卓越へのあらゆる道が開かれた。雄弁、剛勇、軍事的技能、嫉妬、誹謗、党争、反逆などである。女神ミューズさえもが、多忙で鋭敏、そして騒々しいこの国民に、重要性を賦与することを求められた。

この例から、われわれは間違いなく次のように結論できるだろう。すなわち、仕事《ビジネス》は、往々にして研究を妨げるものになるが、引退と閑暇は文芸的才能を高める主たる要件ではない、そして恐らくはその才能を鍛える主たる要件ですらないのだと。想像力と感情の最も目覚ましい働きは、人類と関連する。それらは、人間の存在と交流によって刺激される。それらは、精神の主な原動力の作用によって、すなわち積極的で野心的な人々の間に存在する競争、友情、および対立によって、心の中で駆り立てられている時に、最大の活力を発揮する。自由で放縦でさえある社会を動かすような大事件の渦中では、社会の成員はあらゆる苦労をすることができるようになる。テミストクレス(15)やトラシュブロス(16)に職を与えたのと同じ出来事が、波及して、ソフォクレスとプラトンの才能をも奮起させた。気難しい者も純真な者も、等しく彼らの才能を発揮する機会を見つける。そして文芸の不朽の名作は、叡智と徳の宝庫になるが、それと同様に、嫉妬と愚行の宝庫にもなるのである。

多くの小国家に分かれ、また、地球上のどの場所よりも内部抗争や対外戦争によってかき乱されていたギリシアは、あらゆる種類の文芸の手本を提供した。その火はローマに燃え移った。それは、この国家が好戦的でなくなった時ではなく、また政治的騒乱が治まった時でもなく、ローマが洗練と快楽への愛を、国民的

(15)(訳注)テミストクレス Themistocles(前五二八頃—四六二年頃)。古代アテネの政治家・軍事指導者でペルシアの大軍をサラミスの海戦で破り、戦火で破壊されたアテネの再建に努めた。

(16)(訳注)トラシュブロス Thrasybulus(?—前三八八年)。古代アテネで活躍した政治家・軍事指導者で、アテネの寡頭政治に反対し、民主制回復に貢献した。また、対コリント戦争でも活躍したが、小アジアに遠征中、原住民に襲われて死去した。

事業と結合した時、また、相対立する党派の闘争や要求によって生じた騒乱のさなかにあって、学びたいという気持ちに浸った時だった。その火は、近代ヨーロッパにおいて、イタリアの騒然とした諸国家で再生され、ゴート人の政治の骨組みを揺るがした精神とともに、北に広がっていった。その火が燃え立ったのは、人々が政治的《シヴィル》あるいは宗教的諸党派に分裂していた時、また、彼らが最も重要で神聖な問題について争っていた時であった。

多くの時代の事例から、われわれは、学術団体に付与された自由な基金や、研究のために提供された閑暇が、才能の発揮を刺激する最も望ましい手段ではないということを納得するだろう。閑暇の所産と思われている学問それ自体さえ、修道院の隠遁生活のなかでは衰退した。有用な知識の対象から遠く離れていて、活動的で精力的な精神を活気づけるものに触れることのない人々は、特殊な専門用語しか生み出せず、生意気な学問的な形式を蓄積しただけである。

自然の観察から正しく語り書くためには、自然の感情を感知しておくことが必要である。処世にたけ、熱中している人は、恐らく自らの文芸的才能を用いることにおいても、相応な力と天分を発揮するであろう。著述がひとつの職業となるとしても、また、それが他のあらゆる職業において費やされる精励と研究の全てを必要とするとしても、この職業に必須の条件は、活力にあふれた精神の気迫と感性である。

ある時代においては、学問《スクール》は、光明と方向性を活動的生活から得るであろう。他の時代において、活動的精神の残滓が、文芸の不朽の名作によって、また、先行する時代の、より良い時代の諸事例と経験を保存している史料集によって、大きく支えられているということも事実である。しかし、どのような方法で人々を雄弁や行動に最善を尽くすようにさせるとしても、われわれの知識を幸福に役立つものにするために極めて必要な諸資質、不屈の精神と公共愛を無視して、その一方で、人間性の完成を単に推測による学識のなかに求めることは、あらゆる欺瞞の中で最も明白な欺瞞であると思われる。

第四部　市民的《シヴィル》商業的技術《アート》の発達から生じる帰結について

第一章　技術《アート》と職業の分化について

人びとが、どれほど必要性を痛感し、便利にしたいと願っていても、また、どれほど恵まれた有利な状況や政策の下にあっても、特殊な技能《スキル》と注意を必要とする個々の仕事を分割し、それぞれ異なる人に委ねるようになるまでは、明らかに、生活技術《アート》の開発において大きな進歩を遂げられない。自分自身で建てたり、植えたり、作ったりしなければならない野生人や野蛮人は、大きな危機や労苦がなくなると、自分の財産を増やそうとするよりも、怠惰にふける。彼の欲求の多様性が、勤勉に働く気を失わせているのかもしれない。あるいは、注意力の分散が、何か特定の課題を処理する技能の獲得を妨げているのかもしれない。

しかしながら、平和を享受し、ある物を他の物と交換することができるようになると、猟師や戦士は徐々に職人や商人になる。生活手段の不平等な分配をもたらす偶発的な出来事、性癖、さらに種々の好機が、人びとに様々な仕事を割り当てる。そして人々は、功利の感覚に導かれて際限なく彼らの職業を細分していくのである。

どのような仕事においても、職人はその仕事の特定の部分に彼の注意を集中させることができるようになればなるほど、彼の生産物がより完全になり、また、彼の手にすることが出来る物がより増えることを知る。製造業の企業家は全て、彼の職工の仕事を細分化すればするほど、また、個々の作業に充てる人手を多くすればするほど、彼の出費はそれだけ少なくなり、そして彼の利益がそれだけ増えるということを知る。

消費者もまた、あらゆる種類の商品について、様々な仕事を課されている働き手が生産しうるものよりも優れた出来栄えを求める。商業の進歩とは、職人の仕事の不断の細分化にほかならないのである。

あらゆる仕事《クラフト》は、ひとりの人間の注意のすべてを奪うだろうし、また、正規の徒弟奉公によって学び習得しなければならない秘伝がある。職人《トレイズマン》からなる国家は、自分自身の特定の職業以外の人間に関する事柄にはまったく無知であり、また、国益を自らの関心や注意の対象にしなくとも、国家の維持と拡大に貢献しうる成員から構成されるようになる。すべての個人は、その人の職業によって区別され、その人に適した場所をもっている。特技、性、種属以外の区別を知らず、自分の社会を、最も愛情を注ぐ対象としている野生人は、このような状態のなかで、彼が人間であるということが、いかなる地位をもあたえないということを知って驚く。そして彼は、驚愕し、嫌悪し、反感を持って、森へ逃げていく。

技術《アート》や職業の分化によって、富の源泉が開かれる。あらゆる種類の材料が、最高の完成度に達するまで仕上げられる。そしてすべての商品が、非常に豊富に生産される。国家は、その利益と収入を、国民の数によって評価するだろう。国家は、その財貨によって野生人が自分の血を流して維持している、あの国威と国力を獲得するだろう。

製造業のような低級な部門において各作業の分割によって利益が得られるのとおなじように、政治や戦争のような高級な部門においても同様の工夫によって利益が得られるだろう。兵士は自らの軍務以外のことは何も心配しなくていい。政治家は、民政にかかわる業務を分割する。そして、公僕は、あらゆる部署において、国事に熟達していなくても、他者の経験に基づいて既に確立されている形式を遵守することによってうまくやっていくことができる。これらの人々は、彼ら自身の協定なしに、一つの機械の各部分のように、一つの目的のために働くようにさせられているのである。また、これらの人々は、全体の結合については商人《トレイダー》と同様に何も知らないが、商人と結びついて国家に資源と行動力と軍事力を提供しているのである。

ビーバーや蟻や蜂の巧みな技は、自然の叡智の賜物である。洗練された国民の巧みな技は、彼ら自身のものであり、未開な人々の能力よりも優れた能力を示すと考えられている。しかし、人間の諸制度は、あらゆる動物の組織と同じように、自然によって示唆されたものであり、また、人類が置かれている様々な状況によって導かれた本能の結果なのである。これらの制度は、どのような効果が一般に生まれるかを考えずに、継続して行われた改良から生まれた。そして、これらは人間社会を、かつて人間本性を魅力的なものとした最高の能力をもってしても企画できなかったほど複雑な状態にする。そして、その全体が実行されるようになっても、それは、その全貌が理解されないほど複雑な状態なのである。

商業国家の成員を区別している個々の仕事や職業を予期し列挙できた者がいただろうか。個々の仕事場で行われている様々な工夫を、また、自分自身の課題に注意を払っている職工《アーティスト》が、自らの個別の作業を短縮し容易にするために考案した様々な工夫を、予期し列挙できた者がいただろうか。このような高みに到達した世代はすべて、その前の世代に比べると発明の才に富んでいるようにおもわれるし、その後の世代と比べると愚鈍であるようにおもわれる。そして人間の発明の才は、時代が進むにつれてどれほど高まったとしても、同じペースで機能し続けるのであって、商業的あるいは市民的《シヴィル》改良の最初の一歩をゆっくりと踏み出したのと同じように、新たな一歩をゆっくりと踏み出すのである。

国民の能力が、技術《アート》の発達とともに向上するかどうかは、はなはだ疑わしい。実際、多くの機械的技術《アート》は、何ら能力を必要としない。それらは感情と理性が完全に抑制されているところで、最も手ぎわよく行われる。そして、(1)無智は迷信の母であるとともに勤勉の母でもある。熟慮と空想とは誤りやすい。しかし、手や足を動かす習慣はどちらとも無関係である。したがって、製造業が最も繁栄するのは、精神の働く余地が最も少ないところであり、また、作業場が、想像力を大いに働かせなくとも、人間を部品としている一つの機械のようにみえるところである。

森林は野生人によって斧を使わずに切り倒されてきたし、重いものは機械の力に助けられることなく、持ち上げられてきた。あらゆる部門において発明家は、恐らく、その利用者よりもおおきな功績に値するであろう。そして、道具を発明した人や、道具を使わずに仕事ができた人は、道具に助けられてより良い物品を生産する単なる技術者《アーティスト》よりも、はるかに高度な天分があると称賛されたのである。

しかし、あらゆる技術《アート》の実践において、また、あらゆる部門の細部において、多くの部分が、何の能力も要しないか、あるいは、実際に精神の視野を縮小したり限定したりする傾向があるとしても、一般的反省と

(1)（訳注）マルクスは分業が社会の経済的領域以外のあらゆる領域で行われるようになり専門化が進み、スミスの先生であるファーガスンが「我々は奴隷ばかりの国民であって、我々のあいだには自由人はいない」と叫んでいるという。さらにマルクスは、「無知は迷信の母であるとともに勤勉の母でもある」からこのパラグラフの末尾まで引用し、ファーガスンの鋭い分業批判に注目している。（マルクス『資本論』第一巻、青木書店、五八八―五八九頁、五九九頁。）但し、スミスとファーガスンは同年（一七二三年）生まれであって、師弟関係はない。

思考の拡大に至る他の部分もある。製造業においてでさえ、下級職人の才能は衰えるが、恐らく、親方の才能は育まれるだろう。政治家が道具として使っている人々は、自分たちを結びつけている組織について無知であるが、政治家は人間に関する事柄について広く理解しているだろう。兵士は手足のいくつかの動作をするだけであるが、将校は戦争について非常によく知っているだろう。将校は、兵士が失ったものを得たであろう。そして訓練された軍隊の指揮に専念している将校は、野生人が小さな集団を指揮したり、単に自分自身を防衛したりする場合に用いる、自己保存のための、欺くための、さらに計略のためのあらゆる技巧《アート》を、はるかに大きな規模で実行するだろう。

あらゆる仕事《アート》と職業に従事している者は、科学者に一般的な思索の問題を提供するだろう。そしてこのような分業《セパレイション》の時代においては、考えること自体が一個の独立した仕事《クラフト》になるだろう。市民的《シヴィル》な業務と作業の喧騒の中にあって、人々は様々な姿で現れ、探究や空想の問題を提示する。それによって会話は活気づき、大いに広がっていく。工夫をこらした物が市場にもたらされる。そして、人々は情報や娯楽を与えそうなものなら、どのようなものに対しても喜んで代価を支払う。こうした方法によって、多忙な人と同じように遊んでいる人も、技術の進歩を促進するのに寄与する。そして洗練された諸国民に、優れた発明の才を持っているかのような外観を与える。そのために、彼らは、野生人が森の中で追求した様々な目的、すなわち、知識や秩序や富を獲得しているかのように思われる。

第二章　技術《アート》と職業の分化に伴う従属関係について

従属関係が生じる根拠として、第一には生れつきの才能と性質の違い、第二には、財産の不平等な分配が挙げられるが、それらに劣らず明白な第三の根拠として、様々な技術《アート》を用いることによって身につく習慣が挙げられる。

仕事には自由《リベラル》なものと、機械的なものとがある。それらは、異なった才能を要求するし、また、異なった感情を抱かせる。このことが、われわれが実際に優劣を決める際の要因になっているかどうかは別として、一定の職業や身分の人々に当然与えられるべき地位についてのわれわれの意見が、それらの人々の生活様式が、精神の力の育成することや心の感情を保持することに与える影響によって形成されることは、確かに理にかなっている。

人間には生まれつき気高さがある。そのために、人間は、最も未開な状態においても、どれだけ必要に迫られようと、単なる生存手段についての考慮や利害についての関心を超越していると思われる。彼は友情や対立に関わる時、真心から行動しているかのようにみえる。彼は、危険や困難な場合にのみ身を呈し、そして日常の世話は弱者か隷従者に任せるのである。

あらゆる状況においてこれと同じ考え方が、人間の卑劣さ、または人間の威厳についての彼の見方を規定している。洗練された社会の場合には、強欲な性質だと言われたくないと思う人間の願望が、自己保存や生計にだけ関連する事柄に対する関心を隠すようにさせるのである。彼の考えでは、施しに依存している乞食、食べるために働いている労働者、才能の行使を要しない技術《アーツ》を用いている職人は、彼らが追求する目的と、目的を達成するために用いる手段とによって、品位を下げているのである。職業の中で、より多くの知識と研究を必要とし、空想力を働かせ、完全なものを愛し求めて進み、利益だけでなく称賛も得ることになる職業は、その技術者《アーティスト》を上位の階級に位置づけ、そして、その技術者《アーティスト》を、人間にとって最高の地位と想定されている地位に一層近づけることになるのである。なぜなら、その地位においては、人間は仕事に束縛されていないからである。また、なぜなら、精神の意向に従い、心情あるいは公共の要請に導かれて社会における役割を担えばよいからである。

この最後に述べたものが、自由民と奴隷の区別において、すべての古代共和国の市民が自らのために、獲得し維持しようと努力した社会的地位であった。最も初期の時代には、女性や奴隷は、家事や肉体的労働の担い手として別にされていた。そして、金儲けの技術《アート》が発達する中で奴隷は機械的仕事に適うように養成され、また彼らの主人の利益のために商売を任されることさえあった。自由民は政治と戦争以外の目的は持たないものと理解されていたのだろう。このようにして、人類の半分の名誉は、他の半分の名誉のために犠牲にされた。これはあたかも、同じ採石場からきた石材が、大建築物の上部構造のために切り取られた石塊を支えるために、土台として埋められるようなものである。われわれはギリシア人やローマ人を褒め称えているが、このような事情をみれば、人間の制度に完璧なものはないということを想起させられる。

ギリシアの多くの国々で、この残酷な差別によって自由民にもたらされた利益は、全市民に等しく与えられたわけではなかった。富が不平等に分配されたので、富者のみが労働から免除された。貧者は落ちぶれ、自分自身の生存のために働かざるをえなかった。私利私欲が、両者において支配的な情念だった。そして、奴隷を持つことが、他のあらゆる営利的財産の所有と同様に、貪欲の対象となり、強欲な関心から免れることはなかった。この制度の効果が、完全に現れたのはスパルタだけだった。あるいは、かなりの間その効果を享受し続けたのはスパルタだけだった。われわれは、この制度が不公正であると感じる。スパルタの奴隷がさらされた厳しい仕打ちと不平等な扱いにわれわれは苦しむ。しかし、この国家の上流階級の人々のことだけを考えるとき、また、危険を恐れず、利益によっても腐敗させられないあの精神の高邁と闊達に注目するとき、さらに、彼らを友人としてあるいは市民として考えるとき、われわれは彼ら自身と同様に、奴隷にも人間のように扱われる資格があることを忘れがちになる。

われわれは、気高い感情と寛大な精神を、市民のなかのある階層に期待している。それは、彼らの境遇や財産によって、卑しい関心や配慮から解放されている階層である。この種の階層［に属するの］が、スパルタの自由人であった。そして、古代人の中で奴隷の運命が、近代人の中の窮乏した労働者や職人の運命よりも本当に悲惨だったならば、次のことを疑う必要があるだろう。すなわち、尊敬され名誉を手に入れていた上流階層の人々も、それに比例して、彼らの身分にふさわしい威厳を欠いていなかったかどうかということである。平等な正義と自由に対する要求が、終局的に、あらゆる階級を等しく奴隷的で金銭に卑しいものにしてしまうとすれば、奴隷《ヘロット》の国となり、自由な市民は存在しなくなる。

あらゆる商業国家において、平等な権利に対する要求があるにもかかわらず、有頂天になっている少数の者は、多くの者を意気消沈させるに違いない。このような編成において、ある階級の過度の卑しさは、主として知識の不足と教養《リベラル》教育の不足から生じているに違いないと考える。そしてこのような階級に結びつけて、未開で粗野な状態にあったころの人類の姿を想像する。しかし、われわれは、いかに多くの状況が、特に人口の多い都市において、最下層の人々を腐敗させがちであるかということを看過している。無知は、彼らの欠点の中で、最小のものである。嫉妬や卑屈の原理となる持たざる富に対する感嘆、絶えず利益を目指して従属的な感覚の下で行動する習慣、放蕩あるいは強欲から引き込まれる犯罪、これらは無知の例ではなく、腐敗と卑劣の例である。野生人はわれわれの教育を受けていないとすれば、われわれの悪徳にも染まっていない。彼は自分より上に位置する者を知らないので、卑屈になりようがない。また、彼は財産の不平等を知らないので、羨望をもつことはない。彼は、人間社会が提供できる最高の役割、すなわち祖国の助言者や兵士という役割において、自分の才能を発揮し行動する。自分の感情を形成する過程で彼は、心が知ってもらいたいと求めているもの全てを知る。彼は彼が愛する友を、また、彼の熱意を喚起する国の利益を識別することができる。

民主的統治あるいは民衆の統治に対する主要な反対論は、商業的技術《アート》の結果として人々の間に生じる不平等からでてくる。また、性質が卑しく、普段、機械的《イリベラル》仕事をしている人々からなる民衆の集まりに、彼らの主人や指導者の選択を任すことがあるかもしれないとしても、彼ら自身は、指揮することに全く適していないということは、認めざるをえない。自分自身の生存とか存続のことしか考えていない人に、国民の指導を任せることができようか。このような人々が、国事について審議に加わることが認められるとすれば、彼らは、その会議に混乱と大騒ぎ、あるいは追従と腐敗をもたらすだろう。そして破壊的な党派や、誤って形成され導き出された議決の結果に、いつも踊らされることになろう。

アテネ人はこれらすべての欠陥を持ちながら、彼らの民衆による統治を維持した。職人は、公の市場に姿を現すことと、戦争や平和の問題についての討論を聞くことを義務づけられ、それを怠ると刑罰に処せられた。彼は金銭的報酬につられて、民事事件《シヴィル》や刑事事件の裁判に出席した。しかし、才能の育成に非常に有益な訓練があったのにもかかわらず、貧窮者は、常に利益を目指すようになり、卑しい職業の習慣を身につけるようになった。彼らは、自分の地位が低くて弱いという意識のもとで消沈し、彼らの情念に媚びたり、恐怖心に働きかけたりする民衆の指導者の力に、自分の全てを委ねようとした。あるいは、嫉妬に駆られて、上流市民のなかで尊敬すべき卓越した人を、誰彼問わずに、国家から追放しようとした。また、主権は、ある場合には公共を無視することから、他の場合には失政から、いつも、彼らの手中からなくなろうとしていた。

人民はこのような場合、事実上、どのように彼らを導くかを知っている一人あるいは少数者によって、しばしば支配されることになる。ペリクレス(1)はアテネで王のような権威を持っていた。クラッスス(2)、ポンペイ

(1) (訳注)ペリクレス(Pericles 前四九五頃―四二九年)。古代アテネの軍人、政治家。民会と民衆裁判所の権限を高め、アテネの民主的改革を推進する。また反スパルタ、反ペルシア政策を遂行し、二面戦争を指導する。この頃アテネには、多くの芸術家、学者が集まり、アテネの黄金時代といわれている。晩年はコリントとの戦争、ペロポネソス戦争で、反目を買い、作戦を誤り、将軍の地位を失い、ペロポネソス戦争開戦の翌年に病死した。

ウス、カエサルは、共同で、あるいは相次いで、かなり長い期間、ローマにおいて最高指揮権を保持した[3]。商業的技術が高度に進むと人類の業務や仕事が多様化し、それに伴い、境遇の格差や、精神的教養の不平等が生じる。そうなると、国家の大小を問わず、民主政の維持は困難になる。このようなところでは、われわれとしては、民主主義の原理が無くなってしまったので、民主政に反対すると主張するしかない。人々の性質が、同質のものでなくなってしまった後に、平等な影響力と配慮を要求するのは馬鹿げたことであるように思われる。

(2)（訳注）クラッスス（Crassus 前一一五頃—五三年）共和政末期ローマの政治家、将軍。スラの下で軍人として活躍し、前七二年スパルタクスの反乱を鎮圧し、前七〇年にコンスルに選ばれ、護民官職の権威の回復につとめた。若きカエサルを支え、前六〇年にはポンペイウスとカエサルと連合し、三頭政治を行う。前五五年末アルメニア王の助力を得て、パルティア戦争に出陣したが、敗死した。

(3)（訳注）古代ローマ共和政末期（前六〇—五三年）、クラッスス、ポンペイウス、カエサルによる三頭政治。三頭政治以前、以後にもそれぞれが、ローマの政治、軍事において重要な役割を担っていた。

第三章　洗練された商業的諸国民の生活様式について

未開状態の人類の生活様式は、非常によく似ていた。しかし文明化が進むと、人類は様々な業務に従事するようになる。彼らはより大きな原野に踏み込んで、より遠くの場所へ分散していく。しかしながら、人類が、同じ性向または同じ本性《ネイチャー》が示唆するものによって導かれているとすれば、恐らく彼らは、進歩の最初の段階と同様に、その最終段階においても、個々の点では一致するところが依然としてたくさんあるだろう。

そして、種々の社会は、商業の結果として、あるいは商業の基礎として社会の構成員間に既述のような身分や職業の違いを認めるようになるが、その一方で、このような分化が種々の社会にもたらす多くの帰結およびほぼ一致して生じるその他の状況における多くの帰結については、互いに類似することになろう。

あらゆる統治形態の下で政治家たちは、国外から迫ってくる危険や、国内で彼らを悩ます騒乱を取り除こうと努力する。このことに成功した場合、その行動によって彼らはしばらくの間、自国での支配力を獲得する。彼らは首都から遠く離れたところに国境を定める。彼らは、人類の間に浸透しつつある平穏への共通の願望と、社会の平和の維持を意図した公共の制度に、外国との戦争の休止と、国内の無秩序からの脱出の糸口を見出す。彼らはあらゆる争いを動乱なしに解決することを学び、また、法の権威によって全市民に対して個人としての権利を保障することを学ぶ。

このような状態は、繁栄しつつある諸国民が希求するものであり、また、ある程度まで到達できるものである。そして、このような状態の中で、人類は安全の基礎を築き、自らの目的に適合する上部構造を築き始めるのである。その帰結は、国によって様々であり、同じ社会の人々であっても階級によってすら異なる。そして各個人にもたらされる帰結は、その地位に対応する。政治家と兵士は、彼らの様々な行為の形式を確定することができるようになる。あらゆる職業の従事者が、それぞれの利益を追求できるようになる。道楽者は工夫を凝らすための時間を、思索家は学問的な会話や研究のための閑暇を持てるようになる。

このような状態になると、人々の実生活とはほとんど関係ない事柄が研究の課題となり、感情と理性を働かせることそれ自体が一つの職業となる。吟遊詩人の歌、政治家や戦士の演説、古代の伝説や物語が、非常に多くの芸術の原形、あるいは最初期の作品とみなされる。そして、それらを模倣したり、改良したりすることが様々な職業の対象となる。空想の産物も博物学《ナチュラル・ヒストリー》の対象と同じように、類や種に分類され、それら各々に関する決まり事が、区分され集められる。そして図書館には倉庫のように、様々な芸術家の完成された作品が保管されている。彼らは文法学者や批評家の助けを借りて、各々が独自の方法で、理性《ヘッド》を指導し、心情を揺り動かそうと希求しているのである。

あらゆる国は、異なる性質を持つ人々からなる一つの混成集団のようなものである。そして、何らかの政治形態の下に、人びとの気質、性向、知覚が非常に異なった形で用いられるために生まれくる、あの多種多様なもののなかの幾つかの典型が存在することになる。あらゆる職業は、それぞれ誇りとすべき点と、その生活様式を持っている。商人は几帳面さと公正な取引を、政治家は包容力と演説を、また、社交家は教養と機智を誇りとする。あらゆる身分にはそれぞれの身のこなし、服装、儀式があり、それらによって身分が区別され、また、階級の特性や個人の特性のもとに国民の特性が抑えられることになる。

ここで述べたことは、アテネとローマ、ロンドンとパリに等しくあてはまるだろう。粗雑な観察者、あるいは単純な観察者は、様々な国々の外観においてではなく、様々な人々の住居や職業において、彼が見出す多様性に注目するであろう。彼は同じ都市のいくつかの街路の間に、一国の領土の中においてみるのと同じほど大きな違いを見出すだろう。彼は、自分の前に群がる大群の人びとに戸惑うだろう。また、ある国の商人、職人、学者と、別の国の商人、職人、学者とが、どうして異なるのかということも理解できないであろう。しかし、あらゆる地域の土着民は、外国人を見分けることができ、そして彼自身が旅に出ると、自国の境界を通過するや否や、見知らぬ国の様子に衝撃をうける。人の雰囲気、声の調子、言葉の言い回し、会話の仕方が、感情的あるいは物憂い、陽気あるいは深刻、いずれにしろ同じではない。

文明諸国《ポリシュド》の間でも、多くのこのような違いが、気候の影響から生じるだろう。あるいは流行という、気候よりもさらに一層説明しにくくて曖昧なものから生じるであろう。しかし、われわれが依拠することができる主要な相違を生み出すものは、国民が彼らの国民としての資格において果たすことを義務づけられている役割、国家が彼らの見える所に置いた目的、あるいは統治の基本法である。それらは、臣民に対し社会の規約を規定するもので、かれらの知見や習慣の形成に大きな影響力を持っている。

征服や属州の略奪によって富を獲得するように運命づけられていたローマ人や、商業の利益と商業的植民地の生産物を獲ようと意図していたカルタゴ人の首都の街路は。様々な性質や容貌の人たちで一杯だったに違いない。ローマ人は、偉大になりたいと願ったとき剣をとった。そして、国家は、ローマ国民の居住地で軍隊を準備することが出来た。同じ目的でカルタゴ人は、勘定台に戻った。そして国家が危険に瀕した時、あるいは戦争を決意した時には、彼の収益を貸して外国の軍隊を買収した。

共和国の成員と君主国の臣民は異なっているに違いない。なぜなら、祖国の形態によって、異なった役割が彼らに割り当てられているからである。一方は、同等の者と生きることが運命づけられており、また、個人の才能や特性によって、卓越するための競争をするように運命づけられている。他方は、生れながらにして身分が確定しており、そこでは平等に対する要求はどのようなものであっても混乱を生み、また、序列以外のものは何も考慮されない。いずれにおいても、国の制度が成熟すると、個人的権利を保護する法律が生まれるだろう。しかし、これらの権利そのものの理解が異なり、そして、異なった一連の意見とともに、異なった精神的気質を生みだすだろう。共和国の成員は、彼の権利を維持するためには国家の中で活動しなければならない。彼は安全であるために、党派に入らなければならない。そして、偉大になるためには、一つの党派を形成しなければならない。君主国の臣民は、彼の出自を拠り所にして、彼の特権を要求する。彼は、彼の重要性を示すために宮廷に仕える。そして、公衆からの尊敬を得るために、従属と愛顧の意を示す。

自由《リバティ》を保持するために考案された国の制度が、市民に自ら行動し、自らの権利を維持するように要求することなく、市民の側に、個人的注意や努力を何ら要求しない安全保障を与えるならば、この統治の完成と思われるものは、社会の紐帯を弱めるだろう。そして、独立という原則の下で、それが調和させようとしていた様々な階級を、引き離し、疎遠にさせるだろう。相互依存の意識がその成員達を呼び集めなくなれば、共和国において形成される政党も、君主政において開催される宮廷会議もなくなるであろう。商業の場には人の出入りが多くなり、そして、群衆の中では単なる娯楽が追い求められるだろう。その一方、個人の住居は、関心や注意を払うことから生じる労苦を嫌がる人びとの避難所となる。関心や注意を払うのは、重要でなく、それらを軽蔑するのが名誉の要点だと信じることが、政治的信条の一部となるかもしれない。

このような気風は、共和国においても君主国においても育ちそうにない。それは両者の混合形態に、より適合し属するものである。そこでは、正義の統治がより確かなものになるだろう。そこでは、臣民は平等を求めようとするが、その代わりに独立のみを得る。さらにそこでは、臣民は平等の精神から、それらの真の重要性のために、自らが多大な敬意を払っている区別そのものを憎悪することを学ぶ。

共和政あるいは君主政それぞれの形態のいずれにおいても、あるいは、どちらの原理に基づいて行動する場合においても、人々は、自分の財産を改良するために、あるいは、安全を確保するためにさえ、同胞市民の機嫌を取らざるを得ず、また、才能や手腕を発揮せざるを得ない。どちら場合も、識別力と洞察力を養う学校となる。しかし一方においては、公共に影響力がある能力を重視するため、個人的性格の長所を看過するように教えられる。他方においては、娯楽と私的社交の場における魅力的資質あるいは愉快な資質を重視するため、偉大で尊敬すべき才能を看過するように教えられる。いずれにおいても、彼らは、自国の流儀や生活様式に、注意深く自らを適応させなければならない。気まぐれや特異なユーモアが場違いであることを彼らは知っている。共和主義者は大衆的でなければならず、宮廷に仕える人は洗練されていなければはならない。前者はあらゆる仲間たちとうまくやっていかなければならない。後者は、自分が出入りする場所を選ばなければならず、そして、その尊敬されている社交界においてのみ目立ちたいと願う。下位の者には、保護者的態度をとる。そして、自分が下位の場合には、同じ態度をとられても我慢する。君主国の臣民は、しばしば、出費と財産を自らの虚栄欲に見合ったものにしようとして、また、自らの出自や野心によって到達し得る限りの高い地位にあるようにみせようとして、自分の品性を維持すべく絶えず自戒する必要があった。しかし、自らの義務の不履行のみを恐れ、友と祖国のみを愛していたスパルタ人は、恐らく、君主国の臣民と同じようにする必要はなかったであろう。

ところで、個人に彼の国の特質と思われているものを適用することよりも、よりしばしば行われる不正はほとんどない。あるいは、国民の一人または、少数を例にとって、その国民の概念をつくることよりも、よりしばしば誤りに導かれることは、ほとんどない。クレオン(1)やペリクレスのような人物を産んだのは、アテネの国制にふさわしいことだったが、しかしだからと言って、アテネ人のすべてがクレオンやペリクレスのようだったわけではない。テミストクレス(2)とアリステイデス(3)は、同じ時代に生きていた。前者は、何が有益であるか進言し、後者は、何が正義であるかを祖国に告げたのである。

（1）（訳注）クレオン Cleon（?—前四二二年）。ペリクレスの死後、アテネの政界で大きな勢力を振るった政治家、将軍。品位を欠いたデマゴーグとして、喜劇作家アリストファネスに揶揄されているが、ペリクレスの後継者として、アテネの積極的な対外政策を推進し、紀元前四二五年にはスパルタ軍をスファクテリア島で敗走させたが、四二二年にトラキア地方に出陣し、スパルタ軍に敗れて戦死した。

（2）（訳注）テミストクレス Themistocles（前五二八頃—四六二年）。名門の出身ではないが、優れた才能をもち、また、野望家で、前四九三年に首席アルコンの要職に選出された。ペルシア戦争では、前四八〇年サラミスの海戦でペルシア軍を敗走させる。その後アテネの再建、城壁、軍港の整備に大きな貢献をした。その後、政争にまきこまれ、前四七一年頃陶片追放にあい、小アジアに逃れた。しかし敵国ペルシア王に厚遇され、エーゲ海沿岸地域のマグネシアの総督に任じられた。

（3）（訳注）アリスティデス Aristides（?—前四六七年頃）。古代アテネの政治家、将軍。アルコンの職にえらばれたが、テミストクレスと張り合い、陶片追放される。しかしペルシア王の侵入にさいして、呼び戻され、テミストクレスを助け、アテネを勝利にみちびく。また、デロス同盟においても大きな役割をはたした。

第四章　前章に続く

国民に関する自然法は、個人に関する自然法と同じである。それは、自国を守る権利、妨害されずに生活手段を用いる権利、労働の果実を保有する権利、規定や契約の順守を要求する権利を、集合体に与える。暴力事件では、自然法は、加害者を非難し、また、被害者側に防衛の権利や報復の権利を認める。しかしながら、自然法の適用に際しては議論の余地があり、人類の慣行においても、その理解においても違いを生み出す。

諸国民は、正邪を区別するということについて、そして、損害を同意のうえで、または強制力によって賠償させるということについて、例外なく一致してきた。諸国民は常に、ある程度までは条約に信頼を置いていたものの、諸国間のあらゆる紛争において武力が究極の裁定者であるかのように行動し、また、自己を防衛するための力が、安全を最も確かなものにする保障であるかのように行動してきた。諸国民は、このような共通の理解に導かれてきたが、互いに単に形式の点で異なっていただけではなく、戦争の慣行、捕虜の所有物、そして征服と勝利によって得る権利などの最も重要な点に関しても互いに異なっていた。

多くの独立した社会が、たびたび戦争に巻き込まれ、そして公式の同盟国や敵対国をもっていた時、彼らは、彼ら相互に関わる全ての事項において遵守すべき、また引き合いに出されるべき規則や法律にもとづく慣例を採用した。戦争それ自体においてさえも、彼らは一定のシステムに従い、また、相互に破壊する軍事行動それ自体においても、形式の遵守を主張しただろう。

ギリシアやイタリアの古代諸国家の戦争の様式は、彼らの共和政の本質から引き出された。近代ヨーロッパの戦争の様式は、君主政の影響下にある。君主政は、世界のこの部分において浸透することによって、それが確立した形態となっていない所でも諸国民に大きな影響力を持っている。この政体の原則に基づいて、われわれは国家とその構成員の区別を、国王と国民の区別として理解する。この区別のために、戦争は、民衆の憎悪ではなく、政策の遂行となる。われわれは公共物に対しては攻撃するが、私物には危害を加えないだろう。そして個人に対しては、われわれは尊敬の念と思いやりの情を抱く。そのために勝利に熱狂する中でも、しばしば流血はなくなり、戦争の捕虜は、彼が破壊するためにやって来た、まさにその都市において、あたたかい待遇をうける。こうした慣行が非常によく確立されているので、敵からのどのような挑発であっても、また、どのような緊急事態であっても、この人類愛に基づく規則と想定されるものを侵すことが認められることはほとんどないし、また、これを侵犯する指揮者が憎悪と恐怖の対象になることから免れることもほとんどない。

ギリシア人やローマ人の一般的慣行は、これと反対であった。彼らは、敵国人を殺害し、その領土を荒廃させ、また、その人民の所有物を破壊することによって、その国家を傷つけようとした。彼らが命を助けたのは、捕虜を奴隷にするか、あるいは、連行してより厳粛に処刑するためだけであった。そして、敵が武装解除されると、帰還して彼の味方を増強することが決してないようにするために、敵の大部分は、市場で売られるか、殺されるかであった。これが戦争の結末であった時代、戦闘が死に物狂いで行われ、すべての要塞が最後まで死守されたのは、当然なことだった。人生の勝負は、高い危険を賭して行われ、それに比例した熱意をもって演じられた。

このような状態においてギリシア人やローマ人は、**野蛮人**という言葉を、われわれが使用している意味で使用することはできなかっただろう。われわれはこの言葉を、商業的技術を無視し、自らの生命や他人の生命を惜しまず、一つの社会への愛着は熱烈だが、他の社会を執念深く嫌悪する国民を特徴づけるために使用している。これは、まさにこの理由で、**野蛮**なあるいは**未開**なという呼称によってわれわれが識別している他のいくつかの国民の特徴であるのと同様に、ギリシア人とローマ人の歴史の偉大かつ輝かしい時代における、彼ら自身の特徴でもあったのだ。

これら有名な諸国民が高く評価されてきた理由の大半は、彼らの実際の歴史にあるのではなく、彼らの歴史が伝えられた方法と、彼らの歴史家や他の著述家の力にあると言われてきた。彼らの物語を伝えた人々は、われわれの注意を、事実の詳細に引きつけるよりも、むしろ思慮や心情の推移の方に引きつける方法を知っていた。また、彼らは、現在では一般的に嫌悪あるいは非難すべき行動の中にある、感嘆し愛すべき性質を描き出すことができた。彼らは、ギリシア文学の模範であるホメロスのように、友人と祖国の大義を守った英雄の激しい行動、勇気、熱烈な愛情を描いたので、われわれは、敵に対する執念深く残忍で冷酷な行為の恐ろしさを、忘れることができた。

古代の諸国民の慣行は、われわれの生活様式とあまりにも違っているので、また、多くの物事においてわれわれの理解を規制している体系とあまりにも対立しているので、われわれは、古代諸国民の慣行を許容することができないだろう。もしその慣行が単なる記者によって記録されたとすれば、われわれは、ギリシア人を野蛮な彼らの隣人から決して区別しなかっただろうし、また、市民としての特性がローマの歴史のまさに最後まで、あるいはローマ帝国の崩壊まで、ローマ人に備わっていたとも考えなかっただろう。というのは、この記者は、登場人物の性格にはまったく光をあてずに、出来事の詳細を書き留めるだけで、タタールの歴史家のように、戦場で誰の血が流されたか、都市で何人の住民が虐殺されたかということを語るだけだからだ。

人類の生活様式を調査するために、われわれが時折海外に派遣している者が、その場に残され、旅行者のように、彼らの国の歴史も知らずに、その国の状態や戦争の仕方からその国の特徴を集めるように、ギリシア人の特徴が集められたとすれば、その所見を見るのは間違いなく愉快であろう。この派遣員は次のように言うだろう。「この国は、われわれの国と比べると、不毛で荒廃しているようです。私は路上で、田畑で使役されている労働者の一団と出会ったのですが、しかし、親方や地主の住居は、どこにも見えませんでした。田舎に住むのは安全でないと言われました。そして、あらゆる地域の住民は安全な場所を求めて町に押し寄せていました。正規の政府を確立し、彼らの訴えを聞く正義の法廷を持つまでは、彼らが文明化することは、事実上不可能です。現在、あらゆる町――いや、あらゆる村というべきでしょうが――が自分のために行動し、そしてはなはだしい無秩序がはびこっています。私が実際に傷つけられたことはありませんでした。その理由は、ご理解して頂きたいことですが、彼らは自らを国民だと称し、戦争という口実のもと以外では危害を加えないからです」。

「私は、旅行者として勝手なことを述べる気はないし、また、リリパット航海記の著名な著者(1)に対抗する気もありません。しかし、彼らの領土、軍隊、収入、条約、同盟について彼らが語るのを聞き、私が感じたことを、伝えずにはいられません。ハイゲイトやハムステッドの教区委員や警官が、政治家や将軍に転身したと想像して下さるだけで、この特異な国についてまあまあ御理解して頂けるでしょう。私は、ある州を通過したのですが、その州都の中で最も立派な家も、あなたの国の最下級の労働者の小屋にもなり得ないようなものでした。また、あなたの国の乞食といえども、この州の国王とは食事をしようとはしないでしょう。だが、彼らは偉大な国民だと考えられており、そして国王が二人もいます。私はその内の一人を見ました。しかし、何という君主《ポーテンテイト》でしょう。背中にほとんど衣をまとっていません。そして国王陛下は食事をするために、家臣とともに飲食店に行かざるをえないのです。彼らは一ファージング硬貨(2)も持っていません。そして、私は、余儀なく公費で賄われる食事をしました。市場では得られるものが何もなかったからです。あなたは、この高名な来客に対して、料理が振る舞われ素晴らしい接待があったに違いないと想像するでしょう。しかし私の食べ物は、一皿の貧相な野菜スープのようなもので、裸の奴隷が私のところにもってきて、置いていくのです。それを私が適当に食べるのですが、私は、この食べ物さえ子供たちにいつも盗まれる危険にさらされていました。この子供たちは、あなたがこれまでに見たことのあるどんな飢えた猟犬にも劣らず、虎視眈々と機会をねらっていて、巧みに食べ物をひったくります。要するに全人民の惨状は、筆舌に尽くし難いものでした。そこに滞在していた間の私自身の状態も同様でした。彼らの全関心は、まるで出来る限り自らを苦しめることにあるのかと、あなたは思うでしょう。王の一人に気に入られたといって彼らが、その王に悪感情を持つことすらあるのです。その王は私がそこにいたとき、ある一人の寵臣に牝牛の贈物を、また、もう一人の寵臣にはチョッキの贈物をした。[3] このような方法で友を得ることは、公からの略奪であると、公然と言われています。ある地主が私に人間は、祖国にたいして抱いている愛情を弱めることになるかもしれないような義務を負ってはならないし、また友人とは、一緒に生活し可能な時には親切にするという単なる習慣以上の如何なる個人的愛着をも、形成してはならないと非常に厳かに話しました。

私は彼に、なぜ彼らは自分たちのために、自分たちの王たちがもう少し威厳を装うことができるようにしないのかと、一度たずねました。彼は、われわれは王たちが人々とともに生きる幸福を得ることを望むからです、と答えました。私が彼らの家並に欠けているものに気付き、そして、彼らが立派な教会を建てないことに驚いたと強調すると、彼は、もしあなたが石壁のなかで宗教を発見したら、あなたはどうするのですかと、言うのです。われわれの会話の実例としては、これで十分でしょう。会話は警句の多いものでしたが、あなたが思うように、それによって私が利益を受けるほど長く滞在しませんでした」。

「この土地の人々がひどく愚かなわけではありません。かなり大きな市場の広場と、まあまあの建物がいくつかあります。また、私は、かれらが交易に使用する数隻の帆船と艀船をもっていると聞きました。彼ら

（1）（訳注）『ガリヴァー旅行記』の著者、ジョナサン・スウィフト。

（2）（訳注）一三世紀から一九六〇年末までイギリスで使われた4分の1ペニーに相当する硬貨で、最少の通貨単位。

（3）プルタルコス『アゲシラオス伝』［河野与一訳『プルターク英雄伝』岩波文庫、第8巻七四頁］。

は、わがロンドン市長の行進[4]のように、時折これらの船を集めて一つの船団にもするようです。しかし非常に嬉しいことに、ここから通過許可を得て、この惨めな国に別れを告げることができそうです。私は少し苦心して、彼らの宗教儀式について述べ、また、珍奇なことがらを取り上げました。私の旅行記を丹念に読んで頂ければお分かりだと思いますが、私は碑文をいくつか書き写しています。それによって、私が受けた苦痛や無愛想なもてなしを償うのに十分なものを、私がえたかどうかをご判断して下さい。住民に関していえば、あなたは私が示した例から、彼らは非常に魅力ある集団ではありえないと思うでしょう。彼らは貧しく汚いが、それでも誇らしい態度をとります。そして、一グロート[5]にも値しない輩が、自分の生活のために働こうとはしません。彼らは裸足で、頭には何もかぶらず、寝ていた時に使っていたとおもわれる掛け物をまとって外出しています。彼らは、激しい運動や訓練に出かける時には、すべて脱ぎすてて、裸の食人種のように見えます。運動や訓練で彼らが高く評価するのは、敏捷で力強い妙義です。筋骨たくましい手足、筋肉隆々とした腕、幾晩も屋外で寝る能力、長く断食できる能力、どんな種類の食べ物にも我慢できる能力、これらが貴顕の素養であると考えられています。私が知る限り彼らは確立した統治制度をもっていません。時には暴徒が、また、時にはそれよりはましな類が、好きなことをしています。彼らは戸外に大群をなして集まるが、何事についても意見が一致することはほとんどありません。非常に出しゃばりで、大きな声の輩であれば、大人物になれます。かつてここに、少しの間にあらゆることをやってのけた、なめし革職人がいた。彼は、他人がしたことをあまりにも声高に非難し、また、自分が被りそうなことをあまりにも大げさに話したため、ついに、彼が言ったことを実現するために、革ではなく、敵をなめすために派遣された[6]。あなたは恐らく、このなめし革職人は新兵に徴用されたと想像するだろう。否。彼は軍を指揮するために派遣されたのである。彼らは実際、彼らの隣人を苦しめようとしている時以外には、長期間まとまって行動することはほとんどない。彼らは集団で出かけ、どこへ行っても強奪し、略奪し、人を殺す」。われわれが派遣した者は、ここまで書いて、これらの国民が、遠く離れたところでも名声を博していたことを思い出して、恐らく「なぜ学者や立派な紳士や、さらに婦人たちまでが一緒になって、自分達とほとんど似ていない人々を称賛しているのか、私には理解できなかった」と付け加えただろう。

戦場や隣国との競争において、彼らがどのような性質から行動したかということを判断するためには、われわれは国内における彼らを観察しなければならない。彼らは、政治的《シヴィル》意見が衝突すると、大胆かつ恐れ知らずであった。すなわち、即座に極端に走り、そして、彼らの論争を力によって解決しようとした。個々人は、彼らの所領の評価や出身階級によってではなく、彼らの人間的精神と活力によって頭角を現した。昇進は、序列意識ではなく、平等意識に基づいていた。ある会戦で将軍だった者は、次の会戦では一兵卒となり、隊列の中で軍務に服した。彼らは肉体的に強くなること切望していた。なぜなら、戦闘は、指揮者の指揮を試すものであるのと同様に、武器の使用についての兵士の力を試すものだったからである。彼らの彫像

（4）（訳注）一五三五年から始まったロンドン市の行事。

（5）（訳注）イングランドで一七世紀まで使われていた四ペンス銀貨。

（6）トゥキュディデス『戦史』、第4巻。――アリストファネス。

の遺物は、男らしい風格、質素で平然とした風貌をもっている。それらはしばしば実際に存在していたので、芸術家には見慣れたものであった。恐らく、肉体の活力と働きから、その精神は自信と力を得たのだろう。彼らの雄弁と文体は、身のこなしと似ていた。知力は主として、物事を処する中で養われた。社会的地位が最も高い人々も、群集と交わらなければならなかった。また、彼らは、自らの行為、雄弁、そして個人的な活力からのみ、彼らの支配的地位を得るのであった。彼らは、儀礼的で慎ましい敬意を示す表現形式を持たなかった。罵詈雑言はののしり合いになり、また、最も称賛され熟達した演説家が最も下品な言葉をしばしば用いた。喧嘩には何のルールもなく、ただ情念が直接命じるままに行われ、最後には、非難の言葉と暴力と殴り合いになるのである。幸い彼らは、常に武器をもっているわけではなかった。平時に帯刀することは、彼らの間では野蛮人の印であった。党派の分裂で彼らが武器をとると、優勢な党派は反対者を除名、追放または殺害して、自らを支えた。簒奪者は、即座に最も暴力的な処刑を執行することによって、自己の地位を保持しようと努めた。しかし、その後彼自身が、陰謀と暗殺によって反逆された。その際、最も尊敬すべき市民すら抵抗感もなく短剣を使用したのである。

これが時折国内で生じる政治的動乱における、彼らの精神の特徴であった。そしてそれは一般に、外国の競争者や敵に対しても、それに応じた暴力と武力をともなって爆発した。戦時の軍事行動においては、友好的な人道的嘆願が顧みられることはほとんどなかった。都市は徹底的に破壊され占領された。捕虜は売られたり、手足を切断されたり、死刑を宣告されたりした。

この側面から見た場合、古代諸国民は、近代ヨーロッパの住民から尊敬を得るに値する十分な口実をもっていない。近代ヨーロッパの住民は、平時の作法を戦時の慣行にも適用すると公言し、また、軍事的力量や愛国心すらよりも無差別な寛大をより高く称賛し評価する。しかし、古代諸国民は他の側面では、われわれの称賛に値し、また、称賛を勝ち取るのである。祖国に対する彼らの熱烈な愛着、祖国の大義ためには苦難も死も恐れないこと、不安定な制度や不完全な法律の下においてさえ、あらゆる個人を彼の同胞市民の自由の守護者にした、個人の独立についての男らしい知見、彼らの精神の活力、要するに、彼らの洞察力と行動力と精神力によって、彼らは諸国民の中で第一級の地位を獲得したのだ。

彼らの憎悪が大きかったとすれば、彼らの愛情もそれに相応して大きかった。恐らく彼らは、われわれなら哀れむことしかしないような場合に、愛情を抱いただろう。そして、われわれが慈悲深いわけではなく、単に優柔不断である場合でも、彼らは厳格で容赦しなかった。結局のところ、人間の価値を決めるのは、仲間に対する誠実と寛大、国民的目標に対する熱意、および政治的権利を堅持しようとする活力であって、中庸だけではない。中庸とは、しばしば国民的公共的利益への無関心から生じるのであって、公人の力と同様に私人の力をも支えている精神力を弛緩させる傾向をもつのである。

マケドニアやローマの君主政の下で、国民が君主の財産と考えられるようになり、そして、属州の住民が利益の上がる財産とみなされるようになったとき、その地の人民を滅ぼすことではなく、領土の保有が征服の目的となった。温和な市民は、統治者同士の争いにほとんど関心がなかった。兵士の暴力は、訓練によって抑制された。兵士は、武器を持ち、服従するよう教えられたので、戦ったのである。彼は勝利に熱中するあまり、時に不必要な血を流した。しかし、内乱《シヴィル・ウォー》の場合を除いては、戦場や戦いの日を越えて憎悪を掻き立てる情熱を持ち続けていなかった。司令官たちは計画の目標を決めて、そして、それが達成されると剣を収めた。

国家とその臣民の間に一線を画している近代ヨーロッパ諸国において、個人は同情心をもって考えられるが、国家《パブリック》が熱心に考えられることはほとんどない。われわれは戦時法規を改善し、また、戦争の過酷さを和らげるために寛大な措置を案出し改善してきた。われわれは武器の使用と洗練を合体させた。われわれは条約や捕虜交換協定の規定の下で戦争をすることを学び、また、壊滅させようと企てている敵の誠実さを信頼することをも学んだ。栄光は、敗者を破壊することによってよりも、救済し保護することによって、より首尾よくつかめるのである。そしてあらゆる目的の中で最も友好的なものが、外見上は達成される。そして武力は、正義を獲得し国民の権利を保持するためだけに、行使されるのである。

われわれが文明化した《シヴィライズド》あるいは洗練された《ポリッシュド》という形容語句を与えている近代国民の主要な特性は、恐らくこのようなものであろう。しかし既に見たように、このような特性は、ギリシア人の間では技術《アート》の発達とともに生じなかったし、また、政策、文芸、哲学の進歩と同じ歩調をとらなかった。それは、近代における学問と洗練の復興を待たねばならないものでもなかった。この特性は、われわれの歴史の初期にあった。そして恐らく、現在よりも、むしろ未開で教育されていない時代の生活様式を特徴づけるものであった。約四〇〇年前、敵の捕虜になったフランス国王は、一国の王として、この洗練された時代において同じような状況にあった場合に恐らく期待できるような敬意と厚意をもって処遇された。(7) ドルーの戦い(8)に敗れ、捕らえられたコンデ公は、夜は敵のギーズ公と同じベッドで眠ったのである。(9)

もし、民間伝承の教訓や、特定の時代の作品であり娯楽でもあった架空物語の作風が、同じように、その時代の考え方や特質を確かに示すものであるとすれば、現在、戦時法や国際法と考えられているものの基礎が、騎士道や婦人崇拝の物語の中で表現されている感情とともに、ヨーロッパの生活様式の中に存在していたとみなすことができるだろう。われわれの初期の小説のお気に入りの登場人物が、イリヤッドやすべての古代の詩のお気に入りの登場人物と異なっているほどには、われわれの戦争のやり方はギリシア人の戦争のやり方と異なっていない。優れた武力、勇気、弁舌を賦与されたギリシア神話の英雄は、自分の安全を守りながら敵を殺すために、敵のあらゆる弱みにつけこむ。また、略奪の欲望や復讐の原理にかり立てられていたので、自責の念や憐憫に妨げられて、自分の前進を躊躇することは決してない。ホメロスはすべての詩人の中で、熱烈な愛情の衝動をどうやって表現するかを最も良く知っていたが、読者の哀れみの情をかき立てようとはほとんどしていない。ヘクトル[10]は哀れみを受けずに滅び、彼の身体はすべてのギリシア人に侮辱される。

(7) ヒューム『イングランド史』。

(8) (訳注) ドルー Dreux の戦い(一五六二年)。ドルーは、フランス北西部、ここで、フランスにおける宗教戦争(ユグノー戦争)における最初の武力衝突が起こり、カトリックに大きな影響力をもつギーズ公が、プロテスタントのコンデ公(一五三〇―一五六九年)を破った。

(9) ダヴィラ。[イタリアの歴史家、外交官の Enrico Caterino Davila(一五七六―一六三一年)。『フランスにおける内乱の歴史』(一六三〇年)などを著した。同著の英訳は一六四七年に出版されている。]

これとは反対に、われわれの近代の寓話や小説は、通常、抑圧され無防備で哀れな弱者と、勇敢で寛大な称賛すべき勝者と組み合せている。あるいは、単なる危険や、勇敢さを証明する機会を求めて、英雄を外国に送り出す。敵に対してさえ守らなければならない洗練された礼儀作法の一般原則と、策略や奇襲によって利することを決して許さない節度ある名誉心の一般原則に命じられ、略奪には無関心な彼は、名声のためだけに戦い、困窮者を救い罪なき者を守るために彼の勇気を用いる。もし勝利したとしても、彼は、彼の軍事的力量と武勇と同様に、寛大さや穏やかさの点でも超然としているとされる。

古代の寓話の体系と近代の寓話の体系の間にあるこのような際立った相違について述べる場合、等しく未開で、等しく戦争に熱中し、等しく軍事的栄光を重んじる諸国民の中に、名誉の点について非常に異なり対立する見解の起原を求めることは、難しいだろう。ギリシアの詩の英雄は、憎悪と敵対感情の原則に基づいて行動する。戦争における彼の行動原理は、アメリカの森において支配的な行動原理に似ている。それらは彼に勇敢であることを求めるが、しかし敵に対しては、どのような種類の策略を弄することも認めている。近代小説の英雄は、危険にさらされることも、計略をもちいることも軽蔑すると明言する。そして、同一人物において、相反すると思われる性質と気質を結びつける。即ち、凶暴と温和とを、流血を好む性質と柔和な憐憫の情とを、結びつけているのである。

完全に形式化された騎士道の体系は、女性に対する驚くべき崇拝と尊敬の念、確立された戦闘の形式、勇士の性質と聖人の性質の想像上の結合とから生まれた。二者間の決闘の方式、決闘による決着は、ヨーロッパの古代ケルト諸民族の間では、よく知られていた。ゲルマン人は、彼らが生まれた森の中にいた頃でさえ、女性に対して一種の献身的態度を見せていた。キリスト教は、野蛮な時代に温和と慈悲を命じた。これらの様々な原理が一緒になって、勇気が宗教と愛によって導かれ、好戦性と柔和が結合した体系の基盤として役立ったと思われる。英雄と聖者の性質が混合した時、キリスト教の柔和な精神は、対立する党派の偏狭な考えによってしばしば悪意に変えられたにも関わらず、また、戦士の凶暴性を制圧することも、勇気や武力への称賛を抑えることも必ずしも常にはできなかったにも関わらず、彼らの争いの行為において何が称賛に値し素晴らしいとされるべきか、ということについての理解を確かなものにしたと思われる。

ギリシア人とローマ人の初期の伝統的歴史においては、強姦は戦争を引き起こす最もよくある原因とされている。そして間違いなく、両性にとって互いはいつも等しく重要であった。愛の熱情はアジアやアフリカの近隣において、最も激しい。そして、ホメロスの同郷人は、恐らく、アマディス・デ・ガウラ[11]の同郷人や、近代騎士物語の著者たち以上に、美人を所有物として高く評価しただろう。ヘレネが現れた時、老いたプリアモスは、「諸国民がこの素晴らしい美女を手に入れようと争うのに何の不思議があろうか」と述べ

(10) (訳注) ヘクトル。ギリシア神話に登場するアキレスと並ぶ、トロイの勇将。アキレスとの一騎打ち、ヘクトルの敗北、ヘクトルの最後については、ホメロス『イリアス』第二十二歌で感動的に描かれている(松平千秋訳、岩波文庫、下)。

(11) スペインの騎士道物語の代表作のひとつ。この物語の起源は一四世紀頃といわれているが、刊行本として最も古いのは一六世紀初頭のもの(Garci Rodrigues de Montalve: *Amadis de Gaula*, 1508)があり、モンタルボの作品としてここで言及されているもの以外に *Las sergas de Esplandian*, 1510がある。

る。実際、この美女は様々な恋人に所有された。近代の英雄は、この美女にたいし多くの工夫を凝らし、夢中になっていたようである。近代の英雄彼は少し離れて、うやうやしく崇拝し、そして、恋人を所有するためではなく、彼女から称賛されるために武勇を発揮した。冷淡で征服しがたい純潔が、英雄と恋人の困苦、苦しみ、闘いの中で、崇拝されるべき偶像として確立された。

封建制度が、特定の家族を高い身分へと引き上げたことによって、この騎士道の体系を大いに助長したことは間違いない。高貴な家系の輝きのみならず、銃眼つき胸壁や塔に囲まれた威厳のある城が、勇壮な領主の娘や姉妹に対する想像に火をつけ、崇敬の念を生み出すのに役だった。近づきがたく貞淑であるということは、彼女たちの名誉にかかわることであった。また、彼女たちは、高潔で勇敢な人の手柄以外は認めず、また、彼女たちには、慇懃で敬意を表する言葉づかいによってでしか近づくことができなかったのである。

元々このような極端な考え方であったものが、騎士道物語の著者によって途方もないものにかえられ、そして、騎士道として、日常の事柄においてもさえ、行為の模範として示されたのである。婦人崇拝《ギャラントリー》の思想が民族の運命を左右した。そして人間生活は、その最も重要な局面においてすら、気取りと愚行の舞台になったのである。騎士は、彼らが学んだ伝説を実現するために出発した。君主と軍隊の指揮者たちは、彼らの最大の偉業を、現実のあるいは架空の愛人に捧げた。

しかし、往々にして非常に高貴であり、また馬鹿げてもいる考え方の起源が何であったとしても、われわれの生活様式へのそれらの永続的な影響を疑う余地はない。名誉に関わる問題、われわれの会話や演劇に見られる婦人崇拝の浸透、戦争遂行についてでさえ大衆が採用する多くの考え方、例えば、軍隊の指揮者が同等の条件で戦いの申出を受けた時、これを拒絶することは不名誉であるという考え方、こうし考え方は、疑いもなくこの時代遅れの体系の残滓なのである。そして騎士道は、われわれの政策の精神と結びつきつつ、近代国家を古代国家から区別する、近代の諸国民の法律に見られる様々な特色を、恐らく暗示していたと思われる。そして、洗練や文明の程度を測定する規則が、この点から、あるいは商業的技術《アート》の発達からつくられるとすれば、われわれは、古代のいかなる有名な諸国民よりも非常に秀でていることになるだろう。

第五部　国家の衰退について

第一章　想像上の国民的優越と人間社会の栄枯盛衰について

自分たち以外の人類よりも、自分たちが劣等だと思っている国ほど不幸な国はない。平等の要求をされて、我慢できる国はほとんどないほどである。大部分の国は、自国を人類における卓越性を判定する国と決め込み、また、卓越性の模範でもあると決め込んでいる。彼ら自身の見解では、自分たちが一番であり、自分たちの状態に近づく限りにおいてのみ、他の国に高い評価と高い地位を与える。ある国は、自国の成員の幾人かの個人としての品性や学問をやたらに自慢し、他の国は、その政策、富、商人、庭園、建物をやたらに自慢する。自慢すべきものを何も持たない国々は、彼らが無知であるがゆえに、うぬぼれが強い。ピョートル大帝治世以前のロシア人は、国民としてのあらゆる栄誉を持っていると自認していた。そして、［他国に対して］軽蔑の度合いに応じて**ネメイ**あるいは**頭の悪い国々**という名称（彼らが西方ヨーロッパの隣人に与えた名称）を用いた。[1] 中国でつくられた世界地図は四角い図版であって、その大部分はこの大帝国の諸地方によって占められていた。そしてその図版の縁に、若干の目立たない部分を残し、悲惨な残りの人類は、そこに追いやられていると想定していた。博学な中国人はヨーロッパの宣教師に次のように述べた。「もしもあなた達がわれわれの文字も、われわれの書物の知識も利用しないとすれば、あなた達はどのような文学、あるいはどのような科学を持つことができるだろうか」。[2]

洗練されたという言葉は、その語源から判断するならば、元々は法律や統治に関する諸国民の状態に関して用いられていた。その後、人文学《リベラル・アーツ》や機械技術《メカニカル・アーツ》、文学、商業における諸国民の高い能力に関しても、この言葉が用いられるようになった。しかしこの言葉が、どのような意味で用いられるとしても、もしこの言葉よりもより称賛される名辞があれば、あらゆる国が自国にそれを適用するだろう。最も野蛮な国も、あるいは最も腐敗した国ですら、それを自国に適用するだろう。そして嫌悪感を持っている国や、意見の異なる国には、それとは反対の名辞を付与するだろう。**異邦人**《エイリアン》や**外国人**《フォリナー》という名称は、ある程度の意図的な非難なしに口にされることはほとんどない。ある傲慢な国民が用いている**野蛮人**という名称と、また別の傲慢な国民が用いている**異教徒**(3)という名称は、自分たちと言語や起源が異なるよそ者を区別するためだけに役立っていた。

理性にもとづいて自分の見解を構築し、そして、ある国よりも他の国のほうが好ましいとする自分の選好を正当化しようとしている場合ですら、われわれは往々にして、国民性と関係のない、そして人類の幸福をほとんど促進しないような事柄を高く評価する。征服は、あるいは、人口の多少に関係なく広大な領土は、また、どのように配分され利用されているかに関係なく膨大の富は、われわれ自身の虚栄心を、また、他の

(1) シュトラーレンベルク。[Philip Johan von Strahlenberg、一六七六—一七四七年。スウェーデンの外交官、地理学者。ロシア帝国の捕虜となりユーラシア大陸を移動した際の経験をもとに本を刊行した。]

(2) ジェメリ・カレリ。[Giovanni Francesco Gemelli Careri、一六五一—一七二五年。イタリアの冒険家、旅行家。『世界を巡る』(*Giro Intorno al Mondo*, 1699) の著者。]

(3) (訳注) 本文では genteel となっているが、目次の次につけられている正誤表により gentil と訂正した。

諸国民の虚栄心をも満足させる根拠となる。それはわれわれが、私的な人々の虚栄心を彼らの財産や名誉によって満足させるのと同様である。われわれは、時として、次のようなことについて論争することさえある。すなわち、首都が最も大きいのはどの国か、国王が最も絶対的な権力を持っているのはどの国か、宮廷で臣民のパンが最も無意味な酒宴で消費されているのはどの国か、というようなことについて論争するのだ。これらは、実に、通俗的精神の発想である。しかし通俗的精神の発想が、人類をどこまで導くかということを測定するのは不可能である。

技術や政策によって、人間本性が元々持っている性質を改善した国家、あるいは、賢明で効果的な予防策によって、人間本性の堕落を防ぐために努力した国家は、確かに、これまでほとんどない。愛情と精神力は、社会の紐帯であり強さであるが、それらは神が鼓舞するものであったし、また、人間本性に元来備わっている特性であった。ごく僅かな事例を除けば、最も賢明な国策ですら、正義と善へと向かう心そのものの性向を強化しようとしたのではなく、社会の平和を維持し、邪悪な情念の外部からの影響を抑圧しようとしたものであったのではないかと思う。それは、様々な技術《アート》を導入することによって、人間の創意工夫の能力を行使させようとした。また、様々なものを追い求め、問い、研究することに人間を従事させることによって、知識を与える傾向にあった。しかし、しばしば精神を堕落させがちであった。栄誉と虚栄の問題を提供しがちでもあった。そして、個人に新しい私的配慮の課題を背負わせることによって、彼の同胞に対して抱くべき信頼や愛情を、自分自身に対する心配に置換しがちであった。

このような疑念が正当なものであるか否か、いずれにしろ、われわれは、それを実証する、あるいは反証する傾向にある種々の事情を指摘すべき所にまで到達した。そして、国民の真の幸福を理解することが重要であるならば、人々がこの幸福を台無しにするような種々の弱点や悪徳のみならず、人々が前の時代に獲得したあらゆる外部的な利点を、後のある時代になくしてしまうような種々の弱点や悪徳とは何であるかを知ることも、同様に確かに重要である。

諸国民の富、拡大、国力は、通常、徳の帰結である。そして、これら諸々の優位の喪失は、しばしば悪徳の帰結である。

もし人間が、国家を維持し統治するあらゆる技術《アート》を、発見し適用することに成功したとすれば、また、知恵と度量の発揮によって、文明化し繁栄しつつある国民として称賛すべき体制や優位に到達したとすれば、それ以後の彼らの歴史は、それまでは花を咲かせて、成長の第一段階にすぎなかったものを、成熟した果実として全面的に誇示し、それ以前と比べて、さらに一層われわれの注目に値し、われわれの感嘆の念を喚起させるものになると通俗的には理解されるであろう。

しかしながら、事態はこのような予想に一致するものではなかった。人間の徳は、彼らが目的を達成した後ではなく、彼らが努力奮闘している間に最も光輝を放ったのである。彼らの目的自体は、徳によって達成されたものであるにもかかわらず、しばしば腐敗と悪徳の原因となった。国民の幸福を希求する人類は、自らの生まれながらの性質を向上させる技術《アート》の代わりに、富を増大させる技術《アート》を用いた。彼らは、恥じるべきところで、**文明化《シヴィライズド》**とか**洗練化《ポリッシュド》**という名の下で自画自賛した。また、国民性を高揚し、活気づけ、保持するような行動原理によって、暫時、活動していたところにおいてさえ、遅かれ早かれ彼らの目的から逸脱し、災難の犠牲になった。あるいは繁栄それ自体が助長した怠惰の犠牲になった。

戦争は、人類の休むことのない精神に主要な働きの場を提供する。そして、その様々な成り行きによって、人類の運命を様々に変化させる。ある種族や社会に対しては優越への道を開き、支配へと導くが、他の種族や社会に対しては従属をもたらし、彼らの国民的努力の舞台の幕切れとなる。カルタゴとローマの有名なライバル意識は、対立することも対等になることすらも我慢できない、両国の野心的な精神の自然な発露であった。指導者たちの行動と運命は、しばらくの間は均衡していて、どちらに傾くかわからない状態にあった。しかしこの均衡がどちらの側に傾くにしろ、ひとつの偉大な国民が没落する運命にあった。帝国と政治の中心地は、移されることになった。そしてその時、次のことが決定されようとしていた。すなわち、古代シリア語で書かれたものとラテン語で書かれたもののどちらが、後世の知識人達の研究対象となる知識の宝庫になるのかということである。

このように諸国家は、国内が衰微する何らかの兆候を示す前に、それどころか、繁栄の真っ直中においてさえ、また、国民的目的を最も熱心に追求している時期においてさえ、国外から征服されることがあった。野心と栄光の絶頂にあったアテネは、ギリシアの海を越えてその海軍力を拡張しようと奮闘していた際に致命傷を受けた。また、獰猛で荒々しいことで恐れられ、規律と軍事的経験のゆえに尊敬されていたあらゆる種類の国々が、彼らの力が衰退しつつある時と同様に、発展しつつある時にも、次々とローマ人の野心と尊大な精神の犠牲になった。このような例は、諸国家の警戒心と注意力を喚起し、警鐘となるであろう。また、同じような危険の存在は、政治屋《ポリティシャン》や政治家《ステイツマン》の才能を発揮させるだろう。しかし、運命の単なる逆転はありふれた歴史の題材であり、はるか以前からわれわれを驚かせなくなっている。

しかし、次に述べるような事例があっただろうか。すなわち、初めは小さかったが、そこから前進して、支配へと導く技術《アート》を持つにいたった諸国民が、獲得した資格に応じた諸利益を確保するようになり、外部からの惨事によって崩壊させられるまで途切れなく幸福な道を歩み続け、そして、より幸運なあるいはより強力な勢力が興隆し、彼らを弱体化してしまうまで、国力を保持したという事例である。このような事例があったとすれば、思索の主題は多くの困難を伴わなかったはずであり、また、多くの見解も生じなかっただろう。しかし、次のような場合、思索の主題はより興味深いものとなり、それを説明することはより困難になる。それは、われわれが諸国民において無名の弱小国への自然発生的な復帰のようなものを観察する場合であり、また、彼らが陥る危険に対して絶えず警告があるにもかかわらず、以前なら彼らとの競争に参入できなかった勢力によって、また、かつては彼らがしばしば打ち砕き軽蔑していた武力によって、ある時期に、彼らが征服されるがままになる場合である。

このような事実それ自体は、種々様々な事例によって知られている。アジアの帝国は、一度ならず大国から小国へと転落した。かつて非常に好戦的であったギリシアの諸国家は、彼らの活力が弛緩して、東方の君主国と争ったことのある優位を、無名の公国の武力に譲った。この公国は数年の内に恐るべきものになり、一人の人間の指導の下で大国になった。長きにわたって並ぶものがなく、あらゆる競争相手を支配下に置き、恐れるべき敵対者がいなかったローマ帝国も最後は、技術のない卑しむべき敵の前に屈した。辺境が蚕食され、略奪され、そしてついには征服されるがままになったローマ帝国は、周辺部全てが衰退し、四方八方から縮小していった。ローマの領土は分割され、そして属州は全て、より優れた武力によって暴力的に引き裂かれたのではなく、時を経て木の枝が落ちるように、崩れ落ちていったのである。前の時代にマリウス[4]が野蛮人の攻撃を打ち砕き撃退した精神力は、また、執政官《コンスル》や彼の軍団《レギオン》がこの帝国を拡大した政治力《シヴィル》や軍事力は、もはや存在しなくなった。ローマの偉大さは、興隆すると同様に衰退するようにも運命づけられていたのであって、戦役ごとに、徐々に損なわれていったのである。ローマは、一つの都市の境界内の、そのもとの大きさにまで小さくなった。そして、ローマは自らの存続を、一つの包囲攻撃の成り行きに委ねることになり、一撃の下に滅ぼされてしまった。その炎で世界を照らしていた松明は、燭台のろうそくのように燃え尽きてしまった。

　このような現象は、次のような一般的な見解を生み出した。すなわち、国家の偉大さの極みといわれているものへと社会が進歩していくことが自然の成り行きであるのと同様に、社会が再び弱く無名になることも必然的で不可避であるという見解である。青年のイメージや老齢のイメージが、諸国民に適用される。そして、社会は、個々の人間のように、生命の期間と糸の一定の長さを持っているはずだとされ、その糸は、運命の三女神[5]によって一部は均一に強く紡がれ、他の部分は使用によって弱く切れ切れになっている。また、その糸は、運命が定めた時代が来ると切られることになる。そして、後続のものが現れると、象徴となるものを新しくするために、道を譲ることになる。カルタゴは、ローマよりもずっと年老いていたので、それだけ早く、その衰退を意識していたと、ポリュビオス[6]は言う。また、生き残った者も、その胸中に死すべき運命の種子を持つと、ポリュビオスは予見していた。

このイメージはまことに適切なものであって、人類の歴史に普通に適用されるようになる。しかし、国民の場合と個人の場合とでは、まったく異なるということは、非常に明白である。人体《ヒューマン・フレイム》には一般的な経過がある。個体は全て脆弱な織物であり寿命がある。それは、使用によって擦り減り、機能の反復によって消耗する。しかし構成員が世代ごとに入れ替わり、人類が永遠に若さを保ち、利得を蓄積しつつあるように思われる社会においては、われわれはいかなる類推によっても、年月の長さとだけ関係する衰弱を見出すことはできないであろう。

この主題は新奇なものではなく、読者各々に、様々な考えが思い浮かぶであろう。だが、これほど重要な

(4)(訳注)マリウス Marius, Gaius(前一五七?—八六年)。古代ローマの将軍、政治家。前一一九年護民官になり、民会選挙における貴族の影響力を弱める投票法を制定する。また、前一〇七年には兵制改革を行い、無産市民の志願兵をも採用することにした。この兵制改革によりヌミディア(アフリカ北西部に古代存在した国)の王ユグルタ(?—前一〇四年)との戦争に勝利し、さらにイタリア北方を脅かすテウトニ族、キンブリ族を破り、ローマに帰還後コンスルになった。晩年はスラと争い、スラ派を弾圧した。

(5) ギリシア神話の三人の女神、クロト、ラケシス、アトロポス。クロトは糸を紡ぎ、ラケシスは糸の長さを測り、アトロポスは糸を切る。

(6)(訳注)ポリュビオス Polybius(前二〇〇—一一八年)。ペロポネソス半島中部の都市メガロポリスで政治家の子として生まれた。ローマでスキピオ・アエミリアヌス(小スキピオ)と親交を結び、スキピオに従い、地中海諸地方を訪れた。帰郷後、ローマの興隆期を対象とした『歴史』を書き始めたといわれている。全四〇巻のうち現存するのは最初の五巻といくつかの断片だけである。

主題については、われわれが抱く考えは、たとえ推測的なものであるとしても、人類にとって全く無益だというわけではあり得ない。そして、思索家の労苦が人間の行為に及ぼす影響がどれほど小さいものであるとしても、著述家が犯しうる誤謬の中で最も許容されるものの一つは、彼が多くの善をなそうとしていると信じていることである。しかし、影響についてどう考えるかは他の人々に任せて、人類の移り気の根拠、内部的腐敗の源泉、および文明化を達成していると想定される状態において、諸国民が陥りがちな破滅的腐敗についての考察に進むことにする。

第二章　国民的精神の一時的な高揚とその弛緩について

人間本性の一般的特質について既に述べてきたことから明らかなように、人間は休息するために創られたものではない。人間においては、愛すべき尊敬される特性は全て、活動的な力であり、また称賛の対象となるのは全て、努力である。彼の過誤や犯罪が活動的存在としての行動であるとすれば、彼の徳や幸福もまた、同様に、彼の精神を働かせることの中にある。そして人間が、仲間の関心を奪い引きつけるために、彼の周囲に放つ輝きは全て、流星の光彩のように、彼の行動が続いている間だけ光り輝く。つまり、休息の時と無名の時とは同じなのである。彼に割り当てられた仕事が彼の力量以下の場合があるのと同様に、力量以上の場合もしばしば存在するということをわれわれは知っている。そして彼が奮闘し過ぎるかもしれないし、また、あまり奮闘しないかもしれないということをも知っている。しかしわれわれは、彼を困惑させる状況と惰眠に陥らせる状況との中間にある状況を正確に確定することはできない。われわれが知っているように、彼は、異なる情念をとりこにする、極めて多種多様な課題に従事させられるだろう。そして習慣によって、彼は非常に異なった局面に適応するようになるだろう。われわれが一般論として確言できるのは、人間が従事している課題が何であれ、彼の自然の構造は、彼に専念することを要求し、また、彼の幸福は、彼に正義を要求しているということ、それだけである。

さて、われわれは次のことを問うところまできた。すなわち、なぜ諸国民は優越を保持できないのか。またその度量、その行為、その国民的成功の偉大な事例として人類の注目を集めてきた社会が、何故、その栄誉の絶頂から没落するのか、そして、前の時代に彼らが勝ちとった栄誉を、何故、ある時代に譲らなければならないのか。恐らく多くの理由が考えられるだろう。その理由の一つに、人類の移り気と気まぐれがあるだろう。人類は、追い求め努力することに飽きてしまう。追い求めるものを生じさせた状況がある程度続いている時でさえも、飽きてしまうのである。もう一つの理由は、状況の変化や、彼らの精神を刺激するのに役立った目的がなくなることにあるだろう。

国家の安全、諸国家の利害関係、政治体制、党派の要求、商業、そして技術《アート》は、国民の注意を引きつける主題である。国民の繁栄の程度は、これらの中のいくつかで優位に立つことによって決まる。これらの優位を追求する熱意と活力が、その時代の国民的精神の尺度となる。このような目的が活気を与えなくなると、国民は無気力だといわれるだろう。また、このような目的を、かなりの期間、無視していると、国家は衰退し、その国民は堕落するに違いない。

最も進歩的進取的で、発明の才があり勤勉な国民でさえ、この精神は揺れ動いている。そして最も長い間、優位を獲得し、維持しつづけている国民にさえ、熱心な期間があるのと同じように、怠慢な期間もある。国家の安全への願いは、いかなる時代においても、行為の強力な動機である。しかしそれは、偶発的に生じる熱情と結びつくとき、挑発によってたきつけられるとき、成功によって励まされるとき、あるいは悔しさで憤慨させられるときに、最も強く作用するものである。

国民全体は、それを構成している個人と同様に、一時的な気分や、楽天的な希望や、激しい憎悪の影響下で行動する。彼らはある時は熱情をもって国民的闘争を始めようとし、他の時には単なる疲労と嫌気からそれをやめようとする。国内における政治的論争《シヴィル》や政争では、彼らは熱心なときもあるし、無気力なときもある。理由が重大であろうとつまらないものであろうと、情熱が感染し高揚するかと思えば、沈静化する。党派は、ある時には単なる気まぐれや偶然から、彼らの名前をとり、そして、対立する党派の要求を取り入れようとする。しかし他の時には、最も重大なことを沈黙して通す。たまたま文芸のひとつの手法が始まると、あるいは新しい主題の論考が始まると、真の発見が、あるいは発見と称するものが突如として増大する。そしてあらゆる会話は、知識欲旺盛なものになり、活気づく。新しい富の源泉がみつかったり、征服への展望が開けたりすると、人びとの想像力が燃え上がり、地球のいたるところが突如として冒険の舞台となる。冒険には、破滅したものもあれば、成功したものもある。

われわれの祖先が、彼らの古代の活動の中心地から大洪水のように溢れ出て、ローマ帝国に流れ込んだ時に彼らが発揮した精神を想起することができるとすれば、あるいはその時に彼らが抱いていた考えに入り込むことができるとすれば、われわれは少なくとも、最初の成功を収めた後の人間精神の興奮を知ることができるだろう。その興奮の中では、達成することが難しい試みはなかったし、乗り越えられない困難もなかったのである。

それに続くヨーロッパの冒険の時代は、狂信の警鐘が鳴らされ、そして、十字軍が東方を侵略し、国土を略奪し、聖墓を取り戻した時代である。また、様々な国家の人民が、自由を求めて争い、政治的あるいは宗教的な強権国家を激しく攻撃した時代だった。さらには、大西洋を横断し喜望峰を回航する手段が発見され、地球の一方の住民がもう一方へと行くようになった時代だった。また、あらゆる方面から人々が黄金を求めて、流血の中を歩み、あらゆる犯罪や危険を冒しながら、地球上をかけめぐった時代であった。

柔弱で怠惰な者でさえ、このような異常な時代に感化されて冒険にかき立てられる。人類の繁栄にとってよかろうが悪かろうが、継続的に何かをするということを、彼らの体制の原理としていない国家にも、情熱の突発とか国民的活力の一時的発露があるかもしれない。実際、このような国民の場合、穏健な時代への復帰は、無名の時代への逆戻りでしかなく、そして、ある時代の無遠慮さは、それに続く時代には意気消沈に変わる。

しかし、国内政策の点で幸運な国家の場合は、狂気の沙汰そのものさえ、暴力的な動乱の結果、英知へと落ち着くのである。そして国民は、その愚かさを直し、経験によってより賢くなり、通常の雰囲気に戻る。あるいは、狂乱がもたらした正にその現場で行動する中で、向上した才能ある人々は、国民の目的を追求し達成するのに最もふさわしいと思われる人々になるだろう。人々をおののかせた反乱直後の古代共和国のように、あるいは、内乱《シヴィル・ウォーズ》終結時のグレイト・ブリテン王国のように、彼らは活動の精神を保持している。この活動的精神は、新たに覚醒させられたものであり、政治、学問、技術《アート》のいずれであろうと、あらゆるものを追求する中で等しく生き生きとしている。彼らは破滅の危機からよみがえり、最も偉大な繁栄へと向かっていく。

人々が何かを追い求めているときの熱情は、その目的の重要性に比例するものではない。対立状態にある時、あるいは同盟に参加している時、彼らがひたすら欲するのは、行動の口実である。憎悪が燃え立つと、彼らは論争している主題を忘れる。あるいは、その主題についての形式的な理由づけをして、自らの情熱のはけ口を求めているのである。心に火がつくと、いかなる思慮もその熱情を抑えることができない。その熱がさめると、以前持っていたような情動を、どのような理屈も掻き立てることはできないし、また、どのような雄弁も目覚めさせることはできない。

国家間の競争が続くかどうかは、彼らの力の均衡の度合に左右されるに違いない。あるいは、どちらかの一方の国家に、もしくは関係する全ての国家に彼らの争いを続けたいとせき立て動機に左右されるに違いない。戦争が長期間にわたって行われないと、市民社会の全ての時期において、軍事的精神は等しく衰微する。リュサンドロス(1)によるアテネ征服は、リュクルゴスの体制に致命的な打撃を与えた。また、イタリアの平穏な領有は、人類にとっては恐らく幸福なことであったが、ローマの軍事的発展にほとんど終止符を打った。何年かの休息後、ハンニバルはイタリアが彼の攻撃に対して無防備で、さらにローマ人がポー川の河岸で軍事的野心の放棄に傾きつつあることに気づいた。その軍事的野心は、新たな危機感によって目覚めさせられ、後にローマ人をユーフラテス川とライン川へと向かわせることになるのである。

武勇で有名な国家でさえ、時おり無気力になって降伏することがある。また、無益な争いにあきることが

（1）（訳注）リュサンドロス（Lysandros ？―前三九五年）、スパルタの将軍。ペロポネソス諸国の同盟を主導し、アテナイの海軍を撃破した。さらにアテナイを包囲・降伏させ、スパルタの支配体制を築いたが、長続きしなかった。前三九五年テーバイとの戦いで敗死した。

ある。しかし、彼らが独立した社会という地位を維持していれば、彼らの活力を復活させ行使する機会が、しばしば訪れるだろう。民衆的統治の下でさえ、人々は時として彼らの政治的権利を尊重しなくなり、時おり怠慢で無気力な様相を呈する。しかし、彼らが自己防衛力を保持しているならば、その力を行使しない期間が、長期に及ぶことはあり得ない。政治的権利は行使されなければ、常に侵害されるものである。そして、この危機感が諸党派の注意力をしばしば蘇生させるに違いない。学問と技術《アート》への愛は、それが追い求める対象を変えることもあろう。あるいは衰える時期もあろう。しかし人間が自由を保持している限り、また、創造力の行使がなくならない限り、国家《パブリック》は歩み続けるであろう。時代によって情熱の強さは異なるが、しかし、全く進歩しなくなるということは滅多にない。またある時代に獲得された諸便宜が、次の時代に完全に失われるということも滅多にない。

最終的な腐敗の原因を知るために、われわれが検討しなければならないのは、あらゆる独創的な研究や自由な探求の対象を取り上げたり、遠ざけたりするようになる国家の大きな変化であり、また、市民から社会《パブリック》の一員として行動する機会を奪い、市民の精神を挫き、市民の感情を貶め、市民の精神を様々な出来事に不向きにしてしまうことになるような、国家の大きな変化である。

第三章　洗練された諸国民にありがちな国民的精神の弛緩について

発展過程にある諸国民は、その進歩の途上で国外の敵と争わなければならない。彼らは、外敵に対して極度の憎悪感を抱き、また多くの争いにおいて、国民としての彼らの存在をかけて戦う。その上しばらくの間は、彼らは内政でも不便と不満を感じ、そのため激しい苛立ちが生じる。そして、彼らは改革と新しい体制の必要性を理解する。それにより、国民が幸福になると楽天的に信じている。歴史の初期においては、あらゆる技術《アート》は不完全で、改善の余地が多くあった。あらゆる学問の第一原理は、未だに発見されるべき秘密であり、そして、後に公にされ称賛と勝利を得ることになる秘密であった。

次のように思い描くことができよう。すなわち、進歩しつつある時代の人類は、肥沃な土地を発見するために海外へ行った偵察隊のようなものであった。彼らの前に世界が開かれていて、一歩進むごとに新奇の光景に遭遇した。彼らは、あらゆる新しい領域に、期待と喜びを持って入っていく。彼らは、国民的幸福と永遠の栄光に到達すると信じて進みつつある人間の熱情をもってあらゆる企画に取り組み、また、未来の成功への希望の中で、過去の失望を忘れる。粗野な精神は、単なる無知から、あらゆる情熱に酔いしれる。彼らは、彼ら自身の状態と彼ら自身の仕事を偏愛しているので、他のあらゆる状態は彼らが置かれている状態よりも劣っていると考える。彼らは成功によっても逆境によっても同様に奮起して、血気盛んで、熱情的で、性急である。そして彼らは、自分たちの後に続くより知識が豊富な時代に、不完全な技能《スキル》の記念碑や、あらゆる技術《アート》の粗野な行使の記念碑を遺す。しかし彼らは、彼らの後継者たちが必ずしも常に持続、あるいは模倣し得るとは限らないような、活力に溢れた熱情的な精神の痕跡をも遺すのである。

恐らくこうしたことは、繁栄している社会の、少なくともその進歩の一定の期間においては、正しい叙述として認められるだろう。繁栄している社会が前進する際の精神は、時代が違えば同じではないだろう。また、その精神は人間の情熱が移り気であることや、人間の情熱を刺激する機会が、偶然、訪れたり、なくなったりすることから、昂ぶったり鎮まったりするだろう。しかし、市民的《シヴィル》商業的技術《アート》の計画を一時は、遂行し続けるこの精神が、自然に休息し、自らの活動をやめることがあろうか。市民《シヴィル》社会の事業《ビジネス》が完成され、そして、さらなる活動の機会が奪われてしまうことがあろうか。相次ぐ失望が快活な希望を挫くであろうか。対象が周知のものになれば、新奇なもののように衝撃を与えなくなるだろうか。経験すること自体が、精神の熱意を冷ますだろうか。社会を再び個人になぞらえることができるだろうか。すなわち国民の活力は、自然の身体の活力のように、肉体的衰えによって低下しないとしても、訓練不足によって病んだり、それ自体を発揮しなくなると消滅したりしないだろうか。社会はその全ての計画が成就した暁には、娯楽に無関心で、青年の情熱を理解しない老人のように、未開時代には常に活気を与えていた事柄に冷淡で、無関心になるのだろうか。また、洗練された社会を、自分の計画を実行し、自分の家を建てて、安住している一人の人間、つまり、あらゆることの魅力を味わいつくし、全ての情熱を使い果たし、倦怠で無為な無関心の状態に落ち込んでいる人間になぞらえることができるだろうか。もしできるとすれば、われわれは少なくともわれわれの目的に役立つもう一つの比喩を見出したことになろう。しかし、恐らくここでもまた、類似は不完全なものであると言えよう。導き出される推理は類推から導き出される多くの議論における推理のように、その問題に関する何か真実の知識を与えるというよりは、むしろ空想を楽しませるのに役立つものだと言えよう。

人間の技術《アート》の素材が、完全に使い果たされることは決してない。また勤労の機会がなくなることも決してない。国民的熱意は、いかなる時代においても、そこにある活動の機会に比例するものではない。また好奇心は、研究されるべく残っている問題の大きさに比例するものではない。

無知で技術のない人々にとって、学問の対象は新奇なものであり、また、彼らに与えられている生活の便宜品は非常に乏しい。彼らは、知識のある洗練された人々よりも非活動的で、好奇心もよわく、通常、無為で探究心がない。未開状態の人類を夢中にさせている諸事物と、文明状態の人類を夢中にさせている諸事物とを比較すると、後者の方が非常に増大し広がりを見せていることがわかる。しかしながら、われわれが提起した問いは、答えるに値する。そして、もし社会が発達した時代において、人類が追い求める対象がなくなる、あるいは著しく減少することはないとしても、われわれは、それが少なくとも変化しているということに気付くだろう。また、国民的精神を評価すると、ある分野で怠慢が見出され、しかも、他の分野に払われる関心が増大したために、十分に埋め合わされていないということに気付くだろう。

一般に、あらゆる仕事において、労苦が終わるときがあり、そして、われわれが熱望する休息のときがあることは確かである。この不便を除去すれば、あるいは、あの便宜を獲得すれば、労苦はなくなるだろうと考える。ピュロス(1)は、イタリアとシシリアを征服し終えたら、私は休息を楽しむであろう、と述べている。

このような終結が、個人の難事についてと同様に国全体の難事についても提案される。そして、たびたびこれとは逆のことを経験しているにもかかわらず、これが、はるか先にある幸福の極みと思われている。しかし自然は、大抵の場合、賢明にもわれわれの目論見を挫いた。そしてこの完全な安楽という幻の恩恵を、われわれの手が届く、どこにも置かなかった。ある目的の達成は、新たな追及の始まりに過ぎない。そして一つの技術《アート》の発見は、われわれを更なる探究へと、また迷路からの脱出という唯一の希望へと導く糸の延長にすぎない。

生活用品《アコモデイション》や富の追及は、発明の才を働かせ、人間の才能を育成する傾向をもつ仕事として挙げることができるだろう。さらに、製造品の増大および機械技術の完成に役立つ様々な工夫の全ても、そのような傾向をもつ仕事の中に含められる。しかし、商業の材料が際限なく増えつづけるように、その材料を改良するために用いられる技術も、たえず洗練されるということも認めなくてはならない。だが、いかほどの財産であれ、技能《スキル》であれ、人間生活の必需品と想定されるものを減らすことはない。洗練と豊富は、新たな欲望を生み出す。その一方で、それらは新たな欲望を満足させる手段を提供し、その方法を実践する。

商業的技術《アート》が発達した結果として、財産の不平等は著しく増大する。そしてあらゆる国民の大多数が、必要に迫られて、あるいは少なくとも、野心や強欲に強く刺激されて、彼らがもつあらゆる才能を用いざるを得なくなる。中国の住民たちは何千年もの間、製造業や商業に従事した後、現在もなお地上の全ての民族の中で、最もよく働く勤勉な人々である。

ここで述べたことのある部分は、優雅な文芸にも適用できるだろう。文芸の素材もまた、使い尽くされることはない。文芸は、満足することのない欲求から始まる。しかし、文学的価値に対して払われる尊敬は移り変わるものであり、一時的流行に左右される。学問的業績が蓄積されると、発明に費やすことが出来たかもしれない時間が、知識の獲得のために占められてしまう。単なる学習の対象は、並の才能あるいはそれ以下の才能によっても獲得される。そして自称学者が多くなって、少数の優れた人々の輝きを減少させる。他人が教えていることを単に学ぼうとするだけならば、われわれの知識そのものは、恐らく、われわれの師の知識より劣ることになろう。偉人たちの名前は、われわれが彼らを称賛する根拠を吟味しなくなった後も、繰り返し称賛され続ける。そして、新参の自称学者たちは拒絶される。それは、彼らが先人たちの域に達していないからではなくて、先人たちを凌駕していないからである。あるいは、実際には、われわれは吟味せずに、先人たちの価値を当然視していて、どちらが優れているのか判定できないからである。

図書館が整備され、あらゆる創造への道が占有されてしまうと、われわれは、既に行われたことに対して敬意を払うようになり、それに比例して、先入観にとらわれて、さらなる試みに反対するようになる。われわれは、競争者ではなく弟子となり、また、崇拝者になる。そして、書物が書かれたころの探求心旺盛で活発な精神は、書物から得る知識に取って代わられるのである。

（1）（訳注）ピュロス（Pyrrhus 前三一九―二七二年）ギリシア北方エピロスの国王。父王の失脚後王位に就く。反乱にあって逃亡したが、プトレマイオス二世の援助を受け復位し、王国を拡大し、アテネやテッサリアの一部をマケドニアの支配から一時解放した。スパルタ遠征中に戦死したた。

商業的営利的技術《アート》は、繁栄し続けるかもしれない。しかしそれは、他の活動を犠牲にして隆盛になるのである。利益を得ようとする欲求は、完成への愛を消滅させる。利害関心は空想を冷却し、心を硬化させる。そして利益がどれだけ上がるか、また、利得が確実であるかによって人を働かせるので、創意工夫や野心それ自体をも勘定台と仕事場に追いやってしまうのである。

しかしこうした事情は別として、職業の分化は、技量の向上を約束するように思われるし、また、実際、あらゆる技術《アート》の生産物が、商業の発達とともに、より完全なものになる原因である。だが、その一方で、職業の分化の終点とその究極的な結果においては、社会の紐帯が断ち切られ、創意工夫が形式主義にかえられ、心情や精神が最も幸福に用いられる公共の仕事の舞台から諸個人を撤退させるのに幾分か役立っているのである。

文明社会の成員は、職業の相違によって区分されているが、その区分の下で、あらゆる個人が、独自の才能あるいは特殊な技能《スキル》をもっているように思われる。その技能については、他の人々も、みずから無知であると認めている。そこで社会は、諸部分から構成されることになり、それらの中の誰も社会それ自体の精神によって鼓舞されていない。ペリクレスは次のように述べている。「同一人物が、私的な事柄と公的な事柄に等しく関心を持っている。また、人々は別々の職業に分かれても、共同社会に関する十分な知識を持っている。国家に無関心なものを全く取るに足らないものと考えているのはわれわれだけである。」ペリクレスは恐らく、これと反対の状況が、敵に非難されそうであるから、あるいは、近々おこりそうであるからと考えて、アテネ人をこのように称賛したのであろう。結果として、アテネにおいて、戦争と国家に関する仕事が他の業務と同じように別々の職業の対象になった時、それらの管理運営はうまくいかなくなった。そしてこの国民の歴史が明明白白にしたのは、人々が各自の専門の職業や仕事によって有名になるのに比例して、彼らは市民でなくなり、更に、良き詩人や雄弁家でもなくなるということだった。

動物は、われわれよりも栄誉を与えられていないが、自分の食物を獲得し、また自分だけの快楽の手段を見出すのに十分な知恵をもっている。しかし、自分と同類のものからなる社会の中で、相談したり、説得したり、反対したり、昂ぶったりするのは人間だけで、また、友情や敵意に熱くなって自分の個人的な利益や安全の感覚を失うのも人間だけである。

人類は、国、部族の名称で、あるいは、共通の利益の何らかの影響下にあり伝わりやすい情熱に導かれている人びとの集団の名称で、区分されている。その区分のどれかに関与しているとき、精神は、その自然的役割を認識し、そして心情と才知は自ずと行使される。英知、警戒心、忠誠、不屈の精神は、このような舞台で必要な特性であり、また高められる資質である。

諸国民が弱体で敵に悩まされていた素朴なあるいは野蛮な時代においては、愛国心と、仲間あるいは党派への愛とは同じものであった。国家《パブリック》は友人の集まりであり、友人以外の全人類はその敵である。死あるいは隷従は、彼らが避けようとしていた日常的な悪であり、勝利と支配は、彼らが熱望していた目的であった。国外からの侵略による被害を想定して、国力を増大し領土を拡大することは、全ての繁栄した社会における一つの目的である。この目的が達成されるのに比例して、安全になる。国境から遠く離れた内部の地域を領有する人々は、外部からの脅威に不慣れである。政府の所在地から遠く離れた辺境に住む人々は、政治的利害について耳にすることは稀である。おそらく、国家は、どちらの人々にとっても考えがおよばないほど大きな対象となっているのである。彼らは国家の法律や軍隊の保護を受け、その卓越と力を誇る。しかし、小さな国々においては親や恋人の優しさ、友人や仲間の優しさと混じり合って大きくなる国家に対する愛情は、その対象が拡大されただけで、その力の大部分を失ってしまう。

未開な諸国民の生活様式は改革される必要がある。彼らの外部との争いや内紛には、過激で流血を好む情念が作用する。比較的平穏な状態は、多くの幸福な結果をもたらす。しかし、もし諸国民が、拡大と平和の計画を追求し、その結果、国民が社会の共通の絆を理解することも、祖国の大義に心情から携わることもできなくなれば、彼らはその反対の誤謬を冒すに違いない。また人間の精神を鼓舞する機会をほとんどなくしてしまうことによって、衰退の時代と言わないまでも、倦怠の時代をもたらすに違いない。

このようにして、社会の成員は征服された地域の住民のように、同族意識や近隣意識以外のあらゆる結合感覚を喪失させられることになるかもしれない。そして、商業《トレイド》以外には、交渉する共通の関心事は何もなくなる。なるほど親類関係や商取引の中で、誠実と友情は芽生えるかもしれない。しかしその中では国民的精神を発揮することはできない。われわれは、今、その盛衰について考察しているのだ。

しかしながら、領土拡張が政治的結合の紐帯を弛緩させる傾向について、ここで述べていることは、もともと小さくて、一度もその境界を大きく拡張することができなかった国民や、未開状態においてすでに偉大な王国としての拡がり持っていた国民には、適用できない。

一つの政府の下で自由があるかなり大きな領土の場合、未開時代においては、国民的結合は、極めて不完全であった。全ての地域が、独立した集団を形成していて、異なる家系の子孫たちは、部族あるいは氏族の名の下で互いに対立している。彼らが固く協調して行動することはほとんどない。彼らの確執と憎悪は、政治的結合によって統合した一つの国民の様相というよりも、しばしば、非常に多くの国々が戦争をしているかのような様相を呈している。しかしながら、彼らは、その私的な不和の中で、また無秩序の只中で、ある精神を獲得する。その精神は、他の局面では有害であるが、この中では多くの場合、国家の力を増大させるのである。

国の大きさがたとえどのようなものであれ、市民的《シヴィル》秩序と正規の政府は極めて重要で有益なものである。しかし、だからといって、これらの目的を達成するためになされる全ての協定が、また、その作成過程で人間の最良の資質を訓練し育てる全ての協定が、永続的効果をもち、また、それを生み出した国民的精神の維持を保障する性質のものであるということにもならない。

普通の人々による政治的《シヴィル》改良をわれわれが恐れるのには、次のような理由がある。すなわち、休息あるいは無為それ自体が、彼らの目的の大きな部分を占めているのである。また彼らはしばしば、単に不正や誤謬を防止するためだけではなく、扇動や騒擾を防止するために彼らの政府を設計しようとする。更に彼らは、人間の邪悪な行動に対して防壁を築くことによって、行動すること全てを阻止しようとするのだ。このような政治屋たちの意見によれば、自由な国民の争論は、全て、無秩序や国内平和の破綻に至るのである。何が胸を燃えたたせているのか。何が事態を遅らせているのか。秘密保持や迅速な処理に何が欠けているのか。何が政治にどのような欠陥があるのか。優れた才能を持つ人々は、時として、大衆は行動する資格も考える資格もないと考えているように思われる。偉大な君主は、自由な国家における裁判官が、法の厳密な解釈に捉われて慣重になっているのを、楽しそうに嘲笑している。(2)

人間に許されている、社会の秩序と両立する行動とは何かということについてのわれわれの見解は、容易に偏狭なものになる。共和国における扇動やその成員の過度の自由《ライセンス》は、君主国の臣民に衝撃を与え、反感と嫌悪感を引き起こす。街路や野原を自由に往来できるヨーロッパ人の自由は、中国人には混乱と無政府状態への確かな前兆に見えるだろう。「人々は、震えずに高位の者を見ることができるのだろうか。彼らは、正確に記された儀典なしに会話をすることができるのだろうか。もし少しの間でも街路に防柵がなくなれば、平和への希望はあるだろうか。もし人々が如何なる事柄においても、したいことは何でもすることを許されるならば、どんな放縦な無秩序が生じるだろうか」。

このような相互の警戒が、人々の犯罪を抑止するのに必要で、また、それが腐敗した野心から、あるいは彼らの支配者たちの残酷な嫉妬心から生じるものではないならば、その行為自体は、人間の悪徳に対して認められる最善の矯正手段として称賛されなくてはならない。毒蛇は離れたところに入れておかねばならないし、虎は鎖で繋がなければならない。しかしもし厳格な政策が、犯罪抑止のためではなく、奴隷化するために用いられて、実際に国民の生活様式を腐敗させ、国民的精神を枯渇させる傾向にあるとすれば、また、その厳格さが、自由な国民の腐敗を矯正するためではなく、彼らの論戦を収束させるために用いられるならば、さらにまた、(政治)形態が、単に人類の声を黙らせるのに役立つという理由から称賛されたり、あるいはそれが、彼らの声を聞き入れるという理由から有害であると非難されたりすることがしばしばあるとすれば、市民社会が誇る改良の多くのものは、政治的精神を休息させる単なる工夫にすぎなくなり、そして人々の落ち着きのない無秩序ではなく、むしろ活動的諸徳性を束縛するものになろう。

政治的性格に関係なく、国民《サブジェクト》の身体と財産を安全にすることが、いかなる国民《ピープル》に対しても、国内の全ての洗練化における、政治の明言された目的であるとすれば、その体制は実際に自由かもしれない。しかし、その成員は、彼らが所有する自由に値しなくなり、そして、自由を維持するのに適さなくなるだろう。このような体制の結果、あらゆる階層の人々が、それぞれの快楽と利得の追求に没頭できるようになるだろう。彼らは、今やその快楽をほとんど邪魔されずに享受し得るであろうし、また、その利得を国家に対してまったく注意を払うことなく保持し得るだろう。

もしこれが政治闘争の目的であるならば、個人の財産と生活手段を安全にする計画が達成された時には、この計画を遂行するのに必要だった種々の徳そのものの働きもなくなるだろう。自らの財産や身体を守るために、仲間と協力して侵害と闘う人は、大きな度量と剛毅な精神を発揮するだろう。しかし、完全に確立されていると思わる政治体制の下で、自分は安全だと思って、財産の享受のみに専念する人は、実際には、他人の徳によって獲得されたまさにその利益を腐敗の源泉に変えてしまっているのだ。ある時代には、諸個人は彼らの安全保障を主として彼らが信奉している党派の勢力から引き出す。しかし腐敗した時代においても、彼らは、相変わらず国家から安全保障を得ることができると思い込んでいる。その安全保障は、腐敗以

（2）『ブランデンブルクの回想』［フレデリック大王著。英訳は一七五二年に出版された］。

前の時代には、彼ら自身の警戒心と精神、彼らの友人たちのあたたかい愛情、および、彼らを尊敬させ、恐れさせ、愛情の対象にするあらゆる才能の発揮によって確保されていたものである。それゆえに、ある時代においては、状況だけで精神が活気づけられ、人々の生活様式も保持されるが、他の時代においては、同じ目的のために、人類の繁栄を目指した、彼らの指導者たちの側における偉大な叡智と熱意が必要とされるのである。

ローマは、無気力であったために滅んだのではないし、また、国内の政治的な熱意が低下したために滅亡したのでもないと考えられるだろう。ローマの病は、より激しく深刻なもののようであった。しかし、もしこの共和国が瀕死の状態の時に、カトーやブルートゥスの徳性が発揮されていたとすれば、また、同じ動乱の時期に、アッティクス(3)の中立政策や慎重な撤退が安全に行われたとすれば、国民の大部分は、上層階級の人々を破滅させた激流に巻き込まれなかっただろう。ローマ国民の精神の中で、一つの国民《パブリック》としての意識が弱くなった。また、党派の敵対意識さえ弱まった。軍団の兵士や統率者の同志であった者しか、動乱に参加できなかった。しかし、この国家は優れた人物を欠如していたために、無名の時代に落ち込んだのではない。もしわれわれが話題にしている時代で、人類史において有名な少数の人物だけを探すとすれば、この時期ほど数多くいた時代はない。しかし、これらの人々が高名になったのは、平等な権利の行使においてではなく、支配を目指した争いにおいてであった。国民は腐敗した。当時知られていた世界を支配していた帝国は、一人の主人を必要としたのである。

一般に、共和政体が崩壊の危機に瀕するのは、特定の党派の台頭と、腐敗してもはや国家行政に参画するのに適さなくなった民衆の反抗的精神とによる。しかし、人々が腐敗していても、自由が共和政体よりも首尾よく獲得されるかもしれない他の諸制度の下では、国民的活力は、公共的秩序の完成と想像されているものによって得られる安全保障制度それ自体の濫用によって衰える。

相互の侵害や嫌がらせをなくし、諸個人に対して、友人や派閥がなくても、さらに義務をともなわずに、完全に身体と財産を保障するような権力や官職の配分と法律の施行は、一国民の精神にとって名誉となる。そしてそれは、一国民の年代史を飾り、後世のものには正に感嘆と称賛の対象となるような思慮深く高潔な行動、断固たる力強い精神の発揮なしには、完全には確立されえないものであった。しかし、この目的が達成されたとすれば、また人々が自由を享受する中で、もはや自由な感情から行動しなくなると、あるいは公共の気風の維持を念頭において行動しなくなるとすれば、さらにまた諸個人が、自ら何ら注意や努力をしなくても自らは安全であると考えるとすれば、この誇るべき優位も、彼らに生活の便宜品と必需品をのんびりと享受する機会を与えるだけのものになるだろう。あるいは、カトーの言葉によれば、自分たちの家、別荘、彫像、絵画を共和国よりも高く評価することを彼らに教えるだけのものになるだろう。彼らは自由な体制を、会話の中では自慢することを決してやめないが、行為の中では常に軽視しており、自由な体制に密か

(3)（訳注）アッティクス（Titus Pomponius Atticus 前一〇二―三二年）。ローマの第一次三頭政治の時代の文芸保護者。政争の続くローマを離れ、長くアテネで暮らした。帰国後も中立的立場を貫き、カエサル、ポンペイウス、アントニウスの何れの側にもつかなかった。キケロとの多くの書簡が残されている。

に飽き飽きし始めているようである。

自由の危機は、われわれの当面の考察の課題ではない。しかし、自由の危機が、国民の怠慢と思われるものから生じるときほど大きくなることは決してない。あらゆる政体は、国民の個人的な活力によって樹立される。したがって、それによって維持されつづけなくてはならない。この自由の恩恵は、それを安全に享受していると考えている人々の手中にあるときほど、また従って、国家《パブリック》を単に彼らの貪欲を満たす多くの営利的仕事を提供してくれるだけのものと考えている人々の手中にあるときほど、不確かなときにはないのである。というのは、彼らは、そのような営利的仕事のために、自分自身を管理や配慮の対象とする権利そのものを犠牲にするからである。

これらの考察の結果から明らかなように、国民的精神がしばしば変わりやすいというのは、人類の本性における癒し難い病気のためではなく、彼らの故意の怠慢や腐敗のためなのである。おそらくこの精神は、領土や富の獲得のために企てられたいくつかの計画を実行する中でのみ存在したであろう。それは、目的が達成されると、役に立たなくなった武器のように、横に押しやられてしまうのである。

通常の制度のもとでは、活力の弛緩にいたる。それは、国家を維持する効果がない。なぜならば、通常の制度は、人類を、徳ではなく技術《アート》に依存するように導くからであり、あるいは便宜や富の単なる増大を人間本性の改良だとする誤解に導くからである。精神を強化し、勇気を鼓舞し、そして国民の幸福を増進する制度は、決して国民の破滅をもたらすことはない。

技術《アート》に対するわれわれの称賛の只中で、このような制度が生まれる余地を見つけることは出来ないだろうか。国民の統治を託されている政治家達自身に答えさせよう。彼らが高い地位にのぼるのは、利益に対する情熱、すなわち、知られないように熱中した方がよい情熱を誇示するためだけなのか、また、彼らが国民の幸福と、彼らが非常に喜んで引き受けようとする国政を理解する能力を持っているのかどうかを示すことが、彼らの仕事なのである。

第四章　前章に続く

人間は、自分の運勢を良くしようと努めている時、しばしば自分自身のことはおざなりにする。また、祖国のために考えている時、最も注目に値する考察を忘れる。人口、富、および、その他の戦争の資源は、非常に重要である。しかし国は人間から成り立っている。したがって、堕落し臆病な人々から成り立っている国は弱く、力強く公共精神に富んだ、断固とした人々から成り立っている国は強い。他の諸利点が等しい場合には、戦争の資源が勝敗を決するだろう。しかし戦争の資源も、それを用いることができない人々の手中にあっては、何の役にも立たない。

徳は、国力の不可欠な構成要素である。能力、さらに活気のある知性も、国運を維持するのに同じくらい不可欠なものである。いずれも訓練によって、また、人々が従事している活動の中で改善される。制度の整っていないところで人びとが生活し、同一人物が、元老院議員、政治家、兵士の役割を担わざるをえなかった時代の人類の運命を、われわれは軽蔑するか憐れむ。文明諸国民は、一人の人間は、これらの内のいずれか一つの役割を担えば十分であるということ、さらに、それぞれの目的は、分担されているほうが、より容易に達成されるということに気付いた。しかしながら、前者は、諸国民を発展させ繁栄させた事情であり、後者は、精神を弛緩させ諸国民を衰退させた事情である。

人類が、野蛮な無秩序と暴力の状態から脱して、国内の平和と正規の政治の状態を実現したことを、われわれわれが祝福する理由は十分にあるだろう。そのとき人類は、短剣を鞘に収め、政治的闘争《シヴィル》における敵愾心を取り除いたのであり、また、そのとき戦いの武器が、賢人の推論と雄弁家の弁舌となったのである。しかし一方で、残念に思わざるをえないことがある。それは、彼らが完全を求めて進み、あらゆる行政部門を勘定台の背後に置き、政治家や戦士の代わりに、単なる事務員や会計係を雇うようになったことである。

このような体制をその極限まで推し進めることによって、人びとは、カエサルのために彼の軍事的指令を模倣することができるように、あるいは、彼の計画の一部を実行することさえできるように養成される。しかしながら秩序のある時代であれ、騒乱した時代であれ、分裂の時代であれ、一致の時代であれ、国家や戦場において指導者自身に権限が与えられるに違いない種々様々な局面の全てにおいて、行動することができるような人間は養成されえないだろう。また、通常の出来事を審議する際にも、あるいは、外国からの攻撃に脅かされている際にも、その会議を活気づけることができるような人間は養成されえないだろう。

中国の政治は、統治の通常の改善が目指している制度の完全なモデルである。そしてこの帝国の住民は、通俗的な精神を持つ人々が、国民の幸福や偉大さが依拠しているとみなしている技術《アート》を、最も高い水準で持っている。この国家は、人類史において比肩するものがないほど大きな人口と、その他の戦争資源を獲得した。彼らは、われわれが非常に感嘆しがちなことを行った。彼らは、能力が最も劣った水準の人々に国事を任せた。また彼らは国事を各部門に分割し、それらをそれぞれ独立した部門に委ねた。彼らは全ての行為に、華麗な儀式と荘厳な形式をまとわせた。そして、形式への敬意が無秩序を抑圧できないところでは、あらゆる種類の体罰を行う苛酷で厳格な警察権が、それを抑圧するために用いられた。鞭とこん棒が、全ての階層の人々に対して振り上げられ、即座に振り下ろされた。同時に鞭とこん棒は全ての官吏に対しても用いられ、恐れられた。官吏は、すりに科した鞭打ちが少なすぎても、多すぎても鞭で打たれたのである。

国家の全ての部門は、独立した専門的な職業の対象とされる。そしてあらゆる公職の候補者は、正規の教育課程を終えていなければならない。また大学の学位取得においてのように、彼の専門能力と在籍期間によって、彼が望む学位を取っていなければならない。国務、軍事、財政、そして文芸を司る部署は、それぞれ異なる研究分野の卒業生によって運営される。しかし学習は立身出世の王道であるが、読み書きができるようになると終了する。統治の偉大な目的は、大地の果実を育て、消費することにある。このようなあらゆる資源と、その資源を有効に活用するために用意された学識とがあるとしても、国家は、実際には弱く、われわれが説明しようとしていることを繰り返し例証してきたのである。そして、戦争や政策に関する学者たちの中から、また、軍務のために別にしておかれた数百万の人々の中から、祖国の危急に際して、立ち向かっていくのに適した者、技術がなく賤しいという評判をもつ敵軍の度重なる侵入を防ぐのに適した者を、一人も見出すことができないのである。

諸国家の実際の幸福や国力が依拠している技術《アート》を育成することよって、あるいは身分の高い人々においては、大きな不利益なしには分担できない議会や戦場のための諸能力を育成することによって、そして人民全体においては、彼らが祖国の諸権利の防衛に参加できるようにする祖国への熱意と尚武の気質を育成することによって、国家の衰亡をどれほど長く食い止めうるかということを判断するのは難しい。

あらゆる所有者が自分自身の所有物を守らなくてはならない時代、また、あらゆる自由な国民が、自分自身の独立を維持しなければならない時代が来るかもしれない。われわれは、このような極端な場合に対して、傭兵隊から成る軍隊を事前に準備しておけば十分であると思うかもしれない。しかし、彼ら自身の傭兵隊が、国民が往々にして戦わざるを得ない、まさにその敵となる。われわれ自身は、このような極端なことは、いかなる特殊な場合においてもありそうにないと、高を括っている。しかし、人類の一般的な運命を推論する中では、このような場合を無視することはできない。またこのようなことが実際に起きた例に言及せざるを得ない。こうした事態は、文明人が未開人の餌食となったところ、また、平和な住民たちが軍事力によって屈従を余儀なくされたところの全てで起こったのである。

国民の防衛や統治が、国家や戦争の指揮を職業としている少数者の手に託されるようになると、たとえこれらの少数者が外国人であっても自国の人であっても、ブリタニアからのローマの軍団のように、突如、呼び出されたものであっても、あるいは、カルタゴの軍隊のように傭い主に反旗を翻したり、運命の一撃によって屈服し追い散らされたりするにせよしないにせよ、臆病で訓練されていない多数の国民は、このような非常事態には、疫病や地震に直面した時のように、絶望的な驚愕と恐怖に慄きながら、国内外の敵を迎えるに違いない。そして彼らの人数が多ければ、征服者を勝ち誇らせ、彼らの略奪物を豊富にするだけである。

形式を遵守することだけに慣れている政治家や軍指導者たちは、慣習的な諸規則が無効になると当惑し、些細な理由で、自らの国に失望する。彼らはただ決まった軌道をぐるぐる回るだけの能力しかなかったのである。そして、自分の地位から降ろされると、実は、人々と共に行動することはできないのである。彼らはただ形式的手続きを守っただけで、その目的《テンデンシー》は理解していなかった。彼らの理解では、手順の慣行がなくなれば国家そのものも存在しなくなるのである。そして彼らの考えによると、偉大な国民の人口、所有物、資源は、ただ絶望的な混乱と恐怖の世界を形成するのにしか役立たないのである。

未開時代には、**共同体**《コミュニティー》、**国民**《ピープル》あるいは**民族**《ネイション》という呼称の下で、多数の人々が理解されていた。そして国家は、その成員が残っている間は完全なものとみなされていた。スキタイ人は、ダレイオス(1)を前にして逃走したが、彼の子供じみた攻撃を笑いものにしていた。アテネは、クセルクセス(2)による蹂躙を切り抜け生き残った。未開時代のローマも、ガリア人による蹂躙を切り抜け生き残った。洗練化した商業国家の場合、時折、事態は逆になる。国はその所有者によって開発され、改善された領域である。そのため、所有物が破壊されれば、その所有者が残っていても、国家は破滅する。

洗練化された国民はしばしば、柔弱と優柔不断を非難されるが、それらは恐らく精神の内にのみある。動物の強さ、特に人間の強さは食べ物や、常にしている労働の種類に左右される。全ての洗練化した商業的国民において多くの部分に割り当てられている健康によい食糧と厳しい労働とによって、国家は強靭な肉体をもち、困難と骨折り仕事に慣れた多くの人間を確保する。

優雅な生活やよい調度品でさえ、肉体を弱体化するとは思われない。ヨーロッパの軍隊は、その実験をせざるをえなかった。そして軟弱に育てられた、あるいは、ぬくぬくと養育された富裕な家庭の子供たちも、野生人と戦わせられた。彼らは、野生人の技術《アート》を真似ることによって、野生人のように森林を横切ることを学んだ。そして、あらゆる気候の中で荒野において生活することを学んだ。恐らく彼らは、これらのことによって一つの教訓を想起することになったであろう。それは、人間の運命は、人間が自分自身を失っていない間は完全であるという教訓で、文明化した諸国民が長い間忘れていたものだった。

しかしながら、その運命が、人事の栄枯盛衰についてきわめて多くの省察を生み出すことになった古代の有名な諸国民の中には、ここで指摘したような人々を無気力にする技術において何らかの大きな進歩をした国民、あるいは、ここで問題としている危険をもたらすと想定されうるような社会体制《アレンジメント》を構築した国民は、ほとんど存在しなかったと思われる。ギリシア人、特にマケドニアの圧政下で衰退していた時代のギリシア人が、ヨーロッパの最も繁栄した豊かな国民の間で普通に見られる高い水準にまで、商業的技術《アート》を発達させていなかったことは確かである。彼らは依然として独立した共和国の形態を維持していた。国民は、通常、統治に参加することを認められていた。そして軍隊を雇うことができなかったため、彼らは必然的に祖国の防衛の一端を担わざるをえなかった。度重なる戦争と内乱によって、彼らは危険に慣れ、危機的状況にも慣れていた。従って、彼らは依然として、当時知られている世界において、最高の兵士、最高の政治家であると考えられていた。小キュロス(3)は、彼らの援助によってアジアの帝王になろうとしていた。そして、彼の没

(1)（訳注）ダレイオス Darius、古代ペルシア帝国の王（在位、前五二二―四八六年）。ペルシア帝国各地の反乱を鎮圧し、帝国の再統一を果たし、前五一三年にトラキアから黒海北岸のスキタイに攻め入った。

(2)（訳注）クセルクセス Xerxes、ペルシア帝国の王（在位、前四八六―四六五年）。父ダレイオスの遺志を継ぎ、ギリシアに遠征した。アテネまで達したが、サラミスの敗北を知って帰国、遠征は失敗におわった。

落後、一万の軍隊は、その指揮者達を失ったけれども、退去に際して、ペルシア帝国の全軍を破った。アジアの勝者は、彼が屈服させたギリシアの諸共和国から軍隊を編成するまでは、アジア征服の準備が整ったとは考えなかった。

しかしながら、事実、フィリップの時代には、これら諸国民の軍事的政治的精神は、おそらく国民が耽溺するようになった快楽、また様々な利益や娯楽によって、かなり損なわれ、低下したように思われる。彼らは政治的《シヴィル》役割と軍事的役割とを分離させるようなことさえしたのである。プルタルコスによると、フォキオン[4]は、彼の時代の指導者たちが異なる方向へ進み、ある者は政治的《シヴィル》事柄に、他の者は軍事的事柄に専念しているのを観取して、どちらの事柄に対しても等しく準備していた前の時代の指導者たち、テミストクレス、アリスティデス、ペリクレスの範にむしろ従おうと決意したのである。

デモステネス[5]は演説の中で、このような状況について絶えず言及している。彼は、アテネ人に、宣戦布告することだけでなく、彼ら自身の軍事計画を遂行するために武装することを説いている。当時、ある武装集団が存在し、彼らは奉仕する国家を安易に鞍替えしていた。また彼らは、祖国で軽視された時は、自分自身の利益のための企てに向かった。恐らくこの時代以前には、彼らより優れた戦士はいなかったであろう。しかし、この時代の戦士は、どの国家にも所属していなかった。また、あらゆる都市の住民たちは、自分たちは軍務に適していないと考えていた。軍隊の規律は恐らく改善されただろう。しかし、国民の活力はなくなった。フィリップやアレクサンドロスは、主として金持ちの兵士からなるギリシア軍を破った時、他の住民たちをも簡単に征服できると思った。そしてアレクサンドロスが後に、このような兵士たちに支えられてペルシア帝国を侵略した時、彼は自らの背後には好戦的な人をほとんど残さなかったように思われる。そして軍人を除去することによって、彼が不在の時にも、この反抗的で手に負えない国民に対する彼の支配を確かなものにするための、十分な予防対策を講じていたように思われる。

技術《アート》や職業を細分することは、いくつかの例では、それらを一層熟練させ、それらの目的を促進させる傾向にある。織工と皮なめし工の技術《アート》を別にしたことによって、靴や織物がよりよく供給されている。しかし市民《シティズン》と為政者《ステイツマン》を形成する技術《アート》、すなわち、政治と戦争の技術《アート》を分割することは、人間の特性を分裂させ、われわれが改善しようとしている技術《アート》そのものを破壊しようとする試みである。この分割によって、われわれは、事実上、自由な国民から彼らの安全に必要なものを奪ってしまう。あるいは、われわれは国外からの侵

---

(3)（訳注）小キュロス（キュロス二世、在位、前五五九—五三〇年）。アケメネス朝ペルシア帝国の創始者。イラン高原の覇権を確立し、さらにイオニアのギリシア諸都市を征服した。その後バビロンに侵入し、キュロスは西アジア世界の支配者となった。

(4)（訳注）フォキオン（Phocion, 前四〇二?—三一八年）。プラトンの弟子でアテネの政治家、将軍。フォキオンがペリクレスやアリステイデスやソロンの政策を復活させたということは、河野与一訳『プルターク英雄伝』（岩波文庫、第9巻一九〇頁）に書かれている。

(5)（訳注）デモステネス（Demosthenes 前三八四—三二二年）。古代アテネの政治家、雄弁家。法廷演説の草稿を書いたり、修辞の教師をしていたが、前三五〇年中頃から政治問題に関する演説によって、法廷や議会で活躍するようになる。反マケドニアの立場からリュクルゴスらとともにギリシアの自由と独立のためにアテネを中心としたギリシアの諸都市国家の同盟の必要性を説いた。

入に対する防衛を準備するのであるが、その防衛は、外国からの侵略を予期させるものであり、また、国内では軍政を確立させる恐れがあるものである。

われわれは、ローマにおける何らかの軍事教育の開始が、キンブリ戦争(6)の時代よりも早くはないことを知って驚くだろう。ワレリウス・マクシムス(7)の語るところによれば、この時代に、ローマの兵士は剣闘士から剣の使い方を学ぶようになり、また、この著者の説明によると、ピュロスやハンニバルの敵対者たちも、彼らの職業の最も基本的なものとして、依然としてこの教育を必要としていたのである。彼らは、彼らの野営地の配置と選定によって、ギリシアの侵入者に既に畏怖と尊敬の念を与えていた。彼らは既に、彼らの勝利によってではなく、度重なる敗戦のもとでの、国民としての活力と断固とした態度によって、ギリシアの侵入者に講和を求めるように仕向けていたのである。しかし高慢なローマ人は、傭兵の劣った技術《アート》に破られたことはなくとも、秩序と団結の利益を恐らく知っていただろう。また、鞭打たれることを怯えながら武器の使用を練習したことはなくとも、祖国の敵に立ち向かう勇気を持っていた。彼が十分に理解できなかったのは、洗練された聡明な国民が、戦争の技術《アート》を、若干の技術的な形式からなるものにするような時代が到来するかもしれないということである。また、市民《シティズン》と兵士が、女性と男性のように区別され、市民《シティズン》が自分の力で守ることもできず、また守ることも要求されないような財産を所有するようになるかもしれないということである。そして、兵士が、彼が望むようにと教えられたものと、彼自身のために獲得できるものとを、他人のために保持しておくために任命されるかもしれないということである。要するに、市民的諸制度の存続から自分の利益を得ている人々に制度を守る力が、制度を守る力をもっている人々に守る気持ちと関心が、なくなるということである。

しかしながらローマ人は徐々に、まさにここで述べているような土台の上に、彼らの軍事力を築くようになった。マリウスは、ローマの徴兵方法の大変革をした。彼は、卑しく貧しい人々によって彼の軍団を満たし、これらの人々は軍隊の給与によって生計を立てていた。彼は、単なる訓練と、剣闘士の技能だけに基礎を置く軍隊を創造した。彼は自分の部隊に、祖国の体制に向かって彼らの剣を用いるように教えた。そして、彼の後継者たちがすぐに採用し改善することになる実践の範を示したのである。

ローマ人は彼らの軍隊によって、ひたすら他の諸国民の自由を侵害しようとしたが、その一方で自らは自由を保持していた。彼らが気付かなかったのは、財産のある兵士を集めたり、また、指導者の誰かが、規律ある軍隊の支配者になるのを黙認したりしているうちに、彼らが実際には自らの政治的権利を放棄し、またその支配者が国家に向かって立ち上がるのを許していたということである。つまり、この国民は、彼らの支配的な情念が略奪と征服であったために、彼らは、自らが人類に向かって築いた発動機《エンジン》の逆作動によって消

（6）（訳注）キンブリ戦争。キンブリ族は古代北欧の一部族で、紀元前二世紀初頭からしばしばローマに侵入した。当初、ローマは対抗することが出来ず一〇万人以上を失ったが、マリウスが登場し、徴兵方法を改革し、軍備をととのえ反撃し、ローマを勝利に導いた。

（7）（訳注）マクシムス（Vareriux Maxims 生没不詳）皇帝ティベリウス（在位、一四—三七年）の時代の文筆家。ローマのアジア総督、セクトゥス・ポンペイウスに従って東方に行く。帰国後、セクトゥス・ポンペイウスをとりまく文人サークルの一員として活躍。当時の人物、出来事の多くを伝えている『著名言行録』（Factorum ac Dictorum Memorabilia）を残している。

滅したのである。

従って、洗練された時代の誇るべき諸改良も、危険から免れていない。それらは恐らく惨事への扉を開くものであって、その扉は、それらが閉じてきた扉のいずれにも劣らず、広く開かれ、入りやすい。もし城壁や塁壁が築かれるとしても、それらを守るために配置された人々の精神を弱くする。もし訓練された軍隊が編成されるとしても、国民全体の尚武の精神を低下させる。そして市民的制度に対する嫌悪感が引き起こされているところに剣をつきつけることによって、人類に力による統治を準備するのである。

ヨーロッパの諸国民は、幸福なことに、兵士と平和を好む市民との間の違いを、ギリシアやローマにおけるその違いほど大きくすることは、決してできない。近代的武器の使用において、初心者は、熟練者が知っている全てを教えられ、やすやすと実行できるようになる。そして、もし初心者を教えることが本当に難しいことだとしても、その困難にくじけない彼らは、また祖国を弱体化し破滅させるのに役立つ技術ではなく、祖国を強化し保持するのに役立つ技術を発見することができる彼らは幸福である。

第五章　国民の浪費について

国力は、その国民の富、人口及び性質からなる。彼らの未開状態からの進歩の歴史の大部分は、彼ら自身を強化し、安全にするために彼らが継続してきた闘争と、そのために実践してきた技術《アート》とについての詳細な記述である。彼らの征服、植民、商業、政治的《シヴィル》軍事的協定、武器製造や攻守の方法についての技能は、さらに私的な業務《ビジネス》であれ公共の業務《アフェアーズ》であれ仕事の適切な配分は、国力の構成要素や戦争の資源をもたらすか、あるいは、それらを利用して便宜をもたらすことを約束する。

これらの利点と共に国民の軍事的性質が存続するか、あるいは改善されるとするならば、文明によって得られるものは、力の真の増大であり、また、国民の没落は彼ら自身からは決して起こり得ないはずである。国家が急に進歩するのをやめ、また実際に衰亡し始めた場合、われわれは次のように考えることができるだろう。すなわち、国家はいかに発展しようとしてもそれ以上前進できない限界につきあたったのだと。あるいは国家が、国民的精神の弛緩や性格上の弱さのために、その資源や自然的優位のほとんどを利用することができなかったのだと。このように仮定すると、国家は安定した状態から後退し始め、またそれに続く時代の逆行運動により、彼らが進歩し始めた時に立ち去った状態よりも、さらに弱い状態に至るだろう。そして、より優れた技術《アート》を持ち優越しているかのように行動している彼らは、彼らが栄光に達し、その絶頂にいた時には簡単に打ちまかし、軽蔑していた野蛮人たちの餌食になるだろう。

国民の自然的富がどのようなものであれ、あるいは彼らの資材の改良の限界がどのようなものであれ、その限界にまで到達した国民は、恐らくこれまで存在しなかっただろう。また、資源の蓄えや土壌の生産力が枯渇するまで、あるいは国民の人口が著しく減少するまで、国民の不幸や過誤の結果を引き延ばすことができた国民も存在しなかっただろう。資源の適切な利用を妨げる政策における同じような誤りや生活様式の欠点も、同様に資源の増大や改善を阻むものである。

国家の富は、その成員の財産に存する。国家《ステイト》の実際の収入は、あらゆる個人の財産のうち、国家《パブリック》が国民的な目的ために要求することが習慣になっている部分である。この収入は、必ずしもいつも個人財産のうち余剰分と想定されうるものに比例するわけではなく、その所有者がある程度そのように考えているもの、そして彼が自分の生活様式を変えることなく、また、支出計画や取引の計画を一時中止することもなく、供出しうるものに比例する。したがって、個人的支出の過度の増大は、いかなるものであれ、あきらかに国民が弱体化する前兆だとおもわれる。まさに国民の各々が王侯のように財産を消費する一方で、政府が収入の点で緊迫させられるかもしれない。そして、国家は貧しいのに、その成員は裕福だというパラドックスを説明する事例となるだろう。

われわれは、貨幣が富であると誤解することによって、しばしば誤謬を犯す。われわれは、国民は彼ら自身のあいだで費やされる貨幣の浪費によっては貧困に陥らないと考える。実は人間が貧困に陥る方法は二通りしかない。すなわち、彼らの利得が無くなるか、あるいは彼らの資産が消尽されるかのどちらかである。貨幣を国内で費やすとしても、それは循環し、使い果たされることがないため、一定の人々の間での、割り札や模造貨幣のようなものの交換にすぎず、その貨幣が流通する仲間の富を減少させるわけではない。しかし、国内で貨幣が循環しているあいだ、富の真の構成要素である生活必需品が、無駄に消費されるかもしれない。また国民の蓄えを増大するために用いられる勤労が一時中断したり、あるいは、悪用されたりするかもしれない。

いかなる国民的な目的もなく、国内外で維持されている大規模な軍隊は、公共の蓄えを無駄食いするために不必要に開かれた非常に多くの口であり、また国家の利益を生み出す仕事《アーツ》から引き揚げられた非常に多くの人手である。不成功に終った企ては、無駄になった膨大な投機であり、受けた損害は、その業務に投じられた資本に比例する。ヘルウェティ族[1]は、ガリアのローマ領を侵略するために、彼らの住居を焼き、彼らの農具を棄てて、一年の間に、多くの人々の蓄財を消費した。その企ては失敗し、その民族は破滅した。

諸国家は時に、彼らの資本を用いる代わりに、信用を担保に入れて、彼らが冒した危険を隠そうとした。彼らは、公債を募って、臨時の資金として、彼らの企画を奨励した。彼らは譲渡可能な基金を設置する方法によって、資本を事業《トレイド》の目的のために国民の手中に残しておいたように思われる。しかし、それは実際には政府によって消費された。彼らはこのような方法によって、民間産業を当面は妨げることなく、偉大な国民的目的を遂行していった。そして、将来の利益を見込んで契約をした負債の一部の返済を後世に残した。こ

（1）（訳注）ヘルウェティ族。現在のスイスから南ドイツ地域に居住していたガリア系の部族。カエサルは『ガリア戦記』（岩波文庫、二六頁）でヘルウェルティ族をガリア全部の中で最強の部族と述べている。

の限りでは、この手段は、もっともらしく思われ、また正しいように思われる。しかし増大する負担もまた、徐々に積み重なる。そして、国が将来いつか沈没するとしても、その国の全ての大臣は、彼の時代には浮かんでいて欲しいと願う。しかしまさにこの理由のために、この方策は、その利益の全てをもってしても、現時点のことだけを配慮し、資本を借り利子を支払うことができる間は、国家は無尽蔵であると想像している、軽率で野心的な政府のもとでは、極めて危険である。

われわれはある国民について聞かされたことがある。その国民は、古代世界の盛者たちと何年かのあいだ競い合い、偉大な王国の力をもって軍事的に支配していた者の統治から脱し、抑圧していたくびきを断ち切り、ほぼ一世紀の間に彼らの勤勉と国民的活力によって、ヨーロッパのかつての支配者たちを畏怖と不安に陥れるほどの新たな恐るべき勢力にまで興隆し、そして、出発したときは貧乏というレッテルを貼られていたが、それを闘争と支配の旗に変えた。この偉業《エンド》は、抑圧によって目覚めさせられた精神の偉大な努力と国富の巧みな追及とによって、また、将来の収入をすばやく見越して達成された。しかし、この傑出した国家は、前節で記述したことにおいてだけではなく、その仕事をも先取りしていたと思われる。すなわち、彼らは、来るべき将来の多くの時代が継承するもの先占していたのである。

しかしながら国民の莫大な支出は、必ずしも国民の苦難を伴うものではない。国家の収入がうまく用いられ、何らかの価値ある目的が達成される限りは、全ての冒険がもたらす利益は、その費用を償ってなお余りがあり、社会は当然利益を得るし、またその資源も当然増大し続けるであろう。しかし支出は、それが国内でまかなわれるにしても、国外でまかなわれるにしても、また、現在の無駄使いであるにしても、将来の収入を見越したものであるにしても、もし十分な見返りをもたらさないものであるならば、それは、国家の破滅の原因と考えられるべきであろう。

第六部　腐敗と政治的隷従について

第一章　腐敗一般について

諸国民の運命と、拡大や破滅に向かう諸国民の傾向が、前節で述べたような原理にもとづいて、単に利益の項目と損失の項目とのバランスによって評価されるならば、政治におけるあらゆる議論は、国民の支出と国民の収益との比較、生活必需品を消費する人々の数と、それを生産ないし蓄積する人々の数との比較にもとづくものになるだろう。勤勉な人々の欄と怠惰な人々の欄に、あらゆる階層の人々が含まれるだろう。そして、国防と統治にどうにか対応できる人数だけの行政官《マジストレイト》、政治家《ポリティシャン》、兵士しか与えられていない国家は、文官《マジストレイト》名簿あるいは武官名簿に掲載されない次のような人々の名前を全て損失側に記入するだろう。すなわち、財産を持ち、他人が収穫した物で生活をしているあらゆる階層の人々。好みが繊細で、自らの消費を満たすために膨大な時間と労働を求めるあらゆる階層の人々。高位高官の従者として無為に雇われているあらゆる人々。そして、法学者、物理学者、神学者、および自らの研究によって、何らかの営利的な仕事の実践を促進したり改善したりしないあらゆる学者、こういった人々を、全て損失側に記入するだろう。要するに、あらゆる人間の価値は、その人の労働によって測られ、また労働それ自体の価値は、生活手段を獲得し、蓄積するかどうかによって測られる。単なる贅沢品に用いられる技術《アート》は、それらの技術《アート》によって生産されるものが、公共にとって有用な人々を維持するために用いられる諸外国の商品と交換され得る場合を除いては、禁止されなければならない。

これらは、守銭奴が自分自身の状態や自分の国の状態を検討する場合の準則であると思われる。しかしながら完全に腐敗した計画《スキーム》は、いずれにしても完全に有徳な計画《スキーム》と同様に実行不可能である。人間が例外なく守銭奴であるということはない。人間は、貯蔵する喜びで満足することはないだろう。富裕になるための苦労を惜しまないように人々をさせるには、彼らが自らの富を享受することを許すべきである。人事の通常の成り行きとして、財産は不平等に分けられる。それゆえにわれわれは、貧者が生活できるようにするために、富者の浪費を認めざるを得ない。また労働する必要のない一定の階層の人々を黙認せざるを得ないのは、これらの人々の境遇の中に、仕事に勤しむ人々が熱望する野心の対象と地位が存在しているからである。われわれは、厳密に経済的側面から見れば、余分だと考えられるような人々を、文官《シヴィル》、武官、政治家のリストに載せることを認めざるを得ない。さらに、われわれは人間であり、そして単なる生存よりも、仕事と向上、人間としての幸福を好むが故に、われわれは、あらゆる社会のできるだけ多くの人々が、その社会の防衛や統治の一端を担うことを願わざるを得ない。

だが実際には、人々が社会の中で異なる目的や別々の考えを追求している間に、権力の広範な配分が達成される。そして一種の偶然によって人間の知恵が、それまでに冷静に考案することができたいかなるものよりも、人間本性にとってははるかに好ましい市民的参画《シヴィル・エンゲイジメント》の状態に到達するのである。

ところで、もし国力を構成するのは、その国が頼りにすることができる人々、その国の維持のために幸いにもあるいは賢明にも結合している人々であるとすれば、その当然の帰結として、生活様式は、人口や富のいずれとも同じくらい重要なものであり、そして腐敗は、国民の衰退や崩壊の主な原因とみなされるだろう。

卓越した人間の資質がどのようなものであるかを認識している人は誰であれ、その基準によって、人間の欠点や腐敗を容易に識別できるだろう。聡明かつ勇敢で、しかも愛情深い精神が人間性の完成であるとすれば、これらいずれかが著しく欠けていることは、それに比例して彼の特性を駄目にし、おとしめるに違いない。

われわれは、次のことを観察してきた。すなわち、自らの行為について正しい選択をすることは、個人にとって幸福であるということ。そして個人は、この選択によって、社会の中で個人的な利益の感覚を失い、また、全体に関わる事柄を考慮する中で、全体の一部として、彼自身に関係する心配をしなくなるということである。

人類愛へと向かう人間の自然な性向、そして人間の気質のあたたかさは、彼の性質をこのような幸福の極みにまで高めるだろう。人間の気品は大いに社会の形態に左右される。しかし人間は、腐敗していると非難されることなく、非常に多様な統治構造に自らを適応させることができる。民主政国家において人間を平等に執着させる高潔で活力にあふれた精神と同じものが、貴族政あるいは君主政の下では、人間を確立された従属関係を維持するように導くのである。彼は、その国家の中で彼を支配している様々な身分の人々に対しては、尊敬と誠実という原則を心に抱くことになろう。そして、彼の行動の選択においては、安全や昇進あるいは利益への配慮が、消し去ることのできない正義の原理と名誉の原理に従うであろう。

それにも関わらず、国民の腐敗についての訴えがあるのは、国民全体が時折、流行性の知的偏向や心の腐敗に感染しているように思われるからである。そのために彼らは、彼らの占めている地位に適さなくなり、また彼らが構成している国家は、たとえいかに繁栄していても、衰退と崩壊の気配に脅かされることになる。

国民の生活様式の悪化は、人間の才能が適切に涵養され実践に移されるような状況がなくなることから生じるだろう。あるいは、名誉や幸福の構成要素についての支配的見解が変化することから生じるだろう。単なる富や、へつらいが地位を構成すると考えられている時には、精神は、自らが依拠すべきものの特質を考慮して誤った方向に導かれる。闊達な精神、勇気、人類愛は、貪欲や虚栄の犠牲にされるか、あるいは従属意識の下で抑圧される。個人は彼の社会を、彼の個人的出世や利益に役立たせることができる限りにおいてのみ考慮する。彼は彼自身を、同胞との競争関係におく。そして競争、恐怖と警戒、嫉妬と悪意といった諸情念に駆り立てられて、彼は動物的行動原理、すなわち、同類のものを犠牲にして、自らの単独の生存を保持し、自らの気まぐれや欲求にふける動物的行動原理に従うのである。

このような腐敗の下で、人間は強欲で欺瞞的かつ暴力的になり、他人の種々の権利を侵害しようとする。または、奴隷的で、金銭に卑しく、下劣になり、自らの権利を放棄することも厭わなくなる。最初に描いたような人物が持っている才能、能力、精神力は、彼を一層深く惨めな状態に陥れ、また、残忍な情念を一層激しくし、そして彼は、彼自身が犠牲となった責め苦を彼の同胞にも与えようとするようになる。次に描いたような人物にとって、想像力と理性それ自体は、いわれのない恐怖や欲望の対象を示す働きをするだけのものである。また、失望や一時的な喜びの対象を増やす働きをするだけのものである。いずれの場合においいても、また腐敗した人々が強欲に駆り立てられている、あるいは、恐怖で惑わされていると仮定するにしても、更に彼らが、強欲あるいは恐怖から犯すことを厭わない罪を列挙しなくても、われわれは、ソクラテスとともに次のように断じても誤りはないだろう。「主人というものは全て、このような奴隷に出会わないように祈るべきである。そして自由にふさわしくないこのような人々は全て、慈悲深い主人に出会えるように嘆願すべきである」。

堕落がこの程度の人間であれば、彼の能力や労働を利益に変える方法を知っている人々によって、奴隷として買われるかもしれない。また、適切な規制のもとにおいておけば、近隣の人々にとって便利で有用であるかもしれない。それでも彼は、彼の同胞と自由に結合あるいは協調して行動するのには、確かにふさわしくない。彼の精神は常に友情や信頼に傾いているわけではない。彼は喜んで他人を保護するために活動することもなければ、また、彼自身の安全のために他人が身の危険を賭すに値するだけの価値をもっていない。

ところで、最高の状態においても、最悪の状態においても、人類の実際の性格は疑いもなく混じり合ったものである。そして第一級の国民でも、彼らの存続は、その成員の善意だけではなく、乱暴者が罪を犯さないように規制し、臆病者や利己主義者にも国家《パブリック》の防衛や繁栄の一端を担わせるようにする政治制度にも大いに依存せざるを得ない。このような制度や政府の賢明な予防策によって、腐敗や社会の高潔さの程度が非常に異なっている様々な国々が存続することができ、また繁栄することさえできるのだ。

国民の大多数が、誠実の原則にもとづいて行動すると想定されている限り、善人は模範となり、また悪人すら警告となり、全体として高潔で無垢であるようにみえる。人々が相互に愛情や信頼の対象である場合には、また、彼らが、通常、罪を犯しがちでない場合は、政府は大らかになり、そして、全ての人は有罪とわかるまでは、罪のないものとして取り扱われるだろう。このばあい被治者は、犯罪について伝聞することがないため、様々な性質の人々に課せられる刑罰について聞かされる必要もない。しかし国民の風習がかなり悪化すると、全ての被治者が自分の身を守らなければならない。そして政府自体も、適切な恐怖と不信の原理にもとづいて行動しなければならない。個人はもはや人間的配慮、独立、自由にたいする彼の諸要求にふけるにはふさわしくなくなる。彼はそれらのいずれをも乱用するだろう。そのために彼には、外的力によって、また、恐怖心によって無実と義務の結果であるかのようなふりをすることを教えなければならない。彼はそうする気がないからである。また、徳の実践を推奨する動機に対して彼が無感覚であると想定して、国家は、彼に、即刻、受け入れることを求めている警告を支持する議論を承知させるには鞭刑、あるいは絞首刑をほのめかせなければならない。

専制政治の諸規則は、腐敗した人々を統治するために作られている。実際、ローマ共和国でさえ、異常な事態が起きた時に、これらの規則に従った。そして、市民が罪を犯さないように脅すために、また、悪徳が偶然にあるいは一時的に広がらないようにするために、血なまぐさい斧がしばしば独裁者の恣意的な意志に捧げられた。専制政治の諸規則は、国民が自由を求めてあまりにも腐敗したときや、あるいは、執政官《マジストレイト》があまりにも腐敗して自らの独裁的権力を放棄するに至ったときに、共和国それ自体の崩壊のうえに最終的に確立された。この種の統治は、絶えまなく増大する腐敗の最終局面に自ずと出現する。しかし、この種の統治が間違いなく早く出現しすぎたために、よりよい運命に値する徳のなごりが、自己の権力を増大させようと急いでいた専制君主の嫉妬心の犠牲になってしまった場合も、いくつかあった。このような場合この統治方法は、腐敗した方策の導入を避けることはできない。腐敗の外的諸結果にたいして、それが治療薬として期待されたのである。恐怖が義務に対する唯一の動機として示唆される時、全ての人の心は強欲あるいは卑屈になる。そしてこの薬は、もし健康体に用いられるならば、確実に、その薬が治療しようとしている病気を引き起こすのである。

これは、強欲な人々や傲慢な人々が、自らの都合の悪い欲求を満足させるために彼らの同胞を急き立ててその内に組み入れようとする統治様式である。すなわち、臆病な人々や卑屈な人々が無条件で服従する統治様式である。そして人類が、このように強欲な性質の人々と小心な性質の人々とに分かれていた時代には、アントニウスやトラヤヌスの徳をもってしても、鞭と剣を公平に力強く用い、そして、報酬への希望と刑罰への恐怖によって、人々の犯罪や愚行に対する迅速かつ一時的な矯正策を見出す努力をすること以外には何も出来なかったのである。

他の諸国家も多かれ少かれ腐敗しているだろう。ここでは腐敗には、その根拠がある。ここでも正義が、時折、専制君主の権力を導くかもしれない。しかし正義という言葉は、最も一般的には、支配的勢力の利益や気まぐれを示すために用いられる。人間の社会は、非常に多様な形態を受けいれることができるが、ここであらゆる形態の中で最も単純なものを見出すのである。多くの人々の労苦と所有物は、一人あるいは少数の人々の情念を満足させるためにある。そして人々の間に存続するのは、要求する抑圧者の党派と、拒否する勇気のない被抑圧者の党派だけになる。

繰り返し征服された諸国民は、ギリシア人のように、より穏やかな運命をたどることもあったが、この場合は、軍事力によってこのような状態にまで没落させられた。彼らはまた、彼ら自身の腐敗の極みにおいてこのような状態になったのである。すなわち、世界征服から帰還し、世界中からの略奪物で一杯になったローマの人々のように、彼らが、党派抗争の歯止めをなくし、通常の統治で矯正するにはあまりにも大胆な犯罪をあまりにも頻繁に引き起こすようになった時に、また、あらゆる方面において拡大しつつある混乱を抑止するために絶えず必要とされる、血を滴らせている正義の刃が、法律によって縛られた行政の遅延や予防策をこれ以上待てなくなった時に、このような状態になったのである。

しかしながら、この程度の腐敗、あるいは、程度は異なるが何らかの腐敗が、衰退している国民や、あるいは著しく繁栄を遂げた国民や、商業の技術が大いに発展している国民に特有なものではないことは、人類の歴史からよく知られている。実際、制度が未発達な小社会においては社会の紐は、一般に強い。そしてその被治者たちは、彼ら自身の部族に対する熱烈な献身によるにせよ、あるいは敵に対する激しい憎悪によるにせよ、またこの献身と憎悪から生まれた剛毅な勇気によるにせよ、成長しつつある共同社会の幸福を推し維持するのに十分適している。しかし、それにもかかわらず、民族全体としては、野生人や野蛮人は弱く臆病な性格の実例をいくつか提供してきた[1]。彼らは比較的多くの場合、われわれが既に野蛮民族を描写した際に述べたのと同じ種類の腐敗に陥った。彼らが略奪を彼らの仕事としたのは、一種の戦争としてだけでは

(1) シベリアの野蛮民族は、一般に卑屈で、おくびょうである。

なく、彼らの共同社会を豊かにするためという観点だけからでもない。愛情や血縁の結びつきよりも好ましいと学んだものを、財産として所有するためでもあった。

商業的技術《アート》の水準が最も低い状態において、富や支配への情熱は、様々な抑圧、あるいは隷従の場面を展開した。それらは、財産を獲得したい欲望や失うことへの恐怖に根ざした、尊大な者や臆病な者の腐敗の極限、また、拝金者の腐敗の極限よりもひどいものだった。このような場合、形式によって制約されない、また警察を畏怖しない人々の諸悪徳は、大規模な暴動をおこし、それらの全帰結がもたらされることになる。そこで諸党派が、盗賊団の行動原理に従って結合したり、分裂したりする。彼らは人間本性の最も優しい愛情さえ、利益の犠牲に供してしまう。親は自分自身の子供を売ることまでして、市場に奴隷を供給する。小屋は弱く無防備なよそ者にとって避難所ではなくなる。そして原始時代の諸民族間においては、しばしば非常に神聖なものとされていた歓待の習慣は、あらゆる他の人間愛の絆と同様に、恐れることなくかつ容赦なく踏みにじられるようになる。(2)

その歴史の後期に、市民的英知《シヴィル》と正義によって著名になった諸国民も、恐らく、その前の時代において、このような叙述が一部当てはまるかもしれない法のない無秩序な大混乱に陥ったことがあるだろう。その国民的至福の段階に彼らを到達させた、まさにその政策は、常軌を逸した悪弊に対する治療法として工夫されたものであった。秩序の確立は、強姦や殺人行為から始まった。憤慨と私的復讐は、諸国民を、暴君の放逐や人類の解放に、また彼らの政治的権利の完全な弁明に導いた原理でもあった。

統治や法の欠如は、ある場合には、無垢と徳の徴候であると考えられるかもしれない。しかし権力が既に確立されているところ、強者が制約を受け入れようとしないところ、あるいは弱者が安全保障を見出すことができないところでは、法の欠如は最も完全な堕落の標識である。

未開な諸民族の統治には、しばしば欠陥がある。それには二つの理由がある。第一の理由は、文明諸国民が矯正策をみつけようと努力しているあらゆる害悪について人々が未だよく知らないからである。第二の理由は、最も破廉恥な性質の悪事が長い間社会の平和を乱しているところでも、彼らが未だその救済策を講ずることができていないからである。文明が進歩する中で、新しい病気が発生し、そして新しい治療法が用いられる。しかしその治療法は、必ずしもいつも、その病気が発生するのと同時に用いられるとは限らない。そして法律は、犯罪が発生すると提案されるものであるが、それは、新しい腐敗の兆候ではなく、恐らくは、国家を長い間悩ませてきた何らかの根深い害悪を治療し得るような救済策を発見しようとする欲求の兆候だと思われる。

しかしながら、そのもとで人々が自己を矯正する活力と決断力を依然として失っていない腐敗もある。すなわち、市民的《シヴィル》商業的進歩の黎明に時として先行する闘争に夢中になっている、荒々しい大胆不敵な精神の衝突に伴う暴力や乱暴である。このような場合、人々は、様々な悪事に対する矯正手段をしばしば見出し

(2) シャルダンのミングレリア経由ペルシア旅行。[シャルダンのペルシア旅行記については、次の本が刊行されている。Jean Chardin, *Voyage de Paris a Ispahan*, Introduction, notes et bibliographie de Stephane Yerasimos, 2 vols. Maspero, 1983. 佐々木康之・佐々木澄子訳『ペルシア紀行』岩波書店、一九九三年。]

た。これら悪事の主要な原因は、誤導された彼ら自身の性急さ、また人並外れた精神力であった。しかしながら、邪悪な性向に精神の柔弱が加わるならば、また、富にたいする称賛や願望に危険や仕事にたいする嫌悪が加わるならば、また、国家《パブリック》からその勇気を要求されている階級の人々が勇敢でなくなれば、更にまた、社会の一般の成員たちがその国家《ステイト》の形態によってもたらされる平等や栄誉ある地位を満たすのに必要な個人的資質を持たないならば、彼らは深淵に落ち込むに違いない。そして彼らは、もちろん、彼らの邪悪な性向によるためであるが、それ以上に、彼らの愚かさ故に、そこから立ち直ることができないのである。

第二章　奢侈について

奢侈という言葉の使い方、あるいは、その意味することのどの程度までが、国民の繁栄やわれわれの本性の道徳的廉直と両立するかについて、われわれの間で一致があるどころでない。時にこの言葉は、われわれが文明にとって、あるいは幸福にとってさえ必要だと考える生活様式を示すために用いられる。洗練された時代をわれわれが賛辞するとき、奢侈は、技術《アーツ》の親であり、商業の支えであり、また、国民的威容と富裕の僕である。堕落した生活様式をわれわれが非難する時、それは腐敗の源泉、また、国民の頽廃や没落の前兆とみなされている。それは称賛されたり、非難されたりする。それは装飾で有用なものとして扱われたり、悪徳として排斥されたりする。

われわれの判断にこのような違いがあるとしても、通常、この用語を生活の安楽と便宜のために人類が考案する次のような複雑な設備を示すために使用するという点では、一致している。すなわち、建築物、家具、家庭用品一式、衣服、多くの家事奉公人、優雅な膳、そして一般に、現実に欠乏しているものをなくすためというよりは、むしろ空想を楽しませることを目指した、また、有用というよりはむしろ装飾的な事物の全てである。

したがって、**奢侈**という名称の下で、このような事物の享受を悪徳に位置づけようとする場合、われわれは、莫大な財産の所有に時として伴う、好色、放蕩、浪費、虚栄、尊大の習慣に暗に言及しているか、あるいは、一定量の人間生活の必需品を想定しているのであって、この量を超えた全ての享受は過度で、悪徳であるとみなされるのである。これとは逆に、奢侈が国民的栄光や幸福の一項目とされている場合、われわれはただそれを、富の不等な分配の罪のない結果として、また様々な階級を相互に依存させ、そして相互に有用であるようにする一つの方法として考えるだけである。貧乏人は仕事をするために存在し、金持ちは貧乏人に報酬を与えるために存在する。国家そのものは、国家の蓄えの浪費であるかのように思われるものによって、利益を得る。そして消耗と破滅の恐れがあるかのように思われる、増大しつづける欲望と優雅な趣味の影響によって、富は絶え間なく増大していくのである。

商業的技術《アート》と一緒に、それらの成果が享受され、またある程度は称賛されることすら許さなくてはならないか、あるいは、その帰結を恐れながら、またはそれがもたらす諸便宜が自然の要求を超えるものだと考えながら、スパルタ人のように、商業的技術《アート》そのものを禁止しなくてはならないか、どちらかであることは確かである。

われわれは、技術《アート》の進歩のいずれの段階においても、技術《アート》を発展させることをやめようと提案することができるだろう。それでも、その段階まで発達していない人々から、奢侈への非難を受けるかもしれない。スパルタでは建築家や大工が使用するものは、斧と鋸に限られていた。しかし、スパルタの小屋は、トラキアでは宮殿として通用したかもしれない。そして道徳的正当性の基準についてと同様に、人間生活維持のための物質的必需品に関する知見についても、議論されたとすれば、この問題に関しては、道徳学者達も医学者達も恐らく意見が分かれ、現在のように、これに関する規則をみつけることは、各個人に任せただろう。大部分の決疑論者は、彼自身の時代と状況の慣例を、人類の基準と考える。もしある時代やある状況において、彼が大型四輪馬車の使用を非難するとすれば、他の時代や状態おいては、彼は靴を履くことを同じように非難するだろう。そして、大型四輪馬車の使用を非難する、まさにその人が、もし靴が彼の時代より前の時代において既にありふれたものになっていなかったとすれば、恐らく靴を履くことに対する非難を差し控えはしなかったであろう。小屋の中で生まれ、藁の上に眠ることを習慣としている監察官が、人間は森に帰り、洞穴を住みかとすべきであると言い出すことはない。彼は既にありふれているものについては、その妥当性と効用を認める。そして新興世代の最新の改良の中にのみ、行き過ぎと腐敗を認めるのである。

ヨーロッパの聖職者は、新しい流行の全て、衣服の改革の全てに反対して、絶えず説教をしてきた。若者の流儀は、老人にとっては非難の的である。逆に、前代の流儀は、軽薄な人々や若者にとって嘲笑の的である。このことに関して、老人は厳格に、青年は陽気になる傾向があるというよりもよい説明がいつもあるとは限らない。

必要ではないという理由だけで生活にとって便利なものの多くを反対する主張は、最新の勤労の適用から生じる虚栄について言葉を荒げる道徳家の言葉として相応しいものであるが、同じように、勤労の最初の適用を断念した野生人の言葉としても相応しい。野生人は次のように言うだろう。「われわれの祖先は、この岩の下を住居とした。彼らは食物を森の中で拾い集めた。のどの渇きを泉の水で和らげた。そして彼らは、彼らが殺した獣の皮を身にまとった。なぜわれわれは、歪んだ美食に耽るのか。また、なぜわれわれは、大地が常に産出しないような果実を収穫しようとするのか。われわれの祖先たちの弓は、われわれの腕にはあまりも強すぎるものになってしまった。そして野獣たちが森の中で我が物顔にふるまっている」。

こうして道徳家は、あらゆる時代の行動の中に、このような非難すべき話題をみつけて、そこから彼は、彼自身の時代の生活様式を厳しく非難しがちである。そしてこの問題に関するわれわれの困惑は、恐らく、道徳的性質を外観によって決定しようとする中で感じる一般的な困惑の一部にすぎないのだろう。外観は、精神や心の欠陥の表れであるかもしれないし、ないかもしれないからである。ある人は、麻布を着ることを悪徳とみるが、他の人は、織り方が粗い麻布であれば、麻布を着ていても悪徳とみない。ところで、事実、人間が、きめの粗い物を着たり細かい物を着たり、野原で眠ったり王宮を住処としたり、絨毯の上を歩いたり地面の上を素足で歩いたりしているとすれば、そして、そうしたなかで人間の精神が、洞察力や活力を維持することも失うこともあり、その心が、人類に対する愛情を維持することも失うこともあるとすれば、こうした状況の何れかに徳と悪徳の区別を求めようとするのは無益なことである。また、洗練された市民を、その装身具の一部あるいは毛皮の着用を根拠にして軟弱だと非難するのも無益なことである。おそらく野生人のなかには、彼よりも前にそれを着用していたものもいただろう。虚栄はある特定の種類の衣服によって識別されるものではない。アメリカ先住民が虚栄を示したのは、羽飾り、貝殻、まだら模様の毛皮の幻想的な組み合わせにおいてであり、また、飲酒や化粧に費やす時間においてであった。森の中においても、町の中においても、虚栄の目指すところは同じである。森の中では、顔をけばけばしく塗りたくり歯をわざと着色することによって称賛を得ようとし、町の中では、派手な装具や立派な服装によって称賛を得ようとする。

進歩し洗練された国民は、穏健で、生活態度が厳格であるということにおいて、しばしば未開国民よりも優れたものになる。トゥキュディデスは、「ギリシア人が野蛮人のように髪に金色のぴかぴか光る飾りをつけ、平時にも武装していたのはそう遠い昔のことではなかった」と述べている。ギリシア人にとっては、簡素な衣服は品の良さの指標になった。そして、身体に栄養を与えたり、被ったりするだけのものは、恐らく、どの国民にとっても重要ではないだろう。われわれは人間の徳性を、何を食べているか、何を着ているかではなくて、精神の資質の中に求めなくてはならない。現在では威厳のある厳格な人々の装飾品になっているものや、また実際に便利であると認められているものも、かつては青年のお洒落であったか、あるいは軟弱な人々を喜ばせるために考案されたものであった。実際、新しい流行は、しばしば気取り屋が目指すものである。しかし虚栄や愚行が甚だしくなる前に、流行が変ることがよくある。

こうした理由から、あらゆる時代の厳格な人々の理解は、同じように根拠のない不合理なものであろうか。われわれは生存手段や生活便宜品を改善する場合、いかなる誤謬をも決して恐れなくてよいのか。実際には、人間はこの場合、絶えず過ちを犯す危険にさらされている。単に人間が利便性の高いものや、何らかの特定の種類の食べ物に慣れているところにおいてだけ、危険にさらされているのではない。一般に、こういったものが、友人や国家や人類よりも選好されるようになっているところでは、どこでも危険にさらされている。すなわち、彼らがつまらない差異や些細な利益を重んじる所ではどこでも、また、小さな不便さにひるんで、勇敢に彼らの義務を履行できない所ではどこでも、このような誤謬を実際に犯すことになるのである。この問題に道徳律を適用することは、人々の住居、食事、衣服を何か特定の種類のものに限定することではなくて、こうした便宜品を人間生活における主たる目的と思わないようにすることにある。また、もしわれわれが次のように問われたら、すなわち、人間が、人生においてより高次元の業務に従事すべく、完全にその身を捧げるためには、つまらない種々の便宜の追求はどこでやめるべきかと問われたら、われわれは、直ちにやめるべきだと答えるだろう。これが、スパルタで守られた規則であった。この規則の目的は、スパルタ人の心の全てを国家《パブリック》に向かわせることであり、また、人々を富や物質的《エクスターナル》便宜品の蓄積にではなく、彼ら自身の本性の涵養に専心させることにあった。そうでなければ、鉋や鑿よりも、斧や鋸の方がより大きな政治的利益を伴うとは期待されなかったであろう。カトーは、ローマの街路を外衣もつけず、靴もはかずに歩いたが、その最大の理由は、恐らく、彼の同胞が称賛したがるものを軽蔑することであり、また、ある特定の衣服に徳を見出したり、他の衣服に悪徳を見出したりしないようにとの願いであった。

したがって、奢侈が虚栄の対象や高価な快楽の材料への偏向として考えられるならば、それは人間性を破壊するものである。しかし、奢侈がその時代に獲得された調度品や便宜品の単なる利用と考えられるならば、それは、個々の人々が悪徳あるいは徳へと向かう性向に左右されるというよりは、むしろ製造技術の発展と、人々の財産が不平等に分配されている程度に左右されるものである。

しかしながら種々様々な程度の奢侈が、種々様々な統治構造に多種多様な形で適合する。技術の発達は、財産の不平等な配分を前提とする。そして技術がもたらす資力の差異は、階級の区分を一層明確にする。このような理由から、奢侈は、そのあらゆる道徳的影響を別として、民主的統治形態にとっては好ましくない。どのような社会状態においても、奢侈は、唯、その社会の構成員の身分の不平等の度合いに応じて、また、正規の従属関係によって公的秩序が構成されている度合に応じて、支障ないものとして認められうるものなのだ。豪華な奢侈は、君主政体や混合政体においては、有益であるように思われる。また、必要でさえあるように思われる。このような政体においては、奢侈は、技術や商業を促進するだけでなく、その政治システムにおいて重要性をもつ世襲的高官や国制上の高官に輝きを与えるのにも役立つのである。このような場合においてさえ、奢侈が高度に洗練された富裕な時代に固有な弊害を果たしてもたらすのか。次節で考察しよう。

第三章　洗練された諸国民にありがちな腐敗について

奢侈と腐敗は、しばしば結びつけて考えられ、同意語としてさえ通用している。しかし言葉についての論争を避けるために、われわれは奢侈を、勤労の目的あるいは、機械的商業的技術の果実としての富の蓄積や、富の享受の仕方についての洗練を意味するものと理解することにしたい。また腐敗を、こうした技術の全ての状態に伴う、またあらゆる外的な状況あるいは条件の下で見出される、人間性の真の欠陥や堕落を意味するものと理解しよう。次の問いが残されている。すなわち、奢侈が一定水準に達していて、一般に優れていると思われている一定の諸便宜を有する文明国民にありがちな腐敗とはいかなるものか、という問いである。

われわれは、人間の悪徳が財産に比例するものでないことや、貪欲や肉欲の習慣が一定量の富や特定の種類の享楽によって身につけられるものではないことを納得するために、文明と未開の両極端にある国民全体の生活様式を対比する必要はない。個々の人々の境遇が、国民の洗練の状態によって多様になり得るのと同じように、個人の地位によっても多様であるところでは、利益や快楽に対する同じ情念が、あらゆる境遇において支配的である。その情念は気質から、あるいは、財産に対する後天的な敬意の念から生じるのであって、その当事者たちがおかれている何か特定の生活様式や、その当事者たちの配慮や願望の的となっている何か特定の種類の財産から生じるものではない。

少なくとも節度と中庸は、下層階級の人々の間において見られるように、上層階級と呼ばれている人々の間においてもしばしば見られる。そして、たとえわれわれが質素なという形容句を、単に安い飲食物とか、ある特定の時代や特定の階級の人々が満足しているように思われるその他の便宜品に付けるとしても、周知のごとく、高価な物が必ずしも放蕩となるものではないし、また茅葺きの屋根の下でも浪費がしばしば行われることは、高い天井の下におけるのと少しも異なるところがない。人々は様々な境遇に等しく慣れていく。王宮の中でも洞穴の中でも同じように快楽を享受し、同じように官能に誘惑される。不節制や怠惰の習慣がつくのは、他の業務が免除されるからであり、また精神が他のことに従事するのを嫌がるからである。もし胸中の諸感情が呼び起こされ、愛、感嘆、憤怒の情念に火がつけられるとすれば、王宮の高価な家具も、小屋の質素な調度品と同様に無視される。人々は奮い立っている時には休息を拒否し、疲労困憊している時には、絹のベッド、藁の寝床、いずれでも同じように休息する。

しかしながら、だからといって奢侈には国民の生活様式に不利益になるような影響力がまったくないという結論を導き出すことはできない。たとえ奢侈が、その向上に有利に働くとか、あるいは市民社会の編成に好都合であるとか、その付随的事情の全てを考慮に入れても、できないのである。国家《パブリック》の危機や災難が一時的になくなることは、商業的技術を実践する余暇を生じさせるが、もしそのような状況が続き、あるいは拡大し国民が努力しなくなれば、また、個人が祖国のために召集されることなく、個人的利益を追求するのを放任されるとすれば、彼は柔弱で強欲で、官能に耽るようになるだろう。そのようになるのは、快楽や利益がより魅惑的になるからではなく、他の目的に参加するように彼を呼び出す機会がより一層少なくなるからである。また、彼が個人的利益を探究し、彼の個々の利益を追求することをより一層奨励されているからである。

奢侈の追求あるいは享受に必要な身分や財産の違いが、優越や尊敬の誤った根拠となるならば、また、富裕であるか貧乏であるかということだけにもとづいて、ある階層の人々が彼ら自身の理解で意気揚々とし、他の階層の人々が彼ら自身の理解で意気消沈したりするならば、またある階層の人々がとてつもなく尊大になり、他の階層の人々がみすぼらしく卑下するならば、そして、あらゆる身分の人々が夫々の地位において、自分のために国家が形成されているのだと考える暴君のように、人類の権利を独占しようとするならば、大衆は全て腐敗し、社会の風習は、その成員が平等・独立・自由の原理にもとづいて行動しなくなるのに比例して悪化する。しかし比較してみると、高い階層の人々の腐敗が最も少ないであろう。あるいは、彼らは教育や人間としての自尊心から最もよい資質を保持しているだろう。だが一方の階層は強欲で卑屈になり、もう一方の階層は横柄で尊大になり、双方とも、正義や功績を無視する。こうして全体が腐敗し、社会の風習は、その成員が平等・独立・自由の原理にもとづいて行動しなくなるのに比例して悪化する。

このような見地に立って、また人間の長短を抽象的に考えると、共和国の習慣から君主国の習慣への単なる変化や、平等への愛から出生・肩書・財産にもとづく従属意識への変化は、人類にとって一種の腐敗である。しかしこの程度の腐敗は、依然として、国民の安全と繁栄と両立する。この程度の腐敗のもとでは、個人や王国の権利を長く保持しうる力強い勇気の余地があるからである。

君主政体の下では、その政体が活力に満ちている限り、確かに財産の優越が人間の諸階層を区別する一つの指標となる。しかし君主政には、これ以外にも若干の不可欠な要素が存在し、それらがなければ、富は優越の基盤として認められず、またそのために、富はしばしば軽蔑され、浪費される。すなわち、出生と肩書、栄誉ある勇気と宮廷風の作法、および精神のある種の尊厳である。もしこのような特質が忘れられ、貴族それ自体も、金銭だけで獲得できる壮麗な従者や、一般的に新興の成金が最も長期間もちこたえることができるような浪費によってのみ知られるとすれば、奢侈は、共和政の国家と同様に、君主政の国家も腐敗させるに違いない。また、生活様式の致命的な崩壊をもたらし、あらゆる境遇の人々は富を獲得し誇示することに熱心だが、真の野心のかけらすらなくしてしまう。彼らは、貴族としての尊厳も臣下としての忠義も持たない。彼らは、個人的勇気の準則であった名誉の意識を、柔弱な虚栄心に変えてしまった。さらに各人を各人の地位において直接の上位者と結びつけていた、また全体を国王に結びつけていたあの忠誠心を、奴隷的卑屈に変えてしまったのである。

諸国民がこのような側面から最も腐敗にさらされるのは、機械的技術が大いに発達して、無数の物品が供給され、人々の装飾、家具、娯楽品、身の回り品に用いられる時代であり、また、富者のみが得られるような物品が称賛され、従って尊敬とか優越や身分が財産に依拠して決定づけられる時代である。

技術が比較的未熟な状態においては、富の配分が不平等だとしても、富裕な人々は簡素な生活手段しか蓄積できない。彼らのできることは穀倉を満杯にし、畜舎を整備すること、比較的ひろい田畑から収穫し、より大きな牧草地に畜群を放つことだけである。自分の偉大さを味わうためには、群衆の中で生活しなければならない。また自分の所有物を守るためには、争論になった時に味方になってくれる友人たちに囲まれていなければならない。彼らの安全と同様に彼らの名誉は、彼らに随行する人々の多さにかかっている。そして彼らの個人的名声は、彼らの気前のよさと、精神の尊厳と考えられているものから得られる。このようにして富の所有は、その所有者を寛大な性質を持っているかのようにすることにのみ役立ち、また彼が多くの人々の擁護者、社会の尊敬と愛情の対象になることにのみ役立つ。しかし田舎風のかさばる大きな財産が、改良された品々と交換可能となり、また土地の生産物が、身の回り品や単なる装飾品に加工できるようになり、そして個人の安全のために多数の人々の結びつきがもはや必要でなくなると、家長《マスター》は、彼自身の財産の独占的な消費者になり、あらゆる物品を彼自身が利用するものとみなすであろう。彼は寛大な行いに使用できるものを、個人的な虚栄心を満足させるために、あるいは、特別な好みをもつ装飾品とか馬鹿げた装飾品を生活の必需品として列挙するようになっている病的で柔弱な空想に耽るために、費消するだろう。

次のような話をわれわれは聞いている。ペルシアの太守は、スパルタ王が彼らの打ち合せの場所で兵士と共に草の上で足をのばしているのを見た時、自分自身の便宜のため彼が備蓄してきたものについて恥じ、顔を赤らめた。彼は、毛皮や絨緞を取り去るよう命じた。彼は自らが劣っていると感じ、そして自分は人間と交渉するのであって、高価な盛装と壮麗な雰囲気の中で虚飾を競い合うべきではないということを思い出したというのである。

人間の徳や才能が試されることがない状況の中で、財産のある人々が従者を抱えていることからもつ優越感を見慣れていると、われわれは、功績から生じる卓越に対する全感覚を、あるいは能力から生じる卓越に対する全感覚すらも失いがちになる。われわれは同胞を、彼らがつくることのできる**外観**、すなわち、彼らの建物、衣服、身の回り品、従者の行列によって評価する。これらの全ての事情が何が優秀であるかを、われわれが評価する場合の不可欠な要素になっている。そしてわれわれは、主人その者は彼の財産に囲まれた見世物にすぎないと知っていても、それでもやはり彼の地位に対しておべっかを使う。そして、それ自体としては殆ど子供を楽しませるのにも適さないようなものを、ねたましげで卑屈な、あるいは落胆した気持ちをもって仰ぎ見るのである。但しそれは、高位を示す記章として着用される場合、われわれが偉人というような人々の野心を燃え上がらせる。また、大衆の心を打ち、畏怖と尊敬の念を抱かせる。

われわれは、若干の機械的技術によって生産されたもので、国民全体を判断する。そしてわれわれが屋敷、衣裳、大邸宅を誇らしげに話しているとき、われわれはそれらの持ち主について話していると思っている。われわれが**偉大な**、**高貴な**、**身分の高い**、**上流の生活**という言葉を用いる際の感覚は、こうした場合、完成という観念を、人間の特性から身の回り品に転化させてしまっていることを示している。また、われわれの評価では卓越性それ自体が、多くの職人の苦心によって、高価な費用で飾られた単なる見せびらかしにすぎないものになっていることを示している。

想像力の微妙な推移を看過する人々は、富は生活手段を調え、動物的快楽を購入する以上のことはできないため、強欲も金銭欲それ自体も、欠乏への恐怖あるいは官能的享楽への欲望と同調するはずだと思うかもしれない。また、欲望が満足させられ、欠乏の恐怖が除去されているところでは、精神は財産問題に関しては安らかになるはずだと思うかもしれない。しかし、貪欲な人々や強欲な人々の情熱に火をつけるのは、富者が獲得する単なる快楽でも、また富める人々の食卓に並べられる極上の御馳走でもない。人間本性は、生来のあらゆる享楽において簡単に満足する。われわれが富者の強み以外のあらゆる強みに気づかなく盲目になるのは、財産に卓越という評価が結びついているからである。そして、貧者の弱み以外のあらゆる弱みに対して無感覚になるのは、貧困に卑屈感がともなっているからである。このような不適切な理解によって、われわれは時折、あらゆる義務を放棄し、あらゆる侮辱に耐え、安全に遂行可能なあらゆる罪を犯すのである。

アウラングゼーブ(1)は、私的な立場においても、また、彼が主権を得るためにとったと思われる偽善的行為においても、節度を保っていたことで有名だったが、それに劣らず、インドスタン(2)の王位についた後もそうであり続けたことでも有名であった。彼は食事やその他の娯楽において簡素で節制を守り厳格で、依然として隠者の生活を続け、また、大帝国の諸問題に痛ましいとも思われるほど専念した(3)。もし快楽が目的であったならば際限なく官能に耽ることができた地位を放棄し、彼は不安と心配が渦巻く世界へ自ら進んだ。彼が目指したのは動物的欲求の満足や安逸の享受ではなく、人間世界の頂点であり、帝国の財産を我がものとすることであった。自然の感情のみならず官能的快楽をも克服した彼は、父を王位から退け、兄弟たちを殺した。彼がそうしたのは、ダイヤモンドや真珠がちりばめられた馬車を乗りまわすためであり、行進する際の彼の象、駱駝、馬の列を何リーグにもわたる長いものにするためであり、また光り輝く馬具を陽光にさらすためであった。そして財宝を積み込んで、へりくだって感嘆している群衆の前に、畏怖すべき王者の姿を現した。彼の前では、群衆は地面にひれ伏し、彼の偉大さと自らの劣等さを意識して圧倒されたのである。

これらは、支配欲を引き起こし、野心家を刺激して同胞の支配者になろうとさせるものである。また、これらは普通の人々には、劣等感と下賤の意識を吹き込み、彼らは、屈辱に耐え、自分たちよりも優れた地位と性質を持っていると彼らが考える人々の所有物となることに甘んじるのである。

それゆえに終身奴隷制の鎖は、東洋において堅固であるように思われる。それを堅固にしているのは、剣の恐怖や処刑の恐怖に劣らず、権力の所有に付随して生じる華美である。東洋と同様に西洋においても、人々は豪華な装身具には進んで頭を下げるし、また、威風堂々とした王侯の屋敷には恐懼して距離をおく。われわれもまた、富と名誉を好み貧困と怠慢を不快とする人々の渋面を恐れ、微笑を得ようとするだろう。われわれはまた、財産に付随する華美に感嘆するために、人間精神の名誉を看過するかもしれない。黄金の金具をつけた象の行進は、奴隷根性を祖先から受け継ぎ、そして生来の気質と、無気力にするような土壌と気候の魔力とによって衰弱させられた人々だけでなく、自らの技術や発明の結果、腐敗し虚弱になった人々をも、幻惑させて奴隷にしてしまうかもしれない。

したがって、奢侈となる物品の単なる利用は、実際の悪徳と区別され得るとしても、商業的技術が高度に

(1)（訳注）アウラングゼーブ Aurengzebe、ムガール帝国第六代皇帝、在位一六五八年から一七〇七年。第五代皇帝の晩年、その四皇子の間で皇位継承をめぐり激しい戦いが起こった。第三皇子であったアウラングゼーブが、その戦いを勝ち抜き、一六五八年に皇帝に即位した。以後、帝国の支配を確立するとともに、周辺地域をも征服した。治世の後半には、インド西部の住民、マラータの反乱や各地の農民一揆のために帝国は動揺し、西欧諸国に侵略されるようになった。

(2)（訳注）インドスタン Indostan、インド亜大陸のうちヒンドゥ教が支配的な地域。

(3) Gemelli Careri［前出、三〇一頁注2］。

発達した状態にある国民は、人間的尊厳と徳によって支えられていない富を、優越性の重要な基盤として認めることによって、また、尊敬と名誉への道として、利益の側に彼らの注意を向けることによって、腐敗の危険にさらされる。

このような効果があるので、奢侈は、一種の君主政的従属関係を導入することによって民主制国家を腐敗させることになろう。但し、この従属関係は身分の境界を固定し決定づける、また、人々にそれぞれの地位において力強く、また礼儀正しく行動するように教える、あの高貴な家系と先祖代々の栄誉という意識を欠いたものである。奢侈は、君主政統治においてさえ、単なる富に対して尊敬の念を生じさせることによって、また個人的資質や一門の栄誉の光輝に陰を投じることによって、更にあらゆる階級の人々に等しく金銭欲、奴隷根性、臆病心を感染させることによって、政治的腐敗の引き金となるであろう。

第四章　前章に続く

商業的技術の進歩に伴う、自分の利益を研究しようとする関心の増大、自分の娯楽品を改良する際の細やかさ、勤勉それ自体すら、さらに、名誉をまったく得られない退屈な仕事に精励する習慣も、利益に対する関心の増大の兆候、あるいは、安楽や便宜の享受に染まった怯懦の兆候と考えられるだろう。個人に財産を増やすことを教える次々と生まれてくる仕事《アーツ》は全て、実際には、彼の個人的業務への一つの追加であり、また、彼の精神をあらたに社会から引き離すものとなる。

しかしながら、腐敗は、商業的技術の濫用だけから生じるものではない。それを助長する政治的状況がなければ腐敗は生じない。また、強欲で金銭に卑しい精神を夢中にさせる対象も、人々が身についた下劣な性向に安全に耽けることができるようにする状況の助けがなければ、腐敗を生み出さない。

神は人類を、いつの日にか、達成しなければならない重要な任務に耐え得るものとしている。人類は、その任務を遂行している時にこそ、最も自らの本来の力を獲得し、保持するようである。力強い精神の習慣は、様々な困難と戦う中で形成されるのであって、平和な状態で平穏を享受している際に形成されるものではない。洞察力と英知は、経験の果実であって、隠遁と余暇が教えるものではない。熱情と寛大は、心を引きつける局面における行為の中で目覚め、活気づけられる精神の特質であって、省察や知識の贈り物ではない。それにも拘らず時として、国民的政治的努力の単なる中休みが、社会の幸せだと誤解されている。柔弱で利己的な人々の悪徳を育て、その怯懦をいい気にさせるのに、これ以上の誤解はない。

もし政治の月並みな手法が、というよりも公共的性質の事柄に対する増大しつつある無関心が、広く行き渡り、そして、いかなる自由な統治構造のもとであれ自由の行使に一般的に伴う、あの党派論争を終息させ、あの意見衝突の騒音を沈静化させるとすれば、おそらく国民的精神の弛緩と国民の生活様式の腐敗を招くであろう。公共的用務がなくなり、個人的利益と動物的快楽が最高の関心事となる時代の到来である。重要な事柄の抑圧から解放された人々が彼らの関心を瑣末なことに注ぎ、そして享楽や悪戯の対象に、人々が好んで**感性**とか**デリカシー**と呼ぶものを、現実の怯懦や愚行が行きつくところまで、働かせて、虚飾に頼り、必要なものがあるかのように思い込み、病的な空想や虚弱な精神の心配事をつのらせる時代の到来である。

このような状態においては、人類は一般に、自らの愚行を**洗練**という名目で自慢にする。彼らは、前の時代に賞賛されていた熱情や寛大や剛毅を狂乱と紙一重であると、あるいは、自分の安楽や快楽を享受する手段を持たなかった人々に必要性がもたらした結果に過ぎなかったと思い込んでいる。彼らは、このような熱烈な徳の実践を求められる嵐から逃がれることができて喜んでいる。そして、最も卑しい状態にある人類につきまとう虚栄心をもって彼らは、気取った、けだるい、愚かな状態を、人間の幸福の見本として、また理性的本性を最も適切に働かせる場を提供するものとして自慢する。

人間の精神が価値判断において混乱するようになることは、人間の活力が行動において低下し、そして心がその対象の選択を誤るようになることと同様に、堕落に向かう時代の恐るべき徴候以外の何物でもない。

単なる財産に対する関心が、英知をつくりあげるものだと想定され、そして公共の事柄からの隠遁や人類に対する真の無関心が中庸と徳として、称賛を博する。

実際、偉大な不屈の精神や高潔な精神は、必ずしもいつも、価値ある目的の達成に用いられてきたわけではない。しかし、これらはいつも称賛されるものであり、われわれが、人生の比較的困難な地位の何れにおいても、人類の善のために行動しようとする時には、常に必要なものなのだ。それゆえに、それらの誤った発揮を非難する際、それらの価値を貶めないように注意すべきである。厳格で、説教がましい道徳を説く人々が、この警告を必ずしもいつも十分に守ってきたとは思われない。また、彼らが、腐敗について十分に気づいていたとは思われない。彼らは、腐敗した人々をおだて、人間精神の特質の中にある野心的で卓越したものを皮肉る。

極度に堕落した時代においては、デモステネスやタリの才能、マケドニア人の無鉄砲な剛勇さえ、あるいはカルタゴの指導者の大胆な企画さえ、風刺詩人の辛辣な批評を免れることができたかもしれない。[1] この風刺詩人の見解には訂正すべき点が非常に多かったが、しかし、彼は非常に高度な雄弁の技術も持っていた。

(1) ユウェナーリス『風刺詩集』第10編。[デキムス・ユニウス・ユウェナーリス (Decimus Junius Juvenalis)、六〇—一三〇年。古代ローマの風刺詩人、弁護士。次の邦訳書がある。ユウェナーリス『ローマ諷刺詩集』(国原吉之助訳、岩波文庫)]。

狂人よ、行け、冷酷無情なアルペース山脈の中を突進せよ、
汝が修辞学校の児童たちを小躍りさせ、彼らの演説練習のための題材となるために。(2)

これは、この風刺詩人によって、指導者の人格と行為に対して浴びせられた下品なな非難の一部である。この指導者は、このように風刺された、まさにその役割を果たした際の勇気と指揮によって祖国を荒廃からほぼ救った。だが、祖国は、その荒廃によって最後には転覆させられたのである。

英雄たちはほとんど同じである、この点について意見は一致している
マケドニアの狂人からスウェーデンの王様まで(3)

この二行連句は、もう一人の美しい才能をもつ詩人が、ある有名な人物を貶めようと試みたものだ。彼の読者の中には、恐らくこの人物を憧れるものはほとんどいないだろう

人間には誤りがあるに違いないとしても、どのような誤りをするかは、どのような徳行をするかと同様にまさに当人の選択である。野心、個人的優越への愛着、名声欲、これらのものは時には犯罪行為にいたることがあるとしても、いつも人々を、人間精神の最も偉大な資質のいくつかによって支えられる必要がある仕事に従事させる。そして、もし優越することが仕事の主な目的であるならば、少なくとも、人間精神を真に高めるような資質が修得されうる可能性が存在する。しかし国家の危機がなくなり、栄誉を軽蔑することが

一種の英知だとして推奨されるようになると、国民的目的への一般的無関心の下で、文明国家や商業国家の成員が陥る危機にある強欲な習慣と欲得ずくの性向は、ただちにあらゆる自由な感情に対する最も効果的な抑制になるに違いない。さらに、社会が自らを維持し、力をつけようとする希望を引き出す全ての原理に対する最も致命的な反対の原理になるに違いない。

隠遁生活あるいは公的生活のどちらにおいても、幸福で独立した状態にあることは、高潔なことである。幸福な人々の特徴は、宮廷であれ村落であれ、議会であれ私的な閑居であれ、あらゆる状態において堂々とふるまうことである。しかし、もし彼らが愛着を感じる何か特別の地位があるとすれば、それは、彼らの行動を最も広範囲にわたって有益にする地位に違いない。したがって単なる隠遁を、中庸や徳の徴候だとする見解は、修道士や隠者を聖人にした前時代の体制の遺風である。あるいは、公的生活を知性と感情を正しく、また楽しく働かせるための最善の機会を提供する舞台としてではなく、単なる虚栄、貪欲および野心を満たすための舞台とみなす、等しく道徳的腐敗をはらんだ思考習慣から生ずるのである。

競争と権力欲は、公的行為への動機としては実に情けないものである。しかしこれらが、どのような場合であれ、人々が国務の一端を担ってきた主要な動機であったとすれば、これらの広がり或いは力の減少は、国民の生活様式の真の腐敗である。そして上層身分の人々の見せかけの中庸は、国家に致命的な影響を与え

（2）ユウェナーリス、前掲、二四六頁。

（3）（訳注）ポウプ『人間論』（上田勤訳、岩波文庫九七頁。訳文一部変更）。

る。国家《パブリック》への無私の愛は、いくつかの統治構造にとっては死活の原理である。しかし、この原理が支配的情念であったと思われることがどれだけ稀であったかということを考えると、あらゆる場合において、国民の繁栄や存続をその影響に帰す訳にはいかない。

ある統治形態の下においては、人々が独立を好み、侵害に反対し、そして侮辱的待遇を拒絶する覚悟を持っていれば、恐らく十分である。また、他の統治形態の下においては、人々が、自分達の身分と名誉に固執し、国家《パブリック》への熱意の代わりに、自分自身に属する種々の権利を用心深く警戒していれば十分である。多数の人々が、ある程度の尊厳と不屈の精神を保持していれば、彼らは彼らの誤謬を互に抑制し、そして、様々な統治構造がその成員たちのために用意した、多様な状況において行動することができる。しかし、脆弱な精神にともなう様々な不便があるところでは、どのように導かれても、どれだけ知識を与えられても、どのような国家制度も安全ではなく、また、国家がどれほど拡大したとしても、政治的繁栄を確保することはできない。

財産とか勲章とか娯楽が空想の餌食として、また、情熱の刺激剤としてばらまかれている国々においては、国家の政治的生命の維持は、諸党派が相互に対立したり抑制したりする際の競争と警戒の程度に依存しているように思われる。市民の胸中にある出世欲と射利の念が、彼を刺激して公共の事柄に参加させる動機となり、また、彼の政治的行為を導く判断となる。したがって、野心、党派間の敵対意識、公的羨望を抑圧することは、恐らくこのような全ての場合において改革ではなく、臆病で気が弱いことの徴候であり、また、より貪欲な追求や、破滅的な娯楽の前触れである。

生活様式におけるこのような革命の前夜には、あらゆる混合政体あるいは君主政体の高い身分の人々は、自分自身のことをよく考える必要がある。低い身分の商人《ビジネス》や職人は、自分の職業を維持しようとする。そして一種の必要性によって、彼らの平穏と中程度の生活の享受とを可能にしている習慣が保たれる。しかし、もし上流階級の人々が国家を放棄し、国防と統治に用いられるあの勇気と高潔な精神を失い、また、その才能を発揮しなくなれば、彼らは、実際には、彼らの地位の優越と思われるものによって、以前は彼らが華飾となっていた正にその社会のごみとなるのである。また、その社会の構成員の中で最も尊敬されていた人、最も幸福であった人から、最も卑劣で腐敗した人になってしまう。彼らは、このような状態に近づく中で、また、男らしい職業が全てなくなる中で、自分では説明できない不満とけだるさを感じる。彼らは、外見上は楽しそうな生活の中でやつれる。あるいは、彼らが気まぐれに多様な異なった仕事や遊びをしているのは、動揺した状態の現れである。それは、病気のもたらす不安と同様に、享楽や快楽の証拠ではなく、悩み苦しんでいる証拠なのである。ある人は、彼の家屋、身の回り品、食事に気を使うことを選び、他の人は、文学的娯楽や何らかのつまらない研究を選ぶ。田舎のスポーツや町の娯楽、賭博台(4)、犬、馬、ワインが、けだるい無益な生活の空白を埋めるために用いられる。人間の仕事について彼らが話していることを聞けば、

(4) 人間が夢中になるこれら様々なものは、品位や純粋さに関して互いに異なる。しかし、そのいずれのものも、そこから国民の不安定な運命を支えるために人々が送り出された学校ではない。それらは等しく、人間が主に追求すべきもの、すなわち人類の善からの逸脱である。

困難の全ては何かすることをみつけることにあるかのようである。彼らは、あたかも行われるに値することが何もないかのように、下らない職業を選ぶ。彼らは、同胞たちの利益に役立つものは、自分自身にとっては不利益であると考える。彼らは、活力の発揮が求められ、祖国に何らかの奉仕をするように誘われるかもしれないあらゆる局面からは、逃げ出す。貧者を憐れみ同情するのは誤りである。同情は、富者に向けられるべきだろう。富者は、腐敗したあらゆる国家の成員が、臆病で邪悪な性質によって急速に落ちぶれていく、あの悲惨で卑賤な状態の最初の犠牲者になるからである。

この状況において官能主義者は、快楽のために工夫を凝らし、あらゆるものを発明し、満たされて飽き飽きしている欲望への刺激物を考案する。それらは自堕落な時代の腐敗を助長する。獣のような欲求と単なる放蕩の影響は、恐らく未開時代においての方が、その後の商業と奢侈の時代においてよりも、あからさまで暴力的であっただろう。しかし、満ち足りた欲求をさらに満足させようとして、身体を壊しているのに、動物的快楽を見つけられない所で果てなく探し求める習慣は、怠惰や娯楽の愉悦にとっても破滅的であるが、それに劣らず精神の諸徳性にとっても破滅的である。またそれは、私的な幸福へのわれわれの希望を挫くものであるに劣らず、確実に、公共的事柄からの退散であり、国民的衰亡の前触れである。

ここでの考察の目的は、名声を獲得した諸国民あるいは衰退した諸国民のいずれにおいても生じたことのある腐敗の程度を正確に確定することではなく、政治的隷従に帰着しそうな精神の怠慢、魂の怯懦、国民的衰弱の状態を描くことである。この政治的隷従は、依然として注意すべき最後の災禍と見なされるべきであって、諸国民の滅びゆく運命において、それ以降のことについては詳述する必要のある事柄はない。

第五章　政治的奴隷に陥りがちな腐敗について

自由《リバティー》は、ある意味で、洗練された国民のみがもっているもののように思われる。野生人は個人的には自由《フリー》である。何故なら、束縛されずに生活し、対等の条件で彼の部族の成員たちと行動をともにしているからである。野蛮人も、野生人と同じ状態が続いているため、あるいは、勇気と剣を持っているため、通常は独立している。しかし、良い政策だけが正義にもとづく正規の施政を行うことができる。あるいは、その国家において、あらゆる場合にその成員の諸権利を守ろうとする権力を設立することができる。

少数の特異な場合を除いて、商業の技術《アート》と政治の技術《アート》は一緒に発達してきた。この二つの技術《アート》は、近代ヨーロッパにおいては、あまりにも織り混ざっているので、時系列でどちらが先に生じたか、あるいは、両者の相互作用においてどちらが最大の利益を得たかを決定することはできない。いくつかの国では、利益を獲得しようとした商業の精神が、政治的英知に至る道を開いてきた。富を所有し、自らの所有物について用心深くなった国民は、解放の計画を立て、獲得したばかりの支持を利用して、さらに彼らの要求を拡大し、そして主権者が常に用いてきた特権に抵抗するようになった。しかし、ある時代に富を所有しているからといって、前の時代に生み出されたような成果を期待することはできない。財産が大いに増加することは、それが最近のことで、倹約と独立の意識が伴う時は、所有者に自分の力について自信をもたせ、そして所有者は、圧政を拒絶しようとするであろう。個人的に使うためではなく、あるいは虚栄に耽るためでもなく、仲間の利益を支え、党派のより高次な情念を満たすために開かれている財布は、富裕な市民を支配権の僭称者にとって恐るべき存在とする。しかし、腐敗した時代においては、同程度の、あるいはより大きな富が、これと同じ効果をもたらすということにはならない。

これとは逆に、もし富が守銭奴の手中にのみ蓄積され、浪費家の手から無駄に使われる場合、家族の相続者たちが、豊かさの中で自分たちが困窮し貧しいと気付いた時、奢侈への熱望が仲間や党派の声まで黙らせる時、従順は報償に値するという期待、あるいは、自由にできるものを失う恐怖が、人々を不安と心配の状態におく時、要するに、財産が活力にあふれた精神の道具として考えられるのではなく、強欲なあるいは気前の良い精神、飽くことを知らないあるいは臆病な精神の偶像となる時、自由を築いていた基盤は、暴君を支えるのに役立つだろう。そしてある時代には被治者の要求を喚起し、自信を育てたものが、他の時代には、彼を卑屈にし、そして、彼の変節に対する代価を提供するだろう。活気にあふれた時代には、国民の手中にある富が自由の契機になるという実例を示した人々が、堕落した時代には、同じようにタキトゥスの金言「富の称賛は専制政治へと導く」が真実であることを証明するだろう(1)。

自由を味わったことのある人々や、個人としての権利を感じ取ったことのある人々に、いずれに対する侵害であれ、それを堪え忍ぶことを簡単に教えることはできない。また、何らかの事前工作なしには、圧政に服従させることはできない。彼らは様々な政治形態の下で、様々な人々から、この不幸な工作をさせられるだろう。また、様々な道を経て同じ結末にいたるだろう。彼らは、共和国ではある指図に従い、君主国や混合政体では他の指図に従う。しかし、国家が被治者の徳を保持しない手段によって彼の安全を効果的に守った所ではどこであっても、怠慢と公共の軽視が生じるだろう。そして、あらゆる種類の文明国民は、この点において、彼らが平和と繁栄を途切れなく享受した期間がどれだけだろうと、その程度に比例した危険に遭遇すると思われる。

自由《リバティ》は、法による統治の成果であると言われている。そしてわれわれは、法令を自由《フリィ》であることを決意した国民の決議や行動原理としてだけではなく、また、彼らの権利が記録されている文書としてだけでもなく、彼らを守るために確立された力として、また人間の気まぐれが越えることのできない防壁として考える傾向にある。

アジアの大守が、自然的公正のルールによって全ての論争を決着しようとする時、われわれは、彼が自由裁量権を持っているということを認める。ヨーロッパの裁判官が、成文法についての彼自身の解釈に従って、判決を下す権限が与えられている時、彼はいかなる意味で、前者よりも制限されているのか。法令の多くの言葉が、良心や心情に対して与える影響は、理性や自然の言葉よりも強力なのか。いかなる訴訟手続きにおいてであれ、当事者の種々の権利が人類の知性に開かれているルールを基盤として論議される場合、それらが複雑な制度に委ねられている時よりも、安全の度合いが少ないと言えるだろうか。その複雑な制度を研究し説明することが別の専門的職業の目的となっているのである。

(1)「富さえなお尊ばれ、このために彼らにおいては、ただひとりの王が、なんらの掣肘を蒙らず、絶対的服従の権を揮って号令する」。タキトゥス［泉井久之助訳］『ゲルマーニア』四四章［岩波文庫二一〇頁］。

もし訴訟手続きの形式や、成文法、あるいはその他の法律の規約が、それらを生み出した精神そのものによって強く主張されなくなれば、それらは権力の不正な行為を規制せずに、それを隠蔽することだけに役立つ。それらは、腐敗した行政官《マジストレイト》の目的に有利な計らいをする時には、恐らく、その腐敗した行政官《マジストレイト》に尊重されるだろうが、もしそれらが彼の障害になる時には、軽んじられ忌避されるだろう。そして、法律が、自由の保持に何らかの実際の効力をもっているところでも、法律の影響力は、本を収納している書棚から降りてくる何か魔法の力のようなものではない。その力は、実際には、自由であると決意した人々の影響力である。また、国家や彼らの同胞とともに生きていくために条項の記述を調整し、自らの警戒心と魂によって、これらの条項が遵守されるようにすることを決意した人々の影響力なのである。

われわれは、全ての統治形態の下で、行政権の濫用と拡大に由来する侵害を恐れるよう教えられている。純粋な君主政においては、この権力は通常世襲的であり、一定の家系に世襲されていく。選挙君主政では、それは生涯保有される。共和政においては、その行使に期限がある。選挙によって任命され、一時的な権威を所有する人々や家族の場合、彼らの権力の拡大ではなく、むしろ永続化が野心の目的となる。世襲君主政においては、主権はすでに永続的である。そこで大権の拡大が、全ての野心的君主の目的となる。共和国や動乱期の全ての形態の社会がさらされている危険は、正式に信頼される地位に昇進させられた人々だけによってもたらされるのではない。それは、どのような人だろうと野心に駆り立てられている全ての人々、党派に支えられている全ての人々によってももたらされる。

人類の福利と調和する権力以上のものを享受することは、君主にとっても、他の為政者にとっても、有益なことは何もない。また、不正を働くことは、人間に何ら利益をもたらさない。しかし、この格言は、人々の情念や愚行から安全を守るには脆弱である。影響力を行使する何らかの手段を託された人々は、強制されることへの単なる嫌悪感から、反対者を排除しようとする。世襲的な王冠を戴く国王のみならず、任期のある長官も、自らの高い地位に愛着を抱くようになる。彼の君主の一時的な意志によって自らの地位が決まり、また彼の個人的利益が全ての点において臣民としての利益である大臣でさえも、大権の増大に興味を持ち、国民の権利を侵害したことが彼自身にとって利益であると考える弱点を持っている。そのうちに彼自身と彼の家族は国民と同列に置かれることになる。

人類に対して最良の意図を持っている場合でも、われわれは、人類の幸福について次のように考えがちである。すなわち、人類の幸福とは、人類自身の意向の適切さによって決まるのではなく、あるいは、人類自身の才能を適切に用いることによって決まるのではなく、人類の福利のために考案されたものに人類が喜んで従うことにあると。したがって、あらゆる主権者がこれまで模範として示してきた最高の徳は、彼の国民の中に自由と独立の精神を涵養しようとする願望ではなくて、財産配分における正義に対する確固たる配慮であり、また、保護し恩恵をあたえ、彼の臣民の不満を除去し利益を促進しようとする姿勢であり、これらすら極めて稀で、非常に称賛に値するものだった。これらのことを考慮して、ティトゥス(2)は、彼の時代の価

(2) (訳注) ティトゥス Titus (三九—八一年)、ウェスパシアヌス帝の長子、父からユダヤ戦争の指揮を委ねられエルサレムを陥落させた。父の死後、即位した。在位中(七九—八一年)にヴェスビオ火山の爆発、ローマの大火、疫病流行といった惨事があったが、積極的に被害者の救済に当たり、寛大で人道的な政策により、民衆に人気があった。

値を算定し、その妥当性を判定した。しかし、この慈悲深い君主の手中にあって、臣民を保護し、迅速かつ効果的な正義の分配を確保するために抜かれた剣は、暴君の手中では、無実の人々の血を流し、人間の権利を抹殺するのに十分なものであった。一時的な人道的処置は、圧政の行使を中断したが、国民を束縛する鎖を断ち切らなかった。君主にとっては、自らが考案したこの種の善を獲得するためには、この方がよかったことにさえなる。なぜならば、自由がまったく残っていなかったからであり、また、彼の勅令に異議を唱え、それらが実行されるのを邪魔しようとする勢力はどこにも存在していなかったからである。

アントニヌスが、トラセア、ヘルウィディウス、カトー、ディオン、[3] ブルートゥスの性質を知ったことは、無駄なことだったのか。彼が平等と正義を基盤として設立される自由の社会の形態や、臣民の自由が施政の最も神聖な目的とされていた君主政治の形態を学び理解したことは無駄だったのか。[4] 彼は、彼が天の恵みであると指摘するものを、人類に確保するための手段を間違えたのか。あるいは、強大な帝国において彼に与えられた絶対的な権力は、彼の精神が国民にとって善であると認識したことを実行するのを妨げただけだったのか。このような場合、君主や国民にこびへつらうのは無駄であった。君主は、時に彼自身の計画に反するかもしれない精神を育てることなしに、自由を授けることはできない。国民は、この恩恵を与える、与えないかは主人の権利にあると認めている間は、この恩恵を受けとらないだろう。正義の要求は、断固としていて有無を言わせない。われわれは愛顧を受け、感謝し好意をいだく。しかしわれわれは、われわれの権利を強く主張するだろう。この努力おいて嘆願や感謝の調子を帯びることになると、自由の精神は、自らを裏切ることになる。ブルートゥスはキケロに次のように言う。「あなたはオクタウィアヌスに、ローマの第一流の市民を許すよう嘆願した。もし彼が許さなかったらどうなるのか。われわれは滅びなければならないのか。そうだ。彼にわれわれの安全を委ねるくらいなら、むしろ死んだ方がよい」。

自由は、全ての個人が独力で守る覚悟を持たなければならない一つの権利である。そして、これを恩恵として授けるふりをする者は、まさにその行為によって実際にはこの権利を否定していることになるのだ。政治制度は人間の意志と裁量から独立しているかのように思われる。しかし、その政治制度にさえ自由の存続を託すことはできない。政治制度は、自由な精神が侮辱に抵抗し、自分の安全を自分で守る覚悟を常に持つようにする堅固な毅然とした魂を、育てることが出来るかもしれないが、それにとって代わるべきものではない。

それゆえに、もし粘土を陶工の手に委ねるように、国民を君主に委ね形作ろうとするのは、自由を実際に奴隷のような国民に授けようとする計画であって、あらゆる困難の中で恐らく最も困難なものであり、ほとんどの場合、何も言わずに、また最も抑えた行動によって実行される必要がある。人々は、自分自身の権利を理解し、人類の公正な要求を尊重している場合に、丁度その程度に比例して、この恩恵を受ける資格を持

---

(3)（訳注）ディオン Dion（前四〇八頃—三五四年）、ディオニュシオス一世の義弟で、プラトンの下で学び、かれの崇拝者となる。一世の死後、その後継者をプラトンの説く哲人王にしようとするが失敗し、アテネに亡命する。前三五七年シチリアに渡り、シラクサを一時解放する。しかし市民の信望を失い、部下に暗殺された。

(4) M・アントニヌス、第一巻［『自省録』［『キケロ、エピクテトス、マルクス・アウレリウス』、世界の名著（中央公論）第十四巻四一四頁］。

つ。すなわち、彼らが自ら進んで政治や国防の負担を担おうとしている程度に比例して、また、怠惰の享受や、服従し畏怖することによって安全がえられるという非現実的な希望よりも、自由な精神の発揮を望む程度に比例して、このような恩恵を受けるのにふさわしくなるのである。

私は、国の政治システムにおいて大きな特権を託されている人々に、敬意を払いつつ、あるいはこのような表現が許されるのであれば、迎合して語る。彼らの落ち度で国家が奴隷化されるのは、実際には、まれなことである。人間的願望によって動かされている彼らに、失望しないように、あるいは躊躇もしないようにということ以外に、何を期待すべきか。また、彼らが目的を追求する際の熱情をもって、彼らの活動を阻止する障害を打ち破ること以外に何を期待すべきか。もし数百万の人々がただ一人の人間を前にして後退し、そして議会が自分自身の意見や判断力をまったく持たないメンバーによって構成されているかのように受動的であるとすれば、自由の防壁はどちらの側において崩壊したのか。あるいは、われわれは、その崩壊をどちらの責任に帰すべきか。自分の持ち場を放棄した臣民に帰すべきだろうか。あるいは、自分の持ち場に残っていただけの統治者に帰すべきだろうか。また、政府の付随的なあるいは従属的なメンバーが、統治者の権力に異議を唱えなくなると、何ら抑制されることなしに統治し続けるに違いない統治者に帰すべきだろうか。

自由を保持するためにつくられる政体は、多くの部分から構成されるに違いないということは、よく知られている。また、元老院、民会、裁判所、様々な身分の行政官《マジストレイト》が行政権を行使し、支えたり抑制したりしながら、協力して互いの均衡をはからなければならないことも、よく知られている。もしこれらのいずれかが打倒されると、この体制は動揺あるいは崩壊するに違いない。いずれかがが怠慢であると、他の機関がその領分を侵すに違いない。様々な才能、習慣、知見を持っている人々によって構成されている集会において、全ての重要な点でこれらの人々を一致させることができるとしたならば、超人的なことである。人々は異なる意見や目的を持っているため、論争の自制は誠実さの欠如になるだろう。したがって、われわれが満場一致を称賛することそれ自体も、自由にとって危険なものだと見なされるべきである。われわれはそれを望む。しかし、それには危険が伴う。人々は、ますます怠惰になり、公共の事柄に無関心になるだろう。或る人々は金で操られ祖国の権利を売ってしまう。他の人々は卑屈になり、彼らの精神を抑圧している支配者に絶対的に服従する。公共への愛、法の尊重は、人類が認めなければならないことがらである。しかし、論争すべき問題において、ある個人や党派の意向がいつも決まって推し進められるとすれば、自由の大義は既に売り渡されているのである。

無関心なあるいは卑屈な国民を統治することを仕事としている人が、一瞬といえども自分の権力を拡張することをやめるはずはない。あらゆる法の施行、国家の全ての動向、彼の権力が用いられる全ての政治的《シヴィル》軍事的行動は、彼の権威を確かなものにし、彼を尊重すべき、畏怖すべき、尊敬すべき唯一の対象として公衆の目に映じさせるのに役立つにちがいない。ある時代に行政権の行使を制限し、監督するために考え出された制度が、他の時代においては、その権力の基盤を固め、その安定性をもたらすのに役立つだろう。このような制度は、感情を害したり、恐怖心をそそることなく、行政権がおよんでいくことが可能な水路を指し示すだろう。そして行政権による侵害を抑制するために設けられた、まさにこの会議が、腐敗した時代においては、行政権の不法行為を助長することになるのである。

独立への熱情と支配への愛は、しばしば共通の源泉より生じる。両者には、統制されることへの嫌悪がある。そして、ある状況において、上位の者に耐えられない者は、他の状況においては、同等のものと結びつくのを嫌うに違いない。

共和政体における党派の指導者は、純粋な君主政や制限君主政のもとで国制によって定められている君主のようなものに進んでなりたがる。もし彼がこの羨望の地位に達するならば、彼自身の性向、あるいは人事の成り行きによって彼の前に、王になろうとする彼の野望を実現する道が開かるように思われる。しかし、彼が行動するように運命づけられている状況は、国王の状況とは非常に異なっている。彼は不平等に慣れていない人々と遭遇する。彼は自らの安全のために、絶えず短剣を鞘から抜いておかなければならない。彼が安全を願うのは、恐らくは、正義のためであろう。しかし彼が王権を簒奪した瞬間から、あらゆる専制的な権力を行使するようにせき立てられる。このような争いを王位継承者は、臣下たちと続ける必要はない。彼はおべっかを使う人に囲まれている。また、彼の心は著しく邪悪で、彼の讃美者であると同時に支持者であり、かつ彼の治世の装飾物でもある国民に対する愛情で光り輝くことはない。恐らく彼には、彼の臣民の権利を侵害しようという露骨な計画はない。しかし、それ故に、臣民の自由の保持を意図した諸慣行が、彼の掌中において、必ずしも常に守られるとはいえない。

邪悪な野望のきまぐれにより、人類は隷従を強いられてきた。そして、嫉妬と恐怖の重苦しい時代に、暴君は残虐行為をしてきた。しかし、これらの悪魔は、恣意的権力を創出するためにも支えるためにも必要ではない。共和政ローマの政策よりも、国民の幸福を維持することにおいて成功した政策はかつてなかった。それにも関わらず、君主たちと同様に臣民たちは、自由は統治を行う上で障害であるとしばしば想像する。すなわち彼らは、国家の諮問委員会を運営する際に迅速性と機密性を獲得するためには、また、**政治的秩序**と彼らが好んで称するものを維持するためには、さらに、不平を敏速に除去するためには、専制的権力が最適であると想像するのだ。[5] 彼らは時として、立派な君主たちが続けば、専制政治は人類の幸福にとって最適のものであるとさえ認めている。このように考えている限り彼らは、自分の権力をよい目的のために用いていると確信して、その権力の範囲を拡大しようと励んでいる統治者を非難できない。また、理性の働きを邪魔し、彼の友好的な意図の効果を妨げる束縛を除去しようと努めているだけだと思い込んでいる統治者を非難できない。

（5） 市民社会における秩序についてのわれわれの観念は、しばしば間違っている。この間違った観念は、生気のない死んだものから類推することから生じている。われわれは、騒乱と行動を、市民社会の秩序の本質に反するものと考えている。われわれは、市民社会の秩序は、従順、機密性、そして、ものごとが少数者の手で静かに処理されることとのみ一致すると考えている。壁の石の良い配置とは、その石が、その置かれた場所に適切に固定されていることである。その石が動くと、建物は倒壊するにちがいない。しかし社会における人間の良い配置とは、人びとが活動するのにふさわしい場所に配置されていることである。前者は死んだ生気のない部分から成る構造物であり、後者は生きている活動的な構成員から成っている。われわれが社会において単なる無為と平穏な秩序を求める時、われわれは問題の本質を忘れているのであって、自由人の秩序ではなく、奴隷の秩序を見出そうとしているのだ。

このように権力を強奪しようとしている彼を、自由な国家の長として、彼の支配下にあるあらゆる地域における無秩序のように思われるものの種を粉砕するために、彼が装備している武力を行使させてみよ。彼の国民の間に見られる不和と不一致の精神を効果的に抑圧させてみよ。彼の臣民の強情な気質と私的利益から生じる統治への妨害を除去させてみよ。外敵に対する国家の軍隊を彼に徴集させて、課税や個人的奉仕という方法によって国家が徴収できる全てのものを彼に使わせてみよ。たとえ人類の幸福への願望に導かれているとしても、彼は、自分だけが良識と正当性が命じるところに従っているとうぬぼれているので、恐らく確実に、あらゆる自由の防壁を突破して、専制を確立するだろう。

統治から時おりわれわれが、その最高の成果としてえたいと望んでいる程度の平穏がもたらされ、そして、立法と行政のいくつかの部門において公共の事柄が、商業や営利的技術への妨害を可能な限りしないように、進行するとすれば、このような国家は、中国の場合のように、様々な事柄を、細部にわたって形式どおりに処理する個々別々の部署に割り当て、偉大な精神や自由な精神の発揮を全て無用にしてしまい、われわれが想像しがちなものよりも、さらに専制に近いものになる。

圧政、不正、残忍が、専制政治に付随する唯一の悪であるかどうかは、別に考察されるだろう。ここでは次のことを述べておけば十分である。すなわち、われわれが国民の幸福を君主が授ける恩恵によって、あるいは、公正な施政の結果として生ずる単なる平穏によってはかるときほど、自由が大きな危機にさらされることはないということである。統治者は、彼の英雄的資質によって光輝を放ち、彼の臣民達があらゆる動物的な便宜または快楽を享受するのを保護するだろう。しかし、自由から生じる便益は、異なる種類のものである。すなわち、それは一人の人間の胸中で活動している徳性や善性の果実ではなく、多くの人々への徳性それ自体の伝播であり、そして、多数の人々に彼らの性質にふさわしい役割と職業を与えるような、市民社会における職務の配分なのである。

最良の統治構造にも不便が伴う。自由の行使は、多くの場合、不平を生む。われわれが悪弊を改めようとするとき、自由の乱用は、それを生み出すと想定されるものをわれわれに侵害させるように導くだろう。専制それ自体には、一定の利益がある。あるいは少なくとも、礼節と中庸の時代においては、専制は、社会に不安をまったく与えないかのように、ほとんど違法行為なしに進むだろう。これらの事情によって、人類は、革新的精神そのものによって、あるいは単なる無関心によって、政情に危険な革新を試みたり、それを許したりするのである。

しかしながら、奴隷状態は必ずしもいつも、単なる誤謬によってもたらされるのではない。時としてそれは、暴力や強奪の精神によって強いられる。君主は、かれの臣民と同じように腐敗する。そして、専制政治の起源が何であったにせよ、その諸要求が、明明白白になると、統治者と臣民の間に抗争が生じ、この抗争に決着をつけることができるのは、暴力だけである。これらの諸要求は、全ての臣民の身体、財産、あるいは生命にとって、危険な側面を持つ。これらは、人間の胸中のあらゆる情念を脅かせ、無気力な人々を当惑させる。これらは、買収されやすい人から彼の報酬を奪い、有徳な人々に、また堕落した人々にも宣戦布告する。これらをおとなしく認めるのは、臆病者だけである。しかし臆病者に対してさえ、恐怖心を起こさせることができるような力によって支えられなければならない。征服者はこのような力を国外から持ってくる。国内の簒奪者は、このような力を自国において彼の党派の中でみつけようと努力する。

国民が武器に慣れると、一部の者が全体を服従させることは困難である。あるいは、統制のとれた軍隊が確立される前は、いかなる簒奪者といえども少数者の力を借りて多数者を治めることは困難である。しかしながら、時として文明化した商業国民の政策が、このような困難を取り除いたことがあった。そして、それは、文民《シヴィル》と職業軍人との間に一線を画すことによって、また、自由の維持と享受とを異なる人々の手中に委ねることによって、単なる政治的形式や人類の権利に反対する、党派と軍事力との危険な同盟への道を用意したのであった。

この致命的な改革に伴い武器を取り上げられた国民が彼らの安全の拠り所として嘆願したのは、野心と力の法廷における理性と正義であった。このような極端な場合にも、法律が引き合いに出され、元老院が召集されたが、何の役にも立たなかった。立法府を構成している人々や、国家の行政《シヴィル》部門に従事している人々は、戦場や宮廷からの通達を審議するだろう。しかし、もし通達の使者が、ローマの元老院にオクタウィアヌスの請願書を運んできた百人隊長のように、彼の刀剣を手にとるならば、[6]行政部門の人々は、その請願書が命令であることに気づき、また、彼ら自身は統治権力を預かっている者ではなく、単なる飾り物であることに気づくのである。

この節での考察は、国の大きさが異なれば、異なった形で適用されるだろう。小さな社会は、どんなに腐敗しても専制政治には向かわない。その成員たちは、集合し、権力の座に近接しているため、自分たちと国家との関係を決して忘れない。彼らはいつも馴れ馴れしく自由に、支配しようとする人々の要求を詮索する。そして、平等への愛や正義感が裏切られると、彼らは党争、競争、羨望の動機にもとづいて行動する。追放されたタルクィニウスには、ローマに支持者達がいた。しかし彼がもし彼らの助けを借りて、彼の地位を回復していたならば、恐らく彼は、彼の王権を行使する中で、彼の権力を復活させた党そのものと争う新しい局面に入っていたに違いない。

領土が拡大されるのに比例して、その各部分は全体に対する相対的な重要性を失う。その住民たちは、彼らと国家との結びつきを知覚しなくなる。そして、国民的計画、あるいは党派の計画を実行する時でさえ、めったに団結しない。行政の座から遠く離れていること、昇進を争う人々に対して無関心であること、こうしたことが、大多数の人々に彼らが独立国の構成員ではなく、統治者の臣下であると自覚させるようになる。領土の拡大が、国家に対する個人の重要性を一層減少させ、また、審議に立ち入る余地をより小さくすることによって、立法やその他の統治の問題について助言を求められる人々の数を減らすのと同様に、国務を一層狭い範囲内に縮小する傾向が実際あるということは、確かに注目に値することである。

大帝国が陥りやすい無秩序に対しては、迅速な防止策、警戒、素早い対応が必要である。遠く離れた属州は、軍事力によって従属させておかなければならない。そして、自由国家において時として反乱を鎮圧し、また時折起こるその他の災禍に対処するために樹立されるような独裁的権力が、ある程度の大きさの領土においては、政体の解体を避けるために、常に同じように必要であるように思われる。その政体の諸地域は一

（6）スエトニウス〔國原吉之助訳『ローマ皇帝伝』岩波文庫〕。

緒にされ、そして強力で断固とした、しかも秘密の手段によって固く結合しておく必要があるのだ。したがって、国民の繁栄や商業的技術の結果として、専制政治の確立を生じさせる諸事情の中で、領土の不断の拡大ということほど明確な目的をもって、この終局にいたるものは、恐らく他にないと思われる。あらゆる国家において、その成員の自由は国内の各部分の均衡と調整に依拠している。また、人類の間におけるこのような自由の存在は、諸国民の均衡に依拠している。征服が進む中で征服される人々は、かれらの自由を喪失したといわれる。しかし人類の歴史からすれば、征服することと征服されることとは、結果として同じことのように思われる。

第六章　専制政治の進展と終局について

人類は、進歩し、実際的な利益を獲得している時と同様に、堕落し、没落へと向かっている時も、往々にしてゆっくりと、ほとんど気づかない間に進んでいく。もし人類が、活動的で活力のある時代に、どのような人間の英知をもってしても早くから予見できなかったほどの国民的偉大さの極致に達するとすれば、弛緩と柔弱の時代には、人類が危惧していなかった、また恐らくは、成功と繁栄の潮流によって遠く彼方へ行ってしまったと考えていた多くの害悪を、実際に招くだろう。

既に見たように、人々が怠惰な、あるいは腐敗しているところでは、彼らの指導者の徳や、為政者の善き意図が、人々の政治的自由の保持を必ずしもいつも保障するとは限らない。如何なる指導者であれ、指導者への絶対的服従、あるいは、どんな権力であろうとやりたい放題に権力が行使されることは、例えそれが、人類にとっての善になるように意図されている場合でさえも、最終的には法の下にある体制を転覆させることが多い。この致命的な革命は、それがどのような手段によって達成されるにしても、結局は軍政にいたる。そして軍政は、最も単純な統治であるにもかかわらず、徐々に完成される。軍政が、自由な社会の成員として活動してきた人々を支配し始めた段階においては、それは専制政治の基盤を据えることだけはできるが、その組織を完成することはできない。軍隊によって大帝国の中心を占拠した簒奪者は、恐らく自分の周囲に、旧制度のばらばらになった遺物を見出すだろう。彼は不本意ながらやむをえず服従している不平のつぶやきを聞くだろう。彼は、多くの人々の様子から、危険すら察知するだろう。彼は、これらの多くの人々の手から剣をもぎ取ることはできたかもしれない。しかし彼は、彼らの心を制圧することも、彼の権力に同調させることもできなかったのである。

個人の権利意識と、一定の階層の人々の中に残っている特権や名誉の主張は、新たな簒奪の途上に立ちはだかる非常に多くの障害となる。もしこれらのものが、時代と共に弱まらず、また増大する腐敗の進行の中でも消滅しないとすれば、それらは暴力によって圧殺され、あらゆる新しい権力取得への入口は血痕で汚されざるを得ない。こうした場合においてさえ、その効果はしばしば緩慢にしか表れない。ローマの精神は、あい継ぐ支配者の下でも、繰り返し血が流され、毒が用いられても、完全に消滅することはなかったということを、われわれは知っている。高貴で尊敬すべき家族は、依然として元来の栄誉を切望していた。共和国の歴史、前代の著作物、光輝ある人々の記念碑、英雄的構想を満載した哲学的教訓は、隠遁者の魂に栄養を与え続け、そして、多く傑出した人物を育てた。彼らの尊厳と運命は恐らく人間の歴史の中で最も心を打つ主題となるだろう。彼らは、一般的な隷従の傾向に敵対することはできなかったが、それにも関わらず、彼らが持っていると思われた性向のために、不信と反感の対象になった。そして、彼らが静かに育て、心の中だけで燃え立つ感情の代価を、血で払わされることになったのである。

専制政治が進行し続ける中で、彼の統治の確立に向かう手段を選ぶ際に、統治者はどのような原理によって導かれているのだろうか。それは、彼自身の利益についての、そして時には彼の臣民の利益そのものについての誤った知見によってである。また、それは、彼の意志の実行を妨げる障害をあらゆる場合に除去しようとする欲求である。彼が決心を固めてしまうと、それについて論じたり、異議を唱えたりする者は全て敵となる。彼の精神が高揚している時は、卓越を主張し、自分自身のために行動しようとする者は全て競争相手となる。彼は、彼自身に従うもの以外には、誰も国家の高官にはしない。また、彼に束の間の喜びをもたらすもの以外には、活動的な勢力を認めない。本能的知覚のように、誤ることのない知覚に導かれて、彼は決して誤ることなく、自らの嫌悪や寵愛の適切な対象を選ぶ。独立しているかのような表情は、彼に嫌悪感を抱かせ、隷従しているかのような表情は、彼を魅了する。彼の施政は、あらゆる活動的な魂を沈静化し、統治の全機能を独占しようとする。[1] 権力がその目的に適ったものである場合、それは、結果をよく理解していない人々の手中にあっても、それを理解している人々の手中にある場合と同じように十分に機能する。命令が正当である場合は、異議を唱えられないし、誤っている、あるいは不当である場合は、力によって支えられるからである。

お前たちは死ななければならない、というのがオクタウィアヌスに慈悲を懇願した国民からの全ての嘆願に対する彼の答えであった。それはまた、彼の後継者たちの内の幾人かが、出自と徳に秀でたあらゆる市民に対して宣告した判決でもあった。しかし専制政治の害悪というものは、頑固で乱暴な人々に対して新たな

(1) あらゆる場面で唯一の演じ手になろうとする絶えざる野心をもっている人々が、人類の手に負えない頑固な精神について、時として不平を言うのを聞くのは滑稽だ。全ての職務を簒奪することを願う彼らの気質が、他の全ての人が少なくとも自分自身のために判断し行動したいと思うようにさせなかったかのようである。

支配を確立し、維持する残酷で血生臭い方法に限定されるだろうか。また死というものが、人類から全ての権利を剝奪する体制の下で、人類を苦しめる最大の苦難だろうか。実際には彼らは、生きることをしばしば許されている。しかし、不信、嫉妬、卑しい人間的意識、さらに卑劣な利害関心から生じる不安に、魂がとりつかれるようになる。市民は全て奴隷に貶められる。そして社会がその成員を引きつけていたあらゆる魅力が、もはや存在しなくなる。服従が唯一残った義務であり、それは暴力によって強要される。このような体制の下で、感染する危険を冒してまで、退廃と恐怖の諸局面を目撃する必要があるとすれば、死は救済になる。そして、トラセアの血管から注がれた血の神酒は、解放者ユピテルに対する感謝として適切な捧げ物と考えられるべきである(2)。

抑圧と残忍は、専制政治にとって必ずしも常に必要なものではない。たとえこれらが存在するとしても、専制政治の悪の一部に過ぎない。専制政治は腐敗の上に、またあらゆる市民的《シヴィル》・政治的徳の抑圧の上に築かれる。それは、臣民に恐怖の動機から行動することを求める。それは、少数の人々の情熱を満たすために人類を犠牲にするだろう。そしてそれは、人間精神の喜び、力、高揚を生み出す、あの自由と信頼の破滅の上に、社会の平和を確立するだろう。

自由な制度が、いかなるものであっても存在していた時は、また、全ての個人が彼の身分と彼の権利をもっていた時は、あるいは、全ての個人が人間としての種々の権利を理解していた時は、あらゆる社会の成員は互いに思いやりと尊敬の対象であった。また市民社会で行われる全てのことがらは、体力だけではなく、才能、英知、説得力、活力の発揮を必要としていた。しかし、簡単な命令で支配し、強制以外の全ての方法《アート》を排除することが、最も高度に洗練された専制政治である。したがって、この政策の影響下で、人々の理解力を働かせ、育成してきた機会や、彼らの感情を目覚めさせ、その想像力を燃え上らせた機会は、次第になくなる。人類は進歩し、社会のなかで自由な立場で活動に従事することをとおして彼らの本性の名誉へと到達したが、その進歩は、彼らがこの不幸な状況の中で堕落する過程よりも、一様であったわけではなく、また妨害を受けることが少なかったわけでもない。

イスラム教国の後宮を支配している静けさについて聞くと、そこでは会話自体が不要で、政府の最も重要な命令を実行するのに無言の合図で事足りていることを、われわれは信じさせられる。恐怖だけが力に対抗しているところでは、また、統治者の種々の権力が、下位の役人各々に完全に委任されているところでは、事実、支配力を維持するためにいかなる技術《アート》も必要はない。また、全ての心が嫉妬と警戒にとりつかれているところでは、そして、統治者自身の様々な苦難を相殺するために、あるいは彼の臣民の様々な苦難を相殺するために動物的快楽以外のいかなる対象も残っていないところでは、いかなる地位にあっても沈黙と落胆の場面において精神の自由を授けることはできない。

他の国家では、人間の才能が、身分の高い地位にふさわしい訓練によって時として改善されることがあ

---

(2)「血がほとばしり、床石の上に散りはじめる。そのとき、財務官を身近に呼びつける。『さあ、解放者ユピテルのために、この灌奠《かんてん》をおこなう。青年よ、よく見ておきたまえ。私はこれが、お前の不吉な前兆とならぬよう神々に祈ってやる。けれども、このような毅然たる態度を手本として、精神の奮起を促すことがお前のためになるような、そんな世にお前は生まれてきたのだ』」。〔タキトゥス『年代記』、國原吉之助訳、岩波文庫、下巻、三三〇―三三一頁〕。

る。しかしここでは、恐らく支配者自身が群れの中で最も粗野かつ野蛮な動物である。彼は、彼の宮廷において彼が卑しい職務から信任と権威のある要職に引き上げる奴隷よりも劣っている。統治者と彼の群れの番人との間の、親密さと愛情の絆とを形成していた原始的な素朴さが[3]、全ての愛情が欠如しているところで回復したかに見える。あるいは、あらゆる階層の人々を等しく特徴づけている無知と残忍、あるいはむしろ様々な身分を同じレベルにし、そして専制的宮廷において人々の差異を破壊する無知と残忍の最中にあって、装われているかに見える。

気まぐれと情念は、君主の統治原則である。権力の代行者は全て、同一の指令で行動しなくてはならない。王が怒れば打ち、気に入れば恩恵を与える。あらゆる属州の統治者は、財政、司法、治安に関しては占領軍の支配者のように行動し、武装し火器と剣で恐怖を与える。そして税金の代わりに、力で貢物を取り立てる。また彼は自己の目的にかなうとあれば、滅ぼしもすれば寛大に扱いもする。圧迫された者の叫びや、属州を犠牲にして蓄財したという評判が、統治者の耳に入った時には、その強奪者は罪を免れるために、実際、彼の略奪物の一部を分け与えるか、全部を供出させられる。しかし被害者に対しては、いかなる賠償もなされない。それどころか、最初に大臣が国民から略奪するために罪を犯し、後に罰せられ、統治者の金庫を満たすことになる。

正しい統治や国政に関するあらゆる技術が、このように完全に機能しなくなる中で、注視すべきは、兵士という職業そのものさえ、著しく軽視されているということだ。君主側の不信と嫉妬が、彼の無知と無能を助長するようになる。そしてこれらの原因が一緒に作用して、彼の権力を確立している基盤そのものを破壊することになる。訓練されていない武装集団が、軍隊として通用しているが、その一方、分散している弱い非武装の人々は、軍事的混乱の犠牲となるか、あるいは辺境で外敵からの略奪にさらされている。外敵は、略奪の欲望や征服したいという願望によって、彼らの隣国に引き寄せられたのである。

ローマ人は、征服すべき文明国民がいなくなるまで、彼らの帝国を拡大し、凶暴で野蛮な部族によって四方を囲まれている辺境にたどりついた。彼らは、このような厄介な隣人からの危害を遠ざけ、そして彼らから攻撃される恐れのある通路を自分のものにしておくために、未開拓の荒野を突き進むことさえあった。しかしこのような政策は、国内が腐敗していた国家に最終的打撃をあたえた。数年間にわたる平穏状態は、このような危険を政府にすら忘れさせるのに十分であったし、また、開拓された属州は、敵のために魅力的な戦利品と楽な勝利を準備した。

豊かで開拓された地域を征服し併合することによって、帝国が拡充してくると、人々は二つのグループに分けられるようになる。帝国の範囲内に住む穏やかで豊かな人々のグループと、略奪と戦争に慣れている、貧しく強欲で荒々しい人々のグループである。後者の前者に対する関係は、狼とライオンの羊群に対する関係とほとんど同じである。そして彼らは、自ずと敵対状態になる。

ところで、専制的な帝国が、その根深い腐敗を保持したまま、外国から妨害を受けることなく永遠に存続し続けるとすれば、この帝国は、それ自体の中に新しい生命の原理をもはや全く持っていないように思わ

(3)［ホメロス］『オデュッセイア』を参照のこと。

れ、またそれは、自由と政治的活力を回復するいかなる希望も与えはしないように思われる。専制的な**支配者が植えつけたものは、その帝国が死滅するまでは、活気づくことはできない。**人間の精神が新たに芽生え、人間本性の名誉と幸福となる果実を結実することが出来る前に、それは自らの悪弊の影響によって枯れ、そしてしおれてしまうに違いない。実際、最も堕落した時代にも、興奮《コモウション》はあるが、自由な国民の興奮《アジテイション》とは、似ても似つかないものだ。それらは、人々がさらされている苦悩の下での自然の苦悶であるか、または、君主の周りで武装し、陰謀、暗殺、殺人によって、平和な住民をより一層恐怖と失望のおののきに陥れる少数の者だけの単なる反乱である。国民は、諸領域に分散し、非武装で、一体感や連帯感を知らず、いつも惨めな生計に制約され、そして政府の強奪から免れた所持品で不安定な生活を送っている。こうした事情の下では、国民はどこにいても社会の精神を身につけることはできないし、また彼ら自身の防衛のためにいかなる自由な結合をも形成することもできない。被害者は不平を言うだろう。そして、彼が政府の慈悲を得ることができない時は、彼の同胞臣民の同情を請うかもしれない。しかしその同胞は、圧制の手が彼自身を捕えなかったことに安堵する。彼はひっそりと密かにしていて得られる安全の下で、自己の利益を図り、自己の快楽を手に入れようとするのである。

商業的技術は、利益への関心以外には、人間の精神に何の基盤も必要としないように思われる。また利益の可能性と財産の安全な所有以外にはいかなる奨励も必要としないように思われる。したがって商業的技術は、不安定な隷従状態のもとでは、また富裕であるという評判から危険が生じると認められるところでは、滅びざるを得ない。しかしながら、国民的窮乏と商業の抑圧は、専制が自らの破壊を完成させる手段である。腐敗に何ら利益が伴わず、また思いとどまらせる恐怖が何もないところでは、支配の魔力はなくなり、裸の奴隷は、夢から覚めたように、自分が自由であることを知って驚く。垣根が破壊されると、原野が開放され、畜群は野放しになる。もはや開墾地の牧草が荒野の牧草以上に好まれることはなくなる。被抑圧者は政府の取り立ての及ばないところまで逃散する。そしてそこで、臆病で卑屈な人々ですら、自らが人間であるということを思い出すだろう。そこでも暴君は脅すかもしれないが、しかし、彼は自分も同胞被造物にすぎないということを知らされ、彼自身の生命を賭けても生命以外の何も奪うことができないのである。

ここで述べた通りに、東洋の多くの地域では、暴政に悩まされて、定住しようとする欲求は打ちひしがれてきた。村落の住民は、住まいを放棄し、公道を横行している。谷間の住民たちは山に入り、逃走の準備をしている。あるいは強固な砦をかまえ、略奪したり、また彼らの前の支配者たちに対して戦争したりしながら生活している。

このような無秩序が圧政とあいまって、残っている集落をより一層不安定にする。しかし破壊と荒廃があらゆるところで進行する一方で、人類は、様々な同盟を新たに結ばざるを得なくなり、個人的確信と活力、社会的愛着、武力を再び獲得する。これらはかつて、小部族を偉大な国民の種子とし、また、解放された奴隷が、市民的《シヴィル》・商業的技術を用いた生活を始めることを可能にしたものである。人間本性が腐敗の極みにあると思われるとき、実際には改革が既に始まっているのだ。

このようにして、人間生活の舞台はしばしば移り変わったのである。安心と確信は、繁栄のもたらす利益を失う。決断と行動は、逆境のもたらす害悪を償う。そして人類は、徳以外に頼るべきものが何もないとき、あらゆる利益を獲得し得るだろう。また人類は、自分の運命を最も信頼しているとき、不運にさらされることが最も多い。われわれはこうした観察から法則を導出しがちである。そしてわれわれがもはや祖国のために進んで行動しなくなる時、自分自身の欠点や愚の言い訳として、人間のなすこと《ヒューマン・アフェアーズ》の運命と思われるものに訴えるのである。

確かに、人間の制度には、始まりがあるのと同様に、終わりもあるだろう。しかし、それがどれだけ続くかは定められていない。また、未だかつて、国民の悪徳以外のものによって内部崩壊した国はない。われわれは時として、この悪徳をわれわれの同胞の中に進んで認めようとする。しかし、一体誰が進んで、自分自身の中にこの悪徳を認めるだろうか。しかしながら、われわれが悪徳の影響を非難するのを止めると、また、運命を言い訳にすると、われわれは、悪徳を認める以上のことをしているのではないかと疑われるかもしれない。それは、少なくともあらゆる個人の胸中にあり、彼自身に左右されることなのだ。真の不屈の精神を持ち、高潔で、有能な人々は、どのような場面におかれても、対応できる。彼らは、あらゆる状況において、自分の本性にとっての主要な喜びを刈り取る。彼らは、人類の幸福《グッド》のために神が用いた最適の道具なのである。あるいは、このような言い回しを変えなければならないとすれば、彼らは、彼らが生きることを運命づけられている間は、彼らが構成している国家もまた同様に生き続け、繁栄する運命にあるということを示しているのである。

解説

アダム・ファーガスンの生涯と著作

天羽康夫

アダム・ファーガスンは、一七二三年六月二〇日、パースシャーのロジレイトで生まれた。パースは、一五世紀中頃まで歴代のスコットランド国王が戴冠式をおこなっていた古都であり、エディンバラに劣らず重要な都市であった。ファーガスンが生まれたロジレイトは、パースから約四〇キロほど北に位置し、父親は、ロジレイトの長老派教会の牧師であった。名前はアダム、息子と同姓同名であるが、姓の綴りが違っていた。[1] 父は、Fergusson とｓを重ねていたが、息子のファーガスンは、ふたつのｓは不必要で、哲学者には相応しくないという理由から Ferguson にしたという。ファーガスンという姓は、スコットランド、とくにハイランドに多くあり、最も古い部類のクランに属すると、一九世紀末に刊行されたクランの『記録集[2]』に記されている。

（1）ファーガスンの父については、次の文献がある。Jane B. Fagg, "Complaints and Clamours" the ministry of Adam Fergusson, 1700-1754, *Scottish Church History Society*, vol. 25, pt. 2, 1994.

（2）J. Ferguson and R.M. Fergusson eds., *Records of the clan and name of Fergusson Ferguson and Fergus*, Edinburgh, 1895. 息子のファーガスンがｓの重複を不必要だという理由で、Ferguson と綴ったという挿話は、この記録集に記されている。

母親メアリーは、アバディーンの裕福なゴードン家の出身で、アダムとメアリーは九人の子をもうけ、『市民社会史論』の著者、アダムは、末子であった。アダムは、一七三二年、ロジレイトの教区学校を卒業して、パースのグラマー・スクールに入学した。当時のスコットランドの学校では、教育的観点から劇の上演が盛んに行われていて、ファーガスンが在学中の一七三四年に、パースのグラマー・スクールでは生徒たちが「カトー」という劇を演じている。ファーガスンと同年に生まれた、スコットランド啓蒙のもう一人のアダム、『国富論』の著書スミスも、カーコーディの町立学校で「相談会、あるいは、少年たちの正規の教育が他のすべての改良の基礎である」という劇の上演に参加していただろうといわれている。[3]

一七三八年、一五歳のアダムは、セント・アンドルーズ大学に入学する。一四一二年に設立された、この大学は父が卒業した大学でもあり、スコットランド最古の大学であった。しかし、ジョン・ノックスによって始められたスコットランド宗教改革のあらしの中で町と大学は荒廃し、規模の点でも質の点でも後発のグラスゴウ大学（一四五一年設立）エディンバラ大学（一五三八年設立）アバディーン大学（一四九四年設立）より劣ることになり、[4]一八世紀後半には、これら三大学を中心にしてスコットランド啓蒙が開花することになる。

ファーガスンが卒業したのは一七四二年、父は、息子がロジレイトの牧師職を継ぐことを期待していたが、息子はロジレイトには帰らず、エディンバラ大学の神学部に入学した。

エディンバラは経済的には、大西洋にひらけアメリカ貿易の窓口となっていたグラスゴウより遅れていたが、政治と文化の中心として、スコットランド啓蒙の揺籃期にあった。エディンバラ王立協会の母体となったエディンバラ哲学協会が設立されたのは、一七三七年であり、そこでは自然科学から文芸まで様々な問題が取り上げられていた。また、大学では、スコットランドの他の大学に先駆けて専門教授制度が導入され、ウィリアム・ロバートスン、アレグサンダー・カーライル、ヒュー・ブレア、ジョン・ヒュームが学びつつあった。彼らは旧態依然の講義には満足せず、学生たちで討論クラブをつくり、そこでの活発な議論から、スコットランド啓蒙が開花することになる。ファーガスンも新しい友にであい、あたらしい知識を吸収していく。

しかしファーガスンのエディンバラでの生活は長く続かなかった。一七四五年、通称ブラック・ウォッチといわれる第四三ハイランド連隊の従軍牧師に任命された。任命直後に、オーストリア継承戦争のなかでも激戦といわれているフォントノアの戦いに牧師として参加している。従軍牧師でありながら、ファーガスンは戦闘に加わり、任務を逸脱したと諌められたと伝えられている。

フォントノアの戦い終了後、ジャコバイトの反乱が起こったためブリテン軍は、本国に呼び戻された。帰国したブリテン軍の諸連隊はスコットランドに派遣されたがハイランダーからなるブラック・ウォッチはスコットランドの防衛にはあたらず、フランス軍の侵攻に対する備えとして、ケントに留まるように命じられ

（3） 水田洋『アダム・スミス研究』未来社（新装版、一九六八年）二〇頁。

（4） キャントの大学史では、一八世紀の部分は、「セント・アンドルーズの沈滞」というタイトルになっている。R. G. Cant, *The University of St. Andrews: A short history*, Edinburgh, 1946. 但し、一九七〇年の改訂新版では「十八世紀」となる。

た。その駐屯地で兵士たちにたいしてゲール語で行ったファーガスンの説教がアソル公爵夫人の要請で英語に翻訳され出版された。これがファーガスンの最初の著作[5]となる。一七四六年四月六日、カロードンでジャコバイト軍は壊滅する。その後ブラック・ウォッチは、ブルターニュ、アイルランド、フランドルへと転戦する。一七五四年七月父が死亡し、この時ファーガスンは、自分が後任としてロジレイトの牧師に任命されると思っていたが、その期待は裏切られた。この年の秋、ファーガスンはブラック・ウォッチをはなれ、牧師職も放棄している。

しかしファーガスンがその後の生活について明確な展望をもっていたとは思われない。まず、母方の親戚であるゴードン家の家庭教師となり、大陸旅行をする。ファーガスンがエディンバラに帰ったのは一七五六年春ごろで、彼を迎えたのは、ロバートスン、ブレア、J・ヒューム、カーライル等であった。彼らは懐疑論者として非難されていたD・ヒュームを擁護し、また、スコットランドにおける学芸、科学、製造業、農業の奨励を目的として一七五四年に設立された選良協会に結集し、新しい思想と科学を模索しつつあった。選良協会には、グラスゴウ大学の新進教授スミスも参加していた。スコットランド啓蒙は開花期を迎えようとしていた。しかしエディンバラに帰ったファーガスンには、まだ、定職がなかった。無職のファーガスンを心配して、ヒュームは、彼自身が担っていた弁護士協会図書館（後のスコットランド・ナショナル・ライブラリー）館長の職をファーガスンに譲った。この頃、多くの人々を巻き込んだ二つの論争があり、そのなかでファーガスンは、自己の思想を形成していく。その一つは民兵論争であった。民兵と常備軍については、マキアヴェッリ以来長い論争の歴史がある。しかし、ジャコバイトの乱で混乱した一八世紀前半のスコットランドでは、この論争は沈静化していたが、この世紀の中頃、アメリカの独立を巡る動きのなかで国際情勢が緊迫化し、民兵論争が再燃する。選良協会でも常備軍とよく規制された民兵との優劣がテーマとしてとりあげられ、ファーガスンは民兵派のリーダーで、二つの小冊子を匿名で出版し[6]、さらに民兵制度を創設するよう世論に訴えるためにポーカー・クラブを結成する。そこには、スミスも参加していた。ポーカー・クラブは、政策実現のための政治運動というよりも、むしろ大学教授と文化人の社交クラブのようなものであった。

もう一つの論争は、演劇論争である。スコットランドでは長老派体制のもとで厳格な道徳が説かれ、娯楽に対する規制も厳しかった。こうした状況の中、グラスゴウで常設劇場建設の計画が浮上した。ギルド規制からワットを保護し助けたスミスとグラスゴウ大学も、一七六二年、その建設に反対した[7]。そのために劇場

(5) A. Ferguson, *A Sermon, Preached in the Ersh* [*sic*] *Language to His Majesty's First Highland Regiment of Foot*, 1746.『説教』から『市民社会史論』にいたるファーガスンの思想の歩みについては天羽「アダム・ファーガスンと共和主義」『国際社会文化研究』第五巻、二〇〇四年をも見よ。

(6) [Adam Ferguson], *Reflections previous to the Establishment of a Militia*, London, 1756; *The History of the Proceedings in the Case of Margaret, commonly called Peg, only lawful Sister to John Bull, Esq*; London, 1761. 後者については近年レイナーがデイヴィッド・ヒュームの著作としてCUPから序文と詳細な脚注を付けて出版した。しかしレイナーのヒューム説は、シャーによって厳しく批判されている。Richard B. Sher, *Sister Peg*, edited by David Raynor, CUP, 1982 in *Philosophical Books* 24, 1983.

(7) グラスゴウで劇場建設を反対したとはいえスミスは『国富論』で迷信と熱狂に対する解毒剤として民衆の娯楽を積極的に評価している。

はグラスゴウの市内では建設用地を与えられず、市外に建設された。だが、一七六四年開演前夜に熱狂的な説教師に煽られた暴徒たちによって「悪魔の殿堂」として焼き払われてしまった。エディンバラでも演劇に対する反対があった。そのなかで一七五六年ジョン・ヒュームの『ダグラス』[8]がエディンバラのキャノンゲイトの劇場で上演された。その上演を支えたのは、ファーガスンと、彼の友人たちロバートスン、カーライル、ブレアであった。さらに著者の親戚であったD・ヒュームも支援を惜しまなかった。ファーガスンは、演劇を文明時代の娯楽として擁護する小冊子を出版した。[9]ファーガスンと彼の友人たちは、学窓を巣立ち、エディンバラの文化運動の担い手となりつつあった。グラスゴウでは、スミスが道徳哲学教授としての地位を確立しつつあった。そして一七五九年四月はじめ、最初の著作『道徳感情論』を出版する。その数か月後、七月四日、ファーガスンがエディンバラ大学教授に就任した。

しかしファーガスンが着任した講座は、学生時代に学んだ程度の知識しかなかった自然哲学で、十月開講となればそれほど準備期間はない。ヒュームをはじめ友人たちは、講義が出来なければ不適格者としての醜態をさらし、教授職を巡って不正があったのではないかと疑われると心配した。[10]だが友人たちの心配は杞憂に終わった。ファーガスンは短期間に講義の準備をし、学生向けの講義要綱を刊行し、[11]教授としての任務を果たした。そして、その講義（自然哲学）をそれまで考えられていたよりもはるかに魅力的なものにしたと伝えられている。[12]

一七六四年、ファーガスンは、自然哲学講座から道徳哲学講座に移った。ここで主導的役割を演じたのは、二年前に総長になったウィリアム・ロバートスンであった。エディンバラ大学の道徳哲学講義は、スミスが「忘れえぬ教師」として尊敬していたフランシス・ハチスンのもとで多くの学生を集め大学の看板講義となっていたグラスゴウ大学の道徳哲学講義にたいして見劣りをしていた。とくに初代の教授ウィリアム・ローを継いだウィリアム・スコットは不評であった。ファーガスンが自然哲学を担当していた頃も、バルフォアのもとで道徳哲学講座は低迷していた。このころグラスゴウのスミスをエディンバラに呼ぶ計画もあったが、スミスが拒否した。そこで、ロバートスンは、バルフォアを公法講座に移し、ファーガスンを道徳哲学講座のポストに移す構想を描いた。この計画にはヒュームが難色を示した。自然哲学教授として前任者以上に多くの学生を集めていた[13]ファーガスンを移籍させる必要はないと考えたのである。しかしヒューム

（8） [John Home], *Douglas: A tragedy*, Edinburgh, 1757.

（9） [Adam Ferguson], *The Morality of Stage-Plays seriously Considered*, Edinburgh, 1757. 一八世紀スコットランドにおける演劇の問題については天羽康夫『ファーガスンとスコットランド啓蒙』勁草書房一九九三年、前編第二章三節をみよ。

（10） Anon., Adam Ferguson, *Edinburgh Review*, vol. 125, 1867, p. 65.

（11） [Adam Ferguson], *Of Natural Philosophy*, Edinburgh, c. 1760

（12） John Small, Biographical Sketch of Adam Ferguson, *Transactions of the Royal Society of Edinburgh*, XXIII, 1864, p.609

（13） アランは、ファーガスンが自然哲学講義を担当するようになって受講者が、九人から八〇人に増えたという。道徳哲学を担当するようになった時も着任時三九人であった受講者が二年後には一一三人、三倍近くにふえている。David Allan, *Adam Ferguson, Aberdeen Introductions to Irish and Scottish Culture*, University of Aberdeen, 2006.

の心配は杞憂であった。ファーガスンは道徳哲学でも多くの学生をあつめ、エディンバラ大学の道徳哲学講座を、スミスの後任リードが担当していたグラスゴウ大学のそれに遜色ないものにしたのである。

着任二年後一七六六年、学生向けの講義要綱『ニューマティクスおよび道徳哲学の分析』[14]を刊行する。これが大幅増補改訂され一七六九年に『道徳哲学綱要』[15]として出版された。『道徳哲学綱要』は、好評を博し、生存中に三版まで刊行され、さらにドイツ語訳（一七七二年）、フランス語訳（一七九〇年）、イタリア語訳（一七九〇年）、ロシア語訳（一八〇四年）が出版された。

『市民社会史論』が刊行されたのは一七六七年、その前にファーガスンはヒュームに原稿を見せ、意見を求めた。ヒュームは『市民社会史論』の前身といわれている「洗練について」を称賛していた。しかし、『市民社会史論』の原稿を見せられたとき、ヒュームは出版することを危惧した。「スタイルの点でも理論の点でも、形式の点でも内容の点でも公刊に適しているとは」思わないと考え、その出版が、ファーガスンの教授としての名声に悪い影響をあたえるのではないかと考えたのである。[16]手厳しい評価である。しかしヒュームの心配は、ここでも杞憂に終わった。ロンドンからヒュームは出版直後の一七六七年二月一四日にその出版の成功の兆しを、さらに三月一〇日には大成功の模様をファーガスンに伝えている。[17]友人として『市民社会史論』の出版の成功を喜んでいるが、ヒューム自身の評価は、その原稿を見た時から少しも変化していない。ブレアに手紙で、出版された本を何度も読み返したが、「僕の考えを変えることは出来ません」と書いているのだ。[18]ヒュームのファーガスン批判についてはこの解説でも共訳者の青木が言及しているが、『人間本性論』『政治論集』さらに大著『イングランド史』を書いたヒュームと、『市民社会史論』『道徳政治科学原理』さらに大著『共和政ローマ盛衰史』を書いたファーガスンとの思想の対立として論じなければならないだろう。また『市民社会史論』の内容、当時の反響、思想史上の意義については、訳者たち夫々すでに論じているので[19]以下では、ファーガスンの生涯と著作についてフォローしていきたい。

『市民社会史論』刊行の前年、一七六六年一〇月二日にアバディーンの商人、ジェイムズ・バーネットの娘、キャサリン・バーネットと結婚する、ファーガスン四十三歳の時であった。クランの『記録集』には、デイヴィッド・マーティンが描いたファーガスン婦人となったキャサリンの肖像画とファーガスンのプロポーズの手紙、婚約者の父に宛てた手紙が掲載されている[20]。

一七七二年ファーガスンは、第五代チェスタフィールド伯、フィリップ・スタナップの旅行付添教師に推薦された。推薦者はスミスであった。『国富論』出版準備のためにロンドンに滞在していたスミスが、友人

（14）［Adam Ferguson］, *Analysis of Pneumatics and Moral Philosophy. For the use of Students in the College of Edinburgh*, Edinburgh, 1766.

（15）Adam Ferguson, *Institutes of Moral Philosophy. For the use of students in the college of Edinburgh*. Edinburgh, 1769.

（16）J.Y.T. Greig, ed. *The Letters of David Hume*, Oxford, vol. II, pp. 11–12.

（17）*Ibid*., vol. II, pp.120–121, 125–126.

（18）*Ibid*., vol. II, p. 133.

（19）天羽、前掲書。青木裕子『アダム・ファーガスンの国家と市民社会――共和主義・愛国心・保守主義』勁草書房、二〇一〇年。

（20）J. Ferguson and R.M.Fergusson eds., *op. cit*. pp. 138 ff. キャサリン宛ての手紙は五通、キャサリンの父に宛てた手紙は一通で、これらの手紙はすべてメローレの書簡集にも収録されている。

のスタナップ伯から相談をうけ、ファーガスンを推薦したのである。ファーガスンは受諾した。しかし大学の学期中であったので講義の代講者をあらかじめ決めてエディンバラ市の許可を求めた。市はファーガスンの申し出を拒否した。それにも拘らず、ファーガスンは付添教師として大陸に向かった。ファーガスンが何時出発したかは不明であるが、六月一日にジュネーヴから、推薦者スミスに簡単な経過報告の手紙をおくっている。大陸ではジュネーヴでカルヴァンの家を訪れ、またフェルネーではヴォルテールを訪問している。また、スイスの民兵の訓練を見て、「武器の携帯をささえる真の原理に基づいて武装した集団」だと感涙している。[21] しかしファーガスンがスイスの民兵をみて感激していた頃、エディンバラでは彼の教授職が危うくなりかけていた。ファーガスンは代講者を指名し、一応の義務を果たしたのち出発したつもりでいたようだが、ファーガスンの考えは甘すぎた。一七七四年、新学期が始まったときファーガスンが大学に現れなかったので、エディンバラの市会は義務放棄とみなし、ファーガスンを解任し、そのポストが空席になったと告示した。しかしファーガスンの友人たちは、市会の決定は無効だと訴え、この訴えが認められファーガスンの地位は回復し、一七七五年秋から、道徳哲学教授として再び教壇にたつことになった。その一〇年後、一七八五年に辞任し、ファーガスンの職はデュガルド・ステュアートによって引き継がれた。

教授時代の特筆すべきことは、一七七六年七月四日独立宣言を公布し、本国と戦争状態にあったアメリカとの和解を目指したカーライル和平使節団の書記官に選ばれたことである。ファーガスンが選ばれたのは、植民地アメリカに熱狂的に受け入れられていたプライスの『市民的自由』[22]に対する反論『プライス博士によって最近出版された論説についての諸考察』[23]が注目されたからである。この使節団が出発したのは一七七八年四月二十一日、そして六月六日にフィラデルフィアに到着している。カーライル使節団については三種類の文書が現存し、(24) それらのなかにはファーガスンが作成した多くの文書、また、ワシントン宛のファーガスンの手紙、ワシントンからの返書などもふくまれていて、アメリカにおけるファーガスンの行動の軌跡をたどることが出来る。この和平使節団は、結局、交渉にはいることすらできず帰国、ファーガスンがロンドンで使節団の残務処理を終えてエディンバラに帰ったのは、一七七九年七月であった。

帰国の一年半後の一七八一年一月、ファーガスンは、激しい発作に襲われたが、友人のブラックの治療とバースでの療養で奇跡的に回復し、以後、エディンバラの知的サークルの様々な会合にも参加し、論客として活躍している。オシアン論争(25)では、ゲール語を理解できるファーガスンも意見を求められた。また、エディンバラの郊外、シーンズのファーガスンの家には、毎土曜日にブラック、ハットン、ロバートスン、J・ヒューム、D・ステュアート等友人たちが集まっていた。スミスも何回か訪れていた。

---

(21) Small, *op. cit.*, p. 620.

(22) Richard Price, *Observations on the nature of civil liberty, the principles of government, and the justice and policy of the war with America*, ..., London, 1776.

(23) [A. Ferguson], *Remarks on a Pamphlet lately published by Dr. Price, Intitled, Observations on the Nature of Civil Liberty*, ..., London, 1776.

(24) そのなかで最も詳細なもの及び本文で言及したプライスに対するファーガスンの批判は以下に収録されている。Y. Amoh, D. Lingley and H. Aoki eds., *Adam Ferguson and the American Revolution*, Kyokuto Shoten, Ltd. Tokyo, 2015.

(25) この論争については Michael Fry, 'Ferguson the Highlander' in E. Heath and V. Merolle, eds., *Adam Ferguson: Philosophy, Politics and Society*, London, 2009をみよ。

一七八三年大著『共和政ローマ盛衰史』（以下『盛衰史』と略記[26]）が出版された。ファーガスンのローマへの関心は学生時代以来のものであるが、出版にむけて本格的にローマ史の研究に取り組んだのは、一七七六年ギボンの『ローマ帝国衰亡史』（以下『衰亡史』と略記[27]）が刊行されたころだと思われる。この年ギボン宛にローマの歴史を書くためのノートをとり資料を収集していると手紙を書いている。しかしカーライル使節団の書記官としての渡米、また病気とバースでの療養生活のために完成までに長い歳月を要したのである。ケトラーとシャーは『盛衰史』の出版当時の反響は芳しくなかったと述べているが、その刊行状況は、それほどわるくない。ファーガスンの生存中にイギリスで三つの改訂版（一七九九年、一八〇五年、一八一三年）がだされ、大陸でもフランス語訳（一七八四—九一年）とドイツ語訳（一七八四—八六年）が出版されている。

『盛衰史』出版の二年後の一七八五年、ファーガスンは道徳哲学教授を辞任し、数学教授に任命された。辞任の主たる理由は健康上の問題であって、数学教授といっても講義負担はなく辞職後のファーガスンの生活を保障するためのエディンバラ市会の配慮であったといわれている。数学の講義はプレイフェアが担当し、道徳哲学の講義は、ドゥーガルド・ステュアートに引き継がれた。辞任の翌年ファーガスンは、住み慣れたエディンバラ大学に近いアーガイル・スクエアの家を売却し、エディンバラ郊外のシーンズに移り、農園をもち、田園生活を楽しんでいる。息子アダムの伝えるところによれば、毎土曜日シーンズのファーガスンの家に彼の友人たちが集まっていたようである[28]。常連はブラック、ハットン、ロバートスン、J・ヒューム、スミス、D・ステュアート等であった。スミスも常連に挙げられているが、それほど頻繁に訪れていたとは思われない。スミスは八六年末から健康を害し、翌年の春から秋にかけて、治療のためにロンドンに行っている。また、八七年秋にはグラスゴウ大学名誉総長に選ばれているが、病気がちであった。スコットランド啓蒙の二人のアダム、アダム・スミスとアダム・ファーガスンの間には剽窃をめぐる対立があったといわれているが、それほど深刻だったとは思われない。ファーガスンはスミスの病状の悪化を知ると、何も考えずに、スミスの家に行き、最後まで世話をしたと一七九〇年七月三一日付のマクファースン宛の手紙で書いている。

ファーガスンはエディンバラ大学在職中、簡単な講義要綱を出版しているが、道徳哲学全体をまとめたものを出版しなかった。出版した本を素材にして退屈な講義をするよりも、その都度、十分な準備をして、毎回の講義を生気のあるものにする方がよいと考えたからである。[29] ファーガスンの道徳哲学体系は一七九二年

(26) Adam Ferguson, *The History of the Progress and Termination of the Roman Republic*, Edinburgh, 1783.

(27) Edward Gibbon, *The Decline and Fall of the Roman Empire*, London, 1776–1788.

(28) Anon., A School-Friend of Sir Walter Scott, *Chamber's Journal of Popular Literature*, no. 60, pp. 113–114. ファーガスンの息子である軍人、アダム・ファーガスンについてのこの追悼文には、子供の目から見たスコットランド啓蒙の知識人たちの姿が描かれている。

(29) ファーガスンの道徳哲学講義については、ファーガスン自身の講義準備ノート、学生の筆記ノートが数種類現存している。エディンバラ大学図書館に所蔵されている［A. Ferguson,］Lectures on Pneumatics and Moral Philosophy. Original Lectures revised at various times and dates chiefly 1776–1785, 3vols.（EUL Dc. 1. 84-86）には、ファーガスンの多くの書き込み（修正、追加、削除等）があり、講義に対するファーガスンの準備状況を読み取ることが出来る。

に、「エディンバラ大学で行われた講義の回想」という副題をもつ全2巻の大著『道徳政治科学の諸原理』(以下、『諸原理』と略記[30])として出版された。本書は、不評であったといわれているがファーガスン生存中に、ドイツ語訳(一七九六年)とフランス語訳(一八二一年)が刊行されている。

『諸原理』が刊行された翌年の夏、イタリアに向けて出発している。『盛衰史』を改定するために、『盛衰史』の舞台となったローマの史跡を巡る旅であった。またそれは、フランス革命後の動乱期の、パリを経由しての旅であった。出発時と帰国時の模様はコウバーンによって伝えられている。従者一人を連れて、奇妙な乗り物に乗って出発し、約一年後、以前よりは若々しくなって帰ってきたというのである。ファーガスン自身、道中から「僕は旅行をするとますます元気になるのです」とマクファースンに書き送っている。『盛衰史』の改訂版は一七九九年に刊行され、さらに新版が一八〇五年、一八一三年に出版され、またフランス語訳、ドイツ語訳、イタリア語訳も刊行されている。一八〇五年に最初のアメリカ版がだされ、アメリカでは『盛衰史』は『市民社会史論』以上に人気があった。

ファーガスンが生存中に刊行した本は、『道徳哲学綱要』『市民社会史論』『盛衰史』『諸原理』であるが、エディンバラ大学図書館に四〇〇頁を越える大部な論説集 Collection of essays. etc.(EUL Dc.1.42)[31]が収蔵されている。これには完成度が異なるファーガスン自筆の三二編の論説と、「少年は」という言葉ではじまるタイトルを付けられていない長文の論説、墓碑銘、及びローマ史の準備ノートが収められている。論説の内容は、哲学、歴史、美学、政治経済からフランス革命論、アメリカ独立問題まで、多岐にわたる。正確な執筆時期はわからないが、使用されている紙の透かし模様から一七九九年以降のものだと推定される。とすれば、『諸原理』以降のファーガスンの思想の展開をみるうえで重要な資料となる。

大陸旅行から帰国した翌年の三月、妻のキャサリンが生涯をおえた。妻の死はファーガスンに大きな衝撃をあたえ、また、多くの友人もなくなり、田舎に退いて余生をおくりたいと考えるようになった。この年の秋、トゥイード川のほとりの古城ニードパスに移住し、さらにその翌年にはピーブルズ郊外のハリヤードに移り、晩年の数年間をすごしている。ハリヤードのファーガスンが住んでいた家は、訳者が一九九四年エディンバラに留学していた時には残されていた。

『盛衰史』の改訂版を公刊した年、ファーガスンの親しい友人で、命の恩人でもあったブラックが死去した。ファーガスンは、エディンバラ・ロイヤル・ソサイアティで追悼演説をおこなった[32]。十八世紀の最後の一〇年間に一七二〇年代に生まれ、ファーガスンと共にスコットランド啓蒙を推進してきた群像のほとんどが世を去り、新しい世紀を迎えたのは、ファーガスン、カーライル、J・ヒュームぐらいであった。しかしカーライルは一八〇五年に、J・ヒュームは一八〇八年に他界し、ファーガスンは「燦然と輝く偉大な群像

(30) Adam Ferguson, *Principles of Moral and Political Science; Being chiefly a Retrospect of Lectures delivered in the College of Edinburgh*, 2vols, Edinburgh, 1792.

(31) Adam Ferguson: *Collection of Essays*, edited with an introduction by Yasuo Amoh, Kyoto, 1996; *The Manuscripts of Adam Ferguson*, edited by Vincenzo Merolle, London, 2006.

(32) A. Ferguson, Minutes of the Life and Character of Joseph Black, M.D. Addressed to the Royal Society of Edinburgh. [Read Aug. 3. 1801.], *Transactions of the Royal Society of Edinburgh*, vol.5, pt.3, Edinburgh, 1805.

の生き残りとして、最後のローマ人」[33]といわれることになる。しかし晩年のファーガスンは視力が低下し、一八〇七年の秋には遺言を作成している。そして一八〇九年には学生時代を送ったセント・アンドルーズにうつり、ここでファーガスンは最後の七年間をおくることになるのである。一八一五年ワーテルローにおける同盟軍の勝利のニュースはファーガスンを喜ばせた。しかし徐々に衰え、一八一六年二月二二日、九二歳でその生涯を閉じた。ファーガスンの墓は、セント・アンドルーズの海辺の墓地にあり、墓にはウォルター・スコットが書いた碑文が刻まれている。

（33） Small, *Op. cit.*, p. 665.

『市民社会史論』の魅力とその意義

青木裕子

一．「忘れられていた思想家」から「注目の思想家」に

アダム・ファーガスンは、同じくスコットランド啓蒙思想家のアダム・スミスやデイヴィッド・ヒュームの陰に隠れてしまった「忘れられた」哲学者として紹介されることもあった。しかしながら、忘れられていたはずのファーガスンが、一九九〇年代以降は「注目される思想家」ファーガスンになってきた。なぜだろう。

「忘れられていた」とは言っても、ファーガスンの著作は、ファーガスンの死後も一九世紀を通じて、イギリス、アメリカの他ドイツ、フランスなど、広く欧米諸国で読まれてきた。最も有名な『市民社会史論』の他、ファーガスンの道徳哲学の著書は、アメリカの大学でテキストとして用いられていたし、『ローマ共和国盛衰史』も人気があった。(34)

(34) 青木裕子（二〇一〇）『アダム・ファーガスンの国家と市民社会』勁草書房、四頁参照のこと。

カール・マルクスは、ファーガスンの『市民社会史論』における分業批判を、労働疎外論の原型として注目し、一八四七年出版の『哲学の貧困』の中で、ファーガスンの分業論は卓越しており、ファーガスンは「アダム・スミスの師」であったと述べた。このマルクスの誤認について論争が起こったのは、二〇世紀になってスミスのグラスゴウ大学講義ノートが発見されてからであった。このようにマルクスがファーガスンに注目したため、ファーガスンは、分業論と労働疎外論によってマルクスに影響を与えた経済思想家としての顔を持つようになった(35)。

その一方で、ファーガスンを最も高く評価してきたのは、社会学の分野だった。ファーガスンを現代社会学の重要な先駆者の一人として位置づけてきた研究は多い。一九四八年に出版された『市民社会史論』の邦訳書の訳者大道安次郎も、オーストリアの社会学者グンプロヴィッツが称したように「社会学の父」としてのファーガスンを日本に紹介した(36)。

こうして見ると、ファーガスンは忘れ去られてきたわけではないことがわかる。しかしながら、一九世紀から二〇世紀半ばまでの間にファーガスン研究が盛んに行われ、発展してきたかというとそうではない。ファーガスンは過去の哲学者の一人として研究史の中で言及されるだけの存在になっていたのである。

このような状況下でデイヴィッド・ケトラーは、一九六五年に出版された著書の中で、「忘れられた」思想家ファーガスンを掘り起こし、ファーガスンの意義を問い直した。このケトラーの研究をきっかけに、そして、スコットランド啓蒙研究が著しく発展していくのに伴って、ファーガスン研究も大いに発展していく。ファーガスンを従来の思想史の中の位置づけから解放し、新たな意義を見出そうとする研究が生まれていくのである。特に一九九〇年代以降、ファーガスン研究は盛り上がってきた。『市民社会史論』の新版、『道徳哲学綱要』の再出版、ファーガスンの書簡集、伝記、フランス語版『市民社会史論』の新版、未発表論文集など、ファーガスンの著述が続々と改めて発表された事実は、このことを裏付けている。[37] ファーガスンの思想を扱った研究書も増大した。二〇〇八年には記念すべき初のファーガスン研究論文集の第一弾、二〇〇九年には第二弾が出版された。[38]

わが国においても、一九九〇年代以降、ファーガスン研究が発展してきた。わが国における近年のファーガスン研究の主要な成果としては次のものが挙げられる。

・天羽康夫（一九九三）『ファーガスンとスコットランド啓蒙』勁草書房。
・Adam Ferguson (1996). edited and introduction by Yasuo Amoh, *Collection of Essays*, Kyoto: Rinsen Books Co.
・青木裕子（二〇一〇）『アダム・ファーガスンの国家と市民社会』勁草書房。
・Yasuo Amoh, Darren Lingley and Hiroko Aoki eds. (2015). *Adam Ferguson and the American Revolution: Proceedings of the British Commissioners at Philadelphia 1778-9 with the appendix "Remarks on a Pamphlet lately*

（35）同書、二二頁参照のこと。
（36）同書、二二頁、注68参照のこと。
（37）同書、二三頁参照のこと。
（38）Eugene Heath and Vincenzo Merolle eds. (2008). *Adam Ferguson: History, Progress and Human Nature*, London: Pickering and Chatto; Eugene Heath and Vincenzo Merolle eds. (2009). *Adam Ferguson: Philosophy, Politics and Society*, London: Pickering and Chatto.

published by Dr. Price, 1776," Kyokuto Shoten.

・平成28年度〜平成30年度　科学研究費助成事業（学術研究助成基金助成金）（基盤研究（C））、課題番号16K02218、研究課題名「18世紀から20世紀にかけての英語圏を中心とした常識概念の思想史的、哲学的検討」（研究代表者　青木裕子）。（＊ファーガスンとスコットランド常識（コモン・センス）学派との関係性の検討を含むテーマである。）

二．「市民社会論のルネッサンス」と共和主義研究の増大によるファーガスン研究の活発化

このように、ファーガスンが注目されるようになったのはなぜだろう。その背景として、スコットランド啓蒙研究の更なる拡大と深化、一九九〇年代以降の市民社会と国家に対する関心の多様な拡がり、思想史における共和主義（republicanism）の系譜に対する関心の高まり、あるいは個人主義的なリベラリズムに対する疑問から生じた古典的共和主義への関心の高まりなどが挙げられる。

しかし、ファーガスンが注目を浴びるようになった最大の理由は、冷戦終結後、「市民社会論のルネッサンス」と呼び得る状況が生じ、マスコミにおいても学問においても世界中で「市民社会」という言葉がよく使われるようになり、「市民社会」に熱い注目と期待が集まったことにあるだろう。ヨーロッパの思想史と同じくらい古い「市民社会」の概念を現代に甦らせ、今日的な意味と価値を新たに与えようとする試行錯誤が繰り返された。そして、「市民社会」概念を歴史的に紐解いていく過程で、多くの論者がファーガスンの

『市民社会史論』に突き当たらざるを得なくなった。ファーガスンは多くの研究者が避けて通ることのできない思想家になったのである。「市民社会」について論じる者は、ほとんど必ずと言ってよいほどファーガスンの『市民社会史論』に言及するようになった[39]。

これにより、ファーガスンの思想をスコットランド啓蒙の文脈とは切り離して、市民社会思想の系譜上に置き、その意義を捉え直そうとする研究が増大した。その中では、ファーガスンの古典的共和主義、シヴィック・ヒューマニズム（公民的人文主義）の側面に着目した研究が特に重要な意味を持つようになった。

ファーガスンをシヴィック・ヒューマニズムや共和主義の伝統との関連で論じた研究は、基本的にはポーコックの研究に触発されたものである。シヴィック・ヒューマニズム研究の端を発したポーコックは『マキアヴェリアン・モーメント』（一九七五年）の中で、ファーガスンは「スコットランドの著作のなかでは、恐らく最もマキアヴェッリ的」と位置づけた。ケトラーはファーガスンを「マキアヴェッリ流のモラリスト（道徳家、道徳実践家）」と称し、オズ゠サルツバーガーは「最後の『ネオ・ローマ人』」と呼んだ。二十世紀末からのファーガスン研究は、ポーコックが先導しケンブリッジ学派が中心となって推し進めてきたのであり、その関心の中心は、ファーガスンが自らの時代の条件に適合させようとした共和主義、つまり商業社会における共和主義のあり方にあったのである[40]。

今日においてファーガスンへの関心は、このたび『市民社会史論』の邦訳書があらためて出版されること

---

(39) 同書、二二一―二五頁。

(40) 同書、二九―三〇頁。

からもわかるように、相変わらず高い。そして二〇〇八年と二〇〇九年に出版されたファーガスン研究論文集にも見られるように、ファーガスンの思想に内在した研究、ファーガスンの生涯に特化した歴史研究など、益々様々な切り口からファーガスン研究は進められ、深化しているのである。(41)

三．『市民社会史論』の独自性

さて、次にファーガスンの『市民社会史論』について考えたい。『市民社会史論』の主題は何だろう。この本の中でのファーガスンの思想家としての独自性、魅力は何だろう。

ファーガスンは、『市民社会史論』の中で次のように述べている。

高等法院長モンテスキューが書いていることを思い出すと、なぜ私が人間社会《ヒューマンアフェアーズ》について論じるべきなのか当惑する。しかし私もまた、私の省察と感情によって駆り立てられる。私は、普通の能力を持った人々に対して、それらを、よりわかりやすく述べることができると思う。なぜなら、私は、［モンテスキューよりも］普通の人々の水準に近いからである。（本書、九七頁）

ファーガスンがモンテスキューを尊敬し、モンテスキューの思想から大きな影響を受けたとしても、この一節については、ファーガスンは謙遜しすぎである。『市民社会史論』草稿を読んでヒュームがヒュー・ブレアへの手紙で批判したのは(42)、モンテスキューの焼き写しではない、『市民社会史論』に独特の固有のものに対してであろう。

それでは、『市民社会史論』の独自性はどこにあるのだろう。それは、人間とは本性的に社会的、活動的な存在であり、またアーティスト（作る人、作為者）であると捉えた上で、活動（action）の重要性を説いて、常により良いもの、卓越したもの、完全なものを目指して能動的に活動する人間の幸福のあり方、社会との関係性、人格の完成可能性について、文明社会論の中で歴史的に探究したことにあると思われる。

ファーガスンが重視したのは活動そのもの、実践、そして人間が持つ活力である。ファーガスンは次のように述べている。

> 人間は何を知っているかによって評価されるべきではない。何をなし得るかによって、色々な物質を生活の様々な目的にかなうように作り変える技術によって、また、政策目標を追求し、戦争と国防の策を講ずる中で発揮される活力と行動とによって評価されるべきである。（本書、四五頁）

この一節に見られるように、ファーガスンは、人間にとって大切なのは実践力、そして何かを成し遂げよ

（41）この研究論文集の内容については、次を参照のこと。青木裕子（二〇〇九）「書評　Eugene Heath and Vincenzo Merolle eds.: *Adam Ferguson: History, Progress and Human Nature*, London: Pickering and Chatto, 2008; Eugene Heath and Vincenzo Merolle eds. *Adam Ferguson: Philosophy, Politics and Society*, London: Pickering and Chatto, 2009.」『経済学史研究』五一巻、一〇三―一〇六頁。
（42）青木（二〇一〇）前掲書、一七―二〇頁参照のこと。

うとする活力で、知識だけを持っていても仕方がないと考えている。この主張は、『市民社会史論』に限定されない、ファーガスンのすべての著作、そして、人生を貫く主題である。(43) キリスト教神学、古代ギリシア・ローマの哲学、ド・レス枢機卿やモンテスキュー経由でマキアヴェッリ、モンテスキュー、同時代のスコットランド啓蒙思想家たちから影響を受けながら、ファーガスンが自らの哲学的探求の中で実際の「活動」に正面から向き合ったことこそが、一八世紀においてファーガスンという思想家を唯一無二の存在にしているのではないだろうか。

ファーガスンによると、人間はアーティストとしての本性が刺激される楽しい、面白いと思うものに夢中になっている時に幸せを感じる。また、目標を達成した時よりも、目標に向かって努力し、奮闘している時に輝いている。しかしファーガスンが強調するのは、人間本性は活動的であると同時に社会的でもあるということである。そのことをファーガスンが論じている箇所を見てみよう。

同胞のことを考えて行動すること、社会の中で自分の心情を披露すること、社会の一員として、友人として、あるいは敵として、人間にふさわしい感情や思想のすべてを発揮することは、人間の本性の主要な使命であり、また職務であると思われる。人間は生きるために働かなければならないとしても、生きる目的としては、人類の利益よりも立派な目的はありえない。また、人間がもつ才能としては、人々とともに行動できるようにする才能よりも優れたものはない。実に、この点で知性は、情念に非常に多くのものを負っているように思われる。(本書、四四頁)

人間の幸福は、人間の社会的性向を彼が従事している活動《オキュペイション》の支配的動機とすること、また、彼自身を彼の心がその全体的繁栄のために激しい熱情で燃えたつ共同社会の成員として位置付けること、さらに、苦悶・恐怖・嫉妬・羨望の源である個人的な不安を抑制することにあると思われる。（本書、八一頁）

ファーガスンは、人間にとっていかに活動が本質的とはいえ、社会を構成する一員として他者との関わり合う中で、より公共性の高い目的をもって活動しなければ、人間は充実し満足することはできないと考える。つまり、社会的本性を満たさない孤独な利己的な活動では、人間は幸福になれないということである。人間が活動的かつ社会的な人間本性を発揮することによって社会全体も幸福になる。人間が受動的になれば、人間も社会も腐敗する。このことは歴史が教えている。歴史とは、社会的かつ活動的な本性を持つ人間の活動の記録である。

しかしながら、人間が活動的であれば必然的に生じる対立や利己的な活動についてもファーガスンは肯定する。人間は友愛的であると同時に対立的であり、利他的であると同時に利己的であるので、どの本性も抑圧してはならない。大事なことはバランスをとることであるとファーガスンは論じる。[44] しかも利己的な活動であっても、人間の意図と関係なく社会と歴史を作り出していくことをファーガスンが楽観的に論じたこと

---

(43) ファーガスンの人生もまた、活力に満ちていた。次の文献を参照のこと。同書、六―九頁。Yasuo Amoh, Darren Lingley and Hiroko Aoki eds. (2015). *Adam Ferguson and the American Revolution*, Kyokuto Shoten, pp. 5-8.

(44) 青木（二〇一〇）前掲書、一一四―一二一頁、一八五―一八八頁、二三〇頁参照のこと。

も、ハイエクら後世のリベラリズムの思想家に影響を与えた(45)。

一八世紀スコットランド啓蒙において、実践としての活動の重要性を哲学的に論じたのはファーガスンくらいである。ファーガスンは、アリストテレス的でありマキアヴェッリ的であり、またその根底には深い信仰心もあり、スコットランド常識学派（コモン・センス学派）との親和性も見られる。ヒュームが『市民社会史論』に難色を示した主な理由は、自分とは異なるこうしたファーガスンの独自性にあるのである。

おわりに――『市民社会史論』の意義

既述のように、ファーガスンの思想を共和主義の系譜上に位置づけた研究が注目され、ファーガスン研究が発展してきたのは、個人主義的でない啓蒙思想、あるいは個人主義的でないリベラリズムと言えるものによって、人間がもっと自由に、いきいきと輝いて生きる社会のあり方を提示したファーガスンが、個人主義をベースとしたリベラリズムやデモクラシーに不足を感じながら生きている現代人の目に新鮮で魅力的に映ったからであろう。『市民社会史論』は、文明社会が乗り越え克服してきたものの意義の再考を迫る示唆に富んでいるのである。

しかしながら、ファーガスンの魅力は『市民社会史論』とその共和主義的な思想に尽きるものではない。『道徳および政治科学の諸原理』などのその他の著書をさらに吟味し、ファーガスンの思想の全体像をつかみ、その意義をあらためて問いたいと考えている。

(45) 同書、一二二—一二五頁参照のこと。

訳者あとがき

本書はアダム・ファーガスン著『市民社会史論』初版の翻訳である。翻訳にあたり、著者の生存中にイギリスで出版された各版の異同を訳注で示し、人名と重要な事項について簡単な訳注をつけた。ラテン語で書かれている部分の訳については、ニューヨーク市に所在するConvent of the Sacred Heart元教諭のジェレミー・カーヅィニエック先生（Dr. Jeremy Kurzyniec）と米国のブラウン大学（Brown University）学生の青木阿理紗さん（Miss Arissa Aoki）にご教示いただいた。また、本書が京都大学学術出版会の近代社会思想コレクションの一冊として刊行されるにあたり京都大学名誉教授（現 愛知学院大学教授）田中秀夫氏のお世話になった。京都大学学術出版会編集部の國方栄二氏には原稿の作成から校正、出版にいたるまでお世話になった。厚くお礼を申し上げたい。

天羽　康夫
青木　裕子

マ行

ヤ行

ラ行

ナ行

ハ行

タ行

サ行

事項索引

ア行

カ行

ヤ行

ユークリッド（Euclid） 46
ユピテル（Jove） 402-403

ラ行

ラシーヌ（Racine） 254
ラフィトー（Lafitau） 13, 123, 127, 131, 135, 137
リウィウス（Livy） 153
リュクルゴス（Lycurgus） 89, 125, 138, 180, 212, 224, 313
リュサンドロス（Lysander） 313
ルキリウス（Lucilius） 254
ルクレティア（Lucretia） 117
ルクレティウス（Lucretius） 254
ルソー（Rousseau） 9, 173
ルブルク（Rubruquis） 145, 149
レグルス（Regulus） 69
レスの枢機卿（Retz） 179
ロバートソン（Robertson） 155
ロムルス（Romulus） 125, 180-181
ロンギヌス（Longinus） 251

ワ行

ワレリウス・マクシムス（Maximus, Valerius） 338

トゥキュディデス（Thucydides） 118, 215, 289, 363
トラシュブロス（Thrasybulus） 82, 89, 259
トラセア（Thrasea） 388
トラヤヌス（Trajan） 354

ナ行

ナエウィウス（Naevius） 254

ハ行

ハーバート卿（Herbert, Lord） 67
ハンニバル（Hannibal） 38, 214, 216, 313, 338
ヒューム（Hume） 117, 151, 203, 293
ピュロス（Phyrrhus） 317, 338
ピョートル大帝（Peter the Great） 300
フィリッポス（Philip） 221, 223, 336
フォキオン（Phocion） 336
プラウトゥス（Plautus） 254
プラトン（Plato） 180, 212, 259
プリアモス（Priam） 55, 295
プリスクス（Priscus） 155
ブルートゥス（Brutus） 76, 195, 326, 388
ブルートゥス一族（Bruti） 219
プルタルコス（Plutarch） 92, 229, 287, 336
ヘクトル（Hector） 293
ヘッラニコス（Hellanicus） 254
ペトラルカ（Petrarch） 254
ヘラクレス（Hercules） 113, 146, 224
ペリクレス（Pericles） 273, 280, 320, 336
ヘルウィディウス（Helvidius） 195, 388
ヘレネ（Helen） 295
ヘロドトス（Herodotus） 254
ペロピダス（Pelopidas） 225
ポープ（Pope） 81
ホメロス（Homer） 56, 143–144, 231, 252, 284, 293, 295
ポリーテス（Polites） 55
ポリュビオス（Polybius） 215, 306
ポルセンナ（Porsenna） 71
ポンペイウス（Pompey） 107, 194, 273

マ行

マリウス（Marius） 306, 339
マンドヴィル（Mandeville） 51
ミトリダテス（Mithridates） 132, 216
ミルトン（Milton） 254
モーペルテュイ（Maupertuis） 63
モラック（Moluck, Muley） 71
モンケ・ハーン（Mangu Chan） 144
モンタギュー（Montagu, Mary Wortley） 72
モンテスキュー（Montesquieu） 26, 59, 97–98, 101, 103, 124, 219

グラックス（Gracchus） 161
クラッスス（Crassus） 273
クレオン（Cleon） 280
クレオンブロトス（Cleombrotus） 213
クロディウス（Clodius） 194
クロムウェル（Cromwell） 179
ケプラー（Kepler） 168
コウルデン（Colden） 125, 127, 135
コペルニクス（Copernicus） 168
コラティヌス（Collatinus） 117
コルネイユ（Corneille） 254
コルブ（Kolbe） 149
コルベン（Kolben） 34
コンデ公（Conde） 292

サ行

サルスティウス（Sallust） 254
シェイクスピア（Shakespear） 254
ジェメリ・カレリ（Carceri, Gemelli） 301
シモン・ド・聖クインティヌス（Simon de St Quintin） 149
シャルダン（Chardin） 151, 357
シャルルヴォア（Charlevoix） 29, 35, 125, 127–129, 131, 133, 135, 137, 169
小キュロス（Cyrus The Younger） 335
シリウス（Silius） 155
スエトニウス（Sueton） 397
スカエヴォラ（Scevola） 71
スキピオ（Scipio） 38, 152–153
スッラ（Sylla） 124
ストラレンベルグ（Strachlenberg） 205
スピノーラ（Spinola） 67
スペンサ（Spenser） 254
ソクラテス（Socrates） 31, 352
ソフォクレス（Sophocles） 253, 259
ソロン（Solon） 89, 224, 337

タ行

タキトゥス（Tacitus） 67, 116, 128, 136–137, 143, 147, 149–150, 384
タッソウ（Tasso） 251
ダリヴォー（D'Arivieux） 155, 167
タルクイニウス（Tarquin） 117
ダレイオス（Darius） 334
ダンテ（Dante） 254
ダンピア（Dampier） 28–29, 205
チョーサー（Chaucer） 254
ディオ・カッシウス（Dio Cassius） 157
ディオン（Dion） 388
ティコ・ブラーエ（Tycho Brahe） 168
ティトゥス（Titus） 387
テスピス（Thespis） 256
テセウス（Theseus） 113
テミストクレス（Themistocles） 259, 280, 336
デメトリオス（Demetrius Phalerius） 255
デモステネス（Demosthenes） 336, 377
テレンティウス（Terence） 254

人名索引

＊神話の登場人物なども含む

ア行

アウラングゼーブ（Aurengzebe） 372
アガメムノン（Agamemnon） 189
アキレウス（Achilles） 144
アゲシラオス（Agesilaus） 38, 91, 287
アッティクス（Atticus） 326
アッティラ（Attila） 154
アブルガーゼ（Abulgaze Bahadur Chan） 15, 141
アベル（Abel） 56
アマディス・デ・ガウラ（Amadis de Gaul） 295
アリステイデス（Aristides） 280, 336
アリストテレス（Aristotle） 233
アリストファネス（Aristophanes） 289
アレクサンドロス（大王）（Alexander） 223, 336
アントニウス（Antonius） 354
アントニヌス（Antoninus, Marcus Aurelius） 77, 388-389
イアソン（Jason） 224
ウィトルウィウス（Vitruvius） 243
ウェイファー（Wafer） 125
ウェルギリウス（Virgil） 251-252
エウリピデス（Euripides） 253
エパミノンダス（Epaminondas） 38, 59, 89, 225
エピクテトス（Epictetus） 58, 82
エンニウス（Ennius） 254
オイディプス（Oedipus） 113
オクタウィアヌス（Octavianus） 203-204, 388, 396, 401
オセロ（Othello） 49
オルフェウス（Orpheus） 180

カ行

カエサル（Caesar） 107, 116, 139, 149, 152-153, 189, 194, 254, 274, 331
カーター夫人（Carter） 83
カトー（Cato） 194-195, 326-327, 364, 388
カルピニ（Carpen, Jean du Plan） 149
キケロ（Cicero） 13-15, 69, 254, 327, 377, 388
ギーズ公（Guise） 292
キンキンナトゥス（Cincinnatus） 69, 117
クセノフォン（Xenophon） 82, 213, 231, 234
クセルクセス（Xerxes） 334

訳者紹介

天羽康夫（あもう　やすお）

高知大学名誉教授　経済学博士

1944年　徳島県生まれ

1966年　滋賀大学経済学部卒業

1972年　名古屋大学大学院経済学研究科博士課程単位取得

桃山学院大学（1972～75年）、高知大学（1975～2007年）

主な著訳書

『ファーガスンとスコットランド啓蒙』（勁草書房、1993年）、 A.L. マクフィー『社会における個人――アダム・スミスの社会哲学』（共訳、ミネルヴァ書房、1972年）、 Adam Ferguson, *Collection of Essays*, ed. by Y. Amoh（Rinsen, 1996）、*Adam Ferguson and the American Revolution*, eds. by Y. Amoh, D.Lingley and H.Aoki（Kyokuto Shoten, 2015）

青木裕子（あおき　ひろこ）

武蔵野大学法学部政治学科准教授　博士（学術）［Ph.D］

2004年　国際基督教大学大学院行政学研究科博士後期課程修了

（株）三菱総合研究所、慶應義塾大学・国際基督教大学・法政大学等講師、武蔵野大学政治経済学部准教授を経て、2014年より現職。

主な著訳書

Adam Ferguson and the American Revolution（共編、極東書店（Kyokuto Shoten）、2015年）、「自由貿易」（『政治概念の歴史的展開　第七巻』所収、晃洋書房、2015年）、「所有」（『政治概念の歴史的展開　第五巻』所収、晃洋書房、2013年）、ダンカン・フォーブズ『ヒュームの哲学的政治学』（共訳、昭和堂、2011年）、『アダム・ファーガスンの国家と市民社会』（単著、勁草書房、2010年）、イエンス・バーテルソン『国家論のクリティーク』（共訳、岩波書店、2006年）、シャンタル・ムフ『カール・シュミットの挑戦』（共訳、風行社、2006年）他。

市民社会史論《しみんしゃかいしろん》　近代社会思想コレクション22

平成30（2018）年5月15日　初版第一刷発行

著　者　アダム・ファーガスン
訳　者　天《あも》羽《う》康《やす》夫《お》
　　　　青《あお》木《き》裕《ひろ》子《こ》
発行者　末原達郎
発行所　京都大学学術出版会
京都市左京区吉田近衛町69
京都大学吉田南構内(606-8315)
電話　075(761)6182
FAX　075(761)6190
http://www.kyoto-up.or.jp/
印刷・製本　亜細亜印刷株式会社

ISBN978-4-8140-0105-7　定価はカバーに表示してあります

近代社会思想コレクション刊行書目

（既刊書）

01 ホッブズ　『市民論』
02 J・メーザー　『郷土愛の夢』
03 F・ハチスン　『道徳哲学序説』
04 D・ヒューム　『政治論集』
05 J・S・ミル　『功利主義論集』
06 W・トンプソン　『富の分配の諸原理1』
07 W・トンプソン　『富の分配の諸原理2』
08 ホッブズ　『人間論』
09 シモン・ランゲ　『市民法理論』
10 サン-ピエール　『永久平和論1』
11 サン-ピエール　『永久平和論2』
12 マブリ　『市民の権利と義務』
13 ホッブズ　『物体論』
14 ムロン　『商業についての政治的試論』
15 ロビンズ　『経済学の本質と意義』
16 ケイムズ　『道徳と自然宗教の原理』
17 フリードリヒ二世　『反マキアヴェッリ論』
18 プーフェンドルフ　『自然法にもとづく人間と市民の義務』
19 フィルマー　『フィルマー著作集』
20 バルベラック　『道徳哲学史』
21 ガリアーニ　『貨幣論』
22 ファーガスン　『市民社会史論』